ミクロ経済学 Expressway

八田達夫 [著]

東洋経済新報社

はしがき

「貧困を嫌悪している政治的に極左の人々は，貧困を固定化する政策を支持している．市場を尊重する自由放任主義の熱狂的な支持者たちは，市場の崩壊を引き起こすシステムを提唱している．」[1]

ミクロ経済学とは

経済学とは，人間生活の物質的側面を向上させるための経験科学です．

経済学の主要部分は，ミクロ経済学とマクロ経済学に分類されます．本書が扱うミクロ経済学は，個々の家計・企業・産業の経済行動や，市場における政府の役割などを分析します．例えば，独占や公害に対して政府はどう介入すべきか，高速道路料金はどのように決めるべきかなどの問題を分析する学問です．

マクロ経済学は，GDP，物価水準，失業率など，経済全体の集計量の間の関係を分析します．通常マクロ経済学は，まずミクロ経済学の入門を終えた後で勉強します．

本書の目的

本書は Expressway（高速道路）に乗ったように素早くミクロ経済学の最重要な部分の展望を与える本です．経済学を初めて学ぶ人のための独習書ですが，読んだあとでは，さまざまな経済政策問題への対応策を自分自身で考えられるようになることを目的としています．

読者はまったくの初心者であることを想定しているので，できるかぎりていねいに説明しています．このため，高校生はもとより，**高校を卒業して20年以上たった方々にも楽しく読んでもらえる**ことを目指しています．

著者は，やはりミクロ経済学の独習書として『ミクロ経済学Ⅰ・Ⅱ』（東洋

---

[1] ジョン・マクミラン（瀧澤弘和・木村友二訳）『市場を創る』（NTT 出版，2007年）．

経済新報社，2008年・2009年）を出版しています．幸い好評で，広く大学で採用されただけでなく，教科書にしては珍しく，『週刊ダイヤモンド』の2009年の経済書ベスト10に選ばれもしました．

しかし，同書を最も読んでいただきたい一般読者の方々にとっては，2巻合わせて1000ページあるこの本を読むのには覚悟がいるという問題がありました．さらに教科書としては，1年分の授業には適しているが，半年の授業では両巻の全部をカバーできない．そうかといって半年だけの授業でⅠ巻だけ使うと，Ⅱ巻の効率化と格差是正の関係等の重要なトピックがもれてしまうという問題がありました．

本書はこれらの問題を解決するために，前著2冊の主要トピックのみをまとめたものです．したがって，前著の第Ⅰ巻で論じた効率性だけではなく，第Ⅱ巻で詳しく論じた所得再分配と効率化政策の兼ね合いの問題も分析することができるようになりました．

前著との共通点

前著の姉妹篇である本書では，前著の次の特色はそのまま維持しています．

第1に，現実の日本の経済政策問題を数多く分析しています．例えば，法曹界における極度の参入規制（第6章），地球温暖化対策（第8章）等です．

第2に，加減乗除以外の数学を用いていません．

第3に，本書では全体を通じて需要曲線・供給曲線を用いた余剰分析を行っています．本書を読むことによって，余剰分析を自家薬籠中のものとすることができます．

第4に，効率化政策と既得権尊重の価値観との関係など，**経済学的な政策判断の基本的な考え方の背景にある暗黙の前提を，掘り下げて説明しています．**この点に関しては特に第13章，第14章，終章でくどいくらいていねいに説明してあります．これは日本の非経済学的な知的風土の特徴に対処したもので，本書の最大の特色です．

政策基準としての効率化原則は各方面から無知に基づく批判を受けていますが，本書を読めば，効率化原則が何であるかを正確に理解したうえでの批判を（もしあれば）するのに役立つでしょう．

前著との違い

前著と比べて本書の異なる点は，「短くした」ということ以外では次の点です．

第1に，政治家と官僚が経済政策において果たすべき役割分担について，終章でミクロ経済学の観点から論じます．2009年に発足した民主党政権では政治主導と称してすべての政策問題を政治家が決めようとしたために，何も動かなくなりました．ミクロ経済学は，政治家と官僚の役割分担について光を与えてくれます．終章の補論では，「政治主導」に経済学的な解釈を与えています．

第2に，効率化原則の応用例として，道路建設の財源は受益者負担であるべきかどうかについて第11章で特に詳しく論じます．

第3に，1つひとつの図に説明文を入れ，図だけを読んでも復習ができるようになりました．

第4に，本書では，無差別曲線や等量曲線による分析をいっさい用いていません．これらの分析道具を学びたい人は，本書を読んだあと『ミクロ経済学Ⅱ』の第18章と第19章を読むことができるように内容を工夫しました．[2]

経済学は日本の知識人に最も必要な教養

経済学は市場と政府の役割分担を分析する学問であるために，政策を論ずる人にとっては必須の基本的教養です．経済学の修得は，政策を論ずる人のドライバーズ・ライセンスだとも言えます．

しかし，日本では，マルクス経済学が長く支配的でしたし，法学部出身者が各界で重んじられてきました．このため，政界にも，官界にも，ジャーナリズムにも，ミクロ経済学的なものの見方がほとんど浸透していません．

その結果，日本で効率化政策に批判的な人々が，経済学を知らずに批判していることがたびたび見受けられます．いわば食わず嫌いです．経済学の考え方がきちんとわかると，誤解が解けることが多いと考えられます．実は，批判者が最終的に目標としていることが，経済学的な意味での効率化基準を用いて設計された政策によって，最も確実に達成される場合が多くあります．

---

[2] 本書を読了後，経済学の各分野をさらに勉強したい人は，『ミクロ経済学Ⅱ』のこれらの2章を読んだあとで，同巻の章末の「リーディングリスト」を参考にしてください．

はしがき

　知識人のほとんどが経済学に対して食わず嫌いだという意味で，日本は経済後進国です．経済政策には，明確で首尾一貫した基準によって立案されるべき政策と，政治的判断が不可欠な政策があります．しかし日本では，前者の政策に関しても首尾一貫した基準によってではなく，既得権集団の政治力によって決められています．基準が合意されていないためです．

　日本経済は，貿易自由化を押し進めていった1960年代に急速に成長しましたが，1970年代中期以後は，国土の均衡ある発展政策に代表されるさまざまな既得権保護政策が採用されたことによって，1人当たりGDPはついに世界の20位前後になってしまいました．国際的な制度競争の時代にはいった今，知識人の大半が経済学を食わず嫌いという状況ではやっていけません．現在の日本の論壇では，冒頭に引用したジョン・マクミランのいう極左と自由放任主義者が，共通の基盤なしに言い放しの論戦をしている場合が多いように見えます．この状況を劇的に変化させる必要があります．

　そのような変化を起こすことに，本書が多少なりともお役に立てば，こんな嬉しいことはありません．

謝　辞

　本書は前著2冊の土台の上に書かれていますから，その謝辞で御礼を述べたすべての方々が，直接間接に本書の改善に貢献してくださいました．また本書を書くにあたっては，前著に対していただいたコメントが大変有益でした．特に一橋大学の齊藤誠教授からは周到な書評（『週刊東洋経済』2009年10月24日）をいただきました．また，学習院大学経済学部鈴木亘教授，および前国土交通省中国地方整備局副局長の桐越信氏からは全巻にわたるコメントをいただきました．さらに本書で図に説明文をつけたのは，前著に，数多くの有益なコメントを下さった福井信英氏の強い提案によるものです．平松尚樹氏は素晴らしいカバーイラストをデザインして下さいました．さらに東洋経済新報社の村瀬裕己氏は，前著と同様に，度重なる改稿を辛抱強くがまんして下さいました．すべての方々に厚く御礼申し上げます．

2013年2月　　　　　　　　　　　　　　　　　　　　　　　八　田　達　夫

ミクロ経済学 Expressway

目　　次

はしがき

謝　辞

序章　市場と政府の役割分担 ……………………………………3
　　1　市場の有効性　　3
　　2　再分配　　4
　　3　「市場の失敗」の是正　　5
　　4　「政府の失敗」の是正　　8
　　5　厚生経済学の基本定理　　8
　　6　効率化政策　　10
　　7　効率化原則　　12
　　8　経済学の役割　　14
　　9　日本国憲法と効率化原則　　15
　　10　効率化政策の具体例　　16
　　11　まとめ　　19
　　12　本書のプラン　　20

1章　経済の全体像 ……………………………………21
　　1　家計と企業　　21

viii　目　　次

　　2　市場　25
　　3　家計と企業の行動原理　29
　　4　経済活動の成果　29
　　5　まとめ　31

2章　需要と供給 …………………………………………33

　　1　需要曲線　33
　　2　供給曲線　37
　　3　市場均衡　39
　　4　市場需要曲線と個別需要曲線　43
　　5　市場に関する諸概念　48
　　　コラム：完全競争的な買い手　51
　　6　応用　52
　　7　まとめ　56

3章　供給曲線 ……………………………………………59

　　1　生産　59
　　2　費用　64
　　3　利潤　69
　　4　供給曲線　73
　　　コラム：利潤最大化とサンクコスト　75
　　5　まとめ　76

4章　生産者余剰，可変費用，帰属所得 …………………79

　　　A．生産者余剰　80
　　1　生産者余剰と利潤　80
　　2　生産者余剰と供給曲線　83
　　　B．可変費用　87
　　3　可変費用の図示　87

4　可変費用と生産者余剰　88
　　5　企業間の効率的な生産量配分：可変費用よる説明　89
　　　C．帰属所得　92
　　6　利潤と帰属所得　92
　　7　会計費用と利益　95
　　8　まとめ　98

5章　需要曲線の導出と総余剰 …… 101

　　　A．便益　101
　　1　便益と需要曲線：単純なケース　101
　　2　便益と需要曲線：一般のケース　103
　　3　水とダイヤモンドの便益分析　107
　　　B．総余剰　109
　　4　総余剰とは　109
　　5　競争均衡の効率性　111
　　　C．総余剰の帰着　112
　　6　消費者余剰：単純なケース　113
　　7　消費者余剰：一般のケース　116
　　8　総余剰の分割と補償原理　118
　　9　まとめ　123

6章　参入規制 …… 125

　　1　参入規制　126
　　2　参入規制の費用便益分析　134
　　3　総余剰の分割と改革の補償　137
　　4　まとめ　139

7章　市場介入 …… 141

　　1　物品税　141

2　補助金　147
　3　販売量規制　151
　4　価格規制　155
　5　裁定の余剰分析　157
　　コラム：借地借家法　158
　6　まとめ　160

8章　外部不経済　163
　1　自由放任の非効率性　163
　2　ピグー税　172
　3　個人と外部不経済　175
　4　地球温暖化対策　176
　5　混雑税　181
　6　外部不経済の必要条件　183
　7　まとめ　184

9章　規模の経済：独占　187
　　Ａ．独占の非効率性　187
　1　規模の経済　187
　2　独占　188
　3　独占企業の行動　192
　4　独占の非効率性　194
　　コラム：独占企業と供給曲線　196
　　Ｂ．独占対策　197
　5　独占の弊害　197
　6　独占対策(1)：国有化　199
　7　独占対策(2)：料金規制　200
　8　限界費用価格形成原理　201
　9　総括原価主義（平均費用価格形成原理）　207

10　まとめ　211
　補論：独占企業の利潤最大化生産量では，価格は限界費用より大きい
　　　　——限界収入による説明　214

10章　外部経済と公共財 ……………………………………………219
　　A．外部経済　219
　1　外部経済とピグー補助金　219
　2　外部経済の必要条件　220
　3　発生源としての個人と政府　222
　　B．公共財　223
　4　公共財と料金　223
　　コラム：金銭的外部経済　224
　5　公共財と外部性　227
　6　公共財と排除費用　228
　7　規模の経済の一種としての非競合性　231
　8　公共財としての情報　236
　9　非競合財の有料供給　238
　10　まとめ　240
　補論："公共財"の排除費用による定義　243

11章　道路と市場の失敗 ………………………………………………245
　　A．道路の規模，料金，財源　245
　1　公共財の投資基準　245
　　コラム：フリー・ライダーと公共財の適正規模　248
　2　「受益者負担の原則」vs「道路無料公開の原則」　249
　3　道路建設財源としてのガソリン税　252
　4　高速道路料金　256
　　B．「市場の失敗」の総括　261
　5　市場の失敗とは　261

6　市場の失敗の非効率性：余剰を用いない説明　262
　　　7　まとめ　266

12章　労働市場 ……………………………………………………………269

　　　A．生産要素市場における総余剰　270
　1　労働需要　270
　2　労働供給　275
　　コラム：シャドウ・プライス　279
　3　労働者の余剰（消費者余剰）　281
　4　労働市場均衡　286
　　　B．格差是正策の比較　288
　5　最低賃金制　289
　6　賃金所得税　293
　7　まとめ　297
　補論：包括便益と無差別曲線　299

13章　社会的厚生 ……………………………………………………………301

　　　A．不平等是正政策　301
　1　不平等の原因　301
　2　不平等是正政策の根拠　303
　　　B．社会的厚生の最大化　306
　3　効用水準の比較　306
　4　社会的厚生と社会的無差別曲線　308
　5　効用フロンティア　312
　6　社会的厚生の最大化：市場と政府の役割分担　314
　　　C．効用フロンティアへの到達を促すための3つの政策基準　316
　7　効率化原則　316
　8　パレート改善原則　317
　9　逐次厚生改善原則　319

10　まとめ　321

14章　効率化原則 …………………………………………323

　　1　効率化政策と効用可能性曲線　323
　　2　効率化と厚生改善とが矛盾する場合　326
　　3　効率化原則は長期的パレート改善をもたらすか　328
　　4　効率化原則は長期的な厚生改善をもたらすか　331
　　コラム：経済成長の是非　332
　　5　逐次厚生改善原則と効率化原則の混合の不可能性　333
　　6　効率化と再分配の分離：政治家と官僚の役割分担　336
　　7　効率化原則採用の条件　338
　　8　まとめ　342

終章　政治家と官僚の役割分担 ……………………………345

　　Ａ．政治家と官僚の基本的役割分担　345
　　1　逐次厚生改善政策は分権化に不向き　345
　　2　効率化原則のもとでの政治家と官僚の役割分担　346
　　Ｂ．官僚の役割　348
　　3　日本の官僚機構が行ってきた政策　348
　　4　官僚機構の機能発揮のための条件整備　352
　　Ｃ．政治家の役割　356
　　5　政治家の役割の詳細　356
　　6　日本で議会制民主主義が機能しない原因：経済学的観点　359
　　7　消費者主権回復のための制度改革　362
　　8　むすび　364
　　補論：政治主導のあり方　367

　索引　371

ミクロ経済学

Expressway

序章

市場と政府の役割分担

　イギリスのサッチャー首相，アメリカのレーガン大統領，日本の小泉首相などが民営化や規制緩和といった言葉を日常的な用語にするようになって以来，もう30年以上になります．

　しかし，現在でも市場の機能について懐疑的な人は数多くいます．政府の力を弱め，市場の力を重視することにどのような利点があるのでしょうか．また，市場に利点があるとしても，政府が果たすべき役割もあるはずです．それは何でしょうか．

　本章では，市場と政府の役割分担に関する経済学における考え方を展望しましょう．[1]

1　市場の有効性

　市場では，他人が最も必要としている財やサービスを，より安く供給する個人や企業が成功します．このことを通じて，市場は国民の生活水準を改善します．
　アダム・スミス（Adam Smith）は，彼の主著『国富論』（1776年）の中で，

---

[1]　本章は全体の展望ですから，最初に読む時に理解できない箇所があったとしても，当然です．がっかりせずに，次章以降に進んでください．

人々が私利私欲を追求して消費や生産活動を行うならば，国全体にとって望ましい状況が得られる，と主張しました．スミスは，体系的に市場の重要性を明らかにした最初の経済学者でした．彼は，政府による規制が市場を窒息させることを指摘しました．当時，ヨーロッパ各国が南北アメリカに所有していた植民地の中で，規制が特に弱かったイギリスの植民地経済が，最も急速に成長していました．イギリスの植民地には，規制や既存の業界の締めつけがなかったため，各産業で自由な参入が行われていたからです．スミスはイギリス領植民地の状況を他国の植民地と比較して，観察し，市場の重要性に気がついたのでした．[2]

しかし市場は万能ではありません．政府には，市場を補完するさまざまな役割が求められます．その役割の第1は低所得の人々への所得再分配であり，第2は市場の失敗の是正であり，第3は政府の失敗の是正です．[3]

2 再 分 配

市場に資源の配分をまかせるということは，あらゆる市場で新規企業が自由に参入し，競争することを許す，ということです．これは，競争に負けた者は市場から退出せざるをえなくなる，ということを意味します．したがって，競争の舞台から転げ落ちた者とその子どもたちに対するセーフティネットを政府が整備する必要があります．そうすれば，市場の弊害を最小にして，市場機能を最大限に発揮させることができます．そのためには，たまたま訪れた運や，持ち合わせた才能によって高額の所得や資産を得た人から，運や才能に恵まれなかったために所得や資産が少ない人へと**再分配**を行うための，税制や生活保障制度が必要となります．[4]

---

[2] アダム・スミス（山岡洋一訳）『国富論』上・下巻（日本経済新聞出版社，2007年）第4編第7章参照．

[3] なお，このリストは，アダム・スミスが主権者の義務としてリストしたものとは多少異なります．前掲書下巻，p. 277 参照．ただし政府の失敗については p. 276 で述べられています．

3 「市場の失敗」の是正

　市場経済における政府の役割は，再分配にとどまりません．実は，自由放任にしておけば，市場がまったく成立しない場合もありますし，市場に歪みが生じてしまう場合もあります．これらを**市場の失敗**と言います．市場が失敗した場合には，政府が市場経済に介入する必要があります．逆に言うと，市場の失敗が取り除かれると，市場は資源を効率的に配分します．

　市場が失敗するのは，次の4つのケースに限られることがわかっています．

　第1の市場の失敗は，**外部経済・外部不経済**がある場合です．つまり，ある個人や企業の行動が，市場を通さないで，他人の生活水準や他企業の生産量に直接影響を及ぼす場合です．公害はその典型です．たとえば，工場の煙突から出る煤煙や有毒ガスは，周囲の人々に影響を及ぼします．また，防火に障害となるような建物は，周囲の住宅に対する消火活動を難しくします．このような場合に，市場にまかせておけば，利潤を最大化しようとする企業や消費から得る満足度を最大化しようとする個人は，当然外部不経済を垂れ流します．政府が何らかの形で市場に干渉するのは当然でしょう．したがって，公害の規制や建築基準法における集団規定の設定などが必要になります．[5]

---

4)　再分配を行う方法は基本的に2つあります．第1は，共産主義を採用することです．共産主義は19世紀にカール・マルクス（Karl Marx）により発案された考えに基づき，20世紀にV.レーニンやI.スターリンによってロシア（ソビエト）で試みられました．共産主義では，市場や生産手段の私有自体を否定して，市場の代わりに，官僚機構に資源配分をさせようとしました．しかし官僚機構が硬直化し腐敗した時には，その代替が利かないためにつぶれてしまったのです．1989年のベルリンの壁の崩壊がその失敗を象徴しています．共産主義は，分配の公平を期すために，市場機能までつぶしてしまいました．

　市場がもたらす不平等に対応するための第2の選択肢は，市場機能を温存しながら，所得税や相続税や生活保護などの施策によって，所得や資産を再分配する方法です．

5)　建築基準法には，単体規定と集団規定があります．前者は安全規定で耐震性や防火性に関する規定です．後者は日照や空地割合など環境に関する規定です．

第2の市場の失敗は，**規模の経済**がある場合です．規模の経済とは，生産量を増やした時に単位当たりの費用が下がることです．たとえば，ある地域に送電線を引く場合には，低い送電量であってもある程度の建設費用をかけなければ敷設できません．しかし送電量を倍増しても費用が倍増するわけではありません．こういった技術的な特徴があるために，送電線を引く場合には，大規模なものを敷設することになります．

　したがって，いったん1つの送電線ができてしまうと，別の会社がその地域に競合する新しい送電線を作ることは採算に乗りません．このため，最初にできた送電線が，その地域でのサービス提供を独占してしまいます．このような状況は**自然独占**と言われます．

　他に競争相手がたくさんいる市場では，競争の結果，生産物（財）の価格は，その財をもう1単位生産するのに必要な追加的費用と等しくなるまで下がってしまいます（その理由は，第3章「供給曲線」で説明します）．このような市場を**完全競争市場**と言い，このような価格を**競争価格**と言います．また完全競争市場の中の企業を**完全競争企業**と言います．

　ところが**独占企業**は，価格を高くつり上げても競争相手にお客を奪われることがないため，生産物の価格を競争価格より高い水準に設定します．その際，価格をつり上げるために，生産量を抑制します．すなわち独占企業は，競争価格のもとでより少ない量を生産します．

　実は，この生産量は，社会的に見て過少です．[6]すなわち，独占は，資源配分に非効率性を発生させます．政府が，自然独占企業が発生させている非効率を取り除く1つの方法は，この企業の販売価格を独占価格より低い水準に，（できれば，競争価格の水準に）規制することです．それによって，この企業に増産を強い，過少生産を正すことができます．

　第3の市場の失敗は，灯台や橋のような財によって引き起こされます．灯台や橋は，ハンバーガーのような財とは決定的な違いがあります．ハンバーガーをある人が食べれば，そのハンバーガーは他の誰も食べることはできません．それに対して灯台や橋は，誰かがそのサービスを受けても，他の人が受けるサービス量は減りません．このような性質を持つ財は，できるだけ多くの消費者に利用してもらうことによって，資源を効率的に活用できます．そのためには，

これらの財は無料で提供される必要があります．しかし民間は，無料では提供しません．そのため，市場はこれらの財を効率的に提供できません．灯台や橋のように，誰もが他人に迷惑をかけずにそのサービスを利用できる財が引き起こす市場の失敗は，政府がそれらの財のサービスを無料で提供することによって解決されます．これらの財のサービスが無料で提供される場合にその財を**公共財**と言います．国防，消防，空いている時の道路なども公共財の例です．

　第 4 の市場の失敗は，情報の非対称性がある場合です．売り手は売っている商品の性質を知っているのに，買い手にはよくわからないという場合には，どんなに良い商品を作った売り手も，買い手側の不信のためにそれを売ることができません．結果的に悪い商品が良い商品を駆逐します．こういう状況を，**情報の非対称性**があると言います．医薬品はその典型です．したがって，医薬品の効果については公的機関が検査し，何が取引されているかについての情報を消費者に知らせる必要があります．それによって初めて品質の良い商品が，品質の悪い商品に駆逐されず，市場で取引されることになります．

---

6) これは第 9 章「規模の経済：独占」3 節で詳しく説明します．待ちきれない人のために，ここでその概略を説明すれば次のようになります．いま，経済には衣料品と食料品の 2 つの財しかなく，衣料品を独占企業が，食料品を無数の完全競争企業が生産しているとしましょう．政府が，衣料品企業に対して無理やり少量を増産させるとします．その結果発生する費用増は 1 万円だとします．経済全体で労働の総量も資本の総量も一定だとすれば，この衣料増産に必要な労働や資本は食料品産業から無理やり提供させることになります．結果的に 1 万円分の労働や資本が食料品産業から取り上げられます．

　これは，市場価格で測ってちょうど 1 万円分の食料品が減産されることを意味します．食料品についている競争価格は，食料品をもう 1 単位生産するのに必要な追加的費用に等しい価格だからです．一方独占企業は，競争価格より高い価格をつけますから，衣料品企業の増産量を市場価格で測ると 1 万円以上になります．仮に 1 万 5000 円だとしましょう．この結果，市場価格で 1 万円分の食料品を減産して節約できた資源を衣料品企業の生産プロセスに移せば，衣料品を 1 万 5000 円分増産できます．

　これは，ある人から（年間）1 万円分の食料品を取り上げれば，その代わりに 1 万 5000 円分の衣料品を生産できることを意味します．これによって，彼の生活水準は上がるでしょう．したがって，独占企業がある場合には，独占企業でたまたま生産されている財を増産すれば，誰の生活水準も下げることなく，ある人の生活水準を上げることができます（第 9 章で説明します）．したがって，独占企業が生産している財は社会的に見て過少に生産されているわけです．

4 「政府の失敗」の是正

　所得再分配や上であげた4つの「市場の失敗」の是正以外にも，政府がとるべき経済政策があります．「政府の失敗」の是正です．市場の失敗がないにもかかわらず，政府が市場に干渉しているために，歪みが発生している場合があります．これは，**政府の失敗**と呼ばれます．このような，人工的に作り出された歪みを除去する政策も必要です．

　「政府の失敗」の典型例は，さまざまな分野で設けられている参入規制です．ある業種への新規参入者を制限すると，既存の業者は価格を高く維持できます．したがって，ありとあらゆる業界は，自分の産業への新規参入者を制限しようとします．薬局業界がコンビニエンス・ストアでかぜ薬や胃腸薬を売らせない規制やインターネットでの大衆薬販売を制限する規制を政府に作らせていたのはその1例です．美容師になるには，原則として，高校卒業以上でなければなりません．約250万円の授業料や教材費をかけて2年間美容師学校に行かなければなりません。さらに，いったん美容師の資格を得た人が理容師の資格を取るためには，また2年間理容師学校に通って，ほとんど同じことをもう一度学ばなければなりません．理容師組合や美容師組合が国会議員にそのような規制を作らせたのです．さらに，日本では，弁護士の数を極端に少なくし，弁護士の資格を得た人々の競争を制限しています．例は枚挙にいとまがありません．こうした参入規制を除去することも，重要な経済政策の1つです．

5 厚生経済学の基本定理

　市場が失敗する4つの場合を取り除くと，「市場は資源を効率的に配分する」と3節で述べました．では，効率的とはどういう意味でしょうか．この言葉を定義するためには，次の例によって「非効率的」な状況の意味を明らかにすることが役立ちます．

たとえば，バナナさんとサンマさんという2人がおり，バナナさんはバナナの木を持っているとします．サンマさんは船を持っており，たくさんのサンマが獲れるとしましょう．以前は，バナナさんはバナナだけを，サンマさんはサンマだけを食べて暮らしていました．しかし，この2人が**市場**に出かけていき，それらを交換することによって，バナナとサンマの両方を消費することができるならば，食材が多様になるわけですから，どちらの人の生活水準も上がるでしょう．交換によって，「一方の人の生活水準を引き下げることなく，他方の人の生活水準を引き上げることができる」状況にあります．ということは，この交換が行われる以前のバナナとサンマの資源配分状況には無駄があり，非効率的な状況だったと言えます．

すなわち，**非効率的な状況**というのは，与えられた資源と技術の制約のもとで，「経済にいる他の誰かの生活水準を引き下げることなく，ある人の生活水準を引き上げることができる」状況です．

反対に，効率的な状況というのは，そういう形ではある人の生活水準の改善がもはやできない状況です．言い換えると，**効率的な状況**というのは，与えられた資源と技術の制約のもとで，経済の中のある人の生活水準を引き上げるためには，必ず他の誰かの生活水準を引き下げなければならない状況です．バナナさんとサンマさんが交換をすませた後のような状況です．バナナさんの生活水準をさらに引き上げるには，サンマさんからいくらかサンマを無理やり取り上げて，バナナさんにわたすしか方法がありません．

「効率的な状況」のことを，経済学の専門用語では，**パレート効率**が達成された状況である，とも言います．上にあげた4つの市場の失敗がなく，政府が**市場**に介入しない場合には，**市場はパレート効率な資源配分を達成します**．この命題を，**厚生経済学の基本定理**と呼びます．厚生経済学の基本定理は，図によっても，微分や積分を使っても証明できます．さらには位相数学を使う一般的な証明方法もあります．[7]

厚生経済学の基本定理は，アダム・スミス以来の「市場が見えざる手によって社会的に望ましい状況を達成する」という命題の現代的な定式化だと言うことができます．

これまで，「政府の役割は，再分配を行うことと，4つの市場の失敗を取り

除くことである．それさえすれば，市場に資源の配分を委ねるべきだ」と主張してきました．厳密に言うと，その根拠は厚生経済学の基本定理にあります．

市場の失敗を1つひとつ是正していく政策は，経済を前述の意味で効率的な状況に一歩一歩近づけていく政策だと言えます．このような改善の余地がいっさいなくなった時，経済はパレート効率を達成します．

6　効率化政策

利害対立

われわれの経済では，独占的な要素，外部経済・外部不経済，あるいは情報の非対称性によって生じた歪みが数多くあります．そのような歪みを取り除く政策によって，その国のすべての人々の生活水準を向上させることができるならば，その政策を当然実行すべきです．

しかし現実には，歪みを取り除こうとした政策の結果，ある人の生活水準は上がるが，他の人の生活水準は下がる，ということが一般的です．例をあげましょう．

バナナさんとサンマさんの話を思い出してください．今度は，この2人だけでなく，ジミーさんという人がもう1人いるとします．彼は昔サンマさんの弟子だった人で，やはりサンマを獲って暮らしています．バナナ＝サンマ市場は彼がアメリカに行っている間にできました．故郷に戻ってきてからも市場ができたことを知らず，もくもくとサンマを獲っていた彼は，市場の存在を知るに至って，市場に参加してきました．ジミーさんの参入は，①バナナさんを有利

---

[7]　八田達夫『ミクロ経済学Ⅱ』（東洋経済新報社，2009年）の第19章では「厚生経済学の基本定理」を図によって証明しています．本書におけるこの定理の文言は，第19章の文言を実用的にパラフレイズしたものだということがわかるでしょう．本書の文言は，上掲書の第19章の定理の系だと考えてください（ところで，教科書によっては，実用的な観点から，5つ目の市場の失敗として「取引費用」があげられることがあります．しかし市場の失敗を起こす取引費用は，規模の経済の一種なので，本書では市場の失敗を4つに分類しています）．

にします．サンマの供給が増えるので，バナナ1本当たり，前より多くのサンマを手に入れることができるようになるからです．次に，②ジミーさんは，サンマだけでなくバナナを食べられるようになり大喜びします．しかし，③サンマさんは，サンマ1匹当たり交換することのできるバナナの量が前より少なくなって困ることになります．

ジミーさんの参入の結果，すべての人の生活水準が上がったわけではなく，サンマさんの生活水準は下がってしまいました．

この場合，ジミーさんの参入を認めると，サンマさんの既得権が侵されるから，ジミーさんの参入を阻止すべきだという意見もあるでしょう．一方で，全体のことを考えると，サンマさんには痛みに耐えてもらうべきだという意見もありえます．どちらを選ぶかは，政策的な現場でいつも直面する大きな問題です．[8]

補償原理

ある政策の結果，ある人の生活水準は上がるが，他の人の生活水準は下がるという場合に，その政策の総合的な効果を示す1つの基準があります．

改革によって生活水準が上がった人が，生活水準が下がった人に対して補償を与えても，なお改革前よりも高い生活水準を維持しうるのならば，この改革は経済の資源配分をより**効率化**すると言います．

上の例で言えば，ジミーさんの参入後，サンマさんの生活水準は下がっていますが，サンマさんが前と同じだけの生活水準を保てるように，バナナさんとジミーさんが，サンマさんに補償してあげるとします．そうしたうえでもまだ，

---

[8] このような時，現実の経済では，既得権を持っているサンマさんは，ジミーさんの市場参入を阻止しようとするのが普通です．政治家を使ったり，官僚の天下りを受け入れたりして，ジミーさんの参入を阻止する法律を作ろうとします．法律には，「不潔な人は，市場に参入すべきではない」といった，一見もっともらしい理由をつけ，そのうえで新規参入者が不潔かどうかを審査する公的機関を作ったりします．なぜそのような機関が新設されるかというと，この機関に官僚の天下りを受け入れるからです．結局ジミーさんの市場参入を阻止することによって，サンマさんはもとより，口ききをした政治家も，天下り先ができた官僚もうるおう仕組みになっています．

バナナさんとジミーさんの生活水準が，ジミーさんの参入以前よりも上がっているのならば，参入は経済を効率化しています．得をした人たちが，損をした人を補償してあげてもなお，得をした人たちに得が残る時，効率化すると言うわけです．

ジミーさんの参入が，資源配分を効率化するか否かは一見して明らかなわけではありません．しかし，この参入が資源配分を効率化することを，経済学によって示すことができます．この場合には，参入の後に再分配しさえすれば，全員に得をさせうることを，第6章「参入規制」3節で示します．

ジミーさんの参入を許可するかどうかのような問題を考えるにあたって，世間一般では，公平性の基準を採用することが多いようです．「ジミーさんにも平等に機会を与えてやるのが公平だ」というものです．サンマさんが金持ちで，ジミーさんが貧乏ならばこの議論はもっともらしく聞こえます．しかし，もしサンマさんが貧乏で，ジミーさんが金持ちならば，公平性を重んじる人の多くは貧乏なサンマさんの権利を守るために，金持ちのジミーさんの参入を許すべきではないと主張するかもしれません．公平性の基準を採用するという人は，無意識のうちに参入の許可・不許可を再分配の手段として考えているのです．

公平性の基準は人によって異なるでしょう．それに対して，効率性の基準は客観的な基準です．

このような効率化の定義を，「**補償原理に基づいた効率化の定義**」と言います．この原理では，得をした人から損をした人への「**仮設的な**」補償が何をもたらすかを基準として効率化の判断をすることに注意してください．「仮設的」ですから，この補償は実際に行われる必要はありません．これはあくまで，経済変化の良し悪しを，仮に補償が行われたら全員が前より良くなる可能性があるかどうかで決めよう，という判定基準です．

7　効率化原則

ある政策が採用された結果，損をする人に同情して，「すべての人の生活水準をただちに引き上げるような政策のみを実行する」という方針を立てたとし

ましょう．この政策の方針を**既得権保護原則**と呼びましょう．

　しかし現実世界には，すべての人の生活水準を向上させる政策はまず存在しません．もちろん，参入規制を撤廃する時には，既得権を持っていた人に対して，政府がある種の補償をすることもあります．しかし，普通は補償しません．厳密に補償することは，実際には不可能だからです．仮設的な補償によって定義された意味での効率化はできますが，実際には補償しない，ということになれば，かならず損をする人が出てきます．したがって既得権保護原則をとる場合には，結局は現状維持を選ばざるをえない，ということになってしまいます．

　既得権保護原則に対立する概念は，**効率化原則**です．これは，「効率化政策はすべて遂行する」という原則です．現実には，ある規制緩和では自分の既得権を奪われるために損をしても，他の規制緩和では得をするという政策がほとんどです．効率化原則に基づいて，数多くの政策を実行すると，1つひとつの改革の後では実行前に比べて生活水準が下がる人はいますが，何十年かたった後では，大部分の人が得をするという状況になる可能性があります．効率化原則の下に多くの政策が行われる場合，自分の子どもたちや孫の世代まで含めて考えれば，ほとんどの人が得をすることになる可能性は高いでしょう．

　どちらの政策原則を採用するかは，価値観の問題です．

　この選択は，経済の成長か停滞かの選択に似ています．規制緩和と同じように，経済成長も多くの人に豊かさをもたらしますが，同時に衰退産業にいた人に痛みを与えます．このため，炭焼き産業がかわいそうだから石油を輸入しないようにしようとか，人力車がかわいそうだからタクシーの営業はやめよう，と考える人は数多くいます．この考えを徹底すると，中世のままのほうが，犠牲者を出しつつ経済成長するより望ましい，ということになります．この「経済成長は望ましくない」という立場は，既得権保護原則の立場に似ています．

　一方，経済成長を続けていくと衰退産業で働く人は痛みを感じるが，長い目で見ると，彼らや彼らの子孫も経済成長から便益を得て，その国の国民全体が得をします．だから成長は望ましいと考える人たちもいます．この立場は，効率化原則の立場と似ています．

　ところで効率化原則は，次のように個々の効率化政策とは独立した分配面の改善政策を併用することができます．

14　序章　市場と政府の役割分担

① 　市場の失敗や政府の失敗を取り除く効率化政策は，それが所得の分配にどのような影響を及ぼすかを無視して採用する．
② 　その一方で，個々の効率化政策とは独立に，累進的な所得税や累進的な相続税による再分配政策を行う．

　こうすれば，特定の政策のもとで一部の人の生活水準が下がる場合があっても，現状維持と既得権保護原則から脱出し，長い目で見て，不平等が拡大しない形で，パレート効率に接近していくことができます．その際，②の再分配は，選挙で選ばれた政治家がその価値観に基づいて決めなければならないのに対して，①の効率化政策の採否は客観的な経済分析によって決められるので官僚が分担できることに注目してください．

8　経済学の役割

　経済学は，個々の政策が，「補償原理に基づいた効率化」をもたらすか否かを明らかにします．このため，効率化原則を採用すべきだという立場をとる人にとって，経済学は不可欠の分析用具です．それが，経済学の，経済政策における役割です．
　しかし，経済学の分析が「効率化原則を採用すべきだ」という結論を生むわけではありません．これは，航空工学の分析が「国が空港を建設すべきだ」という結論を生まないのと同じです．
　また，効率化原則を採用すべきではないという立場をとる人にとっては，ミクロ経済学の主要部分は役に立ちません．これは，飛行機には乗りたくないという人に航空工学が役に立たないのと同じです．[9)] ある人たちには役に立つ学問が，別の人たちには何の役にも立たないということはよくあることです．
　効率化原則を採用すべきか既得権保護原則を採用すべきかは，価値観によって決まる問題です．この選択は主観的であり，投票に基づいて決められるべき性質のものです．アメリカ，カナダ，イギリス，オーストラリアなどでは，1980年代から，事前に行う規制の費用便益分析（規制影響分析）を経なくては新し

い規制を導入できない制度が導入され，2000年代になってからはEU（欧州連合）でも導入されました．これらは，効率化原則を，投票によって選択した結果であるとみなせます．またわが国では，内閣府の規制改革会議が，広く国民から問題点の指摘を受けた現行の非効率的な規制の改革を，各官庁と交渉して行うことが義務づけられていました．さらに，日本では，貿易自由化や費用便益分析をはじめとして数多くの効率化政策が，投票に基づいて実行されてきました．これらも，効率化原則を，投票によって選択した結果であるとみなせます．

9　日本国憲法と効率化原則

　実は，日本国憲法自体が，「効率化原則を採用する」という価値観を表明していると考えられます．厚生経済学の基本定理が成立する以上，効率化原則は，「政府は，再分配のためと，市場の失敗を正すためには市場に介入すべきだが，その他の場合には市場にまかせるべきだ」という原則です．

　憲法は，健康で文化的な最低限度の生活を営む権利（25条）を認めたうえで，公共の福祉に反しないかぎり，財産権（29条）と居住，移転および職業選択の自由［営業の自由］（22条）を保障しています．これは，「政府に，最低限の再分配を義務づけたうえで，公共の福祉に反しないかぎり，市場に介入することを禁じている」と解釈できます．「公共の福祉に反しないかぎり」とは，「市場の失敗がないかぎり」を意味すると考えることは自然です．「市場の失敗」がないかぎり各個人による自由の追求は，効率的な資源配分をもたらすからです．

　そう考えると，憲法は，政府に対して，市場の失敗がないかぎり，市場への不介入を求めていると考えられます．[10] すなわち効率化原則という規範を採用

9）　ただし，自分は飛行機に乗りたくなくても，ビジネスパーソンたちが世界中を飛び回ってくれることによって，安い輸入財を消費できることから恩恵を受けている人は多いでしょう．飛行機嫌いの人たちにも，航空工学は間接的に役立っているはずです．

　同様に，自分の既得権を侵す効率化原則に反対するが，それ以外の効率化原則が引き起こす値下げによって恩恵を受ける人も多いでしょう．彼らにとっても，実は経済学は役に立つはずです．

することを求めていると考えられます.[11]

10　効率化政策の具体例

　小泉元首相が提唱した「構造改革」は，効率化原則の立場に立った「政府の失敗」の是正策です．効率化政策の例として，日本における構造改革の具体例をあげましょう．

構　造　改　革
　小泉元首相は，「痛みをともなう構造改革」を唱えました．しかし，小泉内閣が強調した**構造改革**という言葉が何を意味するのかわからないという声をよく聞きます．経済学的に筋の通った1つの定義は，「政府の失敗の是正」です．わかりやすく言えば，おおよそ次のとおりです．「何らかの制度的な障害によって資源が生産性のより高いところに動けない場合に，そのような障害を取り除く改革が構造改革である.」
　市場システムのもとでは，労働や資本などの資源に対しては，生産性の高い企業や場所ではより高い報酬が支払われますから，資源は生産性の低いところから高いところに自動的に動きます．ところが，それを人為的に止める仕組みがある時に，その仕組みを取り除いて，きちんと資源が生産性の低いところから高いところに移っていけるようにすること，それが構造改革です.[12]
　多くの場合，政府の失敗——すなわち効率的な資源の移動を阻害する人為的

---

10)　日本国憲法のさまざまな概念の源流は，アメリカ合衆国憲法にあります．合衆国憲法は，建国前の勃興しはじめたアメリカ経済の新進の事業家たちが作ったものです．「厚生経済学の基本定理」はまだ定式化されていなくても，体験から市場機能の社会的意義を深く理解していたのかもしれません（例えばビアード［池本幸三訳］『合衆国憲法の経済的解釈』研究社出版，1974年を参照）．アメリカ憲法の制定（1788年）とアダム・スミスの『国富論』の出版年（1776年）がきわめて近いことも偶然ではないでしょう．

11)　本書（および八田達夫『ミクロ経済学Ⅰ』［東洋経済新報社，2008年］序章）の権利論は，常木淳『「法と経済学」による公共政策分析』（岩波書店，2012年，pp. 50-51）の分類による「効利主義的権利論」の一種です．

な仕組み——は，特定のグループの利益を守るという分配上の考慮から設けられています．したがって構造改革によってもたらされる資源の移動は，あるグループの所得を引き上げるが，別のグループの所得を鋭く引き下げることがよくあります．それが「痛みをともなう」という修飾句が構造改革の前につけられた理由です．

　以下では，そのような構造改革の具体例をあげましょう．

　日本の戦後の歴史を見ると，目ざましい構造改革の成功例があります．1960年代の初頭に行われた，石炭から石油への転換政策です．

　戦後日本は石炭の復興のために大変な政策的援助をして，石炭産業を栄えさせました．しかし，1950年代末以降は，中東から石油を安く輸入することができるようになりました．しかも，このころは，毎年のように石油タンカーのサイズの世界記録が更新されるほど造船技術が発達しました．ある年に，10万トンのタンカーが造られると，次の年は12万トンのタンカーが造られ，その次の年は14万トンに，というようにです．その結果，年をおうごとに，中東からの石油をより安く輸入できるようになりました．

　しかし，まともに石油の輸入自由化をしたならば，日本の石炭産業はつぶれてしまいます．1960年代の初頭はそういう状況にあったため，石油の輸入制限に加えて，石油の使用を抑制するさまざまな規制がかけられていました．たとえば当時の銭湯に対しては，石油のほうが安くお風呂を焚けるにもかかわらず，値段の高い石炭を使わなければいけない，という規制がかけられていました．

　ところが，1960年前後に政府は方向転換をして，石油への外貨割当ての増額などを行い，石油の輸入自由化に踏み切りました．ただし，その結果，石炭生産の拠点だった三池・夕張・常磐の炭鉱は一気に没落し，石炭産業は壊滅しました．この石炭から石油への転換政策は，まさに痛みをともなう政治的には非常に難しい構造改革でした．

　もちろん，石炭から石油への転換政策を実行したから高度経済成長が始まった，というわけではありません．しかし実行しなかったら，日本の高度経済成

---

12)　本節で用いた「生産性」という用語は，第3章「供給曲線」で定義するより正確な用語，「限界生産力」の意味で用いています．

長はありえなかったということも明白です．その決断を日本はしたわけです．
　石炭から石油への転換を可能にした高度経済成長政策は，長い目で見て三池・夕張・常盤の炭鉱の労働者にとっても（少なくともその子どもたちや孫たちにとっては），より良い生活ができるようになった政策だったと言えるでしょう．特に，1960年代に行われた広範囲の貿易自由化や資本の自由化の一環として，石炭から石油への転換政策を眺めれば，このような効率化政策全体から，彼ら自身が正味では恩恵を受けた可能性があります．
　さまざまな効率化政策を，それが必然的に引き起こす痛みのゆえにやめるべきだという議論は，石炭から石油への転換政策は石炭産業を没落させ大量の失業者を生むから実行するべきではなかったという主張と共通点があります．

効率化と痛みの緩和策

　石炭から石油への転換政策によって，三池・夕張・常磐の炭鉱はつぶれ，大量の失業者が出ました．この構造改革による痛みに対して，2つの直接的な再分配政策がとられました．第1は，炭鉱離職者を雇用した会社には補助金を出したことです．第2は，炭鉱離職者たちが東京や大阪で就業する時には，就業しやすいように当時としては非常にハイカラな公団型のアパートを雇用促進事業団が建設しました．
　この再分配政策の特色は，改革による痛みの代償として，三池・夕張・常磐の炭鉱にお金を落とすのではなく，離職者の新しい就職先の都市にお金を落としたという点です．つまり，資源の移動を抑制して，既得権を持つ人々の痛みを軽減するのではなく，資源の移動を促進させるような再分配政策を行ったところに特色があります．自由化を抑制して農家に補助金をばらまくような現在の農業政策とは正反対です．[13]

---

[13] さらに特筆すべきことは，石炭から石油への転換が行われた時には，それと並行して結果的にはこの転換政策の痛みを緩和する強力な政策を行いました．それは，所得倍増計画を採用したことです．この成長促進策が景気を良くし，失業を減らし，炭鉱離職者の雇用を容易にしました．逆に言えば，構造改革を行う時には，その前提としてマクロ経済政策によって，失業の少ない経済を作りだす必要があります．さもないと，効率化政策によって発生する失業者を，経済全体として支えきれなくなってしまいます．

11 まとめ

　以上の議論は，次のようにまとめることができます．

　「政府が効率化政策を行うと，得をする人も損をする人も出てくる．しかし効率化政策が一貫してとられる場合には，既得権を失った人も，長期的には効率化政策の恩恵を受けることになる．特に，子どもたちや孫たちの世代には，皆が得をする可能性が高い．
　さらに，社会全体の所得の分布が不平等にならないように，累進的な所得税や相続税を用意し，生活保護のような社会保障制度を整備すれば，個々の効率化政策を実行する時には分配は考慮せずに行うことができる．
　反対に，損失を被る人を完全に補償できないならば効率化政策を採用すべきではないということにすると，全体的には得になることがわかっている数多くの政策は遂行されないことになり，袋小路に入ってしまう．結果的に国全体も低い生活水準しか得られない可能性の中に閉じこめてしまうことになる．
　経済学という学問によって，効率化政策を一貫してとることを正当化できるわけではない．しかし経済学は，個々の政策が補償原理に基づいた効率化をもたらすか否かを明らかにしてくれる．したがって，効率化政策を一貫してとる場合には，経済学は必要不可欠の分析用具である．」

　20世紀は，市場と政府の役割について，さまざまな考え方が交錯し，実験された世紀でした．ソビエトの出現と崩壊は，その混乱を最も如実に象徴しています．21世紀は，「市場が得意な分野では市場に大きな力を持たせ，市場が失敗する分野と所得の再分配に関しては，政府が大きな役割を果たす」時代になるでしょう．特に，どのような生活が望ましいかに関する判断はあくまで国民に任せることとし，国は，国民がそのような選択を自由にできる環境を整えること，すなわち市場の失敗や政府の失敗を取り除くことに，力を傾注する時代になるでしょう．

12　本書のプラン

　以下本書では，第2章「需要と供給」で，市場が需要と供給をどのようにバランスさせるかを学びます．第3章「供給曲線」では限界費用曲線が供給曲線であることを示します．限界費用とは供給されている財をもう1単位生産するのに必要な追加的費用のことです．第4章「生産者余剰，可変費用，帰属所得」では，限界費用の概念を利用して，生産者余剰の概念を導入します．さらに第5章「需要曲線の導出と総余剰」では，ある政策が資源配分を効率化するか否かの判定の基準である「総余剰」という概念を定義します．そのあとで「消費者余剰」の概念も導入します．第6章以降，第12章までは，この余剰概念を用いてさまざまな経済政策がどのように効率化をもたらすかを分析します．第13章「社会的厚生」と第14章「効率化原則」では，効率化政策と再分配政策の関係を分析します．終章では，第13章と第14章の分析に基づいてミクロ経済学の観点からの政治家と官僚の役割分担を明らかにします．終章の付論では，民主党のいわゆる「政治主導」を検討・評価します．

キーワード

再分配　市場の失敗　外部経済　外部不経済　規模の経済　自然独占　完全競争市場　競争価格　完全競争企業　独占企業　公共財　情報の非対称性　政府の失敗　市場　非効率的な状況　効率的な状況　パレート効率　厚生経済学の基本定理　効率化　補償原理　仮設的な補償　既得権保護原則　効率化原則　構造改革

1章

経済の全体像

　財・サービスを消費したり，生産したり，取引したりすることを経済活動と言います．経済活動をする単位，すなわち家計や企業や政府などを**経済主体**と呼びます．さまざまな経済主体がありますが，最も重要な経済主体は家計と企業です．家計と企業による経済活動がどのような経済システムのもとで行われているか概観しましょう．

1　家計と企業

生産物と生産要素

　企業の生産プロセスには，労働や土地等の投入物が投入され，その結果として家計が消費する**生産物**が生産されてきます．[1]

　家計は，企業から豚まん，デジカメ，携帯電話といったさまざまな生産物を買います．生産物は，物（有形）だけでなく，サービス（無形）の場合もあります．みなさんは，NECや富士通が作った携帯電話の製品だけではなくて，ドコモやKDDI，ソフトバンクのような会社から携帯電話の通信サービスを買っているでしょう．さらに，インターネットのプロバイダーからは，接続サー

---

[1] 生産物は産出物とも言います．

ビスを買います．英会話学校からは，授業というサービスを買います．美容院からは美容サービスを買います．このような有形無形の生産物を総称して，**財・サービス**と言います．反対から見ると，企業はこれらの財・サービスを家計に売ります．

一方で，企業は，生産のために投入物を購入する必要があります．

投入物は4つに分類できます．まず**労働**と**土地**です．これらは生産することはできません．次は**中間投入物**と**資本**です．これらは，それ自身が生産された投入物です．生産された投入物のうち，短期間に生産プロセスで使われてしまうものを中間投入物と言い，それ以外のものを資本と呼びます．資本とは，生産に使う道具，機械や工場などのことです．豚まんを例にとれば，豚肉や小麦粉は中間投入物で，蒸し器は資本です．ただし資本という言葉は，資金という意味でも用いられることがあるので，区別する必要がある時には**資本財**とも呼ばれます．

多くの場合，企業は投入物を一定期間借りて使います．たとえば，自動車やコピーの機械などの資本を，2年間リースあるいはレンタルして借りることはよくあります．土地も，企業が買ってしまうこともありますが，個人から借りて，使用料（つまり地代）を支払うこともあります．そのように借りる場合は，「一定期間，投入物が提供するサービスを買う」という言い方をします．

1カ月いくら，1時間いくらという形で「労働者を雇う」という場合には，その期間中に労働者のサービスを買う，という意味です．これは，自動車のリースやレンタルと同じです．企業は労働者の「サービスを買う」のであって，「労働者を買う」わけではありません．企業は労働者を「借りる」わけです．

さて，家計が企業に対して持っている労働や土地を貸す，というのはわかりやすいのですが，資本を貸すというのはどういう場合でしょうか．たとえば，個人が貸し店舗を企業に貸しているという場合は，資本財を直接貸しているのですから，まさにこれに該当します．個人が社債や銀行預金を通じて企業に金を貸している場合には，間接的に企業に資本財を貸していることになり，個人はその報酬として利子を得ます．さらに，企業の株を持っている場合は，株主として結果的には企業の資本財を所有しているということになります．株主は配当を得ます．

ところで，労働・土地・資本を**生産要素**，あるいはたんに**要素**と呼びます．これは投入物のうち中間投入物を除いたものです．生産要素は，基本的には家計が保有して，そのサービスを企業に売る投入物のことです．[2] 要素は総称して**資源**とも呼ばれます．

家計が働いて賃金を得たり，土地を貸して地代を得たり，資本を貸して配当や利子を得たりするということは，家計が企業に対して「要素サービスを売る」ということです．一方企業が人を雇い，土地や資本を借りるということは，企業が家計から「要素サービスを購入する」ということです．

投入物の中でも，中間投入物は，一定期間内に使われてしまうものなので，家計が所有してその「サービスを売る」（すなわち「貸す」）という性質のものではありません．企業は中間投入物を借りるのではなく購入して使い切ってしまいます．

家計と企業の間の取引

図 1-1 は，経済全体の仕組みを単純化して示しています．左側に家計があり，右側に企業があります．図 1-1 の上半分のオレンジ色の矢印は，生産物の流れを示しています．家計が，豚まんやデジカメ，携帯電話を企業から買っていることが示されています．この生産物購入の対価として，お金が家計から企業に流れることをグレーの矢印が示しています．

家計は財やサービスの購入をまかなうために，働いて賃金を得たり土地を貸

---

[2] 中間投入物と比べた生産要素の特徴を 2 つあげましょう．第 1 に，国全体の生産能力を示す尺度には投入物より生産要素のほうが適切です．ある期間，たとえば 1 年間の生産を生み出す投入物としては，労働，土地，資本が根源的な投入物です．中間投入物は，その期間内に，さまざまな企業によって作り出されますが，それらはまた他の企業によって使われてしまうので，その国が期首に持っている生産能力を表す指標ではないと考えます．第 2 に，国全体の生産量を表す時には，最終的に消費財と投資財（新たな資本の増加）の生産のみを合計します．中間投入物の生産は，次の理由で，合計しません．いま仮に，ある中間投入物の生産を国全体の生産量の一部として合計するとしましょう．その場合には，その中間投入物の売り手と買い手の企業が合併すると，その中間投入物の市場取引がなくなってしまうため，それだけで国全体の生産量が減少して見えます．現実の生産量は，合併によってまったく変化していないのですから，もともと中間投入物の生産は合計すべきではなかったわけです．

図 1-1 経済の全体像

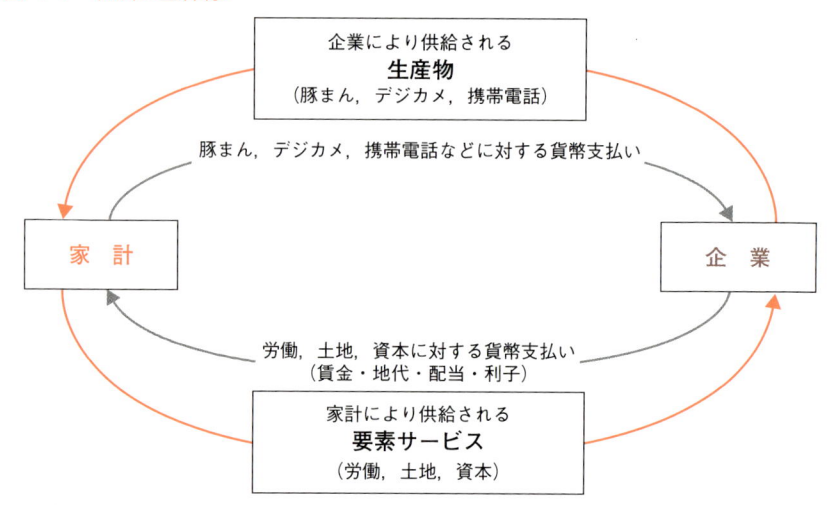

```
         企業により供給される
              生産物
      （豚まん，デジカメ，携帯電話）

     豚まん，デジカメ，携帯電話などに対する貨幣支払い

  家 計                           企 業

     労働，土地，資本に対する貨幣支払い
        （賃金・地代・配当・利子）

          家計により供給される
            要素サービス
          （労働，土地，資本）
```

家計は，企業から生産物を購入する一方で，企業に要素サービスを販売します．図のオレンジ色の矢印は財やサービスの流れを，グレーの矢印は，対価として支払われる貨幣の流れを示しています．

して地代を得たり，資本を貸して配当や利子を得たりして所得を得ます．言い換えると，家計は自らが所有する生産要素のサービスを企業に売って，それを原資にして生産物を買っているわけです．

一方，図 1-1 の下半分のオレンジ色の矢印は，要素サービスの流れを示しています．企業は，家計から労働や土地，資本といった要素のサービスを購入しています．企業は要素サービスを家計から購入する一方で家計に生産物を売っています．

経済の流れの基本はこの図 1-1 で表現できます．しかし，これが全部ではありません．たとえば，家計は，他の家計から物を買うこともありますし，物を自分で作ってしまうこともあります．それから企業も，他の企業からいろいろな物を買います．しかし，まずは出発点として，こういう単純化された見方をすると話がすっきりします．

企業と産業

　個々の生産者のことを**企業**と言います．これは株式会社でなくてもかまいません．利潤をあげようとしている事業所はすべて企業です．農家のことも経済学では企業と言います．

　一方，ある同種類の物やサービスを作っている企業の集まりを**産業**と呼びます．朝日新聞社，読売新聞社，毎日新聞社，スポーツニッポン新聞社などの企業が新聞産業を作っています．お米を作っている個々の農家は企業ですが，米作農家の全体が米産業を作っています．豚まんを作っている中村屋，山崎製パンなどは企業ですが，これらがまとまって豚まん産業となります．このように企業と産業という言葉は，使い分けます．[3]

2　市　　　場

市場の形態

　似たような物やサービスを売り買いするところを 1 つの**市場**と言います．魚や野菜をせりで売り買いする築地市場や大阪福島の中央市場，株が取引されている東京の証券取引所のように，特定の場所に市場が成立しているケースもあります．しかし，楽天市場やアマゾンのように実体を持たないインターネット上の市場もあります．また，豚まんやアイスクリームの小売市場のように，場所的に広がっている物もあります．生産物では，基本的に産業ごとに市場があります．生産要素もその種類ごとに市場があります．図 1-2 は，生産物は生産物市場で取引され，要素サービスは要素市場で取引されることを示しています．

　個々の売り手または買い手が価格にどれだけの影響力を持っているかによっても，市場を分類することができます．

---

[3]　産業という言葉は企業の名前にも使われます．たとえば三菱重工業は，英語では Mitsubishi Heavy Industries と言っています．しかし経済学では通常，産業（industry）というのはある同一の物を作っているような企業群の全体のことを指します．

無数に競争相手がいる時には，売り手も買い手も市場価格を受け入れざるをえません．多くの売り手が存在し，個々の売り手の販売量が，市場全体の取引量に比べて極端に小さいため，個々の売り手が市場価格に影響を及ぼせない状況での売り手を**完全競争的な売り手**と言います．

たとえば，大豆の農家は，完全競争的な売り手です．この場合，市場価格で売りたいだけ売れますから市場価格より安く売る必要はありませんし，少しでも高くしたら買い手が競争相手のところに買いに行きますから自分のところには誰も買いに来ません．結局，自分のところが大量に生産しようがどうしようが市場の大豆価格を変えることはできませんから，市場価格を受け入れざるをえないわけです．

しかし，財やサービスの市場の多くは完全競争的ではありません．売り手が1社あるいは1人しかない場合，そのような売り手のことを**独占**的と言います．売り手が企業であれば**独占企業**です．たとえば，ディズニーランドは独占企業です．独占企業は，政府が価格を規制していないかぎり，自社で価格を決めます．[4]

1社ではないものの，売り手が少数しかいない場合もあります．そのような売り手のことを**寡占企業**と言います．たとえば，ゲーム機器メーカー，自動車会社，全国紙を発行している新聞社などです．このような企業は，価格を自分たちで決めます．それにともなって売れる数量は変化しますが，自社製品は他社製品と質が異なるため，まったく同じ商品ではないのです．したがって，完全競争の場合とは異なり，現在の販売価格よりも少しでも価格を引き上げると売上げが急にゼロになるということはありません．

独占企業や寡占企業は，価格を操作できるので，これらの企業を**価格支配力を持っている売り手**と言います．

次に，売り手ではなく，買い手に注目しましょう．多くの買い手が存在し，1人ひとりの買い手が市場価格に影響を及ぼさない場合に，その買い手を**完全競争的な買い手**と言います．生産物市場の買い手が消費者である場合には，普通は完全競争的な買い手です．消費者は，医薬品の値段を左右することはでき

---

[4] ただし，政府は，電力・ガスなどの地域独占会社の料金は規制しています．

ないし，ボールペンの価格を変えることもできません．一方，夜7時過ぎに，魚屋さんで魚が売れ残っているような場合には，交渉次第で値引きをしてくれます．これは，魚屋さんが売ることのできるお客さんの数が極端に限られてしまっているために起きます．そのような場合のお客さんを，**価格支配力を持っている買い手**と言います．

　ある市場で買い手も売り手も完全競争的である時に，そのような市場を**完全競争的市場**と言います．前述した大豆の市場は競争的市場の例です．売り手だけでなく買い手も完全競争的だからです．もう一つの例として，大都市の中心部では，豚まんは，基本的に完全競争市場で取引されると考えることができます．それぞれの豚まんの売り手は，他の売り手が同じような商品を販売しているので，豚まんの価格を自主的に決められる余地はきわめて小さいと考えられます．まず，現在の市場価格よりも安く売る理由はありません．みすみすその差額の分だけ儲けを失うことになるからです．一方で，高く売ろうとすれば，買い手は他の店で豚まんを買ってしまいます．同様に，どの豚まんの買い手も，豚まんの価格を左右することはできません．個々の買い手はわずかしか購入しないからです．[5]

要素市場

　これまでは生産物市場を考えてきましたが，要素サービス市場（以下では簡単に**要素市場**と言います）についても同様のことが言えます．コンビニエンス・ストアのレジ係の市場のように，買い手（コンビニエンス・ストアの店舗）が多く，個々の買い手が価格を左右できない時には，買い手の企業は完全競争的な買い手だと言います．賃金は市場で決まっていることが多く，1社だけで左右することはなかなかできません．

　ただし，ある企業に長年勤めて，その企業の特殊な技術について詳しい技術者などは，他の企業に転職しても自分の技能を生かすことができませんから，買い手の数がきわめて限られています．このため，そのような労働サービスの

---

[5]　ただし豚まんのサイズを大きくすれば高く売れます．標準的なサイズの豚まんの価格が一定だということです．

図 1-2 各種の市場

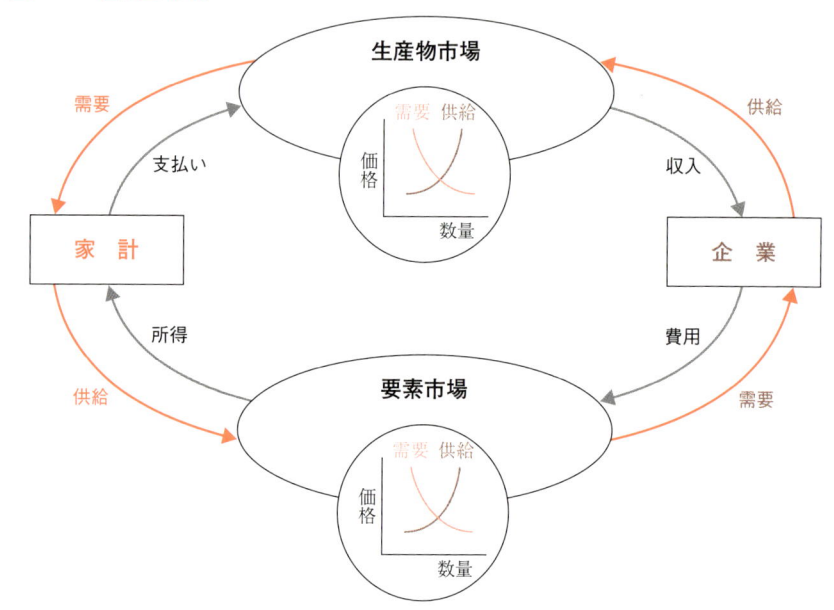

生産物と要素サービスとはそれぞれの**市場**で取引されます．オレンジ色の矢印は財やサービスの流れを，グレーの矢印は対価として支払われる貨幣の流れを示しています．

買い手は賃金に対する支配力を持っていることがあります．

　一方，コンビニエンス・ストアのレジ係は完全競争的な売り手です．売り手の数が多く，個々の売り手は賃金を左右できないからです．ただし，要素市場の売り手も同種のサービスの売り手が少ない場合には，供給を制限することによって価格をコントロールすることができます．たとえば，人気があるのにコンサートをあまり開催しない歌手は，供給を制限してその分コンサートチケットの価格を高く維持している可能性もあります．

　要素市場の場合にも，売り手も買い手も完全競争的な時，**要素市場は完全競争的である**と言います．

3　家計と企業の行動原理

　図1-2は，企業の生産物が生産物市場で売られ，家計が提供する要素サービスが要素市場で売られる様子を描いています．

　ここで，左側に描かれている家計は，要素市場から所得を得て，その所得の制約のもとで生産物を購入します．この際，家計は，得られた所得からさまざまな財・サービスを買うことができますが，完全競争的な家計であれば，所与の価格のもとで，自分の消費から得る満足度——これを**効用**と言います——を最大化するようにさまざまな財への支出の配分を決めると考えられます．一方，所得を得る際にも，労働時間をどれだけにするか，自分の土地をどれだけ貸すか，自分の所得のうち，今期支出してしまわないで貯蓄して企業に資本を貸す分をどれだけにするか，などの選択を，やはり自分の効用を最大限高めるように選択します．

　一方，右側に描かれている企業は，費用を支払って要素市場から要素サービスを購入し，それによって作られた生産物を売却して収入を得ています．収入と費用の差を**利潤**と言います．企業はこの利潤を最大化するように購入する要素サービスの組み合わせを選び，また販売する生産物の量を決めます．したがって，所与の価格のもとで要素市場への需要者として提示する需要曲線や，生産物市場における供給曲線は，利潤最大化の動機に基づいて決められています．なお，利潤は，最終的には家計の所得の一部として配分され，家計は生産物の購入にあてます．

4　経済活動の成果

　経済活動によって，最終的に経済システムの成果を得るのは誰かというと，結局，家計です．家計が生産物を消費することによって，ある生活水準を得ることができます．それが経済活動の最終的な成果です．

企業が儲けることは経済活動の最終的な成果ではありません．利潤は企業の持ち主（株式会社なら株主）の所得になり，彼らの生活水準を改善します．だから最終的には，企業の持ち主を含めたすべての家計の生活水準がどれだけ改善するかということが，経済の機能を評価する基準になります．

その場合，個々の家計がどれだけの生活水準を得ることができるかを決める要因は，大きく分けて3つあります．

第1は，家計自身がもともとどれだけ労働，土地，資本などの要素を持っているか，という**資源制約**です．要素をどれだけ持っているかは，家計の生活水準を決める際に大きな役割を果たします．家計は，持っている要素を企業に貸すことで収入を得るからです．

家計が持っている資源には，目に見える労働時間だけではなくて，教育水準もあります．これは時間をかけて自分の中に蓄積されたものであり，いわば生産された投入物で，一種の資本です．たとえば高等数学を駆使して金融市場でのデリバティブ市場を設計することができるというのは，何年間かの教育の蓄積があるからこそできるわけで，それなりの投資の成果と言えます．これは機械に投資して時間をかけて生産性を上げるのとまったく同じです．このような理由から，教育水準を**人的資本**と呼びます．この言葉は，教育水準自体が一種の資源であることを表しています．

第2に，**企業の技術水準**が豊かさを決めます．同じだけの資源を投入しても，能率的にたくさんのものが生産される，あるいは先端的な物が作れるという国と，そうではない国では全然違います．技術の蓄積で国全体の経済の規模が決まるというわけです．

第3に，価格・数量がどう決まるかということには，**家計の好み**も影響します．どういうものを欲しいと考えるとか，どういう労働ならしてもよいと考えるとか，そういった好みが財・サービスの需要面でも要素の供給面でも影響します．

全体的に見ると，当初の資源の存在量，企業の技術水準，家計の好みが，ある国の経済の活動と家計の生活水準を最終的に決める要因です．

5 まとめ

　この章では，経済を単純化して，その全体像を捉えました．

　1．家計は，労働・土地・資本などの生産要素を持っており，それらのサービスを売却して得た収入で生産物を企業から購入して，生活水準を高めようとします．一方，企業は，家計から（生産）要素サービスを購入し，それを用いて生産物を作り，家計に売却して利潤を最大化しようとします．

　2．企業が生産物を家計に売る市場が生産物市場で，家計がサービスを企業に売る市場が要素市場です．家計は，各市場において，当初の与えられた要素の持ち分のもとで，自分の生活水準（効用）を最大化するように行動します．企業は，生産物の生産量や，生産のための購入要素を，自分の利潤を最大化するように選択します．

　3．個々の売り手の販売量が市場全体の取引量に比べて極端に小さいため，個々の売り手が市場価格に影響を及ぼせない場合，その売り手を，完全競争的な売り手と言います．一方，個々の買い手の購入量が市場全体の購入量に比べて極端に小さいため，個々の買い手が市場価格に影響を及ぼせない場合，その買い手を，完全競争的な買い手と言います．売り手も買い手も完全競争的である場合，その市場を完全競争的市場と言います．

　4．売り手が1社しかいない場合には，売り手が価格を決めることができます．そのような売り手のことを独占企業と言います．また，売り手が少数であるため，個々の企業が自分の販売量を調整することによって価格に影響を与えられる場合の売り手のことを，寡占企業と言います．独占企業や寡占企業は，価格を操作できるので，これらの企業を「価格支配力を持っている売り手」と言います．

　5．ある経済の最終的なパフォーマンスの性能の良し悪しは，その経済の家計の生活水準が，どの程度高く達成されているかで評価できます．

キーワード

経済主体　生産物　財・サービス　投入物　労働　土地　中間投入物　資本（資本財）　生産要素（要素）　資源　企業　産業　市場　完全競争的な売り手・買い手　独占　独占企業　寡占企業　価格支配力を持っている売り手・買い手　完全競争的市場　要素市場　効用　利潤　資源制約　人的資本　企業の技術水準　家計の好み

2章

需要と供給

1 需要曲線

　本節では，市場が完全競争的であると想定します．完全競争市場は，次の2つの特徴を持っている市場です．

① 1つの市場で取引されている財はすべて同じ種類の物である．すなわち米(こめ)は米の市場が，大豆は大豆の別な市場が形成されている．
② 売り手と買い手が多数存在し，市場価格を左右できるような単独の売り手や買い手は存在しない．

　完全競争市場においては，売り手も買い手も市場で決まった価格を受け入れざるをえないので，彼らは**プライス・テイカー**と呼ばれます．
　財・サービスの種類は何万とあります．そのうちの1つの財を取り出して，その取引量と価格がどうやって決まるのかを見てみましょう．完全競争市場では，取引量と価格は**需要・供給**の関係で決まります．

横軸の変数と縦軸の変数の因果関係
　消費者がある財あるいはサービスを一定期間内に，所与の価格のもとで買い

図 2-1 需要曲線

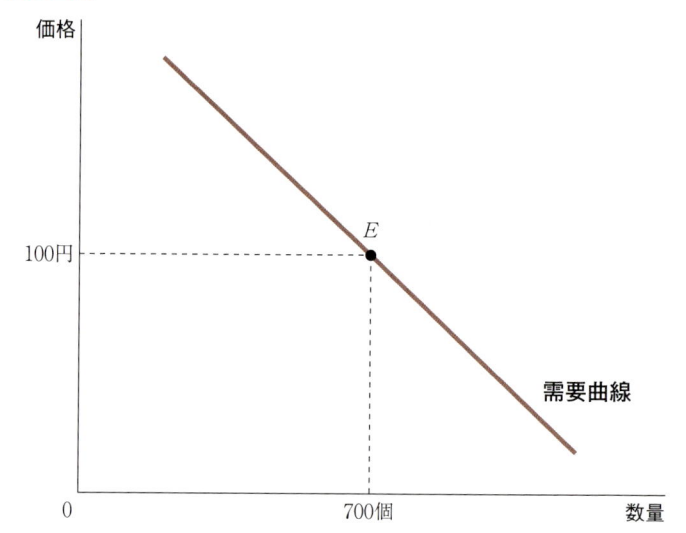

この図の右下がりの曲線は，縦軸で示されたある財の価格のそれぞれの水準に対して，消費者が買おうとするその財の消費量を示しています．この曲線を，その財の**需要曲線**と言います．消費者は，価格が安いほど多く買おうとするため，需要曲線は右下がりです．消費者が，所与の価格のもとで買いたいと考える数量を**需要量**と言います．したがって需要曲線は，それぞれの価格水準に対する需要量を示すグラフだと言えます．この図では価格が100円の時の需要量は700個です．

たいと思う量を**需要量**と言います．「一定期間」は1日であることも，1カ月であることも，1年であることもあります．そのつど考えている期間を指定します．

図2-1の茶色の右下がりの曲線は，ある町での豚まんに対する1カ月間の需要量と価格の関係を示しています．この図は，縦軸に市場価格を，横軸に消費者たちの需要量をとり，市場価格のそれぞれの水準のもとでの需要量の総計を示しています．この曲線を**需要曲線**と言います．

すなわち，需要曲線は，所与の価格のもとで，消費者たちが市場全体としてどれだけの数量を購入するつもりがあるかを示しています．たとえば，価格が100円であれば，消費者たちは市場全体として700個を購入するつもりがあることをこの曲線は示しています。この需要曲線の全体は，豚まんの価格が高いと人びとは豚まんをあまり買いたくないが，価格が安ければたくさん買いたいと

いうことを示しています．

この図を見る際に注意すべきことは，中学校や高校の数学で習った関数のグラフと見方が異なることです．数学のグラフでは，横軸の変数が与えられた時に縦軸の変数がどうなるかという関係を示しています．

ところが需要曲線では，縦軸の変数が与えられた時に横軸の変数がどうなるかという関係を示しています．すなわち，需要曲線は，縦軸で示された価格に対して，横軸で示された数量の反応を示します．たとえば，「価格が高くなると誰もが買おうとする量が減少する」という具合です．すなわち数学のグラフは，横軸が独立変数で，縦軸が従属変数です．一方，需要曲線では，縦軸が独立変数で，横軸が従属変数です．

他にして一定ならば

ところで，ある町の人びとがどれだけ豚まんを買おうとするかは，価格だけでなくほかの要因にも依存します．たとえば町の人口，人びとの所得，豚まんの代替財（たとえばパンやおにぎり）の値段，気温などです．また，寒い冬に誰もが豚まんを食べたくなると，買い手が買おうとする量が増えます．

しかし，図2-1のような需要曲線を描く時には，需要量に影響を与えるこれらの要因の水準を，価格以外はすべて不変だとします．そのうえで価格だけを変化させて需要量がどう反応するかを見ます．価格以外の需要に影響する要因をコントロールしたまま，価格だけを変化させた時，1本の需要曲線が得られるわけです．他の要因を一定にすることを「**他の条件を一定として**」と言います．文語調で「**他にして一定ならば**」(ceteris paribus，セタラス・パラバス) と言うこともあります．

当該財の価格以外の要因（気温，所得，代替財の価格など）が変化することによって，同一の価格に対しても需要量が増減することがあります．そのような需要量の変化は，需要曲線が左右にシフトすることで表現します．たとえば例年に比べて寒い冬で誰もが豚まんを食べたくなった場合には，需要曲線全体が右方にシフトします．反対に暖冬の年は需要曲線は左方にシフトします．豚まんの代替財であるおにぎりの価格が大幅に下がれば豚まんの需要曲線は左方にシフトします．さらに所得が上がれば，需要曲線は右方にシフトします．

図 2-2 需要曲線のシフト

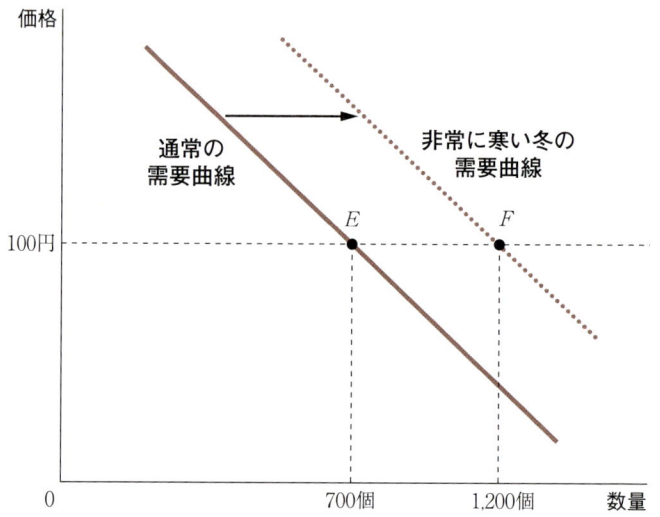

茶色の実線は変化前の需要曲線です．寒くなって豚まんの需要が増えると需要曲線が右方にシフトします．寒い冬の需要曲線を茶色の点線が示しています．この右方シフトの結果，価格が100円の時の需要量は，700個から1200個に増加します．

　経済学では，需要曲線全体が右方にシフトすることを**需要が増大する**と言い，左方にシフトすることを**需要が減少する**と言います．

　ある財の価格が下がった結果，その財の需要曲線に沿って需要量が増えることは「需要が増大する」とは言いません．「需要量が増大する」と言います．「需要が増大する」のは，当該財の価格変化以外の要因で需要曲線全体がシフトする場合のみです．たとえば，冬になったり，おにぎりの価格が上がったり，所得が上昇したりする場合に，豚まんの需要が増大します．

需要曲線は右下がり

　需要曲線は普通，図2-1に描かれているように右下がりです．すなわち，価格が低くなると，それぞれの消費者が前よりも数多く豚まんを買うようになります．いままで基本的に朝食をパンと野菜ジュースですませ，1カ月に1回豚まんを買っていた人が，安くなったから毎週1回くらい豚まんを朝食で食べてみようかということになります．これは，豚まんに限りません．たまにしか

図 2-3 供給曲線

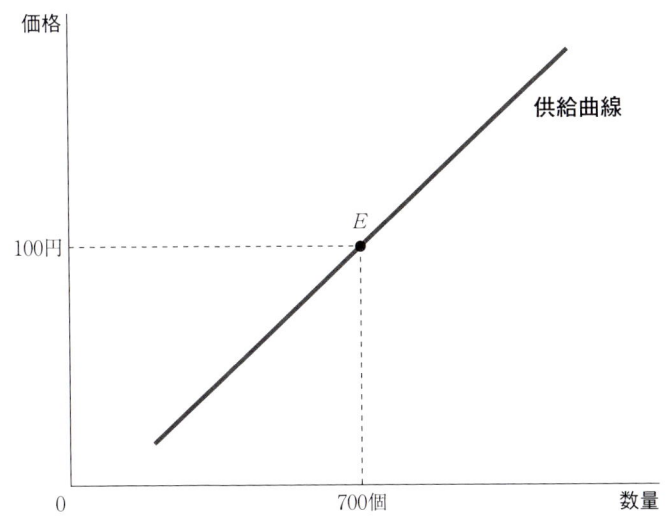

この図の右上がりの曲線は，縦軸で示されたある財の価格のそれぞれの水準に対して，企業が売ろうとするその財の数量を示しています．この曲線をその財の**供給曲線**と言います．価格が高いほど，豚まん企業は豚まんをたくさん売りたいと思いますから，供給曲線は右上がりです．企業が，所与の価格のもとで売りたいと考える数量を**供給量**と言います．したがって供給曲線は，それぞれの価格水準に対する供給量を示すグラフだと言えます．

買わないテレビのような物でも，価格が安いと，「各部屋にテレビ1台の時代だ」などと言って，同じ人でも何台も買いたくなります．

「他の条件を一定にした場合，価格が下がると一定期間における需要量が増える」ことを**需要法則**と呼びます．

2 供給曲線

定　義

図 2-3 に描かれたグレーの右上がりの曲線は，豚まんの**供給曲線**です．供給曲線は，もし市場価格が縦軸に示されたそれぞれの水準であったなら，生産者たちが市場全体としてどれだけ売るつもりがあるかを示す曲線です．豚まん

38　2章　需要と供給

図 2-4　供給曲線のシフト

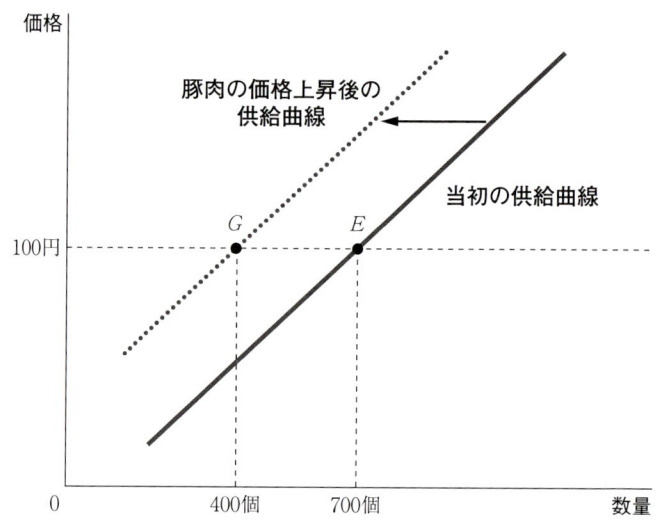

　グレーの実線は，当初の供給曲線です．豚肉の価格が上昇すると豚まんの供給曲線が左方にシフトします．新しい供給曲線を点線が示しています．このシフトの結果，価格が100円の時の供給量は，700個から400個に減少します．

の価格が高いと豚まん企業はたくさん売りたいと思い，価格が安ければ少ししか売りたいと思わない，ということをこの供給曲線は示しています．供給曲線の場合も，縦軸が独立変数を，横軸が従属変数を示します．

　企業が所与の価格のもとで売りたいと考える数量を**供給量**と言います．この言葉を用いると，供給曲線は，それぞれの価格に対する供給量を示すグラフだと言えます．

　ある財の市場全体の供給量は，この財の価格だけでなく，生産技術の水準や投入要素の価格などにも依存します．しかし，需要曲線と同様，供給曲線を描く時にも価格以外のすべての条件を一定にします．一定にしたうえで，価格だけが変わったなら供給量がどれだけ変化するかを示すのが供給曲線です．

　価格以外の要因が変化した時，供給曲線全体が左右にシフトします．たとえば豚まんの材料である豚肉の価格が上昇した時には，豚まんの供給曲線全体が左方にシフトします．図2-4 は，このことを示しています．さらに，製造技術が進歩すれば，供給曲線は右方にシフトします．火事や地震などで工場が焼

けてしまう場合には，供給曲線は左方にシフトしてしまいます．たとえば，1995年阪神・淡路大震災の時に，靴が生産できなくなって供給されなくなり，日本の靴の供給曲線は左方にシフトしましたが，それは神戸市長田の靴工場が全部焼失してしまったからです．

　他にも供給曲線をシフトさせる要因があります．典型的なのは天候です．農産物の供給は天候に左右されます．農産物の供給曲線は，天候が良い年には豊作で右方にシフトするし，悪い年には左方にシフトします．天候不順で米不足が起きるというのは，供給曲線が左方にシフトした結果です．

供給曲線は右上がり

　豚まんの供給曲線が右上がりであることは，「それぞれの売り手は，価格水準が上昇すれば，前よりも多く売ろうとする」ことを示しています．これを**供給法則**と言います．豚まんを作る機械や道具を急に増やせないとすれば，生産量を増やすには労働者や原材料を増やすことになります．労働者は何人かで機械や道具をシェアして使うことになるので，1人当たりの能率は下がります．また，労働者に割高な賃金を支払って夜まで働いてもらったり，いままでより高いお金で原材料を買ってきて製造するというようなことにもなります．しばらくは使っていなかった能率の悪い古い機械も使って生産を増やすようにもなります．こういうわけで，生産量を1単位増やすごとに必要な**追加費用**は，生産量を増やすにしたがって大きくなります．[1] しかし，価格が十分に高ければ，それらの追加費用がかかっても，増産によって企業は利潤を増やすことができます．これが，価格上昇の結果として供給量が増えることの基本的な理由です．

3 市　場　均　衡

市　場　均　衡

　ある財の需要曲線と供給曲線を同じ図に描いたものを**需要・供給曲線**と言い

---

[1] 生産量を1単位増やすのに必要な追加費用のことを，第3章「供給曲線」2節では**限界費用**と定義します．

図 2-5　需要・供給曲線

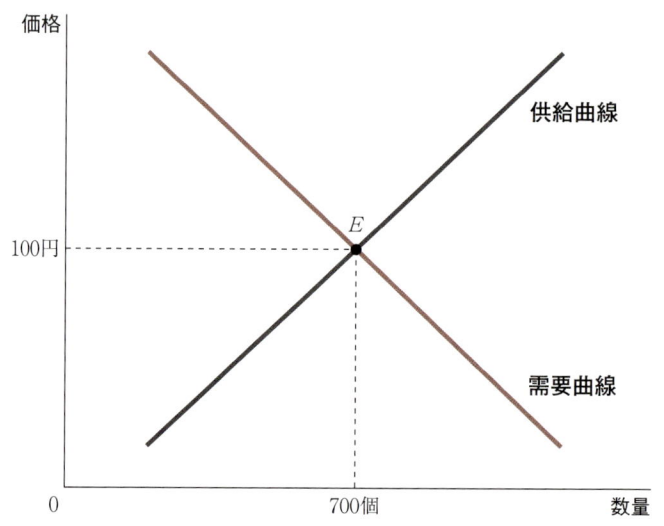

この図は，図 2-1 の需要曲線と図 2-3 の供給曲線を重ねたものです．図が示すように市場の**均衡価格**は100円，**均衡取引量**は700個です．この価格の時に，消費者たちが買いたい量と，生産者たちが売りたい量とが一致します．

ます．図 2-5 は，図 2-1 の需要曲線と図 2-3 の供給曲線とを重ねて得られた需要・供給曲線です．

需要曲線と供給曲線との交点における価格と取引数量の組み合わせで実際の取引が起きます．交点 E における価格を**均衡価格**，交点 E における取引量を**均衡取引量**と呼びます．図 2-5 では，均衡価格は100円で，均衡取引量は700個です．

均衡価格と均衡取引量の組み合わせを完全競争市場均衡あるいはたんに**市場均衡**と言います．[2] 市場均衡では，売り手が売りたいと思う量と買い手が買いたいと思う量が一致しています．したがってこの価格ならば取引が円滑に行われるはずです．このような状態を**市場が均衡している**，と表現します．

---

[2] 「市場」という言葉は，たんに財・サービスが取引されるところという意味でも使われていますが，完全競争市場（需要曲線と供給曲線の交点で価格や取引する量が決まる市場）の意味で使われることもよくあります．ここで「市場均衡」というのは後者の意味です．

図 2-6 需要と供給の均衡

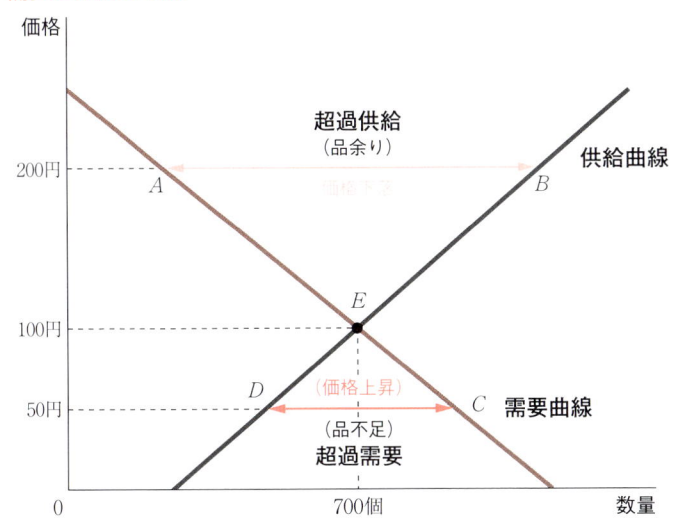

仮に市場価格が均衡価格よりも高い200円ならば，**超過供給**（＝品余り）を引き起こします．反対に，均衡価格よりも低い50円ならば，**超過需要**（＝品不足）を引き起こします．価格は，超過供給の時には下落，超過需要の時には上昇し，最終的に均衡価格に落ち着きます．

超過需要と超過供給

　仮にこの均衡価格よりも市場価格が高ければ，供給量のほうが需要量よりも多いため品余りが発生します．図 2-6 では，価格が200円の時の品余りが，ベージュの矢印で示されています．所与の価格の下で，供給量から需要量を差し引いたものを**超過供給**（＝品余り）と言います．

　反対に，均衡価格よりも市場価格のほうが低ければ，需要量のほうが供給量よりも多いため品不足が生じます．図 2-6 では，価格が50円の時，オレンジ色の矢印で示された分だけ品不足が生じていることが示されています．所与の価格に対する需要量から供給量を差し引いたものを**超過需要**（＝品不足）と言います．

　超過供給（＝品余り）がある時には価格が下落し，超過需要（＝品不足）がある時には価格が上昇します．その結果，最終的には需要と供給が均衡します．

均衡に向けての調整[3]

仮に市場価格が均衡価格より上である場合，どのようなメカニズムで均衡価格が達成されるのでしょうか．図 2-6 で価格が200円の時に品余りがどのような過程を経て価格を低下させていくのかを，もう少し詳しく見ましょう．

図 2-6 で200円の価格の時に，売り手は B 点まで売りたいが，買い手は A 点の需要量の水準しか買いたくないわけです．したがって，ベージュの矢印の分だけの品余り現象が起こります．

この時，市場価格で売れない売り手が出現します．彼らはほんのちょっと市場価格よりも値段を下げます．すると他の売り手からお客が移ってきます．安く売られているというニュースが次第に伝わると，200円で売っている店の客は減っていきます．したがって，この事態に対抗するために，他の売り手もほんのちょっと価格を引き下げます．そのニュースも伝わると，200円より安い価格が相場[4]になります．しかし新しい価格でも品余りがあると，また誰かがさらに価格を引き下げます．その連鎖が次から次に起こり，市場全体での超過供給があるかぎり，相場は下落していきます．

そうして新しい相場が次第に形成されて，最終的に100円まで下がった時に品余りはなくなります．ですから100円になると，生産者が，売れ残りをさばくために自分の価格を下げるということはなくなります．

対照的な事態は，価格が50円の時に起こります．価格が50円のままだと，買いたい量が売りたい量よりも多くなるのでオレンジ色の矢印分だけ品不足が生じます．その時，買いたい人の中にはいまの市場価格よりちょっと高いお金を支払っても，「私に売ってよ」という人が出てきます．売り手のほうも，価格をほんのちょっと引き上げても買いに来る人が結構いるので，価格を上げる人たちがどんどん出てくるのです．そうすると，相場自体が変わってきて価格が上がります．それでも品不足があるかぎりは相場より高く売っても売れます．生産者は価格を上げ続け，最終的に，品不足も品余りもない状態である100円

---

[3] この項は飛ばしてもあとで困ることはありません．
[4] 相場とは，市場一般で取引されている市場価格のことです．

の時に，これ以上価格は変化しない状態になります．それが，均衡状態です．

需要と供給のシフトと均衡の移動

前述したように，所得が増加したり，あるいは特別に寒い冬で誰もが豚まんを食べたくなったりする場合には，需要が増加します．この時，図2-7パネルAが示すように，需要曲線が右方にシフトします．この結果，均衡はE点からE_1点へと移ります（需要曲線が右方にシフトした直後に，価格が100円のままだと，超過需要が発生し，価格が上昇します．上昇が続いた結果，140円まで上昇した時，超過需要がゼロとなり，新しい均衡がE_1点で達成されるわけです）．この均衡の下では，価格が40円上昇しています．また，数量は700個から1000個まで増加しています．

一方，供給曲線も条件が変化するとシフトします．たとえば豚まんの材料である豚肉の価格が上昇したとしましょう．その時，図2-7パネルBに描かれているように供給曲線は左方にシフトします．その結果，均衡はE点からE_2点へと移ります（供給曲線が左方にシフトしたにもかかわらず，価格が100円のままだと超過需要が発生し，価格が上昇します．価格が，140円まで上昇した時，超過需要がゼロとなります）．新しい均衡の下では，またもや価格は上昇していますが，この場合には数量が減少しています．

図2-7のパネルAとパネルBを比べると，どちらのケースも価格が上昇しているのに，それが需要の増大でもたらされる時には均衡の数量が増え，供給の減少によってもたらされる場合には均衡の数量が減少していることがわかります．

4 市場需要曲線と個別需要曲線

いままでは，市場の需要曲線と市場の供給曲線について分析してきました．しかし，市場需要曲線の背後には買い手1人ひとりの需要曲線があり，市場供給曲線の背後には売り手1人ひとりの供給曲線があります．本節では個々の経済主体の需要・供給曲線と，市場全体の需要・供給曲線との関係について考え

44　2章　需要と供給

図 2-7　均衡の移動

パネルA：豚まんの需要の増大

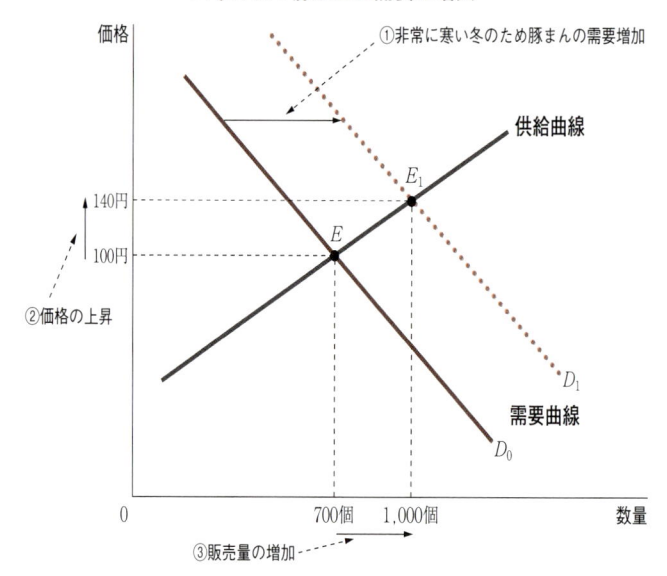

① 非常に寒い冬のため豚まんの需要増加
② 価格の上昇
③ 販売量の増加

供給曲線
需要曲線
価格
数量
140円
100円
700個　1,000個
E, E_1, D_0, D_1

豚まんの需要が増えると需要曲線が右方にシフトし，市場均衡はE点からE_1点へ移ります．この時，市場価格がもとの均衡価格である100円のままだと，超過需要が発生するので，価格は140円まで上昇します．その結果，販売量は700個から1000個に増加します．

パネルB：豚まんの供給の減少

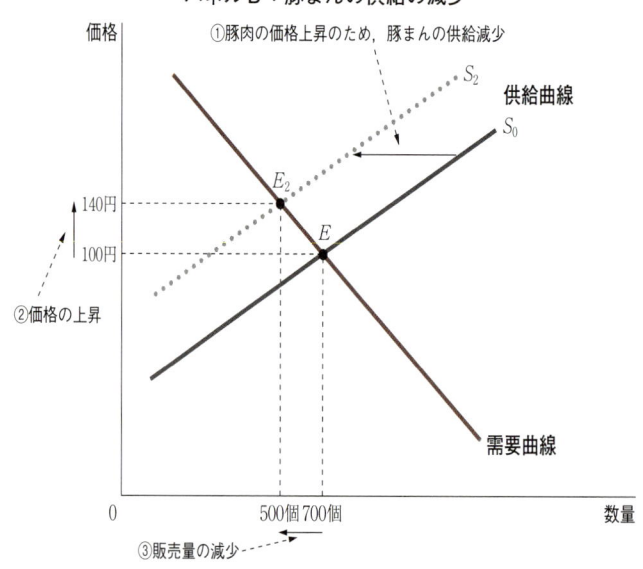

① 豚肉の価格上昇のため，豚まんの供給減少
② 価格の上昇
③ 販売量の減少

供給曲線
需要曲線
価格
数量
140円
100円
500個　700個
E, E_2, S_0, S_2

豚まんの供給が減ると供給曲線が左方にシフトし，市場均衡はE点からE_2点へと移ります．この時，市場価格がもとの均衡価格である100円のままだと超過需要が発生するので，均衡価格は140円まで上昇します．その結果，販売量は700個から500個に減少します．

図 2-8 個別需要曲線と市場需要曲線

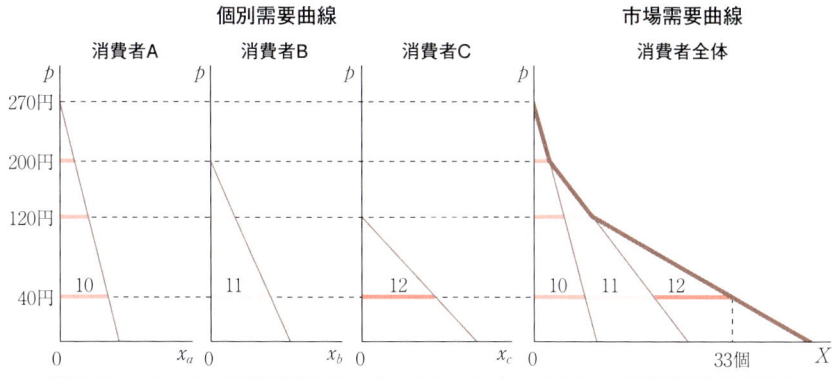

個別需要曲線
消費者A　消費者B　消費者C

市場需要曲線
消費者全体

消費者 A，B，C の個別需要曲線を横方向に足し合わせると，**市場需要曲線**が得られます．たとえば，価格40円の時の市場全体の需要量33は，消費者 A，B，C の需要量の合計です．市場需要曲線が右下がりなのは，価格が下がると，個人の需要量も消費者の数も増えるからです．

ましょう．

個別需要曲線と市場需要曲線

　財市場での個々の買い手である消費者は，1人ひとりが，ある財に対する**個別需要曲線**を持っています．ある消費者の個別需要曲線とは，財がいろいろな価格で提供された時，彼がその財をいくつ欲しいと思うかを示す曲線です．いま，消費者 A，B，C という3人の消費者がいるとすると，図2-8の左3つの図は，3人の各々の個別需要曲線を示しています．この図では縦軸の p は価格を，横軸の $x_a \sim x_c$ は各消費者の需要量，X は市場全体の需要量を示しています．

　個別需要曲線が右下がりになっているのは，この財が安くなれば，いままで他の物を買っていたのをやめてこの財を買おうと思ったり，安くなった分だけお金に余裕が出てきて，以前より多く買えるようになったりするからです．

　ただし，あまり価格が高くなると誰も買おうとは思わなくなってしまうでしょう．つまり，需要量が0になります．

　図2-8の右端には，3人の個別需要曲線をすべて横方向に足し合わせて得られる需要曲線が描かれています．この需要曲線のことを，特に個別需要曲線と区別する時には**市場需要曲線**と言います．この曲線は，それぞれの価格に対

して，1人ひとりが欲しいと思う量の市場全体での総計，つまり市場需要量を表しています．たとえば，40円の時3人の消費者の需要量の合計は10＋11＋12＝33ですから，市場需要曲線の数量は33になっています．

図2-8では，市場需要曲線は右下がりになっています．市場需要曲線が右下がりになることの第1の原因は，個別需要曲線が右下がりだからです．

市場需要曲線が右下がりになる第2の理由は，価格が下がるにつれ，新しい買い手が市場に参加してくるからです．[5] 図2-8の右端の図で，価格の下落にともなって，270円を切ると1人，200円を切るともう1人，120円を切るとさらにもう1人買い手が増えています．図2-8では市場需要曲線は，200円と120円の間では消費者Aと消費者Bの需要曲線を足し合わせたものになりますが，120円以下だと全員の需要曲線が足し合わされたものになります．だから，市場需要曲線はだんだん緩やかになっていくわけです．

個別供給曲線と市場供給曲線

次に，供給曲線が右上がりである理由を確認しましょう．

図2-9の左3つの図には，ある産業を構成するA，B，Cの3企業の**個別供給曲線**が描かれています．ある企業の個別供給曲線とは，その企業がプライス・テイカーとして行動するならば，財の価格がいろいろとつけられた場合に，その価格でいくつ売ろうとするかを示す曲線です．個別供給曲線は右上がりです．価格が上がれば，前には追加費用が高すぎるためペイしなかった量までさらに増産することによって，企業は利潤を増やすことができます．したがって企業は，価格上昇にともなって，生産量を増やそうと考えます．

図2-9の右端には，左3つの個別供給曲線をすべて横方向に足し合わせて得られる**市場供給曲線**が描かれています．これは，この産業全体での供給曲線です．普通の需要・供給曲線の図として描かれる「供給曲線」とは，この市場供給曲線です．

市場供給曲線が右上がりである2つの理由は，図から確認できます．

---

[5] 価格が安いと，買う人の数が増えます．価格が安ければいままで朝食にカレーパンを食べていた人まで，「朝食は豚まんにかぎるね」などと言って豚まん派になることもあるでしょう．

図 2-9 個別供給曲線と市場（産業）供給曲線

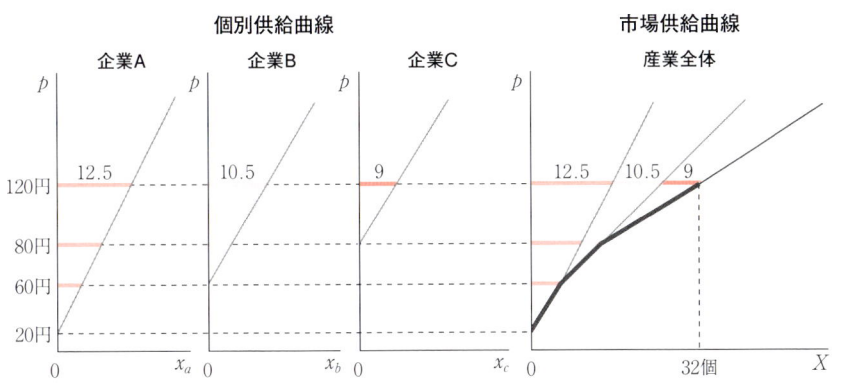

個別供給曲線			市場供給曲線
企業A	企業B	企業C	産業全体

企業A，B，Cの個別供給曲線を横方向に足し合わせると，**市場供給曲線**が得られます．たとえば価格120円の時の市場全体の供給量32は，企業A，B，Cの供給量の合計です．市場供給曲線が右上がりなのは，価格の上昇が，個別企業の生産量増加と新規参入を招くからです．

第1に，個別の供給曲線が右上がりなのでその性質を引き継いでいるからです．

第2に，価格がある程度以上になると，それまで採算がとれずに生産を控えていた企業の中から，新たに供給をはじめる企業が出てくるからです．

生産者の数は価格水準によって変化します．価格が低い場合，豚まんしか作れない企業は豚まんを作り続けますが，他の物を作る能力や技術のある企業は，豚まんではなく他の財の製造をはじめるでしょう．対照的に価格が高ければ，いままで豚まん作りの経験のなかった人や企業までもが，豚まんの製造をはじめます．

別の例としてお米を考えましょう．お米の値段が極端に安かったなら，沖縄の南の島で1年に三期作くらいできるというようなところであれば安く作れるので作るかもしれませんが，他の地域ではもう作らなくなります．ところが，価格が高ければ相当無理をして，山間の棚田や寒冷地でも作るようになります．それで供給量が増加していきます．したがって，価格が上がることによって，いままではとても生産が無理だったというようなところまで生産できるようになります．それも供給曲線が右上がりである一因です．市場価格の上昇にともなって新規企業が生産を開始すると，市場供給曲線には新しい個別供給曲線が足し合わされます．このため，市場供給曲線の傾きはより緩やかになっていきま

5　市場に関する諸概念

ここで，市場に関するいくつかの概念を詳しく説明しておきます．

完全競争企業

需要・供給曲線の図は，完全競争の仮定と密接な関係を持っています．

完全競争企業とは，自社の生産能力の範囲内で生産量を増減しても，市場価格に影響を与えられない企業です．すなわち，完全競争企業は，市場価格を所与のものとして受け入れざるをえない企業だと言えます．彼らはプライス・テイカーと呼ばれていると前節で述べました．

完全競争下の企業と市場の需要曲線の関係は，図2-10に示されています．パネルAの横軸の1目盛りは100万トンで，パネルBの横軸の1目盛りは10万トン，パネルCの横軸の1目盛りは1トンです．

需要曲線は市場全体としては右下がりです．しかし，1つの企業が生産量を調整できる部分は，需要曲線全体から見ればほんの一部でしかないので，企業にとっては需要曲線はほとんど水平線に感じられます．パネルBの交点付近の需要曲線を横軸の目盛りの単位を変えて示したパネルCが示すとおりです．したがって，企業レベルでは，需要曲線を完全な水平線で近似できます．

このことを言葉で説明しましょう．同質的な製品を生産している多数の企業で構成されている産業では，どの1社の生産量も市場全体に比べれば小さいので，各企業はその生産物を市場価格で売りたいだけ売ることができます．した

---

[6]　逆に言えば，生産できない企業が増えると，市場供給曲線はより傾きが急なものになっていきます．これは，第6章の話題である**参入規制**に関係してくることです．

参入規制とは，ある産業ですでに参入し，活動している企業（既存企業）が，その産業に他の企業が新しく自由に入ってきて生産することを邪魔する行動のことです．参入規制が行われると，本来市場にいられるはずの企業が，市場から締め出されてしまいますから，結局，市場供給曲線が本来よりも急な傾きになります．このことが持つ意味は第6章「参入規制」で詳しく説明します．

図 2-10 完全競争企業が直面する個別需要曲線

パネルA：市場需要・供給曲線
（横軸の1目盛り100万トン）

パネルB：市場需要・供給曲線
（横軸の1目盛り10万トン）

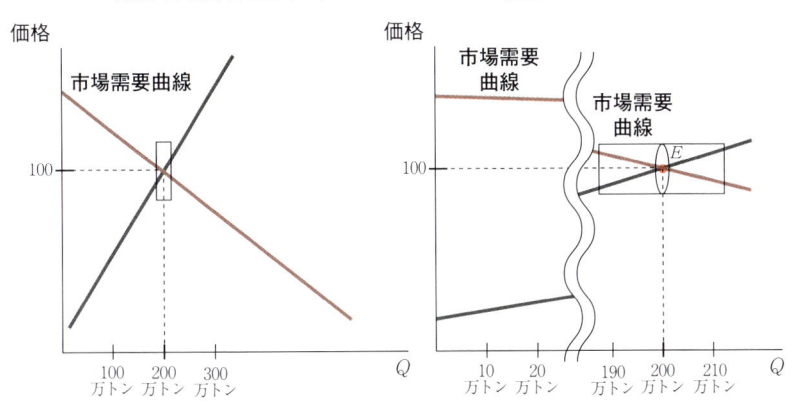

パネルC：企業が直面する需要曲線
（横軸の1目盛り1トン）

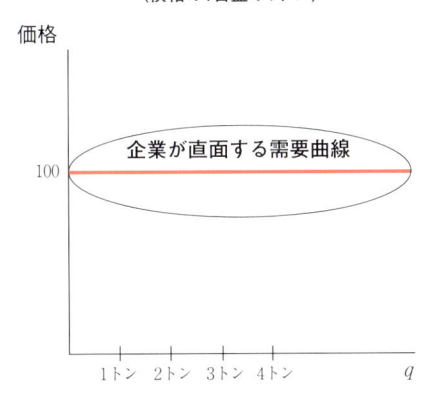

需要曲線は市場全体としては，パネルAに描かれている茶線のように右下がりです．

パネルBは，パネルAを横に伸ばして描いた図です．すなわち，横軸の目盛りの単位を小さくとって描いたものです．全部描くと横に長くなりすぎるので，30万トンから180万トンまでの間は省いてあります．パネルBの横軸の単位はパネルAより小さいので，図では需要曲線の傾きは緩やかに描かれています（ここでパネルBの長方形はパネルAの長方形と同じものです．横軸の目盛りが違うのでパネルBの長方形のほうが横に長く見えます）．一方，パネルBの均衡 E から出発して生産量を変化させようとする企業が直面する需要曲線は，パネルBの需要曲線のオレンジ色部分で示されています．

横軸の単位をさらに小さく取ってオレンジ色部分を横に拡大したものがパネルCのほぼ水平な線です（パネルBの楕円がパネルCの楕円として描かれています）．**完全競争企業**は，市場全体の数量に比べてごく小さな量を取引しているので，このように実質的に水平な需要曲線に直面しています．これは，1つの企業の生産能力では価格を調整できないことの反映です．

がって 1 社が価格を市場価格より低く設定しても，得になることは何もありません．反対に，自社製品の価格を市場価格より高く設定したら，競争相手がたくさんいますから，消費者はみな他社製品に乗り換えてしまい，この企業の製品は 1 つも売れなくなってしまいます．したがって，価格を上げることも非合理的です．ですから，個々の企業は価格は調整できず，市場価格を所与のものとして受け入れざるをえません．すなわち，所与の価格のもとでどれだけの数量を売るかを決めるわけです．

　これが「個々の完全競争企業が直面している需要曲線は水平」ということの意味です．

不完全競争企業と需要曲線

　完全競争的でない企業を，**不完全競争企業**と言います．すなわち，不完全競争企業とは，右下がりの需要曲線に直面している企業です．さらに言い換えると，不完全競争企業は，自社の生産能力の範囲内で生産量を増減することで，市場価格に影響を与えられる企業です．この意味で「不完全競争企業は**市場支配力を持つ**」とも言います．

　個々の企業が右下がりの需要曲線に直面している例は，ゲーム機市場です．そこでは，個々の企業が特徴ある製品を売っているからです．たとえば，ソニーがプレイステーションの価格を高くしたら，客はマイクロソフトや任天堂に逃げて販売数量は減りますが，0 にはなりません．安くすればそのような競争相手の製品からある程度はソニーに乗りかえて戻ってくるでしょう．でも，マイクロソフトや任天堂のソフトを買っていた人達がすべてソニー製品を買ってくれるわけではありません．

　さまざまな差別化を行っているブランド物の洋服屋さんなども右下がりの需要曲線に直面しています．自分のところのブランドを気に入って買ってくれるお客さんがいると信じることができるので，自分で価格を操作して決めています．

　不完全競争企業は，自社が直面している右下がりの需要曲線全体を見て，自社の利潤を最大にする価格と数量の組み合わせを選びます．**生産量だけでなく，価格も選択するところが，完全競争企業と違うところです．**

コラム：完全競争的な買い手

　これまでは売り手が完全競争的なケースを分析してきました．需要曲線が価格決定に意味を持つのも，買い手が完全競争的な場合です．生産物の市場で買い手が消費者の場合には，通常の場合は完全競争的です．すなわち買い手が大勢いるため，個々の買い手は，所与の価格を自分では操作できず受け入れざるをえないと考えています．

　しかし要素市場では話が違います．ある町に大きな企業1つしかなくて，労働者もあまり地域間移動しないという時には，労働市場での買い手である企業が雇用量を調整することによって賃金の水準を決めることができます．この企業は右上がりの労働供給曲線に直面しています．この場合，労働者を少数しか雇わないことにすれば，賃金を安く決められます．

　反対に企業がたくさんある大きな町では，企業は市場で決まった賃金に従わざるをえません．もし市場で決まった賃金より低い賃金で募集すれば，労働者は他の企業で働くので，雇用できません．小さな町でも，労働者が地域間を自由に動くことができる場合は同様です．

需要と需要量

　経済学では，「需要が増える」ということと，「需要量が増える」ということとは，まったく別な意味で使います．

　まず，「需要が増える」というのは，どの価格水準に対応する需要量も増えるということです．要するに，需要曲線が右方にシフトすることです．たとえば，以前と比べて全体の所得が増えたため同じ価格で買えるカラーテレビの量が増える現象を「需要が増えた」と言います．これは，需要曲線が右方にシフトすることを意味しています．

　一方，「需要量が増える」という表現は，所与の需要曲線上で点が動くときに用いられます．たとえば，「価格が下落したため需要曲線に沿って需要量が増える」というふうに使います．この場合，価格が下がった時に人びとが買いたいと考える量が増えるということです．

　ですから，「需要が増えた」とは，所得や流行の変化によって影響を受けて需要曲線全体が右方シフトすることを言います．それは価格の変化によって需

要曲線に沿って「需要量が増えた」こととは区別します．

これを踏まえて，次のような文章を考えてみましょう．

> 「所得が増加すると，豚まんの需要が増加するため，一見価格が上昇するように見える．しかし，価格の上昇は需要を減らす．需要の減少は価格を下げてしまう．したがって，所得の増大は，最終的に価格を上げるのか下げるのかはっきりしない．」

実は，需要法則と供給法則が成り立つのならば，所得の増加は必ず価格を引き上げます．それにもかかわらず上の文章で結論が間違ってしまったのは，「需要の増加」と「需要量の増加」が混乱して使われているからです．間違いを直すと上の文章は，次のように書き直せます．

> 「所得が増加すると，豚まんの需要が増加するため，需要曲線が右方にシフトする．この結果，固定されている供給曲線に沿って，均衡点は右上方に移る．したがって，価格は上昇する．さらに所得増大前の需要量と比べると，増大後の均衡における需要量は増加している．」

需要曲線の場合と同様に，供給曲線が右方にシフトすることを「供給が増える」と言います．一方，価格が上がると供給曲線に沿って供給数量が増えることは「供給量が増える」と言います．

6 応　　　用

裁定と「一物一価の法則」

競争的な市場では，同じ物には同じ価格がつきます．このことを「**一物一価の法則**」と言います．たとえば，図 2-11 が示すように渋谷では桃が 100 円で売られ，原宿では 200 円で売られていたとしましょう．この時，仲買人が渋谷の安い桃を買いに行って原宿で売れば，100 円分儲けることができます．2 地

図 2-11　2 地域間の価格差

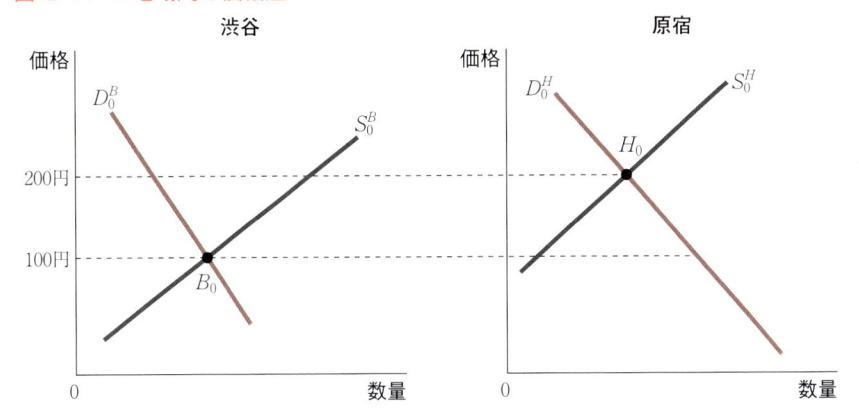

渋谷

原宿

図は，渋谷と原宿における，桃の需要・供給曲線を示しています．渋谷では，桃の価格は100円です．一方，原宿では同じ桃が200円で売られています．

域で価格の差があるかぎり，人びとは渋谷で買った桃を原宿で売り続けますから，やがて原宿の桃の値段は値崩れして下がっていきます．一方，多くの人が渋谷の桃を買うから，渋谷では品不足が生じ，値段が上がってしまいます．このプロセスは両地域での価格が異なるかぎり続きます．このように価格差を利用して，安いところで購入して高いところで売る行為を**裁定**と言います．

このような裁定のプロセスは，最終的には渋谷での超過供給と原宿での超過需要が等しくなる価格の時に終わり，均衡価格が達成されます．図2-12ではこれが140円の水準で起きることが示されています．最終的に，共通の価格で両地域の超過需要と超過供給がゼロになった時に，均衡価格が達成されます．

裁定が市場で行われる結果，同じ物は同じ価格になり，「一物一価の法則」が成り立ちます．この新しい均衡価格は，仲買人が渋谷の桃の需要を増やし，それを原宿で転売することによって原宿における供給を増やしているということで達成されているわけですから，渋谷で需要曲線が右方にシフトし，原宿で供給曲線が右方にシフトしています．これを図2-13で示しています．この図は，昨日仲買人が渋谷よりも原宿で高く売れることを知ったために，ただちにトラックを手配し，それを使って今日渋谷で500個買って，原宿でそれを転売するように命じたケースを示しています．渋谷の需要曲線が右方に500個分だけシフトし，原宿の供給曲線が同じ量だけ右方にシフトしています．この結果

図 2-12 裁定

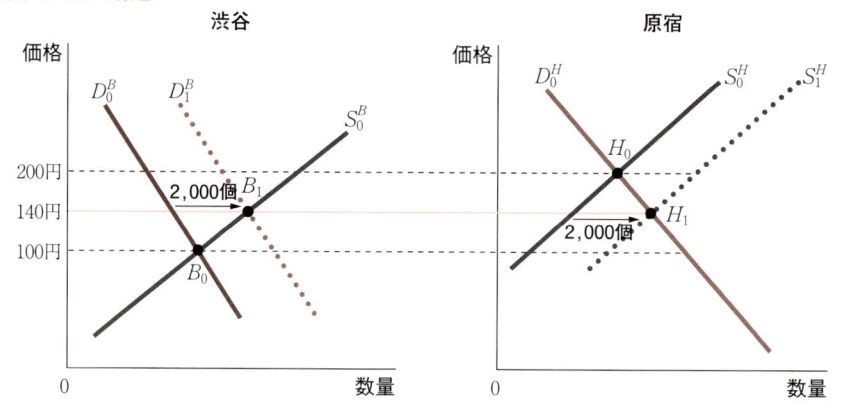

初期に渋谷の価格が100円，原宿の価格が200円である時，渋谷で100円の桃を買い，それを原宿で200円で売る人が現れた場合，渋谷の桃は品不足で値上がりし，原宿の桃は品余りで値崩れします．やがて渋谷と原宿の桃の価格は140円で均衡します．このように，競争的な市場では「**一物一価の法則**」が成り立ちます．図は，裁定が完了した時点での，両地域での需要・供給曲線のシフトを描いています．

図 2-13 裁定の途中段階

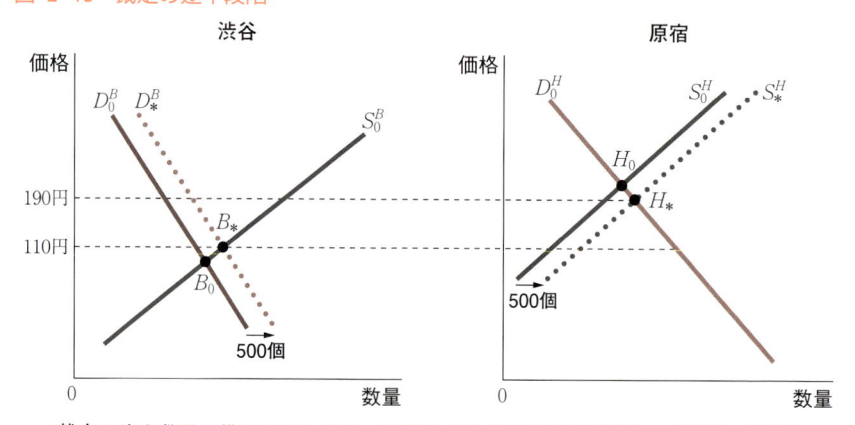

裁定の途中段階が描かれています．仲買人が渋谷で桃を500個買い，原宿で転売すると，渋谷の需要曲線が右方に500個分シフトし，原宿の供給曲線が同じ量だけ右方にシフトします．渋谷の桃の価格は100円から110円に，原宿の桃の価格は200円から190円になりますが，まだ両地域間で価格差があるため，裁定のプロセスは続きます．

図 2-14　仲買人なしの裁定

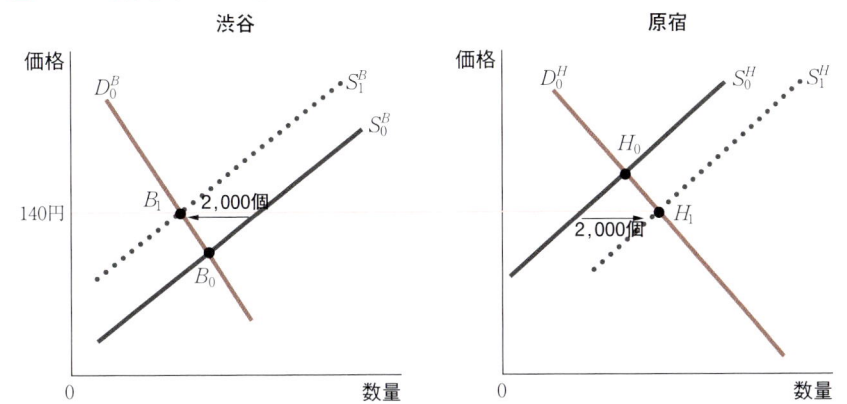

渋谷

（価格 / 数量のグラフ：D_0^B, S_1^B, S_0^B, 点B_1 が140円, 点B_0, 2,000個）

原宿

（価格 / 数量のグラフ：D_0^H, S_0^H, S_1^H, 点H_0, 点H_1, 2,000個）

裁定は仲買人がいなくても成り立ちます．売り手自身が価格差を知って販売地域を変えた場合，渋谷では販売量が減って供給曲線が左方にシフトします．原宿では販売量が増えて供給曲線は右方にシフトします．ある地域における供給曲線は，他の地域での価格にも依存するからです．

渋谷では桃の価格は110円まで上昇し，原宿では190円まで下落します．しかし，2地域間の価格にはまだ差がありますから，裁定のプロセスはまだ続きます．

　そのうちに図2-12のように仲買人が社員に渋谷で桃を2000個買い，それを原宿で転売させた時，ちょうど両方の市場における価格が140円になり均衡します．これで裁定のプロセスが終わるわけです．

　上では仲買人を想定しましたが，売り手自身が両地域での価格の差を知れば，渋谷で売るよりは原宿で売ったほうが有利ですから，その情報が流れた途端に渋谷の売り手は原宿での販売を増やします．両地域で価格差がなくなるまでこの行為は続きます．また，買い手も直接渋谷に買いに行って安い桃を買う人が出てきます．価格差を利用して儲けるこれらの人たちの行為のすべてを裁定と言います．

　なお渋谷の売り手が原宿で売る場合には，図2-14が示すように，渋谷の供給曲線が左方にシフトし，原宿での供給曲線がその分だけ右方にシフトします．

　ただし，ここで注意すべきは，価格が2つの市場でまったく同じになるのは，輸送費がない場合に限られるということです．もし輸送費があるなら，輸送費の分だけ差は残ります．したがってより正確には，同じ財が2市場で異なった

価格で取引されている時に，その情報が両方の市場に伝わると，2つの市場の価格は輸送費を除いて等しくなることを，裁定が行われると言います．

経済学者の伊藤元重さんは，裁定を説明するのに，紀伊国屋文左衛門の話を使います．うまい説明なので引用しましょう．

>「海が荒れて紀州のみかんを江戸に届けることができない中で，江戸のみかんの価格は上がり，紀州ではみかんが大量に余って価格が暴落していた．文左衛門は仲間と命をかけて荒れた海に乗り出し，江戸までみかんを運んで，大もうけをすることができた．江戸の庶民は安いみかんにありつけたし，紀州の農家もみかんを腐らせないですんだ．紀伊国屋文左衛門の裁定のおかげで，皆が恩恵を受けたのだ．
>
> たんに右から左へ商品を流す行為が裁定だが，この行為があるからこそ市場が広がり，多様な消費が可能になる．」[7]

7 まとめ

本章では，需要と供給について詳しく学びました．

1．財・サービス市場では，需要曲線は右下がりで，供給曲線は右上がりです．

2．需要曲線も供給曲線も，独立変数が価格で，従属変数が数量です．需要曲線は縦軸に示された価格が変動するにしたがって，横軸に示されている需要量がどのように変化するかを示しています．その際，価格の変化が起きている時には，所得等の需要量に影響を与える価格以外の要因をすべて固定して分析します．このことを「他の条件を一定として（他にして一定ならば）」と言います．需要に影響を与える（この財の価格以外の）要因が変化する時には，需

---

[7] 伊藤元重「神の見えざる手とは」日本経済新聞社編『やさしい経済学』（日本経済新聞社，2001年），p. 41.

要曲線全体がシフトします．供給曲線についても同様で，価格が変化している時には，価格以外の要因は変化していないと想定します．供給に影響を与えるこの財の価格以外の要因が変化した時にも，供給曲線全体がシフトします．

3．需要曲線と供給曲線が交差する点において均衡価格と均衡取引量が達成されます．もし価格がそれより高ければ，供給量のほうが需要量より多いので，超過供給（品余り）が生じ，価格が下落します．また，均衡価格よりも価格が低ければ，需要量のほうが供給量より多いので，超過需要（品不足）が発生して，価格が上昇します．いずれにしても，均衡価格に戻る圧力が働きます．

4．個々の完全競争企業が直面している需要曲線は水平です．このため，自社の生産能力の範囲内で生産量を増減しても，市場価格に影響を与えられません．したがって市場価格を所与のものとして受け入れざるをえません．一方，不完全競争企業は右下がりの需要曲線に直面しており，自社の生産能力の範囲内で生産量を増減することで，市場価格に影響を与えられます．

5．需要の変化とは，需要曲線全体がシフトすることを意味します．一方，需要量の変化とは，価格の変化によって所与の需要曲線上の点が動くことを意味します．

6．同じ製品に2つの地域で違った価格がつけられている時には，価格差を利用して安い地域で購入して，高い地域で売る行為が発生します．このことを，裁定と言います．裁定が働く結果，同じ物は同じ価格になり，「一物一価の法則」が成り立ちます．

キーワード

プライス・テイカー　需要・供給　需要量　需要曲線　「他の条件を一定として（他にして一定ならば）」　需要法則　供給曲線　供給量　供給法則　追加費用　限界費用　需要・供給曲線　均衡価格　均衡取引量　市場均衡　超過供給（品余り）　超過需要（品不足）　個別需要曲線　市場需要曲線　個別供給曲線　市場供給曲線　参入規制　完全競争企業　不完全競争企業　市場支配力　一物一価の法則　裁定

3章

供 給 曲 線

　本章では，生産量の増加にともなって費用がどう増加するかについてまず分析し，それに基づいて供給曲線を導出します．

1　生　　産

企 業 と 産 業

　第2章「需要と供給」で述べたように，ある市場供給曲線が対象とする産業には，たくさんの企業があって，どの企業も1本ずつ自社の供給曲線を持っています．個々の企業の供給曲線を**個別供給曲線**と言います．これらを横方向に足し合わせたものが，その産業の**市場供給曲線**です．

　このことを図3-1が例示しています．ある産業にA，B，Cの3企業があるとします．図3-1の左側3つのパネルはそれら3社の供給曲線を描いています．これらを横方向に足し合わせた産業の供給曲線が，右端のパネルに描かれています．

　したがって，ある産業の市場供給曲線を分析するためには，その産業を構成する個々の企業の行動をまず分析する必要があります．

図 3-1 市場供給曲線

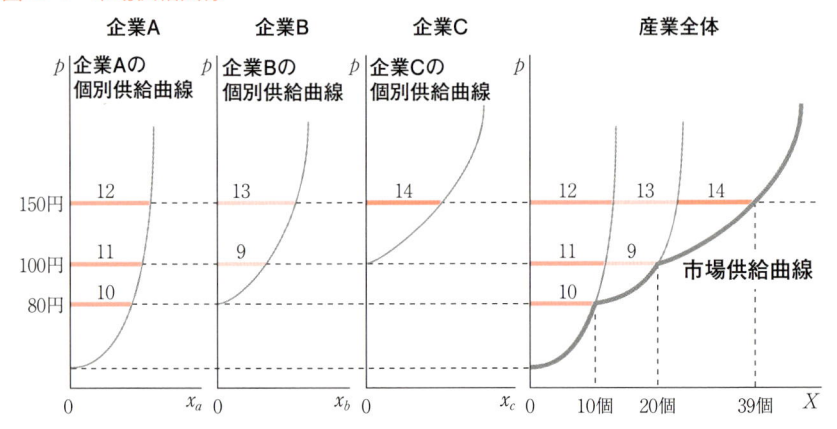

1つの産業はいくつかの企業で構成されます．ある産業内の企業の個別供給曲線を横方向に足し合わせたものが，その産業全体の市場供給曲線です．

可変投入物と固定投入物

企業は，土地を借り，機械を買い，労働者を雇用し，原材料や中間生産物を加工して，財やサービスを生産します．この場合，労働のサービス，原材料，土地や機械のサービスのように，生産工程に投入されるものを**投入物**と言います．それが生産工程を経て，**生産物**として出てきます．生産物のことは**産出物**とも言います．

生産には時間がかかります．生産計画の立案，原材料の発注，工場の運転，製品の出荷というプロセスを考えればそれはわかるでしょう．したがって，生産量は一定の期間に対して計測しなければなりません．一口に一定の期間と言っても，1週間，あるいは1年間，はては10年間というように，いろいろな期間をとることができます．

ある一定の期間を考える際には，その期間内に投入量を変えられる投入物と，変えられない投入物とがあります．変えられるものは**可変投入物**，変えられないものは**固定投入物**と呼びます．特定の投入物をどちらに分類するかは，あくまで想定している期間によって異なります．

たとえば1年間の期間を想定するならば，労働は可変投入物である場合が多いでしょう．1年間のうちには，パートの人を雇ったり雇わなかったりして，

雇用量を変えられるからです．同様に，原材料も可変投入物です．

しかし，土地は，たとえば20年契約で借りていれば，すぐには借り換えられません．周囲に敷地を広げようと思っても，すぐには手配できないでしょう．ですから，1年間ぐらいで考えると，土地は固定投入物です．機械も同様です．つまり，1年間という期間で考えると普通は，労働は可変投入物，土地と資本は固定投入物に分類できます．

一方で，期間を1カ月と想定すると，労働も固定投入物になる場合があります．これから半年間は雇用するという契約を結んでしまった場合には，急に解雇することはできないからです．このように投入物は，固定投入物と可変投入物とに分類できますが，特定の投入物がどちらに分類されるかは，想定する期間によって異なることに注意してください．逆に言えば，可変とか固定という言葉が使われている場合には，一定の期間が暗黙のうちに前提とされています．

限界生産力逓減の法則

次に，可変投入物の投入量を増加させるにつれて，最終的な生産量がどのように増加するかを分析しましょう．

例として，大豆を1年間で生産する場合を考えてみましょう．ある農家が大きな土地を持っていて，労働者を雇用して大豆を生産しています．1年間では，土地は固定投入物だとします．この時，可変投入物である労働量の増加にともなって，生産量がどのように増加するかを見ようというわけです．

固定投入物である土地の広さを，図3-2の長方形が示しているとします．そこに労働者を雇用したとしましょう．そうすると，最初の労働者Aは，図3-2のAの部分を耕して，次の労働者BはBの部分，その次の労働者CはCの部分を耕します．これらの土地A，B，Cは，各労働者が，他人に遠慮せずに土地を思い切り使った結果，各人が耕作することができた最大の面積だとしましょう．この場合，労働者Bは，自分が耕してもAが耕す場所を減らしているわけではありません．同様に，労働者CはAやBに迷惑をかけてはいません．ある程度の人数までは，新しく雇用された人は，自分より前に雇用されている労働者に何の迷惑もかけません．したがって，2人目が追加されれば，生産量がちゃんと2倍に増加するし，3人目を増やせば3倍に増加します．つ

図 3-2 固定投入物と可変投入物

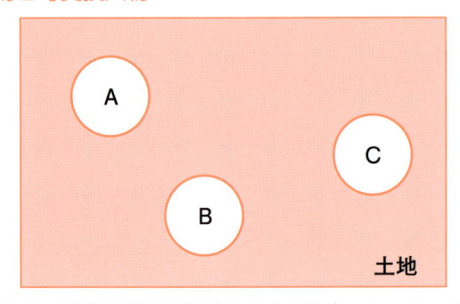

土地が固定投入物で，労働量が可変投入物である場合，A・B・Cの3人の労働者が耕している場合に，さらに労働者数を増やすと，比例して生産量が増えます．しかし，やがて**混み合い**が発生すると，追加の労働者がもたらす生産量の増加は，だんだん減っていきます．このことを，「**限界生産力逓減の法則**」と言います．

まり，**生産量が投入物の量と比例的に増加していく**わけです．

ところが，労働者をだんだん増やしていくと，いつかは土地を全部使ってしまい，各労働者は土地を思いのままに使うわけにはいかなくなります．労働者1人当たりが耕せる土地がだんだん狭くなってくるからです．つまり，**混み合い状態**が発生するわけです．[1] 混み合いが発生し始める労働者数 l_0 を超えて労働者数を増やしても，生産量は比例的には増加していきません．

図 3-3 は，横軸に労働投入量を，縦軸に大豆の生産量をとっており，曲線は労働投入量に対応した最大生産量を示しています．この曲線を労働の**生産力曲線**と言います．[2] 図からもわかるとおり，投入物（労働量）が l_0 になるまでは，生産量は投入物に比例して増加していきますが，l_0 を超えると，労働投入量の増加に比べて生産力曲線の上がり方は，「混み合い」のため緩やかになっ

---

[1]「混み合い」という言葉は，たんに混み合っている状態を表します．すなわち，混みすぎているとか，混みすぎてはいない，といった判断から中立的な言葉です．それに対して，「混雑」という言葉は，混み合い状態のうち，主として，混みすぎている状態を表します．「過密」は，混みすぎている状態のみを言います．英語で「混み合い」「混雑」「過密」のそれぞれに相当する言葉は，crowdedness, congestion, overcrowdedness です．

[2]「生産力」曲線は，「生産性」曲線とも言うことがあります．productivity という1つの英単語に生産力と生産性という2つの訳語があるためです．

1 生　産　63

図 3-3　生産力曲線

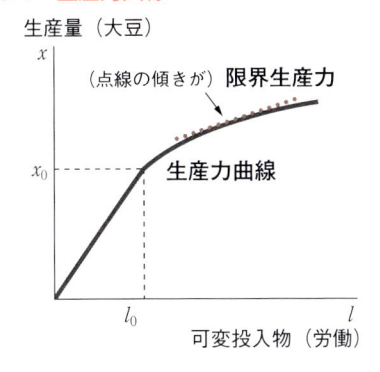

生産量（大豆）
（点線の傾きが）**限界生産力**
生産力曲線
x_0
l_0
可変投入物（労働）

図3-3の（労働）**生産力曲線**は，各労働投入量に応じた大豆の生産量を示します．労働投入量が一定水準（図では l_0）に達するまでは，生産量は労働投入量と比例的に増加します．しかし労働投入量がその水準を超えると，混み合いが発生するため，労働投入量が増加するにつれて，生産効率が落ち，生産力曲線の傾き（労働の限界生産力）は小さくなります．このことを「**限界生産力逓減の法則**」と言います．

図 3-4　限界生産力曲線

限界生産力 $\left(\dfrac{\Delta x}{\Delta l}\right)$
$\dfrac{x_0}{l_0}$
限界生産力曲線
l_0
可変投入物（労働）

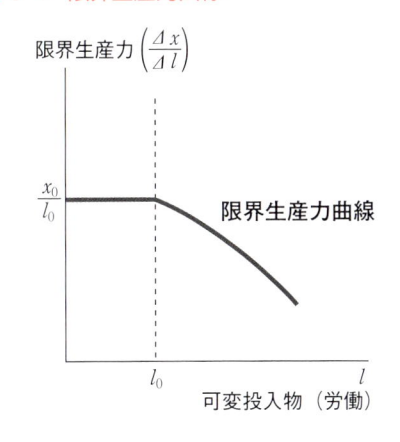

図3-4の（労働）**限界生産力曲線**は，労働投入量に応じた労働の**限界生産力**を示しています．図3-4では，「限界生産力逓減の法則」を反映して，労働投入量が l_0 を超えると限界生産力は次第に減少しています．

労働以外のすべての投入物（この場合は土地）の量を一定にしたまま，もう1単位労働者を追加投入した時の生産量の増加分を，労働の**限界生産力**と言います．[3] 各労働投入量に対する労働の限界生産力は，その労働量に対応した生産力曲線の傾きで表されます．図3-3に描かれた生産力曲線の傾きの変化は，この言葉を使うと次のように言うことができます．

---

[3] 限界生産力は限界生産性と呼ばれることもあります．さらに限界生産物（marginal product）とも呼ばれます．したがってあとで出てくる「限界生産力逓減の法則」も，本によっては「限界生産物逓減の法則」と呼ばれています．

「投入量が少ない時には，労働の限界生産力は一定であるが，投入量が水準 l_0 を超えると，混み合いのために限界生産力が次第に減る.」

ところで「次第に減っていく」ことを「逓減」と言います．この言葉を用いると，投入量がある水準を超えると，混み合いのために限界生産力が逓減すると言えます．このことを，**限界生産力逓減の法則**と言います．この現象は，農業に限らずあらゆる生産過程で見出されます.[4] 横軸に労働量をとって，縦軸に労働の限界生産力を直接描いた曲線を，労働の**限界生産力曲線**と言います．図3-4は，図3-3に対応した限界生産力曲線です．限界生産力逓減の法則は，この図3-4が直接的に示しています（なお，この図の縦軸では労働の限界生産力を $\mathit{\Delta}x/\mathit{\Delta}l$ と記号で表しています）．

2 費 用

可変費用と固定費用

投入物を購入するにはお金がかかります．ある期間において使用されるすべての投入物の市場価値（すなわち市場価格で評価した金額）の総計を，その期間における**費用（総費用）**とも言います。可変投入物の市場価値は**可変費用**，固定投入物の市場価値は**固定費用**です．したがって，次式が成り立ちます.

　　　（総）費用 = 可変費用 + 固定費用　　　　　　　　　　(3.1)

たとえば1年間の期間をとれば，原材料やアルバイト労働は可変投入物ですから，この期間では，原材料費用や人件費などは可変費用の一部です．さらに，

---

[4] たとえば，固定投入物が土地ではなくトラックである場合にも同様のことが成り立ちます．かなりの生産規模を予想して，トラックを何台か購入してあったとすると，労働者が少ない間は雇った労働者は全員がすぐトラックに飛び乗って仕事に向かえます．ところが，労働者が増加してきて混み合ってくると，1台のトラックを複数の労働者が昼夜シフトで共同で使わなければならなくなり，多少なりとも待ち時間が出てきます．この結果，追加的に労働者をもう1人雇用しても，生産量の増加幅は以前より小さくなります．

2 費　　用　65

図 3-3　再掲　　　　　　　図 3-5　必要労働量曲線

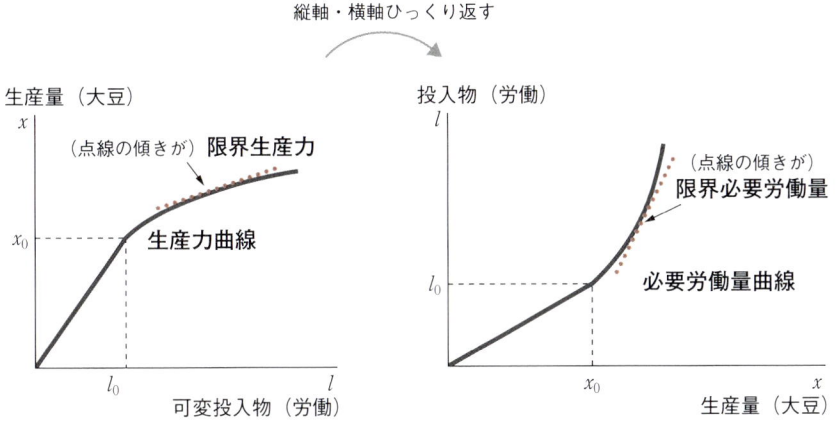

縦軸・横軸ひっくり返す

[生産力曲線：生産量（大豆）を縦軸 x、可変投入物（労働）を横軸 l とするグラフ。点線の傾きが**限界生産力**。l_0 に対応する生産量 x_0 が示される。]

[必要労働量曲線：投入物（労働）を縦軸 l、生産量（大豆）を横軸 x とするグラフ。点線の傾きが**限界必要労働量**。x_0 に対応する労働量 l_0 が示される。]

図 3-5 の曲線は，大豆の各生産量に対して，それだけを生産するのに必要な最小の労働量を示す「**必要労働量曲線**」です．これは図 3-3 の生産力曲線の縦軸と横軸を交換すると得られます．図 3-5 で，生産量が一定量（x_0）を超えると**必要労働量曲線の傾き**（限界必要労働量）が大きくなります．これは，混み合いによって生産効率が悪くなり，1 単位の増産に必要な労働量が増えるからです．これは「限界生産力逓減の法則」の反映です．

工場用地やオフィスビルなどの固定投入物を借りている場合には，その賃料（地代や家賃）は固定費用です．工場用地を企業で所有しているが，もともと銀行から借金して購入した場合には，毎年の利子支払いも固定費用です．オフィスビルを企業で所有しているが，もともと銀行から借金して購入した場合には，毎年の利子支払いとオフィスビルの毎年の減価償却費[5]を加えたものが固定費用になります．[6]

---

[5]　ビルなどの固定資産は，毎年古くなるので，市場で売却すると価値が下がります．減価償却費とは，その1年間の値下がり額のことです．実際には売却するわけではないので，近似して算出します．算出の仕方はいろいろありますが，仮にオフィスビルが30年間もつとすると，建設費を30で割って1年間の減価償却費とするのは1つの方法です．

[6]　工場用地やオフィスビルを企業が所有しており，しかも借金せずに自己資金で購入した場合には，その工場用地やオフィスビルを市場に貸し出せば稼げたはずの賃料収入を，「陰費用」として固定費用に算入します．「陰費用」については，第4章「生産者余剰，可変費用，帰属所得」6節を参照してください．

図 3-6 可変費用曲線

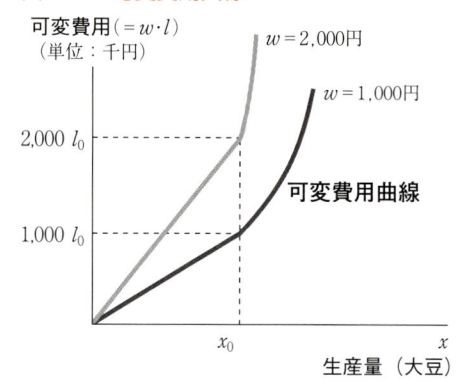

可変費用曲線は，大豆の各生産量に対して必要な最小の可変費用を示します．労働のみが可変投入物である場合には，可変費用曲線は，必要労働量曲線を，縦方向に賃金率を掛けた分だけ上に拡大して得られます．濃いグレーの曲線は，賃金率が1000円の時の可変費用曲線です．賃金率が上がれば，可変費用曲線のグラフは上方にシフトします．薄いグレーの線は，賃金率が2000円の時の可変費用曲線です．

可変費用と生産量の関係を図示しましょう．議論を簡単にするために，図3-2から図3-4で分析した大豆生産の場合を考えます．この例では，可変投入物は労働だけでした．この場合，可変費用は，時間当たりの労働時間投入量に賃金率を掛けたものになります．たとえば，1人の労働者を時給1000円で5時間雇ったら，可変費用は5000円になります．

図3-5は，図3-3の縦軸と横軸を交換した図です．この図を**必要労働量曲線**と言います．横軸で示された生産量を生産するために必要な最小の労働量を示しています．図3-5のグラフの傾きが示すとおり，生産を1単位増加するのに必要な労働量（投入物）の増加分を限界必要労働量と言います．限界必要労働量は，生産量が低いうちは一定ですが，生産量が x_0 以上に達すると増加していきます．これは，l_0 以上の労働者を雇用すると，混み合いが発生して効率が悪くなっていくからです．すなわち「限界生産力逓減」のためです．

大豆生産の例では，可変費用は労働量に賃金率を掛けたものです．したがって，**可変費用曲線**は，図3-5の必要労働量曲線を，縦方向に賃金率を掛けた分だけ上に拡大して得られます．

2 費用

図 3-7　可変費用曲線による限界費用逓増の図示

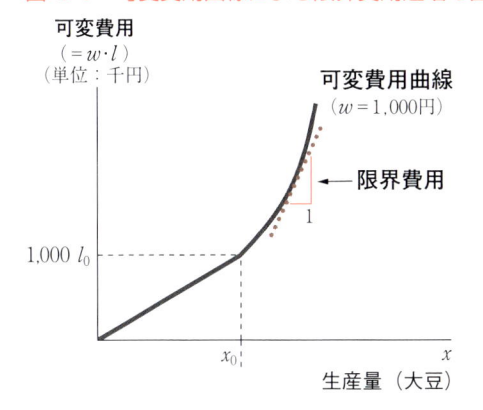

限界費用は，生産量を1単位増やす時に必要な可変費用の増加分です．これは，可変費用曲線の傾きで示すことができます．図3-6の濃いグレー線をコピーした図3-7から明らかなように，生産量がx_0になるまでは限界費用は一定ですが，生産量がx_0を超えると限界費用は増加していきます．実際に広く観察されるこの現象は，「**限界費用逓増の法則**」と呼ばれています．

図 3-8　限界費用曲線による限界費用逓増の図示

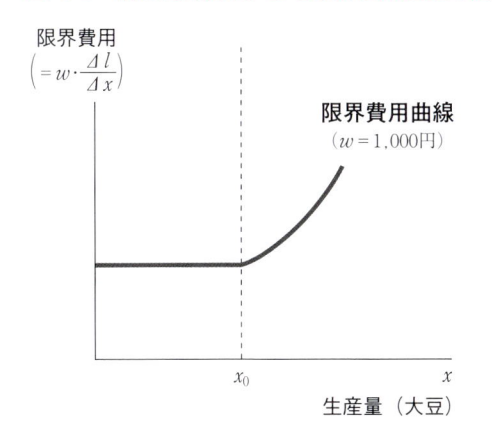

限界費用曲線は，各生産量における限界費用を示します．図から明らかなように，生産量が一定の水準（x_0）になるまでは限界費用曲線は水平ですが，生産量がこの水準を超えると増加していきます．これは，「限界費用逓増の法則」を直接的に示しています．

このため，可変費用曲線のグラフは賃金率によって当然異なります．図3-6の濃いグレー線は，賃金率が1000円の時の可変費用曲線です．縦軸の単位を1000円にとっていますから，このグラフは，図3-5のグラフをそのままにして縦軸のラベルだけを書き換えた図です．図3-6の薄いグレー線は，賃金率が2000円の時の可変費用曲線です．

限界費用

生産量を1単位増やす時に必要な可変費用の増加分を**限界費用**と言います.[7]

限界費用は可変費用曲線の傾きとして図示できます. 図3-6の濃いグレー線をコピーした図3-7が示すように, 可変費用曲線の傾き（限界費用）は, 生産量がx_0になるまでは一定ですが, 生産量がx_0を超えると増加していきます.

生産量がある水準を超えると, 生産量の増加にともなって限界費用が次第に上昇することを, **限界費用逓増の法則**と言います. この法則は, 限界生産力逓減の法則を反映しています. すなわち, 図3-5において生産量がx_0を超えると混み合いが発生して効率が悪くなるため, 生産を1単位増加するのに必要な労働投入量が逓増していることを反映しています.

各生産量に対応する限界費用を描いた曲線を**限界費用曲線**と言います. 図3-7の可変費用曲線から得た限界費用曲線が図3-8に示されています. この曲線は, 生産量がx_0になるまでは水平ですが, x_0を超えると逓増しています. これは,「限界費用逓増の法則」を直接的に示しています.

さて, これまでは, 労働だけを可変投入物だと仮定してきました. 実際には労働の他にも原材料や中間投入物など, さまざまな可変投入物があるでしょう. しかし, たくさんの可変投入物がある場合にも, 生産を増やしていくと, ある生産量までは限界費用は一定ですが, その水準を超えると限界費用が逓増していきます. 先ほどの例で言うと, 大豆の生産量を増やす過程では, 労働者だけでなく, 農薬も農機具も投入されます. しかし, 土地は一定ですから, 遅かれ早かれ, そうした可変投入物が邪魔にならずにいっしょに働ける土地の量がだんだん減り出して, 混み合いが発生してきます. 結局, 生産量を追加するのに必要となる追加的な費用の額は増加してくるのです. したがって, 限界費用は, 最初は一定でも, 途中から上昇していきます. つまり, 限界費用逓増の法則は, 一般的に可変投入物が複数ある時にも見られる法則です.

---

[7] 限界費用のことは, 英語では marginal cost と言います.「マージンを取る」という言い方がありますが, マージンというのは,「縁（ふち）」という意味です. marginal cost というのは, もう1単位生産を増やす時に増やす必要があるコスト――すなわち縁のコスト――という意味です.

図 3-9 （総）費用曲線

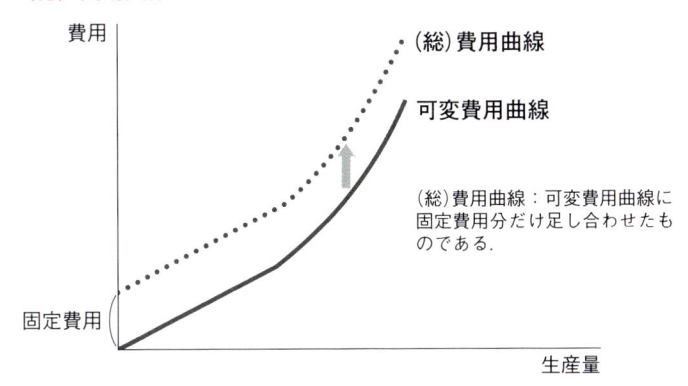

（総）費用曲線：可変費用曲線に固定費用分だけ足し合わせたものである.

（総）費用曲線は，横軸に示された各生産量に対応した（総）費用（＝固定費用＋可変費用）を示すグラフです．この曲線は，可変費用曲線を固定費用分だけ上方にシフトさせることによって得られます．

総 費 用

（総）費用と生産量との関係を図示する**（総）費用曲線**は，(3.1) 式から明らかなように，図 3-6 の可変費用曲線を固定費用分だけ上方にシフトさせたものです．これを表したのが図 3-9 です．

なお，生産量を変えても，固定費用は変化しませんから，「**限界費用は，1 単位生産を増加させた時の（総）費用の増加分である**」とも定義できます．

これは図 3-9 の 2 つの曲線が，同一の生産量に対して同じ傾きを持っていることに反映されています．

3 利　潤

定　義

企業の目的は，利潤の最大化です．その目的を達成するために，企業は所与の価格のもとで利潤を最大にする生産量を生産します．この生産量が，所与の価格のもとでのこの企業の供給量です．

利潤とは，収入から費用を差し引いたものです．すなわち

利潤＝収入－費用 (3.2)

です．ここで「費用」とは総費用のことです．生産物の売上げによって得た**収入**の中から生産のために使われた費用を支払った後で残ったものが，企業の**利潤**です．利潤，収入，費用は，一定の期間，たとえば1年とか半年といった期間に対して定義できます（次章の表4-1の行(1)と行(2)は，これら3つの概念の間の関係を示しています）．

なお，利潤が負である時，「損失が発生している」と言い，その利潤の絶対値を**損失**と言います（後に出てくる表4-3の行(1)と行(2)は，費用が収入を上回る場合を示しています．損失は，行(3)に示されているとおりです）．

収　　入

(3.2)式の右辺の2項のうち，「費用」のほうは図3-9上で図示しましたので，収入も図示してみましょう．

収入とは，企業が販売している財の売上げです．すなわち，販売量と価格の積です．生産したものはすべて売れるとすると，販売量と生産量は等しいので，収入は次のように定義できます．

収入＝価格×生産量

完全競争の状況下で企業の収入を考えてみましょう．**完全競争的な企業**とは，自社の生産能力の範囲内で生産量を増減しても，市場価格に影響を与えられない企業です．すなわち，完全競争的な企業とは，市場価格を所与のものとして受け入れる企業だと言えます．したがって，完全競争的な市場では，市場需要曲線は右下がりですが，個々の**企業が直面する需要曲線は水平です**．

所与の価格のもとでの生産量に対する収入を示すのが**収入曲線**です．価格がp_1の時の収入曲線を図3-10パネルAの茶色の線が示しています．この直線の傾きは価格です．完全競争の仮定のもとでは，生産量を増加させても価格は変化しませんから，生産量を1単位増やした時の収入増は，価格そのものです．完全競争企業が直面する収入曲線は直線です．

図 3-10 利潤＝収入－費用

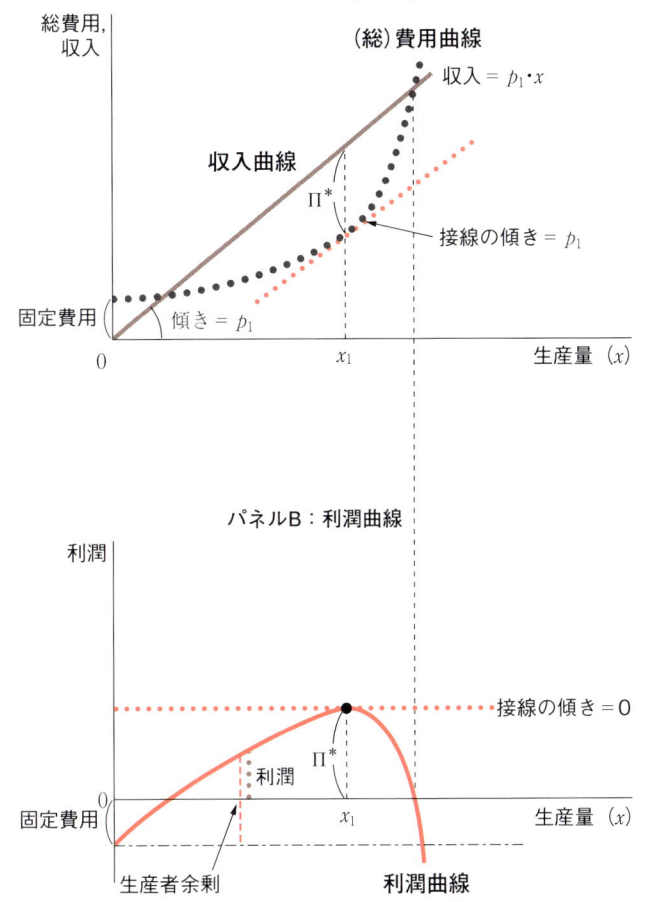

パネルA：費用・収入曲線

（縦軸：総費用, 収入／横軸：生産量 (x)）

- （総）費用曲線
- 収入曲線：収入 $= p_1 \cdot x$
- 接線の傾き $= p_1$
- 傾き $= p_1$
- 固定費用
- Π^*
- x_1

パネルB：利潤曲線

（縦軸：利潤／横軸：生産量 (x)）

- 接線の傾き $=0$
- 利潤曲線
- 利潤
- Π^*
- x_1
- 固定費用
- 生産者余剰

パネル A は，**収入曲線**と（総）**費用曲線**を同じ図に重ねて示しています．各生産量に対応した企業の利潤は，収入曲線と（総）費用曲線との間のその生産量における垂直距離で表されます．

パネル B のオレンジ線は，**利潤曲線**です．各生産量ごとにパネル A の収入曲線と費用曲線の垂直距離を描いています．利潤＝収入－費用，だからです．生産量が 0 の時には，収入は 0 ですが，固定費用がかかっているため，利潤曲線の水準は負です．生産量が増加するにつれて，利潤は増えていきますが，利潤の増え方は減少していきます．そして生産量が一定水準（図では x_1）を超えると，利潤曲線は右下がりになります．最大化された利潤が Π^* として示されています．

利 潤 曲 線

　完全競争下の企業の利潤曲線と生産量の関係を分析しましょう．図3-10パネルAのグレー点線は，図3-9のグレー点線をコピーした，企業の（総）費用曲線です．利潤は収入と費用の差ですから，**各生産量に対応した利潤は，収入曲線と費用曲線の垂直の距離**です．

　図3-10パネルBのオレンジ線は，各生産量ごとにパネルAの茶線とグレー点線の間の垂直距離を描いたグラフです．これは，各生産量に対応した利潤を示しています．このグラフを，**利潤曲線**と言います．

　利潤曲線が頂点に達している生産量 x_1 が，価格 p_1（パネルAの収入曲線の傾き）のもとでのこの企業の供給量です．

　図3-10パネルBによれば，x_1 より低い生産量では，利潤曲線は右上がりです．一方，x_1 より高い生産量では，利潤曲線は右下がりです．すなわち，生産量が x_1 より低い時には生産量を増やすことによって，また生産量が x_1 より高い時には生産量を減らすことによって利潤が増えることを，この利潤曲線は示しています．

　利潤曲線をパネルBのように描ける理由は，パネルAによって，次のように説明できます．まず，生産量が0の時には，利潤曲線の水準は負になっています．生産量が0の時には，収入は0ですが，費用は固定費用がかかっているので，ちょうどその分だけ損失が発生しています．

　一方，生産量が0から増加していくと，利潤が増加します．これはパネルAが示すように，低い生産量の時には，価格（収入曲線の傾き）のほうが限界費用（費用曲線の傾き）より大きいためです．しかし限界費用逓増の法則のために，生産量が増加すると利潤の増え方は次第に減少していきます．さらに生産量が増加すると，パネルBの利潤曲線は右下がりになります．

　したがって，生産量が x_1 になるまで利潤が増大するのも，その後は利潤が減少していくのも，限界費用逓増の法則のためです．

4 供給曲線

利潤最大化

図3-10 パネルBでは，企業の利潤曲線は生産量 x_1 で頂点に達しています．この生産水準で利潤は最大化されます．最大化された利潤は Π^* です．当然，x_1 では利潤曲線の傾きは0です．これは，生産量が x_1 の時，利潤曲線の接線が水平線であることを意味します．

生産量を1単位増やした時の利潤増を**限界利潤**と呼びます．限界利潤は利潤曲線の傾きです．図3-10のパネルBでは，生産量が x_1 の時には限界利潤は0です．したがって次が成り立ちます．

利潤を最大にする生産量の下では，

$$\text{限界利潤} = 0 \tag{3.3}$$

である．

ところで，企業の生産量を1単位増やした時の利潤と費用の増加分は，それぞれ限界利潤と限界費用です．さらに生産量を1単位増やした時の収入の増加分を限界収入と呼ぶと，(3.2)式

利潤＝収入－費用

から

限界利潤＝限界収入－限界費用

が成り立ちます．ところで完全競争企業が生産量を1単位増やす時の収入の増加は価格に等しいですから

限界収入＝価格

です．したがって

$$\text{限界利潤} = \text{価格} - \text{限界費用} \tag{3.4}$$

が成り立ちます．[8] すなわち，限界利潤は，価格から限界費用を差し引いたものです．

(3.4)式を(3.3)式に代入すると，次が成り立つことがわかります．

利潤を最大にする生産量では，

図 3-11 限界費用曲線＝供給曲線

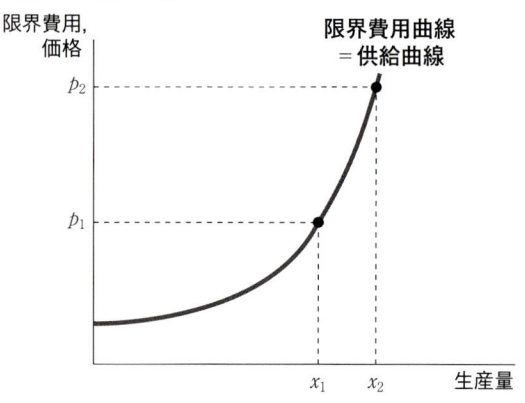

ある企業の限界費用曲線が描かれています．企業は，限界費用と価格が等しくなる生産量を供給します．したがって限界費用曲線は，各価格水準における企業の生産量を示す供給曲線そのものです．供給曲線が右上がりなのは，限界費用逓増の法則のためです．

$$\text{価格} = \text{限界費用} \tag{3.5}$$

となる．[9]

すなわち，完全競争企業は，ある価格に直面している時，限界費用がその価格に等しくなる生産量で利潤を最大化します．

供 給 曲 線

図 3-11 には，ある企業の限界費用曲線が描かれています．図から，限界費用が p_1 に等しくなる生産量は x_1 です．したがって，(3.5) 式から，価格が p_1 の時には生産量が x_1 で利潤が最大化されます．言い換えると，企業は価格が p_1 の時に x_1 を供給します．同様に，この企業は，価格が p_2 の時に x_2 を供給し

---

[8] いま，価格が5万円の製品の生産量を1単位増やしたら，費用が3万円増えるとしましょう．この時，利潤は2万円増えます．つまり，価格（5万円）と限界費用（3万円）の差として，限界利潤（2万円）は表せます．

[9] この式は，図 3-10 パネル A では，費用曲線の傾き（限界費用）が収入曲線の傾き（価格）に等しい生産量 x_1 で利潤が最大化されることを意味します．パネル A の収入曲線と費用曲線の高さの差も生産量 x_1 で Π^* になることが，図に示されています．

コラム：利潤最大化とサンクコスト

命題 (3.5) から，限界費用曲線が供給曲線であることがわかりました．

注目すべきことは，(3.5) 式から決まる利潤最大化生産量は，可変費用と価格との関係のみによって決まり，固定費用の大きさの影響をまったく受けないことです．企業の供給行動に固定費用の大小が影響を与えないということは，すでに生産量に関係なく支払い額が決まっている固定費用は，いわば埋没（サンク）した費用なので，利潤最大化をする生産量の決定に影響を与えないということを意味しています．このため，固定費用のことをサンクコストとも言います．

ます．つまり，価格をどの水準に変えても，その価格に等しい限界費用を持つ生産量を供給します．したがって，**企業の限界費用曲線はその企業の供給曲線そのものです**．

供給曲線と限界費用曲線は同じものですから，生産量を増やしていくと限界費用が増加していくことが，供給曲線が右上がりになる理由です．すなわち，**供給曲線が右上がりなのは，限界費用逓増の法則のためです**．

ところで，命題 (3.5) は，図 3-10 パネル B の利潤曲線の性質から導き出しました．しかし，限界費用曲線を使ってこの命題を直接導くこともできます．

図 3-12 には，企業の限界費用曲線と価格線 p_1 が描かれています．限界利潤の定義式 (3.4) から，各生産量における限界利潤は，価格線と限界費用曲線の高さの差として表されます．

図 3-12 では，x_1 より低い生産量では，価格のほうが限界費用より高いので，限界利潤は正です．たとえば，x_a だけ生産されている時の限界利潤は，ベージュ線の長さで示されます．したがって，x_1 より低い生産量では，生産量を増やすことによって利潤を増加させることができます．

一方，x_1 より高い生産量では，限界費用のほうが価格より高いので，限界利潤は負です．たとえば，生産量 x_b では，限界利潤はグレー線の長さにマイナス符号をつけたものです．したがって，この範囲の生産量の時には，生産量を減らすと利潤が増加します．[10]

図 3-12 限界費用曲線と限界利潤

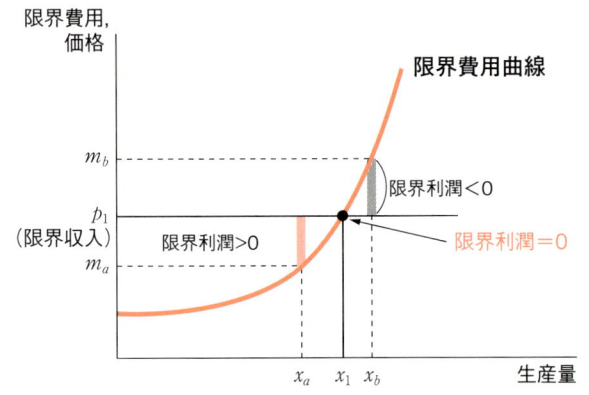

価格が p_1 の時の各生産量における限界利潤は，図の価格線 p_1 と限界費用曲線の高さの差として表されます．両線が交わる生産量である x_1 では限界利潤は 0 です．x_a のように x_1 より低い生産量では，限界利潤が正であるため，生産量を増やすことによって利潤が増加します．一方，x_b のように x_1 より高い生産量では，限界利潤が負であるため，生産量を減らすと利潤が増加します．利潤が最大になるのは，限界利潤が 0 である生産量である x_1 の時です．

最終的に，限界費用曲線が価格線 p_1 と交わる生産量 x_1 の時に，限界利潤は 0 になり，利潤が最大になります．これが (3.5) 式の直接的な意味づけです．

5 まとめ

1．ある企業が，労働以外の生産要素の投入量は固定して，労働の投入量のみを増やしていった場合には，混み合いが生じ，労働 1 単位当たりが使える他の生産要素が次第に少なくなります．このため労働の限界生産力は逓減します．労働投入量のみを増やしていくと労働の限界生産力が逓減することを，「限界

---

10) 生産量を 1 単位増やした時の収入増は価格 p_1 ですが，費用増はそれより大きな限界費用 m_b ですから，生産量を 1 単位増やした時の利潤増（限界利潤）は (3.4) 式からマイナスです．これは，図 3-12 のグレー線の長さにマイナス符号をつけた額です．この場合は生産量を減らすと利潤が増加するわけです．

生産力逓減の法則」と言います．

2．いま労働以外は固定投入物で，労働のみが可変投入物であった場合，生産量を増やしていくと，「限界生産力逓減の法則」を反映して，生産量を1単位増やすために必要となる労働投入量の増加量が逓増します．この結果，限界費用が逓増します．このことを「限界費用逓増の法則」と言います．各生産要素について，限界生産力逓減の法則が成り立つ場合には，可変投入物が複数の場合でもこの法則は成り立ちます．

3．企業は，利潤（＝収入－費用）を最大化する生産量で生産します．

4．ある企業の限界費用曲線は，その企業の供給曲線です．なぜなら，ある生産量のもとで，価格のほうが限界費用より高ければ，増産が費用の増加より大きい収入の増加をもたらすので，生産量を増やすことによって，利潤が増えるからです．一方，限界費用が価格よりも高ければ，生産量を減らすことによって，利潤が増えます．結局は，所与の価格のもとでは，限界費用がその価格水準に等しくなる生産量で，利潤が最大化されます．

キーワード

個別供給曲線　市場供給曲線　投入物　生産物（産出物）　可変投入物　固定投入物　混み合い　生産力曲線　限界生産力　限界生産力逓減の法則　限界生産力曲線　（総）費用　可変費用　固定費用　必要労働量曲線　可変費用曲線　限界費用　限界費用逓増の法則　限界費用曲線　（総）費用曲線　収入　利潤　損失　完全競争的な企業　収入曲線　利潤曲線　限界利潤　サンクコスト

4章

生産者余剰，可変費用，帰属所得

　第3章では「供給曲線」を企業の「利潤」最大化作用から導きました．本章では，「利潤」に関連した2つの概念を説明します．

　第1は，「生産者余剰」です．この概念は，第5章以下で，政策が資源配分を効率化するか否かを判定する際にも大きな役割を演じます．本章では「生産者余剰」を，「生産量0の時の利潤」，「限界利潤」，「可変費用」という概念を用いて3通りの方法で示します．

　さらに，生産者余剰の分析の際に導入した「可変費用」という概念を用いれば，市場が資源を効率的に各社に配分することを説明できることを示します．

　第2は，会計学で用いられる「利益」です．この概念と，経済学で用いる「利潤」との違いを説明します．

A. 生産者余剰

1 生産者余剰と利潤

本節では，利潤と密接に関連した概念である生産者余剰と供給曲線との関連を説明しましょう．

生産量が0の時の利潤

企業は，生産を止めるべきか否か迷うことがあります．いかなる生産量のもとの利潤も生産量が0の時の利潤より小さいならば，生産量を0にすべきです．すなわち，生産を止めるべきです．反対に，次のことも言えます．

> ある生産量のもとで利潤が生産量が0の時の利潤より大きいならば，生産を止めるべきではない．

ところで「生産量が0の時の利潤」はゼロに決まっているじゃないか，と思うかもしれません．しかし，そうではありません．前章で，企業の利潤を

$$\text{利潤} = \text{収入} - \text{費用} \tag{4.1}$$

で定義しました（表4-1の行(1)と行(2)はこの式を図示しています）．この式は，

$$\text{利潤} = \text{収入} - \text{可変費用} - \text{固定費用} \tag{4.2}$$

と書き直せます（表4-1の行(3)は行(2)の費用を分割したものです）．生産量が0の時には，上式の右辺の収入と可変費用は0になりますが，固定費用分の費用は残っています．

つまり，次が成り立ちます．

$$\text{生産量が0の時の利潤} = -\text{固定費用} \tag{4.3}$$

固定費用は，生産量が0の時にも支払わなければいけない地代や利子などです．(4.3)式は，生産量0の時の利潤は負であることを意味します．

表 4-1 利潤と生産者余剰

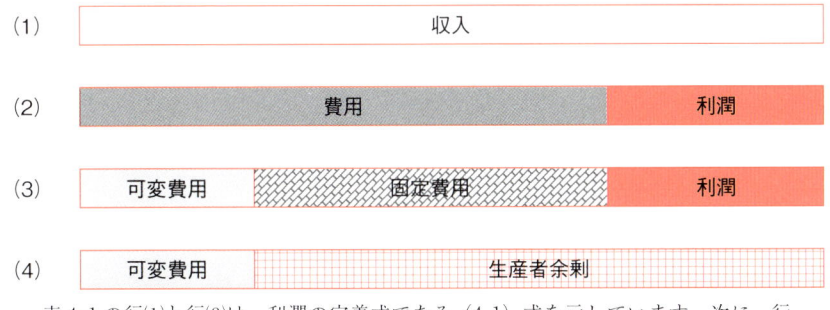

(1)	収入			
(2)	費用			利潤
(3)	可変費用	固定費用		利潤
(4)	可変費用	生産者余剰		

表 4-1 の行(1)と行(2)は，利潤の定義式である（4.1）式を示しています．次に，行(3)は費用を分割して表示したものです．最後に行(3)と行(4)は，(4.5) 式を図示しています．

図 4-1 は費用曲線，収入曲線，利潤曲線の関係を示しています．この図のそれぞれのパネルで生産量が 0 の時に対応する利潤を測ることができます．

まず生産量が 0 の時に固定費用分の費用が残っていることは，図 4-1 パネルAでの費用曲線の縦軸切片が示すとおりです．このため，図 4-1 パネル B の利潤曲線が示すように，生産量が 0 の時には，固定費用分の損失（マイナスの利潤）が発生しています．(4.3) 式はこのように図示できます．

生産者余剰の定義

企業の，ある生産量のもとでの**生産者余剰**とは，その生産量における利潤から生産量が 0 の時の利潤を差し引いたものです．つまり，次によって定義されます．

$$\text{生産者余剰} = \text{利潤} - \text{生産量が 0 の時の利潤} \tag{4.4}$$

これは，ある企業がまったく生産をしない場合と比べて，現在の生産量のもとでは利潤がどれだけ増えているかを示しています．

生産者余剰の概念を用いると，80 ページの命題は次のように言い直すことができます．

「ある生産量において生産者余剰が正ならば，生産を止めるべきではない」．これから特に，仮にすべての生産量で利潤が負であっても，ある生産量で生産者余剰が正であれば，生産を止めるべきではないということもわかります．

82　4章　生産者余剰，可変費用，帰属所得

図 4-1　固定費用・利潤・生産者余剰

パネルA：生産量が0の時の利潤

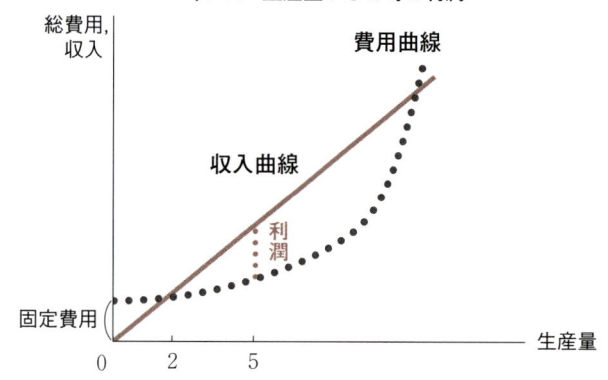

（総費用，収入／費用曲線／収入曲線／利潤／固定費用／生産量）

パネルB：利潤と生産者余剰

（利潤（実線からの高さ）／生産者余剰（鎖線からの高さ）／利潤／生産者余剰／固定費用／生産量／利潤曲線）

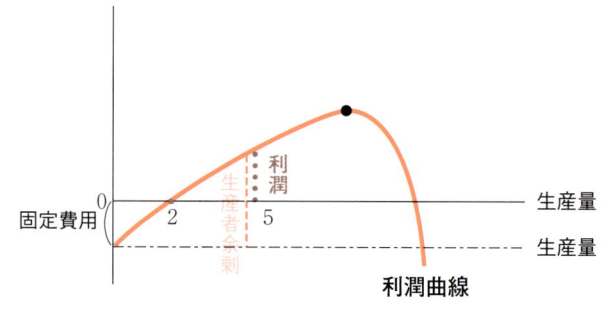

生産量が0の時，収入は0ですが，固定費用分の費用がかかっています．このため利潤はマイナス固定費用になることがA，B両方のパネルで確認できます．生産量が2の時，この企業の利潤が0になることを両パネルは示しています．さらに生産量が5の時の利潤を，A，B両方のパネルの茶点線の長さが示しています．

ところで，パネルBの利潤曲線は，鎖線を横軸として見ると，各生産量に応じた**生産者余剰**を示しています．たとえば，生産量が5の時の生産者余剰は，パネルBのオレンジ破線で示されています．

生産者余剰の図示（1）：利潤曲線を用いて

利潤曲線を用いると，各生産量に対応した生産者余剰を図示できます．

(4.3) 式を (4.4) 式の右辺第 2 項に代入すると，

生産者余剰＝利潤＋固定費用 (4.5)

になります（これは，表 4-1 の行(3)と行(4)とに表示されています）．したがって，生産者余剰は，図 4-1 パネル B の鎖線の横軸から測った利潤曲線の高さだとみなすことができます．たとえば生産量が 5 の時には茶点線の長さが利潤を，オレンジ破線の長さが生産者余剰を示しています．

図 4-1 パネル B では，生産量が 2 より少ない時，利潤は負であるにもかかわらず生産者余剰は正です．[1]

2　生産者余剰と供給曲線

利潤最大化の条件

(4.5) 式の右辺の固定費用は，生産量を変えた時も一定のままです．したがって，次が成り立ちます．

生産者余剰を最大にする生産量が，利潤を最大にする．

これは，図 4-1 パネル B からも明らかでしょう．このため，前章で (3.5) 式として導いた利潤最大化の条件

価格＝限界費用 (4.6)

は，生産者余剰最大化の必要条件でもあります．

生産者余剰の図示 (2)：限界利潤の総和として

限界利潤を利用して，生産者余剰を図示することができます．前章では，生産量を 1 単位増やした時の利潤の増加分を限界利潤と呼び，(3.4) 式で次のように定義しました．

限界利潤＝価格－限界費用

図 4-2 には，図 3-11 および図 3-12 と同一の限界費用曲線と価格線 p_1 が描かれています．この図を用いて，まず限界利潤を図示しましょう．図 4-2 で，

---

[1]　このケースは後で表 4-3 にも図示されます．

図 4-2 限界利潤と生産者余剰

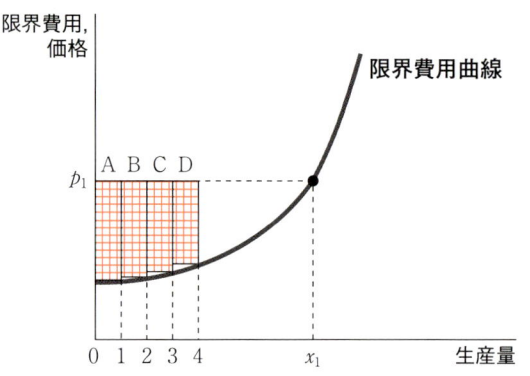

オレンジ格子の長方形 A，B，C，…の面積は，各生産量 1，2，3，…に対応する限界利潤です．所定の生産量に至るまで限界利潤をすべて足し合わせると，その生産量に対応した生産者余剰が得られます．

生産量 x が 1，2，3，…の時，対応する縦長のオレンジ格子の長方形の面積 A，B，C，…は，各生産量に対応した限界利潤を示しています．これらの長方形の高さは価格 − 限界費用で，底辺の長さはすべて 1 ですから，定義によって，長方形の面積 A，B，C，…は各生産量に対応した限界利潤です．

次に**生産者余剰**を図示します．定義 (4.4) によって，生産量 1 の生産者余剰は，生産量を 0 から 1 まで増やした時の利潤の増加分です．すなわち，生産量 1 の生産者余剰は，生産量 1 の限界利潤 A そのものです．したがって，次が成り立ちます．

   生産量 1 の生産者余剰 = A

生産量が 2 の生産者余剰は，(4.4) 式から生産量を 0 から 2 まで増やした時の利潤の増加です．これは，生産量を 0 から 1 まで増やした時の利潤の増加分（生産量 1 の生産者余剰 A）と生産量を 1 から 2 まで増やした時の利潤の増加分（限界利潤 B）の和ですから，次が成り立ちます．

   生産量 2 の生産者余剰 = A + B

同様に，次が成り立ちます．

   生産量 3 の生産者余剰 = A + B + C

したがって，4 単位生産する時の生産者余剰は図 4-2 のオレンジ格子図形

の面積全体（A＋B＋C＋D）で図示できます．一般に，生産者余剰と限界利潤の関係は，次の式で表すことができます．

　　　生産者余剰＝限界利潤の総和　　　　　　　　　　　　　　　　　(4.7)

ということは，所与の生産量まで限界費用曲線と価格線の間の面積をすべて足し合わせていくと，その生産量に対応した生産者余剰になります．

したがって，図4-3パネルAとBでは，生産量 x と x_1 における生産者余剰はそれぞれのパネルのオレンジ格子図形の面積です．さらに，パネルCで生産量が x_b の時の生産者余剰は，オレンジ格子図形部分の面積から茶色の部分の面積を差し引いた残りとなります．

生産者余剰の最大化

図4-3の各パネルは，限界費用が価格と一致する生産量 x_1 で生産者余剰が最大化され，最大化された生産者余剰は，パネルBのオレンジ格子図形の面積として表されることを示しています．[2]

したがって，一般に企業が利潤を最大化した時の生産者余剰は，価格線と限界費用曲線ではさまれたオレンジ格子図形の面積です．

このように，利潤を最大化する生産量のもとで成り立つ条件である(4.6)式は，生産者余剰を最大化する生産量のもとで成り立つ条件でもあります．生産者余剰という概念を用いると，最大化された生産者余剰そのものを図示できるために，限界費用曲線が供給曲線であることを，第3章よりビジュアルに示すことができます．

ただし(4.5)式から明らかなように，最大化された利潤は，この図のオレンジ格子図形の面積から固定費用を差し引いたものです．最大化された利潤をこの図で直接表すことはできません．限界費用曲線が供給曲線であることに着目すると，以上を次のようにまとめることができます．

---

2)　まずパネルAの生産量 x の時のように，価格が限界費用より大きく，限界利潤が正であれば，生産量を増やすことによって，生産者余剰が増加します．他方パネルCの生産量 x_b の時のように，限界利潤が負であれば，生産量を減らすことによって生産者余剰が増加します．したがってパネルBの x_1 のように，限界利潤が0となる生産水準で生産者余剰が最大化されます．

図 4-3　生産者余剰と限界費用

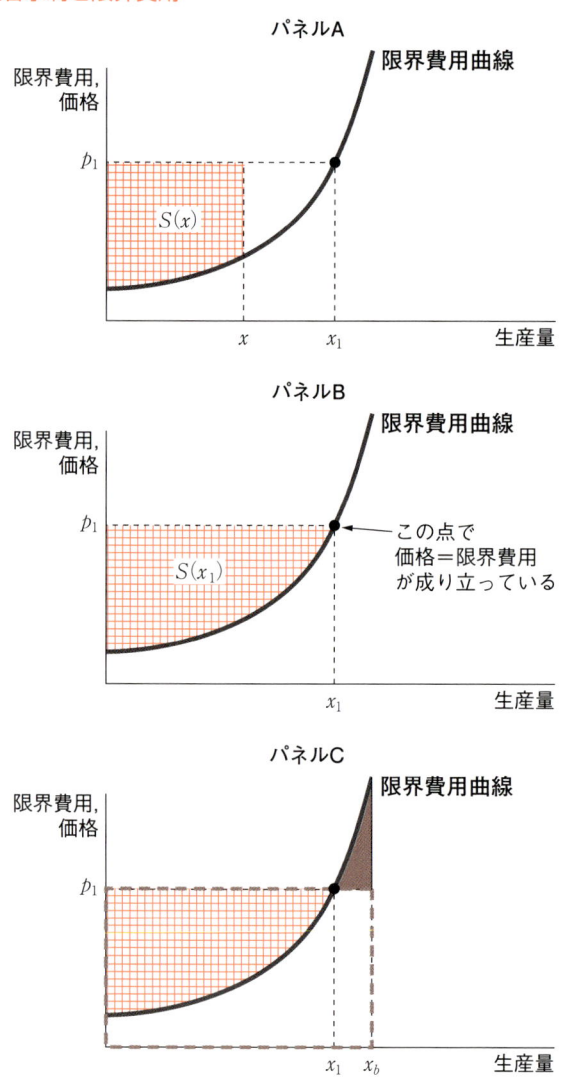

パネルA

限界費用，価格／p_1／$S(x)$／限界費用曲線／生産量／x　x_1

パネルB

限界費用，価格／p_1／$S(x_1)$／限界費用曲線／この点で価格＝限界費用が成り立っている／生産量／x_1

パネルC

限界費用，価格／p_1／限界費用曲線／生産量／x_1　x_b

パネルAの生産量xでは限界利潤が正なので，増産によって生産者余剰が増加します．他方，パネルCの生産量x_bでは限界利潤が負なので，減産によって生産者余剰は増加します．パネルBの生産水準x_1では，限界利潤が0なので，生産量を増やしても減らしても生産者余剰は増えません．すなわち，生産者余剰が最大化されます．この時，「価格＝限界費用」が成り立っています．これは，限界費用曲線が供給曲線になることの別証を与えます．なお最大化された生産者余剰はパネルBのオレンジ格子の三角形の面積です．

企業が利潤を最大化した時の生産者余剰は，価格線と供給曲線ではさまれたオレンジ格子図形の面積である．この面積から固定費用を差し引くと利潤が得られる． (4.8)

B. 可 変 費 用

3 可変費用の図示

　本節では供給曲線を用いて可変費用を図示します．
　第3章2節では，限界費用曲線を可変費用曲線から導きました．実は，逆に，可変費用曲線を限界費用曲線から導くことができます．
　そのために，まず次を示しましょう．
　　　　限界費用曲線の下側の面積は，可変費用である．
　図 4-4 のパネル A で，生産量 x が 1，2，3，… の時，対応する縦長のグレーの長方形の面積 a，b，c，… は，各生産量に対応した限界費用を示しています．これらの長方形の高さは限界費用で，横の長さはすべて 1 だからです．
　限界費用は可変費用の増加分ですから，面積 a が生産量 1 に対応した限界費用だということは，生産量を 0 から 1 に増やすことがもたらす可変費用の増加分が a だということです．生産量が 0 の時の可変費用が 0 であることを考慮すると，これは，1 単位生産する時の可変費用は a であることを意味します．
　次に，生産量をもう 1 単位増やして，2 単位生産する時の可変費用の増加分は b です．したがって 2 単位生産する時の可変費用の総額は，a＋b，です．さらに，3 単位生産する時の可変費用の総額は，a＋b＋c，になります．
　これを一般化し，現在の生産量まで限界費用曲線の下側の面積をすべて足し合わせていくと，その生産量に対応した可変費用そのものになります．したがって，「限界費用曲線の下側の面積は，可変費用である」ことが示されました．

図 4-4 限界費用と可変費用

パネルA：可変費用 = ∑限界費用

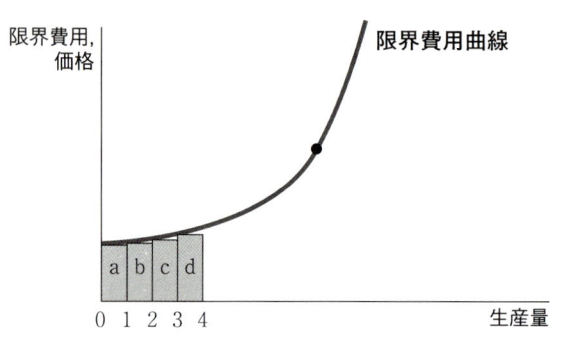

グレーの長方形のa，b，c，…の面積は，生産量1，2，3，…に対応する限界費用を示しています．可変費用は，所与の生産量に至るまでの限界費用の総和です．したがって，可変費用は，限界費用曲線の下側の面積そのものです．

パネルB：生産者余剰 = 収入 − 可変費用

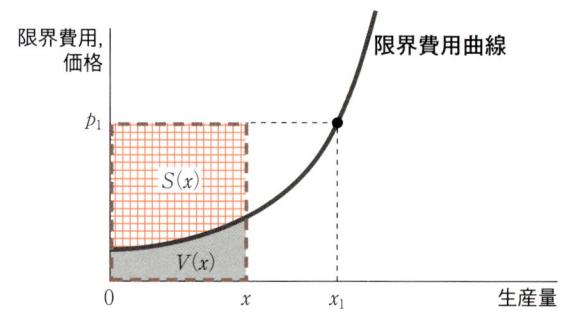

茶破線の長方形の面積は生産量 x における収入を，グレーの面積 $V(x)$ は生産量 x における可変費用を表しています．生産量 x における生産者余剰は両者の差であるオレンジ格子図形の面積 $S(x)$ です．

4 可変費用と生産者余剰

生産者余剰の図示（3）：収入−可変費用として

生産者余剰は，可変費用とも密接な関係を持っています．まず生産者余剰を表す（4.5）式の右辺の利潤に（4.2）式を代入することによって，

生産者余剰＝収入－可変費用　　　　　　　　　　　　　　　(4.9)

が得られます．この式は表 4-1 の行(1)と行(4)の関係を示しています．

　これまで生産者余剰を 2 つの方法で図示してきましたが，生産者余剰は，この式を用いても図示できます．

　図 4-4 パネル B で生産量が x の時の可変費用 $V(x)$ は限界費用曲線の下側の面積であるグレーの面積で表されることが上で示されました．

　一方，図 4-4 パネル B で価格が p_1 で生産量が x の時の収入は，茶破線枠の長方形の面積として表されます．したがって，(4.9) 式から，生産者余剰はオレンジ格子図形の面積 $S(x)$ です．まとめると，次が言えます．

> 　図 4-4 パネル B で，価格 p_1，生産量 x の時には，生産者余剰はオレンジ格子図形の面積 $S(x)$ である．すなわち生産量が x の時の生産者余剰は，上下を価格線と限界費用曲線で，左右を生産量 0 と生産量 x における垂線で囲まれた面積によって表示できる．[3]　　　　　　　　(4.10)

　これは，(4.9) 式を用いても (4.7) 式を用いても生産者余剰をまったく同一に図示できることを示しています．したがって，可変費用の概念を用いると，命題 (4.8) を最も直截に導くことができます．

5　企業間の効率的な生産量配分：可変費用による説明

　本節では，前節で論じた生産者余剰の話題から離れて，「可変費用」の概念を用いて，市場による各企業への生産量配分は社会的に見て効率的な配分であることを示します．

　社会主義のように政府が各企業の生産計画を立てると，市場による各企業への生産量配分に比べて無駄が発生することを示しましょう．これによって**市場**

---

[3]　命題 (4.10) で，生産者余剰を計算する時に，ある生産量のもとで，限界費用曲線のほうが価格線より上にある場合には，その生産量では限界費用曲線と価格線の間の面積（図 4-3 パネル C の茶色の面積）を負として差し引きます．

均衡では，産業全体で最大限効率的な生産が行われることが明らかにされます．

市場均衡では，各企業は均衡価格のもとで利潤を最大化するように，それぞれの均衡生産量を決めます．それを合計したものが市場均衡総生産量です．産業全体での総生産量が市場均衡総生産量と等しくなるように政府が各企業に生産量を配分した場合，市場による配分と政府による配分がたまたま一致するのではないかぎり，無駄が生じます．すなわち政府による配分のもとでの産業全体での可変費用の総計は，市場均衡のもとでの可変費用の総計に比べて大きくなります．これをコンパクトに表現すると，市場均衡では次の重要な命題が成り立ちます．

市場均衡では，産業全体で最も効率的な生産が行われる． (4.11)

図 4-5 を用いて具体的に説明しましょう．2つの企業 A, B からなる産業を考えます．図のパネル A, B は，それぞれ各企業の供給曲線を表しています．これらを横方向に足し合わせた曲線が，パネル C の市場供給曲線です．[4]　パネル C にはこの産業の市場需要曲線が描かれています．市場均衡は N 点で達成され，対応する各企業の均衡点は，N_a, N_b です．この均衡では，企業 A は 14 単位，企業 B は 6 単位，市場全体では 20 単位が生産されています．実は，市場均衡における各企業のこの生産量の組み合わせ (14, 6) は，産業全体の均衡生産量 20 単位を，費用最小で生産する組み合わせとなっています．これが上の命題 (4.11) の意味です．

以下にこのことを示しましょう．まず，図 4-5 のパネル A, B が示すように，均衡点 N に対応した N_a, N_b で，両企業の限界費用は 40 円で等しいことに注目してください．両企業が別の生産量の組み合わせを行ったとしても，市場全体では 20 単位生産することはできます．しかし，そのような組み合わせでは，両企業の限界費用が等しくなりません．等しくない場合には，限界費用の高い企業の生産量を減らし，その分だけ限界費用の低い企業の生産量を増やせば，産業全体の生産量を一定に保ちながら産業全体での費用を削減できます．たとえば，図 4-5 で両企業が 10 単位ずつ生産を行っている場合を考えてみましょ

---

[4]　図 4-5 では図を簡単にするために，パネル A とパネル B の供給曲線の縦軸切片がたまたま同一だとしています．このためパネル C の供給曲線には屈折がありません．しかしパネル A とパネル B の縦軸切片が異なっている場合も分析は同じです．

図 4-5 生産量配分と限界費用

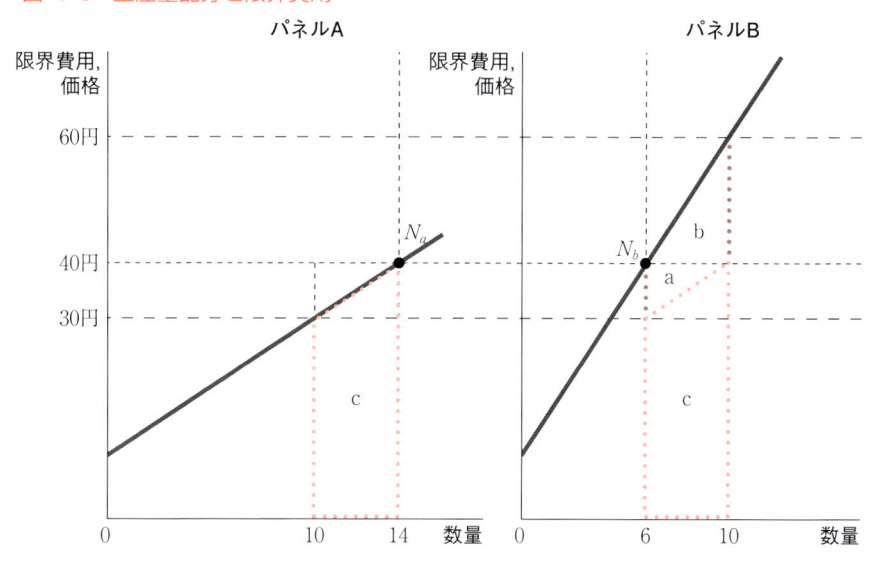

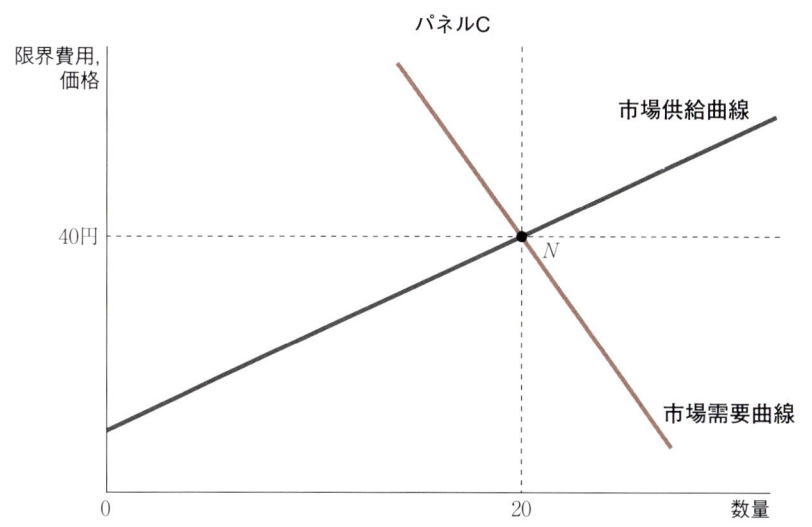

パネルA

パネルB

パネルC

パネルCは、2つの企業A、Bからなる産業の市場供給曲線を示しています。均衡点Nにおいて、均衡価格は40円、市場全体の均衡生産量は20単位です。パネルA、Bは、企業A、Bの個別供給曲線であり、市場均衡価格40円のもとでは、企業Aは14単位、企業Bは6単位を生産します。この時、両企業とも価格＝限界費用となり、効率化が達成されています。

仮に各企業が10単位ずつ生産すると、市場全体の均衡生産量20単位を達成することはできても、限界費用は企業Aが30円、企業Bが60円となり、無駄が生じてしまいます。**市場均衡**における生産量の組み合わせ（14, 6）は、産業全体の均衡生産量20単位を、費用最小で生産する組み合わせとなっています。

う．この時，企業Aの生産量を1単位増やすと費用は30円しか増加しませんが，企業Bの生産量を1単位減らせば費用を60円削減できます．したがって企業Aの生産量を1単位増やすと同時に企業Bの生産量を1単位減らせば，産業全体の生産量を一定に保ちながら産業全体の費用を削減できます．すなわち，両企業の限界費用が異なるかぎり効率的な生産は達成されません．言い換えると，**産業全体の費用が最小になるように産業全体で一定水準の生産をしている時に，両企業の限界費用は必ず等しくなっています**．

市場では，各企業は自社の限界費用が，全企業が共通に直面する市場価格に等しくなる生産水準で生産します．このために，各企業の限界費用は等しくなります．したがって**市場均衡では，産業全体の均衡生産量が最も効率的に生産されている**ことがわかります．

このことは，社会主義のように政府が各企業の生産計画を立てると，無駄が発生することを意味しています．仮に社会主義的政府が企業A，Bに10単位ずつ生産することを命じていたとすれば，企業間の生産量の調整によって費用を節約できることを図4-5で確かめてみましょう．企業Aの生産量を10単位から14単位に増やすと，対応した限界費用曲線の下側の面積，すなわち図4-5パネルAの台形の面積 c だけ費用が増加します．一方，それと同時に企業Bの生産量を10から6まで減らすと，図4-5パネルBで面積 a+b+c，だけ費用が減少します．したがって図4-5パネルA，Bから明らかなように，差し引き面積，a+b，だけ市場全体では費用が節約されたことになります．逆に言うと，政府が上のような生産計画を企業に強制していたために，a+b だけの無駄が発生していたことがわかります．

C. 帰 属 所 得

6 利潤と帰属所得

会計学では，利潤ではなく「利益」の概念が用いられます．それは経済学と

会計学とで用いる費用の概念が異なっているからです．本節ではこの差を説明します．そのために，まず2つの費用の差である「帰属所得」あるいは「陰費用」の概念から説明しましょう．

費　　用

定義式を再掲すると，利潤は

$$\text{利潤}=\text{収入}-\text{費用} \tag{4.1}$$

です（表4-2の行(1)と行(2)参照）．右辺の費用とは，すでに定義したように，その企業が生産工程に投入するすべての投入物を市場価格で評価した金額です．

それらの中には，①他社や他人から買ってくる物と，②企業の持ち主自身が（自分自身が働くとか，現物出資するなどの形で）提供する物とがあります．したがって費用にも，①に対応するものと，②に対応するものがあります．

①に対応するものを，**陽費用**と言います．すなわち，ある企業の陽費用とは，企業の持ち主（すなわち出資者あるいは株主）が，自分たち以外の個人や企業に対して支払った投入物の金額です．これには，従業員に支払う給料，電話代，さらにはオフィスの賃借料などが含まれます．

②に対応するものは，**陰費用**と言います．企業の持ち主自身が（自社に労働力を提供したり，自身が保有する資本を投下したりすることによって）自社に提供する生産要素を，市場価格で評価した金額です．すなわち，これらの要素を市場で調達したらいくらかかるかを測った金額です．たとえば，自分自身が所有するマンションの一室を自分の会社のオフィスに使用するために現物出資として提供した場合には，本来その部屋を市場から借り入れた時に支払うべき家賃が陰費用となるわけです．

したがって費用は次のように分割できます（表4-2の行(2)と行(3)参照）．

$$\text{費用}=\text{陽費用}+\text{陰費用} \tag{4.12}$$

費用に陰費用まで含める理由は，次のとおりです．ある企業が生産を行うということは，投入物を投下して，その結果ある工程を経たうえで産出物が出てくるということです．定義によって，この投入物の市場価値が，経済学における費用です．経済学的観点からは，企業の持ち主が投下した投入物も生産に役立っているのですから，この投入物の市場価値は費用の一部になるわけです．

表 4-2 利潤と利益

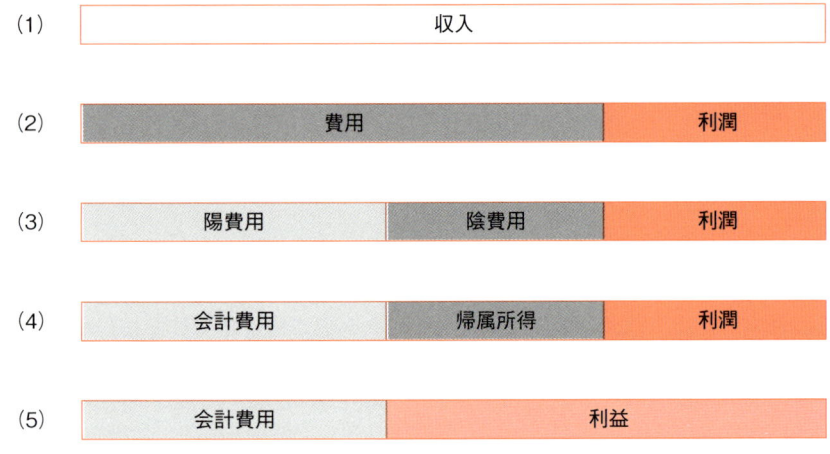

(1)	収入		
(2)	費用		利潤
(3)	陽費用	陰費用	利潤
(4)	会計費用	帰属所得	利潤
(5)	会計費用	利益	

行(1)と行(2)は，利潤の定義を与えます（利潤＝収入−費用）．行(2)と行(3)は，費用を分割します（費用＝陽費用＋陰費用）．行(3)と行(4)は，**陽費用**と**陰費用**が，それぞれ**会計費用**，**帰属所得**と呼ばれることを示します．最後に，行(1)と行(5)を比べると利益が，「利益＝収入−会計費用」で定義されることを示します．さらに行(4)と行(5)は，「利益＝利潤＋帰属所得」であることを示します．

利潤の定義式（4.1）の右辺の「費用」に陰費用が含まれているのは，こういう理由です．「利潤とは，産出物の市場価値から，その産出のために必要としたすべての投入物の市場価値を差し引いたものだ」ということの意味を，（4.1）式と（4.12）式は明確にしてくれます．

帰属所得

投入物の供給者（労働者や地主など）が，自分が持っている投入物を市場に供給しないで，自分自身や自分の会社で使用した場合に，本来なら市場で得ることができたはずの報酬額（それらの資源を市場価格で評価した額）を**帰属所得**と言います．

したがって，

　　　陰費用＝帰属所得

が成り立ちます．

費用とは，生産過程への投入物を全額表示したものです．費用は投入物の需要者と供給者のそれぞれの側から異なった言葉で表現されることがあります．たとえば，賃金は企業にとっては「労賃」ですが，労働者側にとっては「給与所得」です．

　同様に，投入物の需要者である企業側から見た概念である陰費用を，投入物の供給者の側から見る時には，**帰属所得**と呼ぶわけです．

　帰属所得は，さらに所得の種類によって帰属家賃や帰属賃金と言うこともあります．先ほどの企業の持ち主が，自身で所有しているマンションを提供した場合には，対応する**帰属家賃**は彼がこのマンションを市場に貸し出していれば得ることができるはずだった家賃です．企業の持ち主が自分自身の労働を自分の企業に投入している場合には，他の企業で働いたら得られたはずの（すなわち市場賃金率で評価した）賃金を**帰属賃金**，企業の持ち主が自分の土地を自社に提供している場合には，他社に貸していれば得られたはずの（すなわち市場地代で評価した）地代を**帰属地代**と言います．さらに，自社に資金を投入している場合には，市場で貸し出していれば得られたはずの利子収入を**帰属利子**と言います．

7　会計費用と利益

会 計 費 用

　ところで会計学では，「費用」というと陽費用のみのことを指します．したがって陽費用は**会計費用**とも呼ばれます．[5]　すなわち，

　　　陽費用＝会計費用

です．上の2式を用いると（4.12）式は，

　　費用＝会計費用＋陰費用　　　　　　　　　　　　　　　　　(4.13)

---

[5]　会計学では，費用という言葉は経済学とは違った意味で使われています．ここでは経済学上の費用をたんに「費用」，会計学上の費用を「会計費用」と呼んで区別します．陰費用は，会計費用には含まれません．

と書き直すことができます．

利　　益

さらに，収入から費用のうち会計費用だけを差し引いたものを，会計学では**利益**と呼びます．すなわち次が成り立ちます．

$$\text{利益} = \text{収入} - \text{会計費用} \tag{4.14}$$

これを図示しているのが表4-2の行(1)と行(5)です．

利益と利潤との違いは，収入から費用全体を差し引くか会計費用のみを差し引くかです．利益は，企業の持ち主が受け取る陰費用を含めた所得です．実際，(4.1) 式の右辺に (4.13) 式を代入したうえで (4.14) 式と比較すると，

$$\text{利潤} = \text{利益} - \text{陰費用} \tag{4.15}$$

が得られます．表4-2の行(4)と行(5)はこれを図示しています．

利潤概念の企業にとっての有用性

帰属所得の概念を用いると，(4.14) 式は次のように書き直すことができます．

$$\text{利潤} = \text{利益} - \text{帰属所得} \tag{4.16}$$

これも表4-2の行(4)と行(5)が図示しています．すなわち，利潤は，出資者が得る利益のうち，彼の帰属所得を超えた部分です．

「利潤」という概念は，企業の持ち主にとっても役立ちます．企業の持ち主にとって，ある企業を経営して得られる報酬（利益）が，この企業に投入した生産要素を要素市場に提供して得られる報酬（帰属所得）未満ならば，この企業を経営するメリットはありません．企業の持ち主が投入した生産要素に報酬（帰属所得）を超えるプラス・アルファの報酬がある時にのみ，この企業は儲けていると考えられます．経済学では，このプラス・アルファの報酬を利潤と呼ぶわけです．そのために，自分自身の投下していた生産要素に対する市場で評価した報酬も利益から差し引いて利潤を算出するわけです．利潤は，企業の持ち主がこの企業を経営することによって，自分が持っている生産要素の市場価値をどれだけ超えた報酬を得ているのかを示してくれるのです．

具体的な例で考えてみましょう．あなたが都心のマンションの1フロア（市場価値1億円）のすべての区分を所有しており，年間300万円の家賃で，ある

企業に貸してきたとしましょう．友だちから新会社を設立するからこのマンションを現物出資してくれないかと頼まれました．現物出資の結果，毎年300万円以下の報酬（利益）しか得られないのであれば，出資をする意味はありません．少なくとも，長期的には1年間当たり300万円を超える利益を得られた時に初めて，出資者になってよかったということになります．経済学的には，300万円を超えた部分を利潤と呼ぶわけです．[6]

利潤は，利益のうち帰属所得を上回る部分です．したがって，利潤は，経営のリスクに対する報酬だとか，あるいは経営上の特別なノウハウに基づいた報酬であると解釈することができます．もちろん，この利潤の一部は，経営者の**経営能力**であって，組織を作るのがうまいとか，それを運営していくのがうまいということから発生しています．

日常用語では，利潤という言葉を利益の意味で用いることも多いので，誤解を避ける目的で，経済学でいう意味での利潤を，**超過利潤**あるいは**経済利潤**と言うこともあります．本書では，たんに利潤と言います．

利益が正なのに利潤が負になることがあります．表4-3はその状況を表しています．行(1)と行(2)が示すように，この企業の費用は収入を上回っていますから利潤は負です．行(3)は，費用が収入を超えている部分を，負の利潤（損失）として示しています．一方，行(2)と行(4)が示すように，

費用＝会計費用＋帰属所得

です．

収入から会計費用を差し引いた利益が行(5)に示されています．すなわちこの会社は正の利益を得ています．正の利益により儲けていることを示しているように見えても，利潤が負である状態が長く続くようであれば，この会社をそもそも設立しなかったほうが設立者には得だったということを意味しています．

表4-3の場合，行(4)と行(5)の比較からわかるように，この企業は正の利益を得ていますが，利益は帰属所得の大きさほどではありません．その不足分が

---

[6] 会社設立当初は十分な収入が得られず，利潤はマイナスになるかもしれませんが，将来プラスになり，「自分の生産要素を市場に供給するよりも，リスクをとってもこの企業の出資者になるほうが，差し引きでは有利だろう」と考えるから出資するわけです．

表 4-3 負の利潤と正の利益

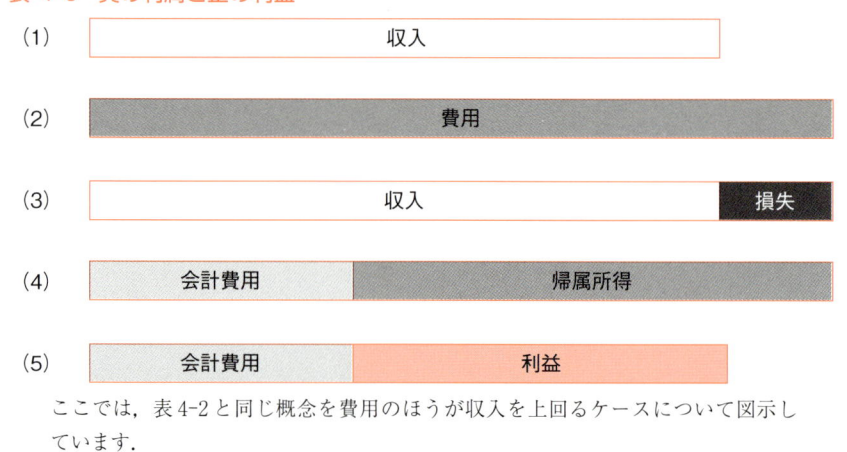

(1)	収入
(2)	費用
(3)	収入 / 損失
(4)	会計費用 / 帰属所得
(5)	会計費用 / 利益

ここでは，表 4-2 と同じ概念を費用のほうが収入を上回るケースについて図示しています．

行(3)で示される損失になっています．

8 ま と め

1. 生産者余剰は，次で定義されました．

   生産者余剰＝利潤－生産量が 0 の時の利潤　　　　　　　　(4.4)

   この式は，次のように書き直すことができます．

   生産者余剰＝利潤＋固定費用　　　　　　　　(4.5)

   生産者余剰＝収入－可変費用　　　　　　　　(4.9)

2. 生産者余剰はさまざまな形で図示することができます．

① 図 4-1 パネル B の縦のオレンジ破線が，生産量が 5 の時の生産者余剰を表しています．これは縦軸の原点を，利潤曲線の元来の原点から下方向に固定費用分だけ下げた水準に移して利潤曲線の高さを測ったものです．

② 図 4-3 パネル A のオレンジ格子図形 $S(x)$ が，生産量 x の時の生産者余剰を表しています．これは生産量 x までの限界利潤を足し合わせたものだと見ることができます．

③ このオレンジ格子図形 $S(x)$ は，収入から可変費用（限界費用曲線より

下の面積）を差し引いた面積だと見ることもできます．

3．生産者余剰を最大化する生産量で，利潤も最大化されます．したがって図 4-3 パネル B が示すように，限界費用が価格に等しい生産量が，利潤最大点として選ばれます．分析用具としての生産者余剰には，最大化した金額をオレンジ格子図形の面積 $S(x)$ として，はっきりと明示できる利点があります（利潤は，これから固定費用を差し引いたものになります）．

4．複数の企業が 1 つの産業に存在するとき，すべての企業の費用の総和を最小にする方法は，各企業の限界費用が等しくなるように各企業に生産量を割り当てることです．社会主義国で，このように各企業に生産量を割り当てるのは非常に難しいのですが，市場経済では，各企業は限界費用が共通の価格に等しくなるように生産量を選ぶので，自動的に達成されます．すなわち，市場均衡では，産業全体で最も効率的な（所与の生産量に対して費用を最小にするという意味で）生産が行われます．

5．企業の生産に必要な投入物の金額のうち，他社や他人から買ってくる投入物の金額を陽費用と言い，企業の持ち主自身が現物出資のような形で提供する物の金額を陰費用と言います．陽費用は会計費用とも言われ，陰費用は帰属所得とも言われます．会計学では，収入から会計費用のみを差し引いたものを，利益と呼びます．したがって，

$$利潤＝利益－帰属所得$$

という関係が成り立ちます．

キーワード

生産者余剰　　市場均衡　　陽費用　　陰費用　　帰属所得　　帰属家賃　　帰属賃金　　帰属地代　　帰属利子　　会計費用　　利益　　経営能力　　超過利潤（経済利潤）

5章 需要曲線の導出と総余剰

　本章では,「総余剰」の概念について考えます.「総余剰」は,政策が人びとに引き起こす損や得の比較を行ううえで最も重要な概念です.第6章以降では,この概念を用いて政策の効果を分析します.

　本章では,まず「便益」を定義して需要曲線を導出します.次に「総余剰」の概念を定義したうえで,需要曲線を用いて図示します.後半では,総余剰のうち,どの部分が消費者と生産者の各々に帰着するのかを分析します.

A. 便　　益

1　便益と需要曲線：単純なケース

　本節では,すべての消費者がある財を1人1個だけ購入する場合について,便益という概念を導入し,それを用いて需要曲線を導出します.次節ではより一般的な場合を考えます.

便　　益
　ある財を所与の個数だけ消費するために,ある人が最大限支払ってもよいと

図 5-1 便益と市場需要曲線

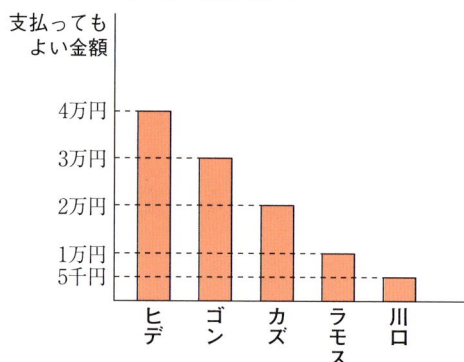

パネルA:便益棒グラフ

(縦軸:支払ってもよい金額。ヒデ 4万円、ゴン 3万円、カズ 2万円、ラモス 1万円、川口 5千円)

上図は,各人がスケートボード1台に対して支払ってもよいと考える最大の金額(**便益**)を表す**便益棒グラフ**です.

パネルB:市場需要曲線

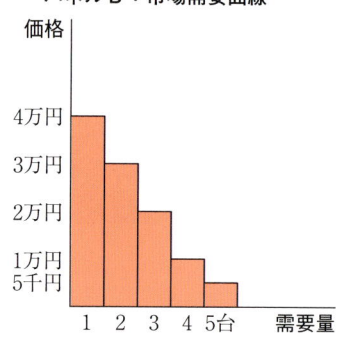

(縦軸:価格、横軸:需要量1〜5台。4万円で1台、3万円で2台、2万円で3台、1万円で4台、5千円で5台)

上図は,パネルAの**便益棒グラフ**を横方向に全部足し合わせたものです.どの人もスケートボードは最大限1台しか需要しない場合には,このグラフは,それぞれの価格のもとでの需要量を示す**市場需要曲線**です.

考える金額を,彼がこの消費から得る**便益**と呼びます.ある財を所与の個数だけ消費することによって得られる便益は,その消費から得られるうれしさの金額表示だと見ることができます.うれしさは,満足度とも効用とも言います.

例として,スケートボードの市場を考えてみましょう.話を簡単にするために,まず,1人が1台だけ欲しい場合を考えましょう.図5-1パネルAの棒グラフは,ヒデ,ゴン,カズ,ラモス,川口の5名のそれぞれが1台のスケートボードから得る便益を示しています.これはつまり,スケートボード1台に対して,各人が支払ってもよいと考えている最大の金額です.ヒデ4万円,ゴン3万円,カズ2万円,ラモス1万円,最後に川口は5000円です.[1] 各人がスケートボード1台から得る便益を示しているこの図を,各人のスケートボード

---

[1] 各消費者は,所与の所得と価格のもとで満足度を最大化するように各財の購入量を決めます.新たに市場に提供されてきたスケートボードという商品にヒデが4万円使ってもよいということは,これまで消費していた他の財の購入を4万円分減らしてもスケートボードが欲しいということを意味しています.

に対する**便益棒**グラフと呼びます．

需 要 曲 線

「便益」の定義から次が成立します．

> 消費者が 1 単位のみ購入する財の場合には，消費者は，その財から得られる便益が，所与の価格を上回れば買うが，下回れば買わない．[2]

(5.1)

したがって，図 5-1 パネル A のケースでは，価格が 4 万円より高いと誰も買いません．なぜなら 4 万円より高い便益を得る人は誰もいないからです．この価格帯では，市場需要量は 0 になります．

価格が「4 万円以下だが 3 万円より高い」のなら，便益が費用を上回っているため，ヒデは買うことになります．しかし他の人は買いません．したがって，市場全体の需要量は 1 台です．このように，図 5-1 パネル A から，縦軸に示された各価格水準に対する市場需要量を読み取ることができます．

図 5-1 パネル B は，図 5-1 パネル A の棒グラフを横方向に全部足し合わせた図です．この図は，縦軸に示された各価格に対して，全部で何台のスケートボードが需要されるかを横軸に表しています．したがって，これは**市場需要曲線**そのものです．

図 5-2 は，大都市におけるスケートボードの市場需要・供給曲線を示しているとしましょう．均衡価格 2 万円のもとで 5000 台が取引されているとします．この市場均衡のもとで**消費者全体が得る便益**は，市場需要曲線の下のオレンジ色で示されている台形の面積です．

2　便益と需要曲線：一般のケース

前節では，消費者 1 人が財を 1 個しか購入しない場合を考えました．次に，この仮定を緩めても同じ結論が成り立つことを示しましょう．

---

2) 価格と便益が同じだったら，買うものとします．

図 5-2 （市場全体での）便益

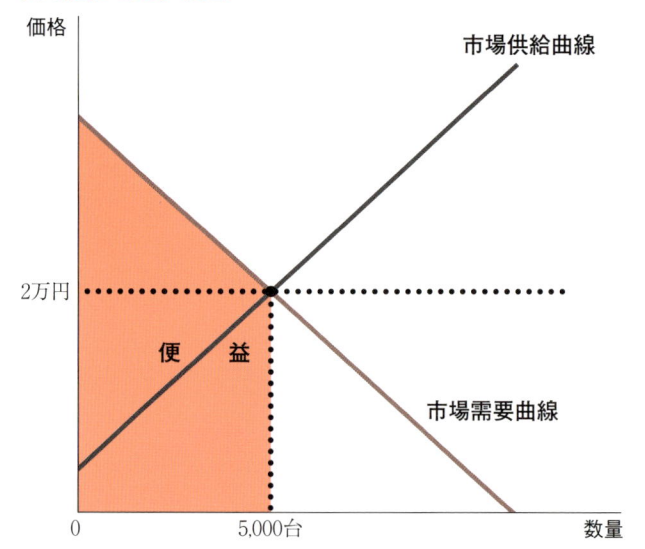

この図は大都市におけるスケートボードの**市場需要・供給曲線**を示しています．均衡価格2万円のもとでは，5000台が取引されます．この市場均衡のもとで消費者全員が得る**便益**の総計は，需要曲線の下のオレンジ色台形の面積です．

便　　益

　たいていの人は，スケートボードを欲しいという場合でも，1台だけ欲しいと思うでしょう．けれども，1人で何台も欲しくなるかもしれません．2台あれば，彼女が来た時に使えるし，3台あれば3台目は彼女の家に置いておくこともできます．図5-3の棒グラフは，台数ごとのヒデの便益を表しています．**便益**とは，所与の個数に対して，各人が最大限支払ってもよいと考える金額でした．ヒデが最初の1台を得るために支払ってもよいと考える金額（1台当たりの便益）は4万円です．2台を一度に手に入れるために支払ってもよいと考える金額（2台の便益）は7万円です．3台手に入れるために支払ってもよい金額は8万円です．

限　界　便　益

　1台追加することによって生じる便益の増加分を**限界便益**と言います．図

2 便益と需要曲線：一般のケース　105

図 5-3　ヒデの便益

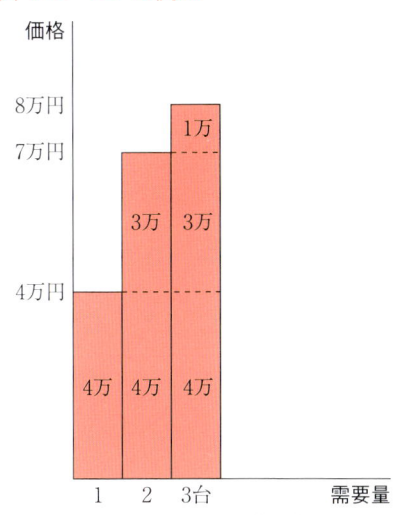

上図は，ヒデが1人で複数台購入する可能性がある場合に，購入するスケートボードの台数に応じてヒデが得る便益の総計を表しています．

図 5-4　ヒデの限界便益

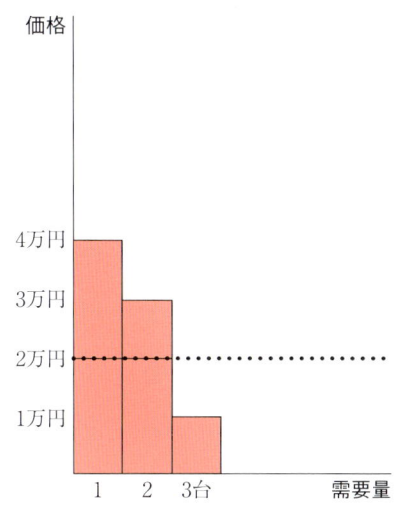

上図は，限界便益（1台追加購入するごとに生じるヒデの便益の増加分）を表しています．追加購入のたびに限界便益が減少しているのは，消費を増やすにつれて，その財の消費に飽きてくるためです．

5-3からわかるとおり，ヒデの限界便益は1台目が4万円，2台目が3万円，3台目が1万円です．これを描いたのが図5-4です．この図は，**限界便益グラフ**と言われています．

この図は，スケートボードを1台追加購入するたびに限界便益は減少していくことを示しています．われわれは，ある財の消費を増やすにつれて，その財の消費に飽きてくるのが普通です．限界便益グラフが右下がりであることは，このことを反映しています．この現象は，スケートボードに限らず多くの財にも当てはまります．

ここで次を確認しておきましょう．

> 現在の消費量に至るまでに得る限界便益をすべて足し合わせたものが，この消費量のもたらす便益である．[3]

定義により，限界便益は，ある台数をその便益分だけの代価を支払って手に

入れた後に，もう1台を入手するために支払ってもよいと考える追加的な金額であるとも解釈できます．たとえば，図5-4が示すようにヒデの2台目の限界便益は3万円ですが，これは彼が1台目に4万円支払った後で2台目を手に入れることに対して最大限支払ってもよい追加支払い額です．さらに7万円を支払って2台手に入れた後で，3台目を手に入れることに対しては1万円しか追加的に支払うつもりがありません．したがって，3台目の限界便益は1万円です．

> **ある財をすでに何単位か購入している消費者は，1単位追加購入することによって得る限界便益が価格を上回れば1単位追加購入し，下回れば購入量を1単位減らす.** (5.2a)

図5-4を再び見ましょう．たとえば，スケートボード1台の価格が5万円なら，ヒデは1台も欲しくありません．価格が4万円だと，1台目の限界便益4万円は価格と等しいので1台購入します．しかし，2台目の限界便益3万円は価格を下回るので，2台目は購入しません．価格が3万円だと，2台までなら買ってもいいが，3台目になると，限界便益1万円は価格を下回るので，3台目は買いません．さらに，1万円なら3台まで買ってもいいと考えます．したがって，図5-4に描かれた限界便益グラフ（すなわち限界便益曲線）は，スケートボードに対するヒデの**個別需要曲線**です．[4] この場合，消費者は限界便益額が与えられた価格と等しくなる水準で消費します．したがって

> **価格＝限界便益** (5.2b)

このように求められた各消費者の個別需要曲線を市場全体で横方向に足し合わせたものが，この場合の市場需要曲線です．図5-2の需要曲線がこのようにして得られた市場需要曲線であると見ると，消費者が購入量を選べる一般的な場合にも，この図のオレンジ色の台形の面積が，市場均衡における全消費者の便益の総和だということがわかります．

---

3) 当然，消費量が増えるにしたがって，便益は増加します．上の場合，ヒデがスケートボードから得る便益は，1台の時4万円，2台の時7万円（＝4万円＋3万円），3台の時8万円（＝4万円＋3万円＋1万円）です．

4) 八田達夫『ミクロ経済学Ⅰ』（東洋経済新報社，2008年）の第3章の補論「補償需要と所得効果」では，この意味を詳しく検討しています．

3 水とダイヤモンドの便益分析

　本章で導入した「便益」の概念は，本書の全巻をとおして繰り返し用います．ここで，この概念の応用を1つ示しておきましょう．
　2世紀以上も前にアダム・スミスは（Adam Smith）『国富論』の中で，「水ほど有用な物はないのに我々が水に支払う金額はごくわずかである．ダイヤモンドの利用価値はあまりないのに実に高価である．これはなぜか」というパラドックスを提示しました．
　これに答えるために図 5-5 を眺めてみましょう．
　この図 5-5 は，水とダイヤモンドの市場需要曲線を示しています．両財の価格が0であれば，水は W_0 まで，ダイヤモンドは D_0 まで需要されます．この図では，W_0 における水の便益（需要曲線の下側の面積）のほうが D_0 におけるダイヤモンドの便益よりはるかに大きく描かれています．水は人間にとってなくてはならないものなので，両財の価格が0であっても，水はダイヤモンドよりもはるかに大きな便益をもたらすことをこの図は反映しています．
　しかし水は，潤沢に存在するので，図 5-5 パネル A に示されているように，供給量の $\overline{W}$ は W_0 に比べてあまり少なくありません．それに対して，ダイヤモンドの供給量は少ないために，図 5-5 パネル B で示されているように供給量 $\overline{D}$ は D_0 に比べてかなり低い水準になります．均衡点における，水とダイヤモンドからの便益が，図 5-5 のそれぞれのパネルのオレンジ色の面積で示されています．価格が0の時に水と比べて小さかったダイヤモンドの便益は，さらに大幅に下がっています．
　この2つのパネルを比較すればわかるように，消費者にとって，便益がより大きい財である水への支払い額（茶色破線枠の細長い長方形の面積）は，低い水準です．それに対して，ダイヤモンドは小さな便益しかもたらしませんが，それに対する支払い額は高くなっています．[5]
　便益は需要曲線の下側の面積で表されるのに対して，支払い額は価格線の下の茶色破線長方形の面積で表されます．このため，両面積の比は，供給量によ

図 5-5 水とダイヤモンド

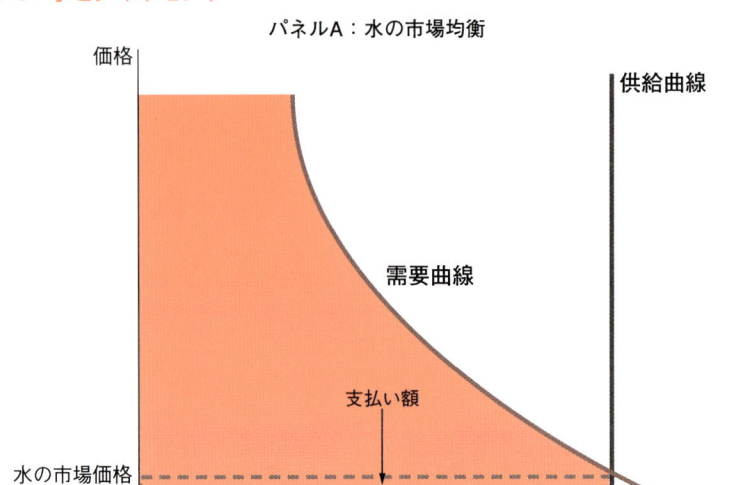

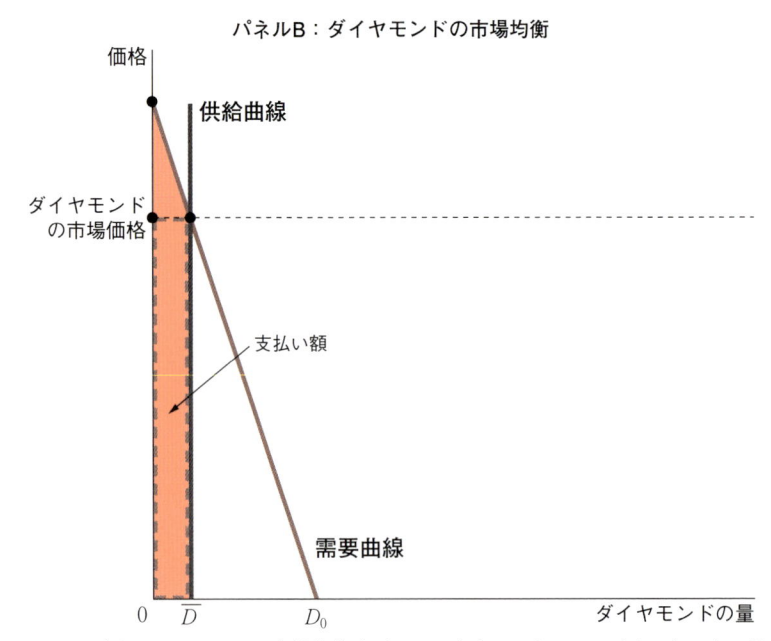

パネルA：水の市場均衡

(図：縦軸＝価格、横軸＝水の量。右下がりの需要曲線と、W_0 で垂直な供給曲線。水の市場価格の水平線と需要曲線の間が支払い額を示す。$\overline{W}$ は均衡数量。)

パネルB：ダイヤモンドの市場均衡

(図：縦軸＝価格、横軸＝ダイヤモンドの量。右下がりの需要曲線と、$\overline{D}$ で垂直な供給曲線。ダイヤモンドの市場価格が高く、支払い額の面積が大きい。D_0 は需要曲線と横軸の交点。)

この図は水とダイヤモンドの市場均衡を示しています．パネルAが示すように水の供給量は需要に比べて豊富です．しかしパネルBが示すように，ダイヤモンドの供給量は希少です．この2つの財の相対的な供給量の差のために，**便益**の大きい財である水への支払い額が，ダイヤモンドに対する支払い額よりも小さくなっています．

って大きく影響を受けます．したがって，便益の大きいほうの財への支払い額のほうが小さくなっても何の不思議もありません．これが，「アダム・スミスのパラドックス」への答えです．

B. 総　余　剰

4　総余剰とは

　ある産業の現在の生産量を消費することによって社会全体が得る便益の総計（これを**総便益**と言います）から，生産量が0の時に比べて現在の生産量を生産するために生じた費用増の合計（すなわち可変費用）を差し引いたものを，**総余剰**と言います．この場合，次が成り立ちます．

　　　総余剰＝総便益－可変費用　　　　　　　　　　　　　　　(5.3)

この式の右辺で固定費用が差し引かれていない理由は，生産量が0の時にも固定費用はかかるからです．生産量が0の場合に比べて，現在の生産量を生産することによって発生している費用増には，可変費用のみが含まれ，固定費用は含まれません．

　社会全体では，この産業の現在の生産量を消費することによって，生産量が0の場合と比べて，(5.3) 式が示すだけ得をしています．すなわち，総便益と可変費用の差が，この財が取引されることによって発生する正味の生活水準の上昇分の総計です．

　(5.3) 式の右辺の総便益は，限界便益曲線の下側の面積であり，可変費用は，供給曲線の下側の面積ですから，総余剰は図5-6のように示すことができます．

5）　多くの人はダイヤモンドを1つも買いません．彼らの個別需要曲線は，ダイヤモンドの市場価格より低い水準で縦軸と交わっているからです．そのような人にとってダイヤモンドへの支出はもちろん0です．買う人の場合にはダイヤモンドへの支出が水への支出を上回ることが多いでしょう．

図 5-6　総余剰

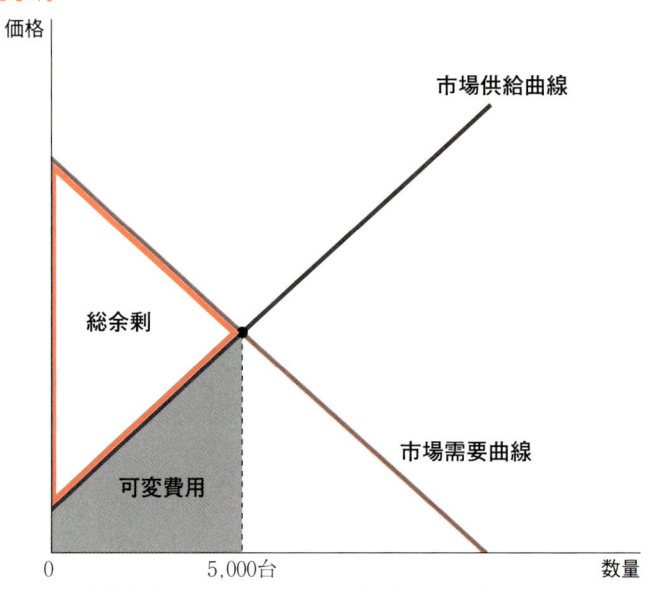

（グラフ：縦軸「価格」，横軸「数量」．市場供給曲線と市場需要曲線，交点は5,000台．オレンジ実線枠の三角形が「総余剰」，グレーの面積が「可変費用」）

この図の**需要・供給曲線**は，図5-2の需要・供給曲線をコピーしたものです．この市場均衡下で社会全体が得る**総余剰**は，これら2曲線にはさまれたオレンジ実線枠の三角形の面積です．

　　限界便益曲線と限界費用曲線の間にはさまれた面積が，総余剰を表す．
　　　　　　　　　　　　　　　　　　　　　　　　　　　　　　　　　(5.4a)

これまで分析してきたケースでは，限界便益曲線が需要曲線であり，限界費用曲線は供給曲線です．[6] したがって，このケースでは次が成り立ちます．

　　需要曲線と供給曲線の間にはさまれた面積が，総余剰を表す．　(5.4b)

　この意味を図5-6で説明すると次のとおりです．この産業における5000台の生産量は，生産量が0である場合と比べて，需要曲線の下側の面積だけの便益をこの経済にもたらします（図5-2参照）．一方で，これだけの財を生産するためには，限界費用曲線（すなわち供給曲線）の下側の面積（グレーの面

---

[6] 後の章で示すように，課税されたり，外部経済効果がある場合には，この命題は成立しません．したがって (5.4b) は不成立です．しかしその場合でも (5.4a) は成り立ちます．

積）だけ可変費用が必要です．これを生産者が負担しているわけです．したがって社会全体は，総便益と可変費用の差であるオレンジ実線枠の三角形の面積だけ得をしています．この面積が，総余剰，すなわちこの財が取引されることによって発生する正味の生活水準の上昇分の総計だということが，(5.4) 式の意味です．

5　競争均衡の効率性

　図5-6では，市場で決定された価格水準で利潤最大化企業が供給する場合を考えました．すなわち，この図の均衡生産量5000台は，市場均衡価格のもとでの利潤最大化企業の供給量の総計です．

　次に，国営企業に国が決めた生産量の生産を命令する社会主義国を考えましょう．さらに，この企業は生産した生産量をすべて市場で消費者に売ることが義務づけられているとしましょう．図5-7は，この状況を描いています．政府が，国営企業の生産量を3000台とした場合，市場における供給曲線は垂直線 S' になり，市場価格は2.5万円になります．

　この場合に消費者が得る便益は，図5-7の需要曲線の下側の面積です．一方，可変費用は，供給曲線 S の下のグレーの面積です．(5.3) 式から，この場合の総余剰は，総便益と可変費用の差であるオレンジ実線枠の台形の面積です．この財が取引されることによって，社会全体は，この面積だけ得をしています．この部分が，この財の取引から発生する正味の生活水準の上昇分の総計です．

　この場合，図5-6で示される市場経済の場合と比べて，総余剰が黒点線枠三角形Lの面積だけ減っていることがわかります．このような総余剰の損失を**死重の損失**と言います．[7]

　実は，国が国営企業に対してもともとの市場均衡より多い量の生産を命じた場合にも，総余剰は市場経済の場合より減少します．すなわち「死重の損失」

---

　7)　「死重の損失」については第6章「参入規制」でより詳しく説明します．

図 5-7 市場無視の非効率性

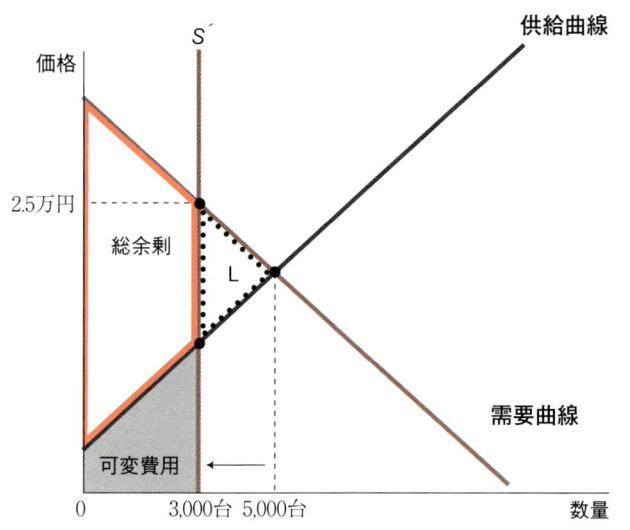

この図は，政府が生産を市場均衡生産量より低い3000台に制限した場合の**総余剰**を示しています．この時の総余剰は，総便益と可変費用の差であるオレンジ実線枠の台形の面積です．政府が生産量を決めることによって，市場均衡と比べて，総余剰が黒点線枠三角形Lの面積分だけ減少しています．

が発生します．

したがって，市場均衡は，国が企業の生産量を決める場合より，多くの総余剰をもたらします．すなわち，市場均衡は，資源の効率的配分をもたらします．これは，生産量が規制されている国営企業が民営化され，市場均衡が達成されると，資源の効率的配分がもたらされることを示しています．

C. 総余剰の帰着

総余剰が最終的に消費者や生産者にどのように帰着するのかを分析しましょう．

6 消費者余剰：単純なケース

消費者余剰

「便益」という概念を用いると，消費者がスケートボードを購入するという行動によって，どれだけ「得」をするかを分析できます．

消費者はある財を購入した場合に，その財の購入から得る便益と支払い額の差額分だけ得をすることになります．この差額分を，この消費者がこの財の購入から得る**消費者余剰**と言います．すなわち

$$\text{消費者余剰}＝\text{便益}－\text{消費者支払い額} \tag{5.5}$$

です．ある消費者が，財の購入から得る消費者余剰は，その財をまったく持たない場合に比べて，この財を購入することによって満足度がどれだけ増加するかを金額表示したものです．

上の消費者余剰の定義は消費者が何個購入する場合にも適用できます．それは次節に譲ることにし，本節では，まず消費者が普通は1単位のみ購入し，何単位も購入しないような財の場合を考えます．たとえば，家や自動車などです．その場合，(5.5) 式は次のように書き直せます．

$$\text{消費者余剰}＝1\text{単位の消費から得る便益}－\text{価格} \tag{5.6}$$

この式の右辺第1項の「1単位の消費から得る便益」は，1台のスケートボードを手に入れたうれしさを示しています．第2項の「価格」は，購入代金を失うために他の財を買えなくなることによる悲しさを示していると見ることができます．したがって消費者余剰が正だということは，スケートボードを1台購入することから受ける便益のほうが，購入代金を支払うことによって他の財が買えなくなるために，他の財から受けるはずだった失われた便益よりも大きいということを意味しています．

一方，消費者余剰が負の場合には，スケートボードを手に入れるうれしさを，購入代金を失う（他の財を買えなくなる）ことの悲しさが上回っていると考えられます．

したがって，「消費者余剰」という概念を用いると (5.1) は次のように書き

図 5-8 消費者余剰と市場需要曲線

パネルA：便益棒グラフ

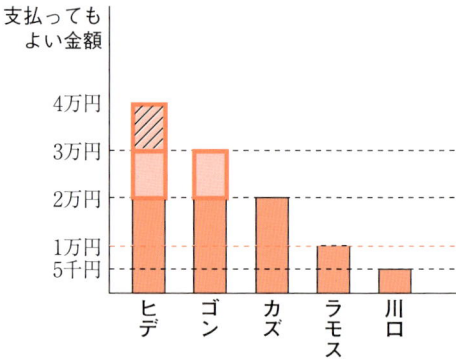

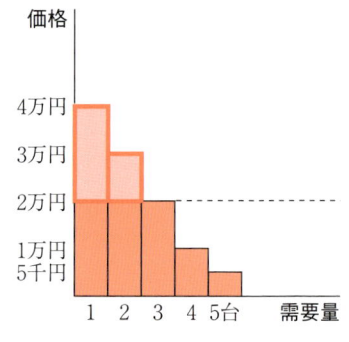

パネルB：市場需要曲線

パネルAの**便益棒グラフ**は各人がスケートボードの購入から得る**便益**を示しています．消費者余剰は購入者が得た便益と支払い額の差です．したがってスケートボードの価格が2万円の場合のヒデとゴンの消費者余剰は，それぞれのグラフのオレンジ実線枠内の部分です．

また，価格が2万円の時の**市場全体の消費者余剰**は，パネルBのオレンジ実線枠内の面積で表すことができます．このオレンジ実線枠内は図5-9の消費者余剰に対応しています．

換えられます．

> 消費者が1単位のみ購入する財の場合には，消費者は，その財から得られる消費者余剰がプラスである場合には購入し，マイナスであれば購入しない． (5.7)

需要曲線による消費者余剰の図示

市場の消費者が得る消費者余剰の総計を図示しましょう．

図5-1パネルAをコピーした図5-8パネルAで，たとえば価格が3万円の時にヒデが得る消費者余剰は，ヒデの便益棒グラフのうち3万円より上の部分の1万円です．[8] これは，図の斜線部分の面積です．式で書くと，次のように

---

[8] ヒデはスケートボード1台を手に入れるためには，他の財の消費を4万円分減らしてもよいと考えているのに，価格が3万円ならば他の財の消費を3万円分だけ減らせばすみます．その差の1万円が余剰になります．

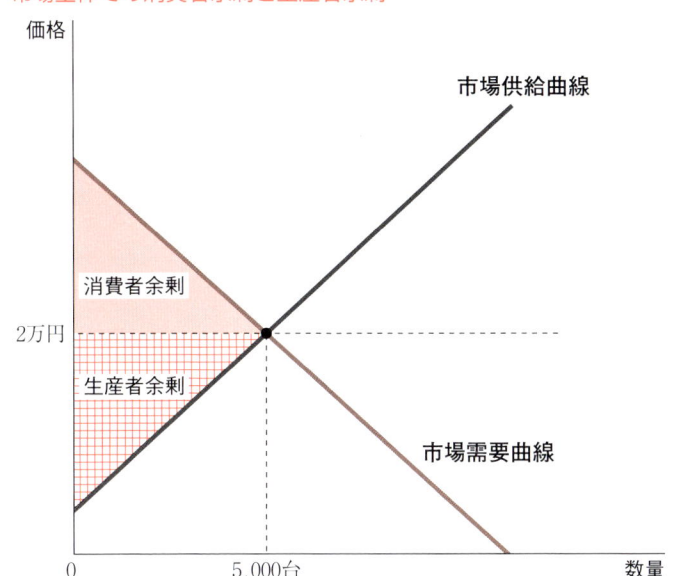

図 5-9　市場全体での消費者余剰と生産者余剰

この図の需要・供給曲線は，図5-6の需要・供給曲線をコピーしたものです．**消費者余剰**は，需要曲線と均衡価格線ではさまれたベージュの三角形の面積で，**生産者余剰**は，均衡価格線と供給曲線にはさまれたオレンジ格子の三角形の面積で表されます．図5-6と比べると**総余剰**が消費者余剰と生産者余剰に分解できることがわかります．

なります．

　　　　消費者余剰（1万円）＝便益（4万円）−消費者支払い額（3万円）

同様にもし価格が2万円ならば，ヒデもゴンも，それぞれの便益棒グラフのオレンジ実線枠で表される消費者余剰を得ます．[9]

個人の消費者余剰を足し合わせたものを，**市場全体の消費者余剰**と呼びます．市場全体での消費者余剰は，ある財をある価格で購入することによって，この市場の消費者全員が手にする「得」の総額です．図5-8パネルAの例では，

---

[9]　価格と便益が同じなら買うものとしましたから，この場合カズもスケートボードを買っているのですが，彼の消費者余剰は0です．ラモスと川口は購入すると便益を上回るので購入しません．したがって，消費者余剰は発生しません．

価格が2万円の時は，市場全体の消費者余剰はオレンジ実線枠で表された面積全体です．つまり3万円です．図5-8パネルBのオレンジ実線枠図形もこれと等しい面積を持っています．この図は，市場需要曲線と消費者余剰の関係を示しています．

このため，次が成り立ちます．

> **市場全体の消費者余剰は，市場需要曲線と，市場価格における価格線とによってはさまれた面積である．** (5.8)

図5-9に示されている大都市のスケートボードの市場では均衡価格が2万円のもとで5000台が取引されています（この図は，図5-6をコピーしたものです）．この図のベージュの三角形の面積は，この均衡における市場全体の消費者余剰を示しています．これは，明らかに図5-8パネルBのオレンジ実線枠の面積に対応しています．

7　消費者余剰：一般のケース

前節では消費者1人がある財を1個しか購入しない場合の消費者余剰について考えました．本節では，消費者1人がある財を複数個購入する場合の消費者余剰を分析します．

消費者余剰

ある価格のもとで消費者が，ある財を複数個購入する時にも，購入量がもたらす便益と支払い額の差額分を，この消費者がこの財の購入から得る**消費者余剰**と言います．すなわち消費者余剰は，財を複数個購入する場合にも，1個のみ購入する場合と同様に，次式で定義されます．

> **消費者余剰＝便益－消費者支払い額** (5.5)

ある消費者が，財の購入から得る消費者余剰は，その財をまったく持たない場合に比べて，購入することによって満足度がどれだけ増加したかを金額表示したものです．

消費者余剰の大きさは購入量によって変化しますが，消費者は次のように購

入量を決定します．

　　消費者は，ある財から得られる消費者余剰を最大化するようにその財の消費量を決める． (5.9)

消費者が 1 単位追加購入することによって得る消費者余剰の増加分を，**限界消費者余剰**と言います．

この概念を用いると，(5.9) は，次のように書き換えることができます．

　　ある財をすでに何単位か購入している消費者は，限界消費者余剰が正ならば 1 単位追加購入するが，負ならば購入量を 1 単位減らす． (5.10a)

この結果，消費者は限界消費者余剰が 0 となる水準で消費します．したがって消費者が選択する需要量の下では，次が成り立ちます．

　　限界消費者余剰＝0 (5.10b)

ところで (5.5) 式から

　　限界消費者余剰＝限界便益－追加 1 単位消費のための消費者支払額の増加

です．すなわち，次が成り立ちます．

　　限界消費者余剰＝限界便益－価格

この式と (5.10b) から，消費者が選択する需要量の下では

　　価格＝限界便益

が成り立ちます．これは命題 (5.2b) そのものです．結局，命題 (5.9) から (5.10b) が，さらには (5.2b) が導かれるわけです．

需要曲線による消費者余剰の図示

消費者がある数量の財を消費することによって得る**消費者余剰**は，その消費から得られる便益から，購入のために支払った支出を差し引いた残りです．図 5-4 では，価格が 2 万円の時にヒデが得る消費者余剰が黒点線より上の部分の面積で示されています．[10] ヒデは，価格が 2 万円の時に 2 台スケートボードを買いますが，彼がそれによって得る便益は 1 台目と 2 台目の棒グラフの面積の和で，支払い額は対応する黒点線より下の長方形の面積です．したがって，これらの差が黒点線より上の長方形の面積です．その面積は，価格が 2 万円の時に 2 台スケートボードを買うことで，ヒデがどのぐらい「得」をしたのかを示しています．したがって，①需要曲線，②市場価格水準の水平線，③縦軸，の

3本の線で囲まれる部分の面積が，ヒデの消費者余剰を示します．

　各消費者1人ひとりが持っている右下がりの需要曲線を横方向に全部足し合わせると，図5-9のように市場需要曲線が得られます．したがって，個々の消費者が複数個需要している場合でも，図5-9のベージュ三角形の面積は，市場価格のもとでの，消費者すべてが得る消費者余剰の総和，すなわち，**市場全体の消費者余剰**を示しています．このため，各消費者が複数個を需要している場合でも，(5.8)が成り立ちます．

8　総余剰の分割と補償原理

生産者余剰の復習

　生産者が，スケートボードを所与の価格のもとで供給することによって，何も供給しない場合に比べてどれだけ利潤が増加するかは，第4章「生産者余剰，可変費用，帰属所得」で導入した**生産者余剰**が示します．つまり，生産者余剰は次によって定義されます．

　　　生産者余剰＝利潤－生産量が0の時の利潤

第4章の (4.9) 式で示したように，この差額は次式でも表されます．

　　　生産者余剰＝収入－可変費用　　　　　　　　　　　　　　　(5.11)

　したがって，ある価格のもとで，企業が利潤を最大化する時のこの企業の生産者余剰は，価格線とその企業の**個別供給曲線**にはさまれた三角形の面積で表されます．

　このため，市場価格が与えられている時の**市場全体の生産者余剰**は，①市場価格における価格線，②市場供給曲線，③縦軸，の3本で囲まれた面積で表されま

---

10) 図5-4では，価格が2万円の時には，ヒデは2台買うことを示しています．この時，実際に支払わなければならない金額は4万円です．一方，2台のスケートボードからヒデは全部で7万円の便益を得ます．この便益は，ヒデがスケートボードを2台入手するために最大限支払ってもよいと考える金額です．したがって，2台買うことで得られる便益7万円から2台分の代金4万円を差し引いた3万円が，この場合にヒデが得る消費者余剰になります．これが図5-4のベージュの部分の面積です．

す．図5-9のオレンジ格子の三角形の面積は，価格が2万円の時に生産者すべてが得る生産者余剰の総和，すなわち，市場全体の生産者余剰を示しています．

総余剰の分割

すなわち，図5-9のベージュの三角形は市場均衡における消費者余剰を，オレンジ格子の三角形は市場均衡における生産者余剰を表しています．一方，図5-6のオレンジ実線枠の三角形の面積は，市場均衡における総余剰を示しています．したがって次が成り立ちます．

総余剰＝消費者余剰＋生産者余剰 (5.12)

言い換えると，ある財が市場で取引されている時に生み出される総余剰は，その時に生まれている消費者余剰と生産者余剰とに分解されます．[11]

総余剰は，消費者や生産者が市場での取引に参加することによって得る「得」の合計に分解できるわけです．

まず消費者は，財を手に入れるために代金を支払わなければなりませんが，実はそれ以上に大きな得をしています．それを表しているのが消費者余剰です．次に生産者は，生産するために可変費用がかかっていますが，収入がその可変費用より高いと，得をします．それが生産者余剰で表されました．だから，消費者も生産者も市場に参入，参加することで，両方とも得をしているわけです．それを合わせたものが総余剰です．その際，生産者は，消費者が支払う代金に等しい収入を得るので，消費者余剰と生産者余剰を合計すると，支払いと受け取りが相殺されて，(5.3) 式の右辺が得られます．[12]

ところで総余剰は「生産者（企業）」の得と「消費者」の得の合計として表せると言っても，企業と消費者は別種の主体なので，それぞれの得を合計することに意味がないのではないかと思うかもしれません．しかし生産者も消費者の一種なのです．

ここでいう生産者は，供給企業が株式会社だとすると，この企業の株主です．

---

11) ただし図5-6は，税や補助金など，政府による市場介入のない市場を描いていることに注意してください．国が課税したり，補助金を出したりする場合には，図5-9や (5.12) 式は成り立ちません．そのケースは第7章「市場介入」で扱います．

5章 需要曲線の導出と総余剰

以下では説明のイメージをはっきりさせるために，生産者＝株主として話を進めます．実は，**生産者余剰を得ている生産者（株主）も，家に帰れば消費者です**．したがって株主は，儲けたお金を自分の消費に使います．すなわち，さまざまな財を以前より多く買うわけです．[13] 生産者余剰は，株主たちがこの企業経営から得る消費支出の増加額です．この消費支出の増加額は，彼らが得る便益増加額の総計を示しています．[14]

---

[12] すなわち，(5.12) 式は，(5.5) 式と (5.11) 式から代数的にも求めることができます．(5.5) 式と (5.11) 式から，

　　　消費者余剰＋生産者余剰
　　　　＝便益－消費者支払い額＋収入－可変費用
　　　　＝便益－可変費用

となるからです．これは (5.3) 式の右辺です．なお，最後の行は

　　　消費者支払い額＝収入

から導かれます．

[13] このように，スケートボード企業の株主のそれぞれが，一消費者として以前より多くの財やサービスを購入できるようになることが，この企業がこの商品の生産から得る具体的な利益です．

[14] ここで，「株主たちが生産者余剰から得る消費支出増加額＝彼らが得る便益増加額」としていることに注意してください．これは，1人の消費者が複数個の財を需要する場合には，「消費者が得る便益額は，支払い額を超える」という本章2節の観察と矛盾しているように見えます．

　しかし，矛盾しないことを示しましょう．一般に，いかなる消費者も，すでにかなりの収入を得てそれを支出している状況では，すでに得ていた収入をそれぞれの財から得る限界便益が価格に等しくなるように各財に支出しています．この状況では，各財への少額の支出増は，それぞれ同額の便益増をもたらします．今追加的な収入増があった時，それは各財に少しずつ支出増として配分されますが，各財への支出増がもたらす便益の増加は，金額的にはこの支出増と等しくなります．

　今考えている企業の株主も，すでにこの企業以外からの収入を得て，さまざまな財に支出しており，それぞれの財から得る限界便益が価格に等しくなっているとしましょう．この状況で彼が当該企業から追加的な所得を得て，さまざまな財に分散して支出する場合には，既にどの財についても価格と限界便益が等しいのですから，支出の増加はちょうど便益の増加と等しくなります．

　したがって，本章2節における「消費者が得る便益額は，支払い額を超える」という観察と，ここでの「生産者余剰から消費者としての株主が得る消費支出増加額は，彼の便益増加額に等しい」という命題は矛盾しません．

図 5-10 民営化による余剰変化

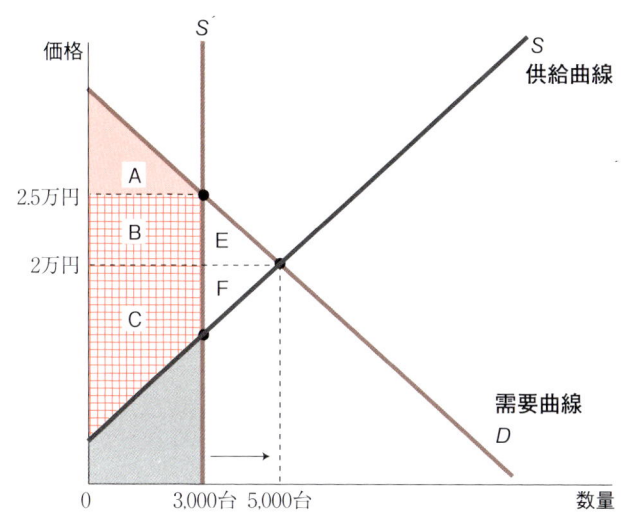

当初国営企業が3000台生産しているならば，この企業の生産者余剰はB＋Cで消費者余剰はAです．この国営企業が民営化した場合，生産量は5000台に増大し，価格は2.5万円から2万円に下がります．

これにともない，消費者余剰はB＋Eだけ増加し，生産者余剰は，F－Bだけ増加します．この図の場合，消費者は得をして生産者は損をしています．しかし消費者と生産者の余剰の増加分を合計するとE＋Fになり，増えています．

かりに，消費者がBの分だけ生産者に補償すると，生産者は改革前と比べてFだけ得をします．一方，補償を行った消費者も，Eの分だけ得をするため，改革にともなって補償を行っても，消費者にはおつりがきます．

この見方をとると，

> 総余剰は，スケートボードが市場で取引されることによってもたらされる，スケートボード企業の株主とスケートボード消費者とによって構成される消費者集団の便益増加額の総計です．[15]

---

15) 消費者余剰も生産者余剰も，価格が重要な役割を演じる概念です．しかし総余剰という概念は，財が市場で取引されていない時にも当てはまる概念です．このことは，スケートボードを欲しい人たちがたまたま自分でスケートボードを生産できる状況を考えることによって確認できます．八田達夫『ミクロ経済学Ⅰ』（東洋経済新報社，2008年），pp.116-117を参照のこと．

補償原理

5節では生産量が規制されている国営企業が民営化され，市場均衡が達成されると，総余剰が増加するということを示しました．これは，この改革にあって得をする人が損をする人を補償しても，なお，全体では余りがあるということを示しています．

民営化をすれば価格が下がります．この状況を図5-7をコピーした図5-10が示しています．当初国営企業が3000台生産しているならば，この企業の生産者余剰はB＋Cで消費者余剰はAです．民営化によって価格は2.5万円から2万円に下がりますが，これにともない，消費者の消費者余剰はAからA＋B＋Eに増えます．すなわち，B＋Eが消費者余剰の増加分です．一方生産者余剰はB＋CからC＋Fに変化します．この図の場合にはBのほうがFより大きいので，B－Fだけ生産者余剰が減少しています．すなわちこの民営化により，この図の場合には消費者が得をし，生産者が損をすることがわかります．

しかし，全体で損をした生産者を補償してもなお，消費者におつりがくるということは，総余剰が増加することがわかってはじめて明らかになることです．

では，得をする消費者がどれだけ生産者に補償すれば両者が得になるのかを，この例で示しましょう．民営化の結果，消費者余剰はB＋Eだけ増えますが，そのうちBの分をこの改革にともなって生産者に補償するとしましょう．消費者はそうした場合でもEの分だけ改革によって得をします．一方生産者が得る余剰はB＋C＋Fになりますから，改革前と比べて，Fだけ得をします．このように両者が得をする補償が理論的には可能であることが，消費者余剰，生産者余剰の概念を使うと明白になります．

現実に，1つひとつの政策に対してそのような補償を行うことは難しいのですが，効率化政策を数多く行っていくと，長期的には大部分の人の生活水準が上昇する可能性が高くなります．[16]

---

16) 序章「市場と政府の役割分担」および第14章「効率化原則」6節参照．

9　まとめ

この章は次のようにまとめられるでしょう．

1．ある財を所与の個数だけ消費するために，ある人が最大限支払ってもいいと考える金額を，彼がこの消費から得る「便益」と呼びます．消費者はその財の購入から得る便益と支払い額の差額分だけ得をすることになります．この差額を消費者がある財から得る「消費者余剰」と言います．さらに，市場全体の消費者余剰は市場需要曲線と，市場価格における価格線とによってはさまれた図形の面積として表すことができます．

2．社会全体がある産業の現在の生産量を消費することによって得られる便益から，その生産に必要な費用を差し引いたものを「総余剰」と言います．総余剰は，需要曲線と供給曲線の間にはさまれた図形の面積です．

3．市場均衡は，国が企業の生産量を決める場合と比べて，より多くの総余剰を一般的にもたらします．すなわち市場均衡は，資源の効率的配分をもたらします．

4．総余剰は，消費者余剰と生産者余剰とに分解できます（ただし国が課税したり，補助金を出したりする場合には，この限りではありません．そのケースは第7章「市場介入」で扱います）．

5．国が決めた生産量を市場で売りつくすことを義務づけられている国営企業を民営化すれば，効率化するので，総余剰が増大します．つまり，民営化によって得をした個人や企業が，損をした者に補償をしてもなお，おつりがくるという状況です．この場合に，図5-10を使って，具体的に誰がどれだけ補償すれば，すべての人が以前より良い生活水準になるかを検証できます．

キーワード

便益　　便益棒グラフ　　市場需要曲線　　限界便益　　限界便益グラフ　　個別需要曲線　　総便益　　総余剰　　死重の損失　　消費者余剰　　限界消費者余剰　　市場全体の消費者余剰　　生産者余剰　　個別供給曲線　　市場全体の生産者余剰

6章

参　入　規　制

　序章「市場と政府の役割分担」では，「ある政策が資源配分を効率化する」ということは，「その政策の結果得をした人が損をした人に適当な補償をすれば，全員の生活水準が政策前より改善する」ことであると定義しました．第5章「需要曲線の導出と総余剰」では，生活水準の上昇と下落とを，「余剰」という分析概念によって実際に計測できることを示しました．

　本章では，政策の例として参入規制撤廃を取り上げて政策効果の分析を行います．参入規制を撤廃すると，すべての人々が得をするのならば，撤廃は文句なしに望ましいと言えるでしょう．しかし参入規制を撤廃すれば，価格が下がるため，消費者は確かに得をしますが，既存の生産者や販売店は損をします．したがって，「得をする人も損をする人もいる以上，参入規制の撤廃が社会全体の観点から望ましいとは言えない」と考える人もいるかもしれません．

　この場合に，得をする人の得と，損をする人の損の大小を比較できれば，「価格が下がる」ということが社会全体にとって差し引きでどれだけ得なのかを判断することができます．つまり，主観的ではなく，客観的に政策を評価することができます．それを行うのが，余剰分析です．本章では，余剰分析によって，多くの参入規制が撤廃すべきものであることを示します．

　余剰分析を行う前に，参入規制政策がいかに広範囲にわたってわれわれの生活を覆っているかを示しましょう．

126　6章　参入規制

図 6-1　参入規制と総余剰

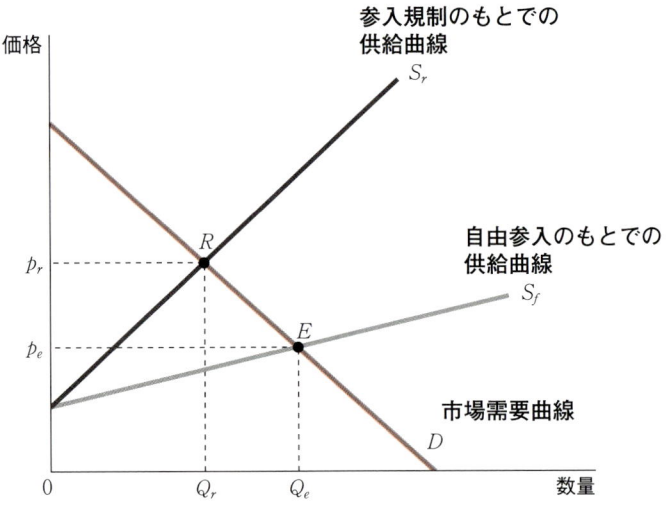

この図では，自由参入のもとでの供給曲線が S_f で，**参入規制**によって企業の数が制限される場合の供給曲線は S_r です．それぞれの場合の需給均衡点は，E 点と R 点です．参入規制によって，均衡価格が p_e から p_r へと上昇してしまいます．

1　参入規制

本節では，参入規制についてお話しします．

参入という言葉は，ある企業がある産業で新しく操業を始めることを指します．ある業界で新たに働く人が増えることも参入と言います．これに対する反対語は，**退出**です．一方，**参入規制**とは，ある産業でこれまで操業していなかった企業が操業を始めることを，政府が，規制（法律，政令，所管官庁課長通達など）によって許可しないことを言います．参入規制がない時に，「参入は自由である」と言います．

いま，図 6-1 の市場需要曲線 D と，参入を自由に認めた時の供給曲線 S_f が与えられると，その交点 E で均衡価格 p_e が決まります．ところが，既存の生産者たちが，何らかの方法によって，新しい企業の参入を防ぎ，企業の数を制

限することができるのならば，供給曲線は S_r のように S_f より左方にきます（r は regulation の頭文字）．すると，均衡点は S_r と D の交点 R に移り，均衡価格は p_e より高い p_r となります．つまり，彼らは参入規制をすることで，参入を自由に認めた時よりも均衡価格をつり上げることができるわけです．

実は，参入規制は，世の中のいたるところに見られます．以下でいろいろと例をあげてみましょう．

美 容 院

1999年に，表参道の美容院「アクア」の代表の１人のカリスマ美容師が美容師免許を持っていないことが問題になり，週刊誌などで騒がれました．この報道を見て「無資格で営業していたとはとんでもない」と思った人が多いと思います．しかし，この事件は，免許を取るための技能や知識は，一流の美容師になるためには必要ないことを明らかにしてくれました．実際，たとえばイギリスでは，美容師になるのに国家資格は要りません．店ごとに責任をもって従業員の質を管理しているからです．

現在日本では，美容師は**国家資格**です．美容師になるためには，国家試験に合格して免許を取得する必要があります．

国家試験には，資格を取りにくくするさまざまな制約があります．

第１に，この国家試験を受験するためには，その前に150万円以上の学費をかけて，厚生労働省認可の美容師学校（養成施設）に２年間通わなければならない仕組みになっています．実際，２年間もかけなければ受からないように，試験は広い範囲にわたる内容をカバーしています．

国家試験では，美容文化，物理，化学等の問題も出題されます．たとえば，現在の美容師学校の美容文化の教科書には，古代エジプト，古代ギリシャ，古代ローマ，古代ゲルマン，……等のファッションが詳しく論じてあります．物理の教科書には，オームの法則，ジュールの法則，ファラデーの法則，過電流，変圧器の１次コイルと２次コイルの巻き数の比率の変化による変圧器の原理，比熱，熱容量等のトピックスが載っています．

第２に，理容師の資格を持っている人が美容師になるためには，さらに２年間美容師学校に通って国家試験を受ける必要があります．しかし，学科は重複

したりきわめて似かよった同じ内容ですから明らかに無駄です．たとえば，男性用パーマと女性用パーマは異なるとして，別の科目とされています．美容師か理容師の一方の免許があったら，もう一方の免許は簡単な実技試験だけで受かるようにすべきでしょう．そもそも共通の資格にすべきかもしれません．すでに知っていることを学ぶために，追加的に多額の費用と時間をかける必要はありません．

第3に，最近になって，美容師や理容師，さらにマッサージ師になるのにも原則的に高校卒業以上の学歴が必要とされるようになりました．高校を卒業していないけれども，それらの職業で正規雇用されたいと考える人たちがチャレンジすることを困難にしてしまったわけです．

美容師の国家資格要件として，お客が容易に判断できない衛生や危険な薬品や器具に関する知識を要求するのは理にかなっています．しかしそれ以外の要件は不必要でしょう．

それなのに，2年間の通学を義務づけ，多額の学費を支払わせ，不要なことを学ばせているのは，本音のところなぜなのでしょうか．

第1は，もちろん美容師学校が儲けるためです．

第2に，業界団体・試験実施団体へ官僚が天下りできるポジションを作るためです．美容師の場合には，財団法人理容師美容師試験研修センターというものがあり，2010年春までここの理事長・副理事長・常任理事は天下り官僚でした．

第3に，美容師と美容院の既得権を守るためです．美容師が増えたら，美容師の賃金が下がってしまい，美容院を経営する人の数も増加してしまいます．たとえば半年間の基礎的な訓練を経れば美容師になれるならば，賃金は図6-1のp_eのようなところで決まってしまいます．しかし，既存の美容師が連合して参入規制をすれば，賃金をp_eよりも高いp_rにすることができます．その手段として，国家資格制を採用すれば，既存の美容師の賃金を高く維持できます．

国家資格と言うと，いかにも魅力的に見えますが，実は国家資格がないかぎり美容師として働くことを許さないという制度です．結果的には新規参入を規制しています．

しかし，実際は，TOEFL，英語検定，柔道の段位などのような**能力検定**で十

分に消費者の要求に応えられる場合が多いと考えられます．実力のある美容師が能力検定の試験を受けて，「一級美容師」などの能力検定証書を店に飾れるようにしてもよいでしょう．

現在の国家資格制は，既得権の保有者が才能のある若者をつぶしている制度です．そもそも，お客が全国から殺到する日本最高の腕前のカリスマ美容師と，お客が殺到するわけではない試験官を比べて，どちらがどちらに対して試験をすべきかは明らかでしょう．カリスマ美容師という評判と予約の難しさは，市場が与えた何にも優る能力検定証書だったと言えるからです．

弁護士・検事・裁判官

日本における参入規制の最も有名な例は，人口当たりの法曹人口が国際的にみて異常に低く制限されていることです．[1] 法曹人口を人口比で見ると，アメリカでは日本の16.4倍，ドイツでは9.1倍です．OECD加盟先進国の中で日本のこの比率は最低で，次に低いフランスでも，日本の3.7倍です（「裁判所データブック 2008」により作成）．

法曹人口の不足は，日本の裁判を遅くしているだけでなく，専門的知識を必要とする法曹人口の絶対的な不足という事態を招いています．このため，司法試験合格者の数を増やすべきだという意見が多方面から表明されてきました．

これに対して，最高裁判所は1999年に，「法曹人口の不足を一挙に解消するため，できるだけ大きな数値目標を定め，法曹の質は資格取得後の競争，自然淘汰に委ねるべきであるという意見がある．しかし，法曹が究極的には裁判作用に関わる職務を負っていることからしても，一定の質の確保は不可欠であり，これを自由競争にのみ委ねるべきであるという見解には賛成しがたい」と述べています．

最高裁判所が指摘するとおり，一定の質の確保は不可欠です．したがって司法試験によって，能力資格審査を行うべきです．その場合，司法試験合格者数は社会のニーズによって変化しますから，毎年変動することになります．とこ

---

[1] 日本を含めて多くの国々では，司法試験の合格者が弁護士・検事・裁判官になります．司法試験の合格者数を法曹人口と言います．

ろが実際の司法試験制度は，年ごとの合格者数を一定数に厳格に制限するという形で運用されています．つまり司法試験が，本来の能力審査ではなく，供給量規制の手段として運用されているのです．

日本の法曹人口が経済規模の割にきわめて少ないことの根本的な原因は，司法試験の運用方法にあります．司法試験の運用が，本来の目的である能力資格審査という性格をはるかに超えて，裁判官や弁護士の供給量を抑えることが目的とされたために，かなりの暗記力と何年間もの単調な受験生活に耐える能力を要求する，という参入規制のメカニズムが作られました．司法試験を供給量規制の手段としている理由は，裁判官や弁護士の給料とプレステージを高く維持するためであると考えられます．[2]

法曹人口の制限が引き起こした最大の問題は，それが，最高裁判所の主張に反して，法曹の質の著しい低下をもたらしたことです．現在の多くの司法の問題は，知的財産権，租税条約，建築，医学などに関する専門的な知識を必要とするものです．そのため，法曹界の提供できるサービスの質を確保するためには，エンジニア，会計士，一級建築士，医師などがそれぞれの職場で得た専門的な知識を持って法曹界に入る必要があります．

アメリカでは，法学部はなく，学部では法律以外の分野を専攻した人のみが法科大学院を経て司法試験を受けるシステムを採用しているため，さまざまな専門分野の背景を持った人たちが法曹界に入っています．オーストラリアでは日本と同じように法曹人は法学部で教育されますが，経済学や物理学などの副専攻が全員に義務づけられています．

ところが，現在の日本の司法試験は，主として法律だけを勉強した人しか通れないほど，法律に関する試験を難しくして合格者の数を制限しています．このために，建築や医学などの専門家が法曹界で活躍できる状況にはなっていません．すなわち，現在の司法試験は，専門知識を必要とする分野では，最初から質が確保できない制度になっているわけです．

---

[2] たとえば，日本の裁判官の給料は省庁に勤める行政官と比べて優遇されています．地方裁判所の判事の年俸の最高は，財務省や外務省など本省の次官の年俸と同一で，2313万円です（2007年度）．法曹人口が増えたら，このような高給を維持するのは政治的に不可能になります．

このことは，国際競争のある司法分野において，日本の諸企業が，どの国の裁判所を選び，どの国の弁護士を選んでいるかを見れば明確です．実際，激しい国際競争が行われている分野である知的財産権に関する裁判官の質は，自然淘汰に委ねているアメリカに対して日本は勝負にならないほど弱体です．

　日本における2012年度の司法試験合格者は2102人です．これは受験者数の25.1％です．それに対して，アメリカでは，年5万人以上という大量の司法試験合格者が誕生します．アメリカの司法試験は，能力資格試験に徹していますから，法科大学院を卒業していればだいたい合格します．その代わり，大量に生まれる司法試験合格者は弁護士という職業の中で競争によって淘汰されていきます．アメリカでは，弁護士ほど1つの職業の中での収入の差が激しい職業はないと言われているほどです．アメリカの司法制度にはさまざまな特有の問題がありますが，重要な法律案件に携わる法曹人の質が日本より優れているのは，競争による淘汰によって質が担保されているからです．

　供給規制を目的とした試験のみによって最初から選別が行われる日本では，受験秀才ではあるが，事件の全体を見抜く能力，人から話を聞き出す能力，交渉の力，世間的知恵といった，弁護士に必要な素質を持っていない人たちが，競争によって淘汰されることがないため，法曹界に生き残ることができます．オウム真理教の松本智津夫の弁護を当初引き受けた，横山昭二弁護士[3]のような人が長年営業を続けることができたことは，現行の厳しい参入規制によって弁護士不足が生じたため，このような人さえ淘汰できなかったことを示しています．

　司法試験制度を，法律の知識に関する一定の質を確保するという本来の能力審査に純化すれば，試験合格者を大量に増やすことができます．そうなると，淘汰が始まり，総合的に質の高い法曹人のみが生き残ることになるでしょう．なかでも，各分野の専門知識を持った人の中から競争に生き残った優秀な人を裁判官に選べるようになれば，試験では測れない質がどれだけ向上するかしれません．

---

[3]　横山弁護士は，他の裁判での弁護費用を着服したり，出版社に松本被告の供述調書を横流ししたりしていました．実は弁護士による横領事件は現在もほぼ毎年起きています．横山氏が例外的だというわけではありません．

「合格者数を増やせば，サービスの質が低下する」という最高裁判所の見解は，既得権を守るために参入規制を行う業界団体が用いる弁解の標本と言えるものです．

薬　　局

医薬品の販売についても，典型的な参入規制が見られます．つい最近まで，24時間開いているスーパーマーケットやコンビニエンス・ストアで，かぜ薬や胃腸薬などのいわゆる常備薬を買うことができませんでした．日本では，薬事法で禁止されていたためです．だから，夜中に熱が出てもアスピリンなどを買うことができませんでした．

その理由は次のとおりです．「医薬品は複合して飲むと，非常に大きな危険が起きる．医薬品を買うのは，どんな家庭薬であっても，専門の薬剤師がいるところで買うのでなければ危険である．したがって，消費者の安全のためには，ちゃんとした薬剤師がいる薬局で販売することに限定すべきだ．」

この理由は，100％嘘だとは言えないでしょう．おそらく何分かの理はあるだろうとは思います．しかし，常識的に考えると，いつも服用している医薬品を薬局で買う時に，いちいち薬剤師のアドバイスは受けないでしょう．ですから，この理由では，コンビニエンス・ストアで常備薬を売れないことを完全には正当化できないでしょう．

規制改革会議が問題視したこともあり，2009年の薬事法改定でコンビニエンス・ストアでも一般医薬品（大衆薬）が販売されるようになりました．ただし，そのためには1年以上の医薬品販売に従事したキャリアを持ち，試験に合格した登録販売員を24時間コンビニエンス・ストアに常駐させなければならないことにしました．基本的にパートタイムの店員さんで成り立っているコンビニエンス・ストアに対しては，大変なコストを課した「規制緩和」だったと言えるでしょう．

さらに，この薬事法改定と同時に大衆薬のネット販売規制という規制強化が法律ではなく省令によって行われました．これによって，薬局から遠い高齢者などが買っていた漢方薬をはじめとした多くの大衆薬のネット販売が禁止されることになりました．公的な理由は大衆薬の販売においても対面販売が正しい情報を伝えるために必要だというものです．しかし，そそくさと店の前で聞く

説明よりは，家でインターネットによる説明をじっくり読むほうがはるかに情報が伝わる場合も多いでしょう．ネット販売の禁止は消費者からその選択肢を奪ってきました．

一方で，ネット販売が解禁されても，対面で買いたい消費者はこれまでどおり薬局で買うことができます．大衆薬のネット販売の禁止で得をするのは薬局だけです．事実，この規制強化は，マツモトキヨシ等を有力会員とする日本チェーンドラッグストア協会が厚生労働省の運用ルール検討委員会で議論をリードして決められたと報じられています．

販売員制度が導入され，同時に医薬品のインターネット販売を大幅に制限したことを見ても，まだまだ医薬品販売への参入制限は続いていると言えます．（最終校正での追記：2013年1月11日に最高裁判所は，「（大衆薬のネット販売禁止に関する）省令の規定は改正法の委任範囲を逸脱し，違法で無効」との判決を出しました．しかし2013年2月初旬の時点では厚生労働省は大衆薬のネット販売を制限する法律を作る準備をはじめたと報じられています）．

薬局の参入規制について，面白いエピソードがあります．戦後しばらくの間，既存の薬局の半径500メートル以内に新しい薬局を作ってはいけないという規制がありました．これは，薬局が過当競争をして乱売をすると，国民の健康に差し障るからという理由です．勇敢な人が訴えた結果，この法律は営業の自由を定めた憲法に違反するという最高裁判決が，1960年代の中頃に出て，この法律自体が違憲とされました．

農　業

最後に，財市場に関しては，もう1つ驚くべき参入規制があります．日本では，通常の株式会社が農地を購入して農業に参入することが，法律で禁じられているということです．

たとえば，米を大量販売する大手スーパーマーケットが，「農家から大量の土地を買って大規模農法で米を作ろう．そのほうが安くあがる」と思って，どこかの大規模農地を購入しようとしても，それは農地法によって許されないのです．株式会社は農地を所有できないということになっているからです．

その一方で，株式会社が農地を買ってくれない以上，兼業をやめて農業から

完全に手を引きたいという農家も，自分の土地を大手企業に売ることができず，せいぜい隣の農家に売ることぐらいしかできません．だから，日本の農業はいつまでも小規模でやっているわけです．これは，もちろん結果的には，米の値段を高く維持することに役立っています．[4]

規制緩和は本当に必要か

このようにさまざまな市場で，規制によって供給曲線を強引に左方にシフトさせて価格を高く維持する，ということが行われてきました．そのような例は，これまで見てきたもののほかにも山ほどあります．[5] このような参入規制を廃止して市場が決める価格にすることは**規制緩和**の最大の目的です．

しかし，参入規制を緩和することによって市場価格が下がれば，消費者と新規参入者は利益を受けますが，既得権を持っている既存生産者は損失をこうむることになります．それでは全体で見て，規制緩和が生む利益のほうが損失を下まわることがあるのでしょうか．

次節では，そのようなことはなく，全体では利益のほうが損失よりも必ず大きいのだということを示しましょう．

2　参入規制の費用便益分析

補償原理と総余剰の変化

ある経済政策の後で，当事者間で補償をすれば，全員が少なくとも以前と同じ状態であり，なかには以前より豊かになった人もいるという場合には，この

---

[4]　一次産業における参入規制については，八田達夫・髙田眞『日本の農林水産業』（日本経済新聞出版社，2010年）を参照のこと．

[5]　われわれの生活が，さまざまな参入規制によっていかにがんじがらめになっているかについては，中条潮『規制破壊』（東洋経済新報社，1995年），pp.8-10を参照．さらに，八代尚宏『規制改革――「法と経済学」からの提言』（有斐閣，2003年），原英史『規則を変えれば電気も足りる』（小学館，2011年），福井秀夫「憲法89条の意味と学校経営への株式会社参入に関する法的論点」（『自治研究』2002年10月）などを参照のこと．

図 6-2 参入規制と総余剰

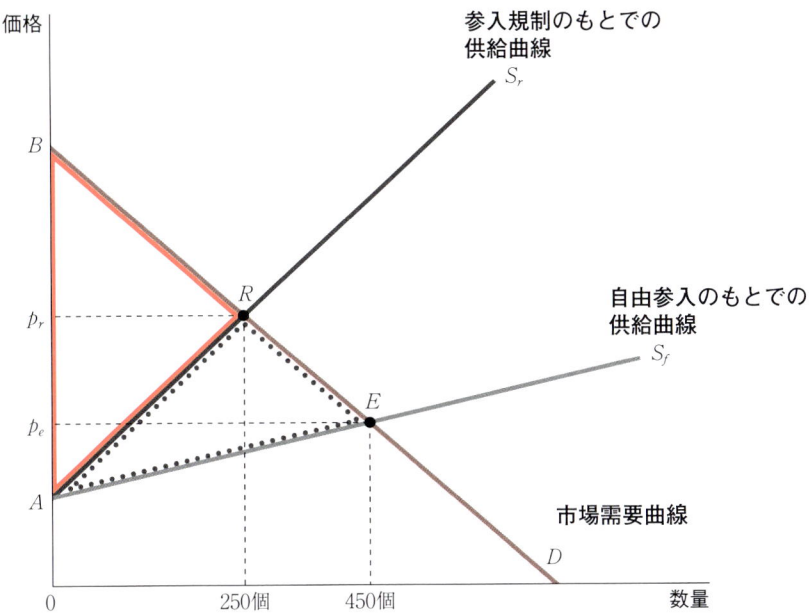

価格軸に B、p_r、p_e、A を示し、数量軸に 250個、450個 を示す図。参入規制のもとでの供給曲線 S_r、自由参入のもとでの供給曲線 S_f、市場需要曲線 D が描かれ、点 R（250個, p_r）と点 E（450個, p_e）が示されている。

この図は，参入規制下と自由参入下のそれぞれにおける総余剰を示しています．参入規制のもとでの総余剰は，オレンジ実線枠の三角形の面積です．一方，自由参入のもとでの総余剰は，この三角形に黒点線の三角形を合わせた図形の面積です．参入規制によって，総余剰が黒点線枠三角形の部分だけ失われています．参入規制によって失われた余剰のこの部分を，規制による**死重の損失**と呼びます．

政策は経済を**効率化する**，と言いました．効率化するか否かをもって経済変化の良し悪しを判定する考え方を，**補償原理**と呼びます．

ある政策の結果，総余剰が増える場合には，政策の結果得をした人が損をした人に適当な補償をすれば，全員が，変化前と少なくとも同じか，より良い生活水準になることが可能です．したがって，「ある政策が経済を効率化する」というのは，「ある政策の結果，総余剰が増大する」というのと同義です．したがって，ある政策が総余剰を増やすか否かが，補償原理に基づいた経済政策の採否の判定手段になります．

死重の損失

1節で説明したように，参入規制があるということは，市場供給曲線を構成する個別の供給曲線の本数が少なくなる，ということです．これによって，市場供給曲線は，図6-2に描かれているように自由参入の場合に比べて左方にシフトしています．供給曲線が左方にシフトしているために，均衡点も E 点から R 点へとシフトし，価格は高くつり上げられています．これこそが，既存企業が参入規制をする目的でした．

参入規制後の総余剰は，オレンジ実線枠の三角形の面積です．一方，参入規制前の総余剰は，それに黒点線枠の三角形を合わせた三角形の面積です．言い換えると，参入規制後の総余剰は，参入規制前の総余剰と比べて黒点線枠の部分だけ減少しています．この部分は，誰のものにもならず確実に失われてしまっています．参入規制によって失われた余剰である黒点線枠の部分を，規制による**死重の損失**と言います．[6]

---

[6] 「死重の損失」は英語では dead weight loss と言いますが，この言葉は，元来は工学で使われてきた言葉です．ただし，分野によって訳が違います．船舶工学では「死重の損失」と訳され，土木工学では「死荷重」と訳されています．経済学では「死重の損失」が普通でしたが，近頃はおそらく土木工学の人たちの影響を受けて「死荷重」という言葉を使う人が増加してきました．

　土木工学では「死荷重」という言葉は，たとえば橋の設計に関して言えば，橋自体の重さを指します．橋は，その上を通るトラックやトラックの上に載せた荷物の重さが何トンまでは耐えられるのかという設計をしなければなりませんが，橋自体も重さを持つので，実はそれら合計の重さに耐えられるように設計しなければなりません．橋が役に立つのはまさにその上を走るトラックやその荷物の重さを支えるためですから，橋自体の重さはいわば，死んだ重さです．その意味でこれを「死荷重」と呼びます．

　一方，船舶工学では次の意味で使われています．船が十分な荷物を積んでいる時には重心が安定するのですが，積荷をすべて降ろしてしまうと重心が不安定になり船が引っくり返ってしまうことがあります．したがって，商業用の積荷がまったくない場合にも，船体を安定化させるための重さを持った荷物を積みます．これが，「死重の損失」です．商業用に何の役にも立たないものを運ぶために，コストを支払わなければならないからです．

　「死荷重」という言葉はいかにも土木工学的な言葉なので，私は，dead weight loss という言葉の自然な訳語である「死重の損失」を使っています．

これは，**参入規制を撤廃すると**，得をした経済主体が，参入規制の利益を失った生産者に**補償してあげても**，まだ余りが出ることを示しています．余りが黒点線枠の部分です．

市場への参入規制を緩和すると，価格が下がることによって消費者が得をします．しかし，上で述べたのはそのこと自体が望ましいということではなく，参入規制の緩和が既存の生産者がこうむる損失を上回る利益（社会的余剰）を発生させるから望ましい，ということです．このことは，たんに参入規制の緩和によって価格が下がることを示すだけではわかりません．これは余剰による分析によって初めて明らかになることです．ここに余剰分析の意義があります．

3　総余剰の分割と改革の補償

補償の具体例

参入規制の撤廃によって総余剰が増える場合に，具体的に誰が誰にどれだけ補償すれば，全員が以前より望ましい状態になるのかを示しましょう．

図 6-3 パネル C は図 6-2 をコピーしたものです．図 6-3 のパネル A は既存生産者の供給曲線を，パネル B は新規参入者の供給曲線，パネル C の薄いグレー線は自由参入のもとでの市場供給曲線を示しています．この市場供給曲線は左の 2 つのパネル A，B の供給曲線を水平方向に足し合わせたものです．一方，パネル C の濃いグレー線は参入規制のもとでの供給曲線を示しています．これはパネル A の供給曲線と同一です．したがって，パネル A と B の図形①，②，③の面積は，パネル C の図形①，②，③と同一です．

図 6-2 のオレンジ実線枠の面積で表した参入規制下の総余剰は，図 6-3 パネル C では，既存生産者の生産者余剰①＋②と，消費者余剰⑤とに分解されます．

次に参入が自由化されると，消費者と新規参入者は得をし，既存生産者のみが損をします．まず，消費者余剰は図 6-3 パネル C の①＋④だけ増大して，①＋④＋⑤になります．新規参入者は，新たな生産者余剰③を得ることになります．一方，既存生産者の生産者余剰は①だけ縮小して，②になります．

図 6-3 新規参入による余剰の変化

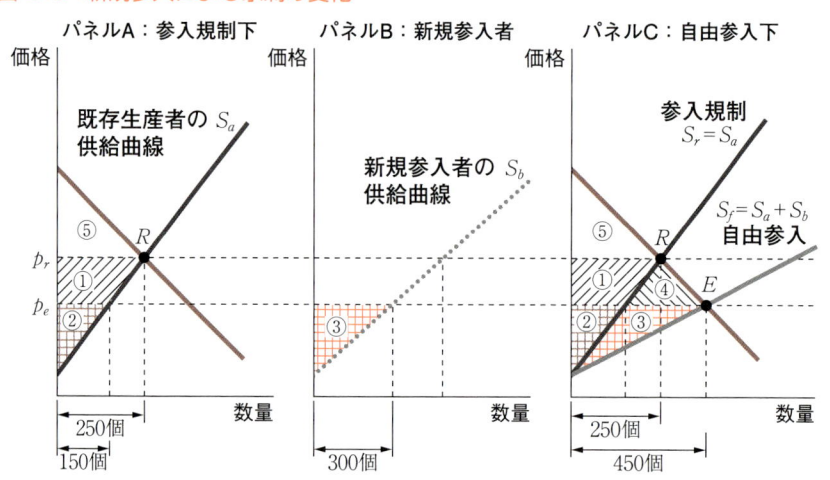

パネルA：参入規制下 — 既存生産者の供給曲線 S_a、価格 p_r 点 R、⑤、①、②、150個、250個

パネルB：新規参入者 — 新規参入者の供給曲線 S_b、③、300個

パネルC：自由参入下 — 参入規制 $S_r = S_a$、自由参入 $S_f = S_a + S_b$、点 R、点 E、⑤、①、②、④、価格 p_r、p_e、250個、450個

参入規制の撤廃によって総余剰が増加します．この改革後，消費者が既存生産者に①だけ補償すれば，全員が以前より望ましい状態になることを，この図は示しています．

参入規制下では，消費者余剰は⑤で，既存生産者の生産者余剰はパネルAおよびCの①＋②です．このことが下表の列(1)に記されています．

参入が自由化されると，消費者余剰はパネルCの⑤＋①＋④になります．既存生産者の生産者余剰は②になります．新規参入者は，新たな生産者余剰③を得ることになります．これは下表の列(2)にまとめられています．

表の列(3)は，列(2)から列(1)の各項を差し引いたものです．この列(3)は，得をする消費者が損をする既存生産者に①を与えて補償をしても，なおこの参入の自由化は消費者にとって④の面積だけ利益を残すことを示しています．

	(1)参入規制下	(2)自由参入下	(3)自由化による余剰増
消費者	⑤	⑤＋①＋④	①＋④
既存生産者	①＋②	②	－①
新規参入者	0	③	③
総計	⑤＋①＋②	⑤＋①＋②＋③＋④	③＋④

ところで，得をした消費者と新規参入者が既存生産者に補償した後に残る余剰の増加を合わせると③＋④になります．これは，図6-2の黒点線枠の三角形にほかなりません．

この規制緩和が生み出す消費者余剰の増大分（①＋④）は，既存生産者の生産者余剰の損失①を④だけ上回ります．したがって，得をする消費者が損をする既存生産者に補償①を与えても，なおこの自由化は消費者にとって④の面積分だけ望ましいと言えます．さらに，新規参入者にとっても，③の余剰を初めて得ることができるので，この変化が望ましいのはもちろんです．したがって，参入規制が撤廃された場合には，消費者が既存生産者を補償すれば，新規参入者を含めた全員が以前より望ましい状態になることがわかります．

バナナさんとサンマさん：再論

　序章では，バナナさんとサンマさんが取引をしている時に，サンマを売るジミーさんが市場に参入してくると資源配分が効率化する，と述べました．図6-3を用いてこのことを示しましょう．

　ただし，図6-3の横軸はサンマの需給数量，縦軸はバナナの数量ではなかサンマの価格（すなわちサンマ1単位当たりのバナナの交換比率）とします．さらに，需要曲線はバナナさんのサンマに対する需要曲線とし，既存生産者の供給曲線，新規参入者の供給曲線をそれぞれサンマさん，ジミーさんの供給曲線とします．

　サンマさんの生産者余剰は，ジミーさんの新規参入によって，図6-3の三角形①＋②から三角形②に縮小しています．しかし，バナナさんの消費者余剰が三角形⑤から三角形⑤＋①＋④まで増大しているため，バナナさんは，サンマさんに彼の損失分①を補償しても，④だけおつりがくることになります．一方，ジミーさんはこの取引によって，純粋に③だけの利益を得ます．したがって，総余剰は増大しています．

4　ま　と　め

　1．参入規制はわれわれの生活の中に多く見られます．たとえば，美容師・弁護士・検事・裁判官などの資格によって参入規制が行われ，それぞれの職業の賃金が引き上げられています．さらに薬局や農業などにも参入規制がかけら

れていることで，既存の業者の利益が守られています．

2．参入規制をすると，市場全体での総余剰が縮小し，死重の損失が発生します．

3．参入規制によって，誰がどれだけ得をし，誰がどれだけ損をするかを分析すると，参入の自由化がもたらす価格の低下で得をする消費者は，損をする既存の生産者に補償をしても，まだ得が残ることがわかります．

4．序章「市場と政府の役割分担」に示したバナナさんとサンマさんの取引市場に，ジミーさんが新たなサンマの供給者として参加することは，サンマさんに損失を与えます．しかし，ジミーさんの参入は，バナナさんにサンマさんがこうむる損失を上回る大きな利益をもたらします．

キーワード

参入　　退出　　参入規制　　国家資格　　能力検定　　規制緩和　　効率化
補償原理　　死重の損失　　補償

7章 市場介入

　現実の経済では，政府は前章で論じた参入規制以外にもさまざまな形で市場に干渉します．租税，補助金，販売量規制，価格規制などはその例です．本章では，これらの介入による効率上のロス——それを「死重の損失」と言います——を分析します．

1　物品税

種類

　物品の購入や販売に対して課される税を「消費にかかる税」と言いますが，それは，広い範囲の物品に対して共通の税率の税が課される**一般消費税**と，個々の物品に対して税率が決められている**物品税**の2つに分けられます．物品税の中には，酒税，たばこ税，ガソリン税や，電気の消費にかかる電源開発促進税などがあります．地方税では，ゴルフ場利用税などがあります．本節では，政府が物品税を導入して市場に介入した場合の価格や取引量への効果について分析しましょう．

　さらに「消費にかかる税」は，何を基準に課税額を決めるかによって2種類に分類できます．1つは，1単位の重量や体積に対して課税額を決める**従量税**です．典型は1リットル当たりで課されるガソリン税，1本当たりで課される

たばこ税，1キロリットル当たりの税額が決められている酒税，1キロワット当たりの電力消費に課される電源開発促進税などです．もう1つは，商品の価格の何％という形で課される**従価税**です．「消費税」は従価税です．

従量税の場合，たとえば1単位当たり10円ならば，その10円のことを税率と言います．従価税の場合には，金額に上乗せされるのが5％ならば，その5％を税率と言います．

物品税は，売り手から徴収する税と買い手から徴収する税，という基準で区別することもできます．売り手から徴収する税というのは，たとえば酒税やたばこ税などがそうです．買い手から徴収する税には，消費税のほかに，ゴルフ場利用税，入湯税などもあります．

供給曲線

本章では，売り手に対して課税されるケースのみを考えましょう．[1]

ある企業の限界費用曲線が，図7-1に濃いグレー線として描かれています．課税前は，限界費用曲線の高さが市場価格に等しくなる生産量 x_0 で利潤が最大化されます．すなわち濃いグレー線がこの企業の課税前の供給曲線です．

この企業に対して，生産量1単位当たり10円の従量税が課される場合を考えましょう．この時，**税込みの限界費用**は，限界費用＋10円です．したがって，税込みの限界費用曲線は，課税前の限界費用曲線を上方に10円分シフトさせたものになります．これは図7-1の薄いグレー線として描かれています．

10円の物品税が課税される企業は，

$$\text{市場価格}＝\text{限界費用}＋10\text{円} \tag{7.1}$$

が成り立つ生産量 x_* を生産する時，利潤を最大化します．したがって，この企業は，市場価格のもとでの，黒の水平の価格線と薄いグレーの税込み限界費用曲線が交わる生産量 x_* を生産することによって生産者余剰を最大化することができます．この企業は別の価格水準の時も，その価格線が**税込みの限界費用曲線**と交わる水準で生産します．したがって，**新しい供給曲線は，図7-1**

---

[1] 以下では，従量税の課税効果を分析しますが，従価税に関しても同様に分析できます．定性的な結論は，どちらの税に関しても同一です．

1 物品税 143

図 7-1 売り手課税後の生産者余剰

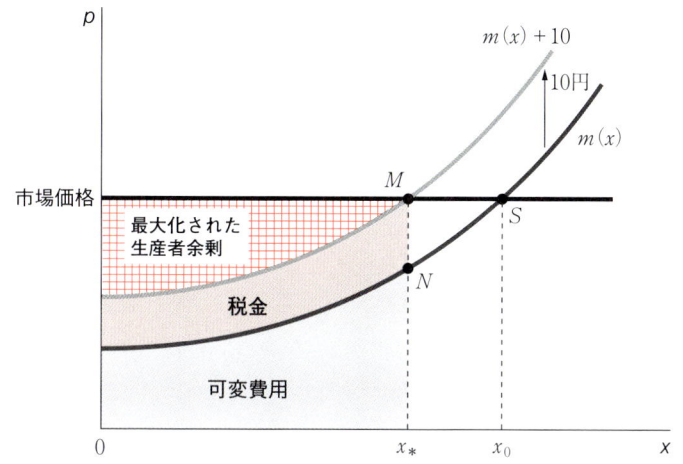

この図の右上がりの濃いグレー線は，企業の課税前の限界費用曲線（すなわち課税前の供給曲線）です．この企業に10円の物品税が課されると，**税込みの限界費用**曲線は上方に10円分シフトし，薄いグレー線になります．これは新しい供給曲線です．課税された企業は，新しい供給曲線と市場価格の交点 M で生産者余剰および利潤を最大化します．

の薄いグレー線です．

この場合，生産量が 0 の時に比べて，生産量が x である場合の税込み費用の増加は（可変費用 $+ 10x$）なので，

$$\text{生産者余剰} = \text{販売収入} - (\text{可変費用} + 10x) \tag{7.2}$$

と書けます．企業が x_* 生産している時の生産者余剰は，価格線と薄いグレー線にはさまれたオレンジ格子の面積です．

市 場 均 衡

上では，課税の結果，企業の供給曲線がどうシフトするかを分析しました．次にこの課税によって市場均衡がどう移動するかを分析しましょう．

図 7-2 の右下がりの茶線は**市場需要曲線**です．右上がりの濃いグレー線は，課税前の**市場供給曲線**です．課税前には，市場は E 点で均衡します．均衡価格は p_0 で，均衡取引量は X_0 です（図 7-1 では企業の生産量が小文字の x で示

144　7章　市場介入

図 7-2　課税による市場供給曲線と均衡のシフト

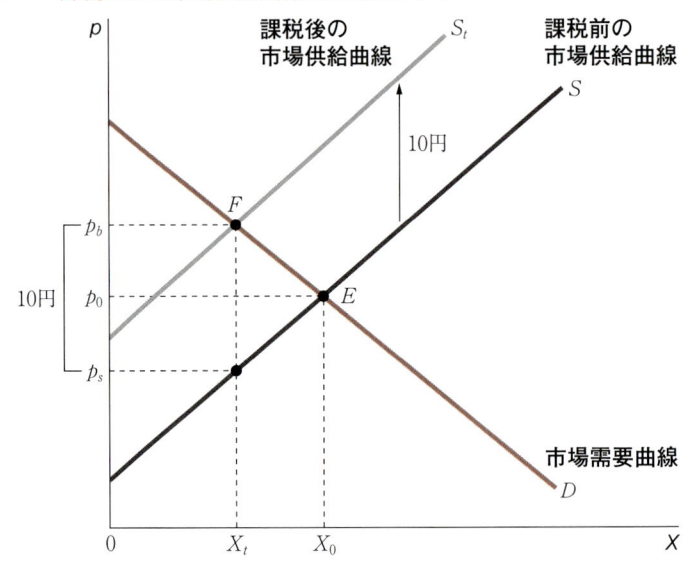

課税による市場供給曲線のシフトを描いています．課税前の市場均衡が E 点で達成されている時に，売り手に10円の物品税が課されると，市場供給曲線が濃いグレー線から薄いグレー線にシフトするため，均衡は F 点に移ります．

されていますが，図 7-2 では市場の取引量が大文字の X で示されています）．

課税後の新しい市場供給曲線は，10円分上方にシフトして，図 7-2 の薄いグレー線のようになります（なお，この市場供給曲線は，図 7-1 の課税後の各企業の供給曲線を足し合わせたものです）．一方，売り手への課税によって，この財に対する買い手の需要曲線はまったく動きません．したがって，新しい均衡は F 点に移ります．新しい均衡での市場価格は p_b，取引量は X_t です．

総余剰と死重の損失

ある市場における，所与の生産水準に対応した**総余剰**は，命題 (5.4) から，生産量が 0 からその生産水準までの区間における，市場需要曲線と限界費用曲線（課税前の市場供給曲線）との間の面積です．

図 7-2 の骨格をコピーした図 7-3 を用いて，具体的に示しましょう．まず，課税後の生産量 X_t の下での総余剰は，線分 $0\,X_t$ の区間における需要曲線の下

図 7-3 課税による死重の損失

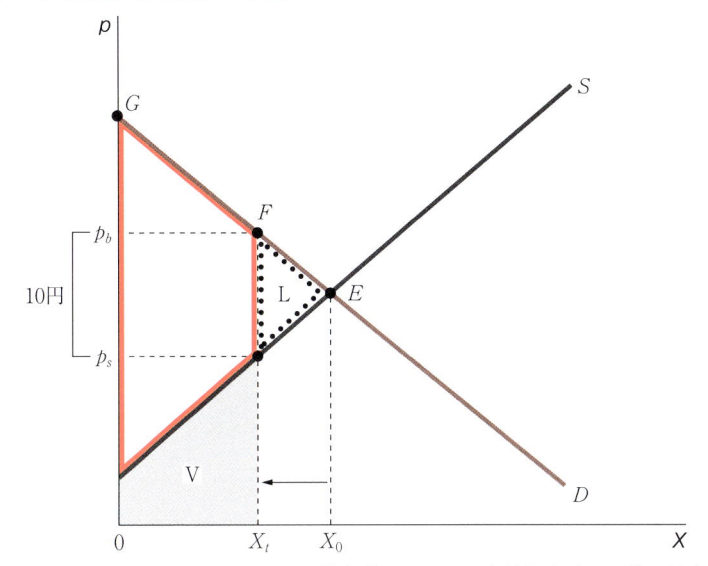

課税前の均衡生産量 X_0 のもとでは，**総余剰**はオレンジ実線枠台形の面積に黒点枠の三角形 L の面積を足したものです．一方，課税後の総余剰はオレンジ実線枠台形の面積です．課税による総余剰の減少分（L）を**死重の損失**と呼びます．

側の面積（便益）から供給曲線の下側のグレー台形の面積 V（可変費用）を差し引いたものですから，オレンジ実線枠台形の面積です．一方，税金がない場合の均衡生産量 X_0 のもとでの総余剰はこの面積に黒点線枠の三角形 L を足したものです．

したがって課税の前後を比較すると，図 7-3 の L の部分だけ総余剰が減少していることになります．政府はさまざまな目的（すなわち，道路を建設したり，生活保護費を支給したりすること）のために，課税する必要があります．しかしそのためには，L に相当する資源配分の無駄が発生するのを避けられないことがわかります．L は，**死重の損失**と呼ばれます．

総余剰の帰属

それでは，図 7-3 のオレンジ実線枠台形の面積で示されている課税後の総余剰は誰にどれだけ配分されているのでしょうか．図 7-4 がこれを示してい

図 7-4 課税後の総余剰の配分

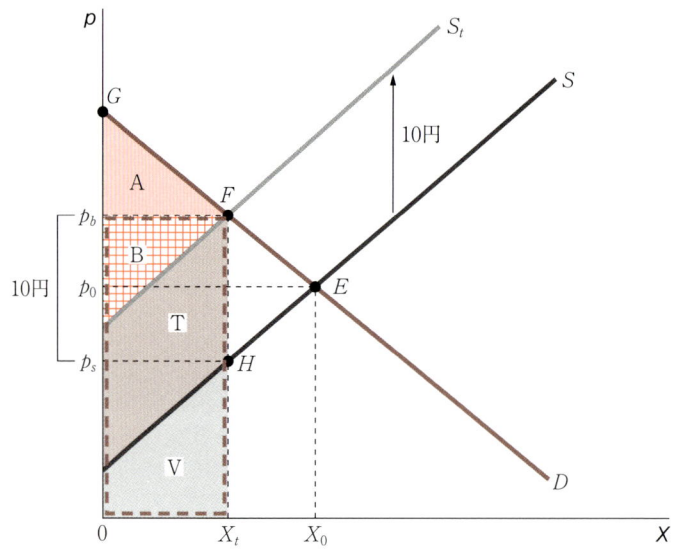

図7-3のオレンジ点線枠台形の面積で示された課税後の総余剰の各経済主体への配分を示しています．ベージュの三角形Aの面積は消費者余剰，オレンジ格子の三角形Bの面積は生産者余剰，平方四辺形Tの面積は政府が得る税収です．なお，売り手の収入は茶色破線枠の長方形の面積です．この収入の中からVの可変費用とTの税金を支払うので，課税後の生産者余剰はオレンジ格子の三角形Bになります．

ます．消費者は，市場価格 p_b で購入していますから，価格線 p_b より上の三角形 A の面積で表される消費者余剰を得ています．売り手の収入は，茶色破線枠の長方形で示されています．この収入の中から V の可変費用と T の税を支払うので，生産者余剰はBです（これは，図7-1のオレンジ格子の三角形で示されるような個別企業の生産者余剰を，すべての企業について足し合わせたものです）．さらに政府は，税収として平行四辺形 T の面積を得ています．[2] したがって課税後の総余剰は，消費者に A，企業に B，政府に T と配分され

---

[2] 平行四辺形 T は，横から見ると，底辺が FH で高さが $0X_t$ です．したがって，この平行四辺形の面積は，底辺の長さ FH と高さ $0X_t$ の積です．前者は FH の長さですから税率の10円で，後者は取引量 X_t です．したがって，この面積は税収10円 × X_t です．

ます．

　なお税収は政府にとっての余剰です．政府は最終的にはその分だけ，公共的なサービスを増やしたり，他の税金による負担を減らしたりして国民一般の生活水準を上げることができるからです．したがって，**政府余剰**を次によって定義します．[3]

　　政府余剰＝税収－生産量 0 の時の税収　　　　　　　　　　　　(7.3)

この定義を用いると，図 7-4 の観察から，課税後の総余剰は次のように分解できます．

　　総余剰＝消費者余剰＋生産者余剰＋政府余剰　　　　　　　　　　(7.4)

2　補　助　金

　前節では，政府が生産者に物品税を課すと，死重の損失が発生することを示しました．実は，政府が生産者に（生産促進のための）補助金を出す場合にも，死重の損失が発生することを示しましょう．[4] 政府による市場への介入は，押しても引いても死重の損失を生み出します．

生産・消費促進のための補助金

　これまでは，政府が税金によって生産や消費の削減を促すケースを考えてきました．しかし，世の中には，生産や消費を促進するための補助金がたくさんあります．たとえば，住宅に関しては，資金を住宅金融支援機構（旧・住宅金融公庫）から借りれば，普通の銀行から借りるよりは安くなります．また，農産物に対しても，いろいろな形の補助金が与えられています．

---

3) なお物品税だけが課されている場合には，生産量 0 の時の税収は 0 ですが，固定資産税のように生産量が 0 の時にもかかる税があります．したがって，(7.3) 式が一般的に使える政府余剰の定義です．

4) 2009 年から行われたエコポイントの制度は，環境に良い商品に対して，売り手に与えられた補助金です．実は，補助金は買い手に与えても売り手に与えてもまったく同値です．八田達夫『ミクロ経済学 I』（東洋経済新報社，2008 年），第 4 章 5 節参照．

図 7-5 売り手への補助金

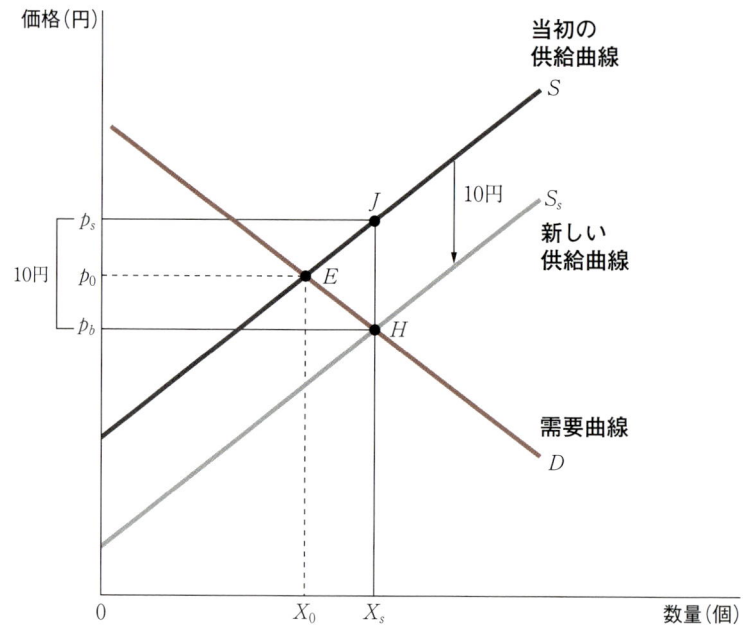

この図は，補助金による市場均衡の変化を示しています．まず，当初の供給曲線を濃いグレー線が，当初の均衡点を E 点が表します．次に，売り手に対して1単位当たり10円の補助金が与えられると，（補助金込みの限界費用は下がりますから）供給曲線は下方に10円分シフトします．この結果，補助金のもとでは，均衡は H 点に，市場価格は p_b に移行します．

ここでは，補助金が与えられた場合に，どのような効果が起こるかを分析してみましょう．税金の分析の時に従量税を用いたのと同様，1単位の重量や体積に対して補助金額が決まる補助金制度を考えます．[5]

売り手への補助金

図 7-5 には，需要曲線が茶線で，当初の供給曲線が濃いグレーで描かれて

---

[5] このような補助金制度は，まさに従量税と表裏一体の関係にあります．補助金とは，マイナスの税と考えることもできるからです．この後の分析も，補助金を，マイナスの税として考えると，課税の分析とのアナロジーが明確になるでしょう．

います.はじめは E 点で需給が均衡しています.いま,政府が1単位当たり10円の補助金を売り手に対して与えるとしましょう.すると企業が1単位増産するために必要な支出増は,限界費用から政府補助金の10円を差し引いたものになります.これが**補助金込みの限界費用**です.一方,企業は1単位生産を増やすごとに買い手から市場価格に等しい収入増を得ます.したがって,企業は

$$\text{市場価格} = \text{限界費用} - 10\text{円}$$

が成り立つ数量まで生産することになります.したがって企業の「補助金込みの限界費用曲線」がその供給曲線になるわけです.したがって1単位当たり10円の補助金によって企業の供給曲線は10円分下方にシフトします.

この結果,新しい市場供給曲線も10円分下方にシフトします.それが,図7-5では薄いグレー線で描かれています.均衡点は,当初の E 点から H 点に移ってきます.すなわち,生産量は X_0 から X_s に,市場価格も p_0 から p_b に変化します.

買い手は補助金をもらわないので,買い手が最終的に支払う価格,つまり**買い手価格**は,市場価格 p_b そのものです.したがって買い手の支払い額は,H 点と原点にはさまれる長方形の面積で表されます.

一方,売り手は補助金をもらうので,売り手が最終的に補助金込みで受け取る価格,つまり**売り手価格**は,市場価格に補助金を加えた $p_b + 10\text{円} = p_s$ です.[6]

したがって売り手の受け取り額は,J 点と原点にはさまれる長方形の面積で表されます.そのうち,補助金総額は,線分 JH を縦辺とする長方形の面積で表されます.

補助金のもとでの総余剰

では,補助金が与えられた場合の総余剰は,どうなるでしょうか.総余剰は,生産量が0の時から均衡生産量 X_s までの区間における需要曲線の下側の面積(便益)から,供給曲線の下側の面積(可変費用)を差し引いたものです.これは,図7-6では,線分 $0X_s$ の区間における需要曲線の下の台形の面積から,

---

[6] 課税の分析とは,売り手価格と買い手価格が逆になっていることに注意してください.

150　7章　市場介入

図7-6　補助金による死重の損失

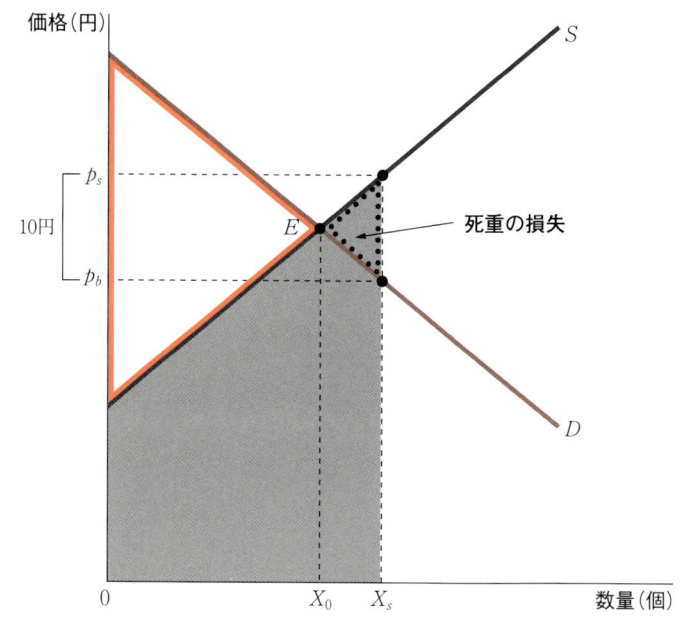

図7-5の補助金のもとでの総余剰は，図7-6の線分 $0X_S$ と需要曲線にはさまれる台形の面積からグレーの台形の面積を差し引いたものです．結局，この図の総余剰は，オレンジ実線枠三角形の面積から黒点線枠の三角形の面積を差し引いたものになります．補助金がない時の総余剰はオレンジ実線枠三角形の面積ですから，補助金によって，余剰は黒点線枠三角形の分だけ減少しています．

グレーの台形の面積を引いた差になります．したがって，総余剰は，2つの台形の重ならない部分であるオレンジ実線枠三角形から黒点線枠三角形の面積を差し引いたものになります．すなわち，図7-6では，

　　　総余剰＝オレンジ実線枠三角形の面積−黒点線枠三角形の面積　(7.5)

として表せます．

　生産量が，税金も補助金もない時の水準 X_0 である時の総余剰はオレンジ実線枠三角形の面積です．つまり，補助金が与えられた場合には，余剰が黒点線枠三角形の分だけ減少していることになります．これが，補助金によって発生する死重の損失です．[7]

3 販売量規制

売り手は，往々にして競争を制限して価格をつり上げようとします．参入規制もその1つの方法ですが，その他の方法もあります．本節では，これらのうち販売量規制について論じます．実は，販売量規制は豊作貧乏と呼ばれる現象と密接に関連していますので，まずこの現象の説明から始めましょう．

豊作貧乏

農作物が豊作になると，農家はかえって貧乏になる，という現象を**豊作貧乏**と言います．これは，豊作になった結果，価格が下がるために収入が減少することによって起きます．

図7-7を見てください．ある国の米の例年の生産量がX_1だとしましょう（平年の供給曲線が左の垂直線で示されています．ただし，生産者は，農作物を市場に供給する際には，すでに生産を終えています．ですから，生産者は追加費用0で市場に供給できます．したがって，既生産量未満の数量では限界費用は0ですが，既生産量を超えるとそれ以上の供給は不可能ですから，供給曲線は，図7-7のように生産量のところで垂直になります）．

図7-7から，平年の均衡価格はp_1です．この時，生産者の収入は，価格×生産量なので，図では茶線破線枠長方形の面積で表されます．

ここで，豊作になって数量がX_1からX_2まで増加すると，価格は平年の水準から大幅に下落してp_2になります．茶点線枠長方形の面積が新しい収入になります．こういう場合には，豊作になると，生産者にとっては損になります．[8] 最終的に販売されている数量は増えますが，それより価格の下落がもっ

---

[7] 補助金のもとでの総余剰が誰にどれだけ配分されているのかについては，自分で考えてみてください．その際，自分で描いた図における総余剰（＝消費者余剰＋生産者余剰－補助金）が図7-6で（7.5）式によって表現される総余剰と等しいことを確かめてください．もしわからなければ，八田達夫『ミクロ経済学Ⅰ』（東洋経済新報社，2008年），pp. 155-156を参照のこと．

図 7-7 豊作貧乏（a＜b）

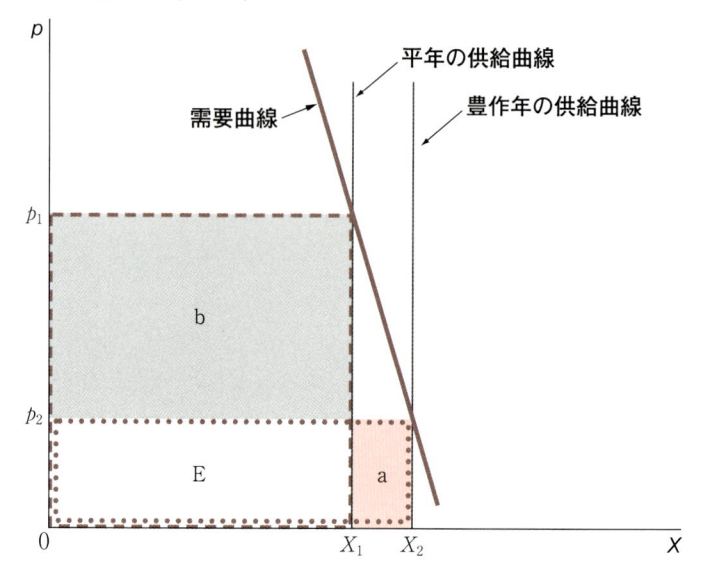

この図は，ある農家の収穫量の増加にともなう，収入の減少を示しています．まず，平年の生産量を X_1 とし，豊作年の生産量を X_2 とします．この結果，この農家の収入は茶色破線枠の長方形面積から茶点線枠の長方形面積まで，大きく減少しています．この現象を**豊作貧乏**と言います．なお，茶点線枠の長方形と茶色破線枠の長方形は白抜きの長方形 E を共有していますから，前者の面積から後者の面積を差し引くと a − b になります．図から明らかなようにこれは負です．

と大きいからです．このケースが，豊作貧乏と言われる状況です．

販売量規制

豊作になると農家は困るので，さまざまな対策を講じてきました．たとえば，ブラジルのコーヒー豆の生産量は，国際市場で非常に大きな割合を占めていますが，コーヒー豆が大豊作になり，そのすべてを国際市場に出荷するとコーヒー豆の国際価格が下がってしまいます．このため，かつてブラジルではコーヒー豆が大豊作だった時に，政府がコーヒー豆を買い上げて，国際市場には売ら

---
8) 豊作になったからといって，農家の収入が必ず減少するわけではありません．

ずに，大量に廃棄しました．コーヒー豆を道路にまいて捨てたり，舗装に使ったりしたので，街中にいい匂いがしたと言います．豊作貧乏にならないように，販売量を制限することによって人工的に供給曲線を左方にシフトさせて，価格の下落を防いだわけです．政府がこのような規制を行うことを，**販売量規制**と言います．

農産物の場合には，ある作物の作付けの段階から政府が生産量を規制する「生産量規制」に対して，収穫が終わって生産量が確定したあとで政府が販売量を制限することを「販売量規制」と言うわけです．

たとえば，図7-7では，販売量を X_2 から X_1 に少しだけ減らすと，価格は p_2 から p_1 に大きく上昇しますから，結局は総売上額（収入＝価格×販売量）が増加することになります．これは，茶点線枠の面積より茶色破線枠の面積のほうが大きいことから明らかです．このような場合には，販売量を制限することによって産業全体での売上高を増加させることができます．[9]

販売量規制の余剰分析

販売量規制による余剰の変化を分析しましょう．簡単化のために，これまでと同様に，農作物がすでに収穫されたあとの供給曲線を想定しましょう．その場合は供給曲線は右上がりにならず，収穫量までは横軸と一致し，収穫量に達すると垂直になります．収穫後の短期の限界費用は収穫量までは0だからです．

図7-8は，図7-7の需要・供給曲線をコピーした図です．販売量規制をしない時には価格 p_2 で X_2 の数量が取引されますから，図7-8のオレンジ実線枠と黒点線枠の台形の面積を合わせた面積（すなわち需要曲線と線分 $0X_2$ にはさまれる図形の面積）が総余剰です．しかし販売量が X_1 に制限された時には価格は p_1 となります．その際には，需要曲線と線分 $0X_1$ にはさまれるオレンジ色の面積が総余剰になります．[10] したがってこの販売量規制によって，黒点線枠の台形の面積だけの死重の損失が発生しています．販売量規制によって，

---

[9] ただし販売量を制限すると，どんな場合でも販売収入が上昇するわけではありません．価格の上昇割合よりも，それにともなう需要量の減少の割合のほうが小さい場合に図7-7のような現象か起きます．これを「需要の弾力性が1より低い」場合と言います．詳しくは，八田達夫『ミクロ経済学I』(2008年)，第5章を参照．

図 7-8 販売量規制

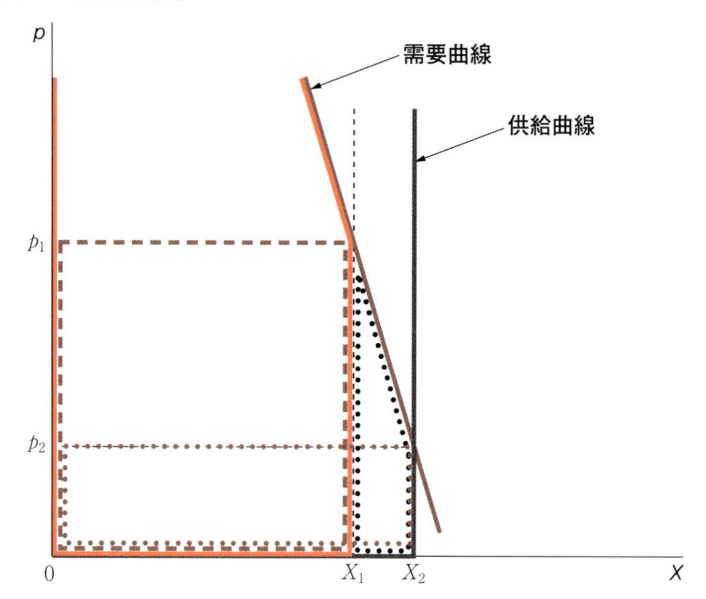

販売量規制は死重の損失を発生させます．まず，販売量規制をしない時には，価格 p_2 で X_2 が販売されますから総余剰はオレンジ実線枠の面積と黒点線枠の台形の面積の和です．一方，販売量が X_1 に制限されると，価格は p_1 となり，総余剰は黒点線枠の台形の面積だけ減少します．この黒点線枠の台形の面積が，規制が引き起こす死重の損失です．

価格が上がるために確かに生産者の収入は増加しますが，その収入の増加以上に消費者余剰が減少していることを，この死重の損失は示しています．

生産量規制

販売量規制をする時には，各供給者に販売量の縮小を，規制によって配分しなければなりません．一律に下げさせる場合もあるでしょうし，一定量を下げさせる場合もあるでしょう．さらには，過去の実績に基づいて下げさせる方法

---

10) なお，規制後の生産者余剰は茶色破線枠の長方形の面積であり，消費者余剰は価格線 p_1 と需要曲線にはさまれる面積です．

もあるでしょう．しかし，いずれにしても，図7-8で描かれているケースでは，限界費用が0ですから，生産者余剰の総計には影響を与えません．

しかし，各企業が異なった供給曲線を持っている状況で販売量規制ではなく**生産量規制**を行うとすると，どのように生産量削減を配分するかで，規制する総生産量が同じでも可変費用の総計は変わってきます．第4章「生産者余剰，可変費用，帰属所得」5節で扱ったと同様の問題が発生します．

実は，日本では米の生産調整を行っており，一定率の米の耕作面積の削減による他の農作物への転作を各農家に求めています．これによって，米価は上がっています．この場合，本節で分析したように価格の上昇によって消費者が購入できる量が減ることによって，消費者が得る消費者余剰が減少します．それに加えて，減産の割当てが一律であることが，無駄を発生させます．たとえば，土壌が湿潤で米の生産以外にあまり向いていない地方でも，他の農作物がいくらでも作れる九州のような地方でも，同率で米の減産（生産調整）が行われています．しかし，全体の生産量を減少させることの目的が価格の引き上げであるならば，九州では大幅に減産して他の農作物に転作し，米の生産以外に向かない地方では削減をせず，全体として現在と同量減産をしたほうが，国全体で生産費を大幅に減少させることができます．

4 価格規制

政府が一定水準より高い価格で取引することを禁じることがあります．これを**価格の上限規制**と言います．反対に，超過供給があるのに価格を一定水準以下に低くすることを禁じる場合もあります．これを**価格の下限規制**と言います．両方を合わせて**価格規制**と言います．

価格の下限規制の典型例は，「最低賃金制」です．これについては第12章「労働市場」5節で詳しく分析します．

政府による価格の上限規制の典型は，戦時中によく行われる**物価統制令**です．戦時中には労働者が戦場に行っていたり，軍需工場に配属されたりするため，多くの財の供給曲線が左方にシフトする結果，価格が高騰します．そのような

図 7-9 需要と供給の均衡

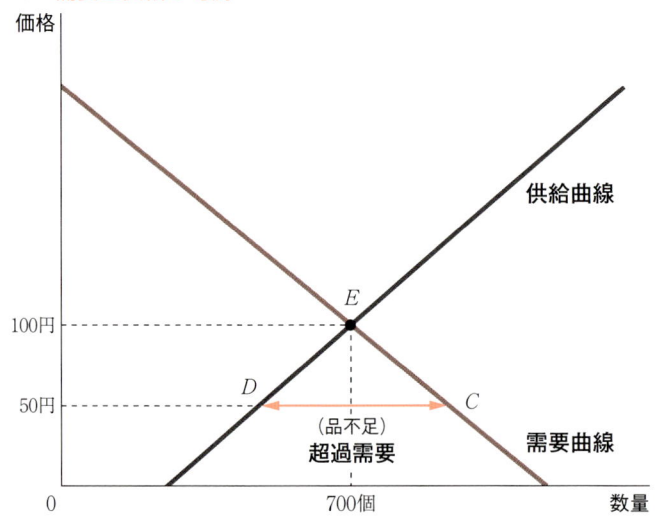

戦争などの要因で，品不足のため価格が高騰する時，政府は物価統制令を作り，価格の上限を設定します．この図で，たとえば上限価格を50円と規制した場合，超過需要 DC が発生します．これは，違法に高値取引をするヤミ市場を誘発する要因になります．

場合に政府が無理矢理価格の上限を設定するわけです．図7-9で言うと，たとえば50円のところに価格の上限を設定します．これ以上の価格で販売する店は罰せられます．この場合には当然，品不足が発生します．図7-9では線分 DC の長さの超過需要（品不足）が発生しています．

しかし，供給者が直接そのような買い手と接触できる場合には，値段は外から見えにくいですから，違法であることを承知で高値で売買されることがあります．これを**ヤミ市場**と言います．物価統制が行われている時には，必ずヤミ市場が発生します．権力者や大金持ちは，特に容易にこのヤミ市場で取引できるわけで，新たな不公平が発生します．日本でも戦時中の1939年（昭和14年）に物価統制令が施行され，ほとんどの物の値段が制約されました．戦争直後まで，ヤミ市場が横行し，早朝，米を千葉や埼玉の農家の人が背中に担いで東京に運搬する，いわゆるヤミ屋の姿が見られました．

価格の上限規制のもう1つの例として，やはり1939年に施行された地代・家

賃統制令があります．これは図 7-9 の場合と似た形で，家賃を均衡水準より低く抑制したため，借家の供給量を需要量より大幅に引き下げました．具体的には貸し家にしていた家を売ってしまう人が多くなり，貸し家の供給が大幅に減少したためです．地代・家賃統制令ができるまでは，継続的に借家契約が更新されるのが普通でしたが，統制令ができると，借家契約の終了時に大家は契約更新させず，借家人を追い出す事例が多発しました．そうして，貸し家の供給が減少し，借家不足が起きてしまいました．

5　裁定の余剰分析

2つの市場で同じ物が別の価格で売られている時，安いほうの市場で買って高いほうの市場で売ることを**裁定**と言いました．規制によってある財についての販売地域が指定され，地域間で価格が異なる時，地域間の取引を自由にする規制改革を行えば，裁定が起き，総余剰がそれぞれの地域で増大します．[11]

図 7-10 は，図 2-12 の桃市場の需要・供給曲線をコピーしたものです．この図のパネル A，B はそれぞれ，渋谷と原宿における桃の裁定前の需要・供給曲線を示しています．それぞれのパネルのオレンジ実線枠の三角形は，それぞれの地域における裁定前の均衡点 B_0 と H_0 とに対応した総余剰を示しています．

当初，両地域で桃の価格は異なっていますが，裁定の結果，渋谷から原宿に2000個の桃が売られ，両地域共通の価格が140円になります．この結果，渋谷の生産者余剰はパネル A の三角形③の面積からオレンジ格子の三角形（②＋③＋④）の面積まで増え，消費者余剰は三角形①＋②の面積からベージュの三角形①の面積まで減少します．裁定後の渋谷の総余剰は，これら二つの面積の合計です．したがって，裁定によって，渋谷の総余剰は，パネル A の黒点線

---

[11]　1990年代までは，大口の需要家のガス料金は地域間ごとに規制され大きく異なっていました．2000年代に入ってから，大口の需要家の料金は自由化されたために，他の地域からパイプラインでガスを購入して料金の格差が減少した地域もあります．
　　もう1つの例は，国際貿易に関税が課されている場合です．関税を撤廃するとそれぞれの国の総余剰が増大します．

コラム：借地借家法

　地代・家賃統制令が施行された1939年（昭和14年）以降は，契約期間が切れると同時に借家人の追い出しが大量に発生したため，大きな社会問題になりました．大量の追い出しが発生したのは，統制による家賃の抑制に対して，借家の供給量が非常に大きく変化したからです．

　その原因は，契約更新借家以外の目的での家屋の供給が可能で，しかもその市場での価格が高騰したためです．まず，家を借りる際に支払う敷金や礼金は統制されなかったので，家主は，契約期間が切れると同時に借家人を追い出して新たな借家人を入れ，高い礼金を取るということが行われました．また，家の売却価格は統制されなかったので，借家人を追い出して家を高い値段で売却するということも行われました．

　その結果，1941年（昭和16年）に借地借家法が改正されて，よほどの理由がないかぎり，契約期限が切れても借家人は出ていかなくてもすむということになりました．その一方で，地代・家賃統制令が借地借家法の改正と組み合わされた結果，家を貸す人が激減し，住宅難が起きました．この組み合わされた制度は，すでに借家に住んでいる人にとっては家賃を抑えてもらえてありがたかったのですが，家を探している人にとっては，借家が見つからなくなり不便な状況になりました．

　この法律のために，いずれは出ていく学生や若い夫婦のための小さなアパートを除いて，家主はファミリー向けの借家の供給を急に差し控えるようになりました．戦前，日本の世帯の8割が借家に住んでいたのに対して，現在ではその比率は3割程度に下がっています．それも，ほとんどが学生や，若い夫婦世帯で占められています．

枠の三角形④の面積だけ増加しています．

　同様に，裁定の結果，原宿の生産者余剰はパネルBのオレンジ格子の三角形の面積まで減少し，消費者余剰はベージュの三角形の面積まで増加します．したがって，原宿の総余剰も，パネルBの黒点線枠の三角形の面積だけ増加しています．

　つまり，裁定が起きた結果，両地域合わせた総余剰が2つのグレーの三角形を加え合わせただけ増え，効率化が達成されています．

図 7-10 裁定による余剰の増大

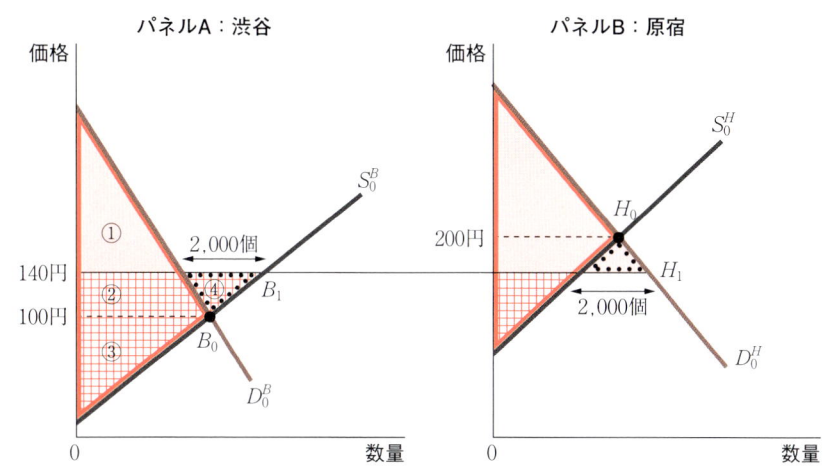

パネルA：渋谷 / **パネルB：原宿**

この図のパネルA，Bはそれぞれ，渋谷と原宿における桃の裁定前の需要・供給曲線を示しています．当初の桃の価格は，渋谷で100円，原宿で200円です．それぞれの地域の総余剰は両パネルのオレンジ実線枠の三角形の面積です．**裁定**（安いほうの市場で買って高いほうの市場で売ること）の結果，両市場の価格は140円で等しくなります．図は，この時に渋谷から原宿に2000個の桃が売られることを示しています．この結果，渋谷の生産者余剰は，パネルAのオレンジ格子の三角形の面積まで増え，消費者余剰はベージュの三角形の面積まで減少し，総余剰は，黒点線枠の三角形の面積だけ増大します．同様に，原宿の総余剰も，パネルBの黒点線枠の三角形の面積だけ増大します．

ただし，図7-10を見ればわかるように，裁定の結果すべての人びとが得をしたわけではありません．渋谷の消費者は価格が高くなったために消費者余剰の一部を失い，原宿の生産者は価格が低くなったために生産者余剰の一部を失っています．しかし，総余剰が増加しているということは，それらの損失を補って余りあるほど渋谷の売り手と原宿の買い手が得をしていることを示しています．

具体的には，渋谷の生産者の得は，渋谷の消費者の損失額を図7-10パネルAの黒点線枠の三角形の面積だけ超えています．[12] 一方，原宿では裁定によって生産者余剰が減少していますが，消費者余剰の増加がちょうどパネルBの黒点線枠の三角形の面積だけ増加していることがわかります．

6 まとめ

1. 本章では，物品税，補助金，販売量規制，価格規制など，政府によるさまざまな市場介入を論じました．最後に，裁定の効果を論じましたが，これは異なる市場の取引を禁じているような規制がある場合には，その規制を取り除くと経済全体に大きな利益があることを示しています．

2. 物品税を供給者側に課すと，供給者側にはあたかも自分の限界費用曲線が上方にシフトしたように感じられます．この結果，均衡においては，市場価格が上昇し，均衡生産量が減少します．これは，図7-3で指摘したように，死重の損失を発生させます．

3. 一方，物品の販売に対して補助金を与えると，企業にとってはあたかも限界費用が下がったように感じられますから，供給曲線は下方にシフトします．その結果，新しい市場均衡では，均衡する生産量が増加し，均衡価格が低下するという事態が発生します．この場合も死重の損失が発生します．

4. 政府が主導して市場の供給量を引き下げると，価格が上がり，生産者が得をする結果になることがありますが，総余剰は必ず減少し，死重の損失が発生します．

5. 価格規制を均衡価格を下回る水準で行うと，超過需要（品不足）が発生し，そこからヤミ市場などが出現することになります．

6. 2地域の価格が異なっている時，裁定によってどちらの地域でも余剰が増大します．逆に，両地域間の自由な取引を妨げる規制がある場合には，それを取り除くことによって，どちらの地域も得をします．

---

12) パネルAに，裁定前の消費者余剰と生産者余剰を図示し，裁定後のそれらと比べると明らかです．またパネルBについても同様です．

キーワード

一般消費税　　物品税　　従量税　　従価税　　税込みの限界費用　　総余剰
死重の損失　　政府余剰　　補助金込みの限界費用　　買い手価格　　売り手価格
豊作貧乏　　販売量規制　　生産量規制　　価格の上限規制　　価格の下限規制
価格規制　　物価統制令　　ヤミ市場　　裁定　　借地借家法

8章

外部不経済

　本章から11章では，市場の失敗について分析します．まず本章では，公害対策について説明します．河川沿いの2企業のうち，上流に立地する企業が河川に廃液を垂れ流して，下流に立地する企業に迷惑をかけているとしましょう．この場合に，上流企業に好きなだけ廃液を垂れ流させるべきでしょうか．それとも上流企業による廃液排出はいっさい禁止するべきでしょうか．あるいは，その中間の適正な排出量というものがあるのでしょうか．もしあるのならば，それを達成させるためには，政府はどうすればよいのでしょうか．本章では，これらの問題に対して答えます．そのために，まず自由放任のもとでこの2企業間の資源配分がどうなるかを分析し，次にそれを最適な資源配分と比較しましょう．

1　自由放任の非効率性

　公害の例として，河川沿いの2企業のうち，上流に立地する企業が河川に廃液を垂れ流している場合を考えます．下流企業は，河川から大量に水を取って，浄化して冷却水として使用しています．浄化費用は河川の汚染度に比例して高くなるため，上流企業が河川を汚染するほど下流企業にとって迷惑になるとします．

8章 外部不経済

図 8-1 自由放任のもとでの生産量

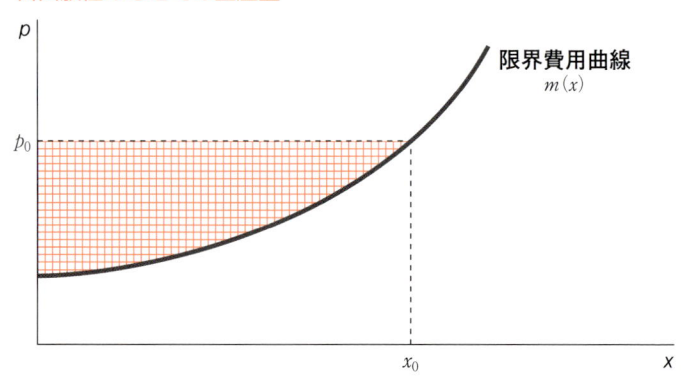

公害を排出する上流企業は，**自由放任**のもとでは，限界費用 $m(x)$ が市場価格 p_0 と等しくなる生産量 x_0 で，生産者余剰を最大化し，生産します．その際この企業が得る生産者余剰が，オレンジ格子三角形の面積で表されています．

　上流企業と下流企業は，両方とも完全競争的な企業であるとします．すなわち，この流域以外の地域にも，これらの財を生産している企業は多数あると想定します．このため 2 企業は，価格を所与として受け入れます．

　まず，上流企業の利潤最大化行動を分析しましょう．上流企業の限界費用曲線が，図 8-1 に描かれています．生産量が x の時の，この企業の限界費用を $m(x)$ で表しましょう．限界費用曲線は，関数 $m(x)$ のグラフです．

　一方，上流企業が直面している価格が p_0 である場合，この企業が直面する需要曲線は価格線 p_0 です．価格 p_0 では，この価格線と限界費用曲線が交わる生産量で，**自由放任**のもとでの上流企業の利潤が最大化します．この生産量を x_0 とすると，生産量 x_0 における限界費用 $m(x_0)$ は，p_0 の水準です．したがって，次が成り立ちます．

$$p_0 = m(x_0) \tag{8.1}$$

図のオレンジ格子三角形の面積が，上流企業の最大化した生産者余剰です．

浄化費用

　問題は，上流企業が廃液を垂れ流していることです（ここで，上流企業による汚染を発生源で減少させるのは技術的に不可能だとします）．下流企業は，

上流企業が汚染した水を浄化してから使わなければなりません．さらに，下流企業が負担する**浄化費用**は，①上流企業の生産量が増えるほど増加するが，②下流企業の生産量には依存しない，[1]と想定します．したがって，下流企業が負担する浄化費用は，上流企業の生産量xのみの関数です．この関数を$E(x)$と書きましょう．ここには，下流企業の生産量は，変数として入りません．したがってこの浄化費用は，「下流企業の生産量に関係なく」決まっているという意味で，下流企業にとって固定費用です．

社会的費用と社会的限界費用

ある企業が生産することによって，他の企業の費用を直接（すなわち価格の変化を通じてではなく）増加させることを，**外部不経済**を発生させている，と言います．[2] この企業は公害を発生させているわけです．公害発生企業が他の企業に負担させる費用を，公害発生企業の**外部費用**と言います．上流企業と下流企業の例では，下流企業が負担する浄化費用が上流企業の外部費用です．

さらに，公害発生企業が生産を行うことによって自社を含む企業のすべてに発生させる費用の総計を，この企業の**社会的費用**と言います．これは，公害発生企業が生産を行うことによって，社会的観点から見て発生させている費用の総計という意味です．[3] 公害発生企業が生産することによって自社が負担する費用は可変費用です．一方，他の企業に負わせる費用は外部費用です．したがって，次が成り立ちます．

$$\text{社会的費用} = \text{可変費用} + \text{外部費用} \tag{8.2}$$

上流の公害発生企業による1単位の増産がもたらす社会的費用の増大をこの企業の**社会的限界費用**，他企業が負担する費用の増加を**外部限界費用**と言います．この企業自身の可変費用の増加はもちろん限界費用です（なお，社会的限界費用と区別する目的で，普通の限界費用のことを**私的限界費用**と言う場合

---

[1] 下流企業は，その生産量に関係なく大量の冷却水を必要とするからです．
[2] 厳密に言うと，外部不経済とは，ある経済主体の行動が他の経済主体の費用に価格を通さずに悪影響を及ぼすことです．
[3] これは，生産量が0の場合と現在の生産量のもとでの費用の差です．したがって，正確には，社会的可変費用と言うべきでしょう．固定費用は含まれません．

図 8-2 上流企業の社会的限界費用曲線

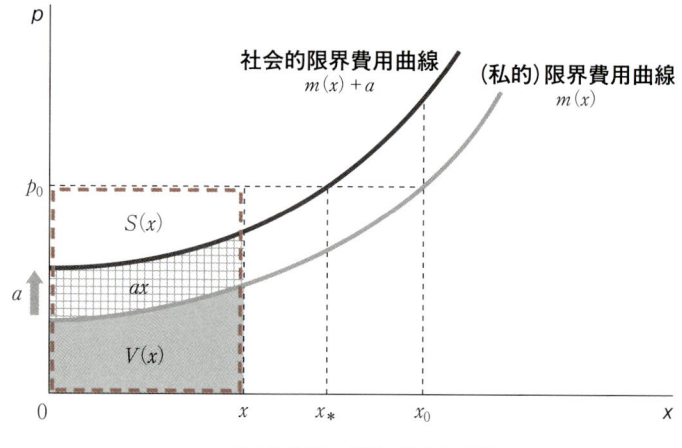

社会的余剰＝便益－社会的費用
$$S(x) = p_0 x - [V(x) + ax]$$

廃液を垂れ流す上流企業が1単位増産するごとに，下流企業に**浄化費用**a円の負担を強いるとしましょう．この状況における，上流企業の**社会的限界費用曲線**は，薄いグレーの限界費用曲線 $m(x)$ を**外部限界費用**（a円）分だけ上方にシフトさせた濃いグレーの曲線 $m(x) + a$ です．

この場合，上流企業の生産量が x の時に生じる**社会的余剰**は，白抜きの$S(x)$です．これは，茶色破線枠の長方形の面積である便益から，濃いグレーの社会的限界費用曲線の下側の面積である**社会的費用**を差し引いたものです．

もあります）．したがって，(8.2) 式から次が成り立ちます．

社会的限界費用＝限界費用＋外部限界費用 (8.3)

上流企業が1単位増産するごとに，下流企業が負担する浄化費用が a 円増加するとしましょう．この時，上流企業が発生させる外部限界費用は a 円です．限界費用は $m(x)$ 円とすると，上流企業の社会的限界費用は，(8.3) 式から

社会的限界費用$= m(x) + a$ (8.4)

と書けます．

図8-2には，薄いグレーの限界費用曲線を (8.4) 式右辺の a 円分上方にシフトした濃いグレーの曲線が描かれています．この曲線は，各生産量に対応した社会的限界費用を示しています．この曲線を**社会的限界費用曲線**と言います．

この曲線を用いて，社会的費用を図示できます．上流企業が1単位増産する

ごとに，下流企業が負担する浄化費用が a 円増加するという設定のもとでは，上流企業の生産量が x の時，下流企業が負担する浄化費用は ax です．したがって，

　　　生産量が x の上流企業が発生させる外部費用 $= ax$

が成り立ちます．これは，図 8-2 のグレー格子の部分の面積が図示しています．一方，生産量 x のもとでの上流企業の可変費用は，グレーの部分の面積が表しています．上流企業の社会的費用は，(8.2) 式から，これら2つの面積の和です．したがって，次が成り立ちます．

　　　図 8-2 で上流企業の生産量 x の時の社会的費用は，濃いグレーの社会的限界費用曲線の下側の面積である．　　　　　　　　　　　　(8.5)

社会的余剰と社会的限界費用曲線

　ある企業の生産が発生させる**社会的余剰**は，その企業の生産量が生み出す便益からその企業が発生させている社会的費用を差し引いたものです．すなわち，

　　　社会的余剰＝便益－社会的費用　　　　　　　　　　　　　　(8.6)

です．

　右辺の便益は，需要曲線の下側の面積です．図 8-2 の場合には，この企業が直面している需要曲線が水平なので，生産量が x の時には，

　　　便益 $= p_0 x$　　　　　　　　　　　　　　　　　　　　　　　(8.7)

です．上流企業の需要曲線が水平だということは，上流企業はこの産業の無数の企業の1つにすぎないことを示しています．したがって，この企業の生産量の変化はいっさい価格に影響を与えません（図 2-10 を参照）．つまり，この企業の生産量変化の範囲では，図 8-2 の p_0 における価格線がこの財の消費がもたらす限界便益を示しています．[4]

---

[4] この企業の生産量の 0 から x への増加によって，数多くの消費者がほんのわずかずつ消費を増やすので限界便益は増えません．それぞれの消費者は，購入量の増加によって便益は増やしますが，この消費量増加の範囲では，限界便益の水準は価格に等しいままなので消費者余剰は増えません．

　一方，図 8-2 では，上流企業自身の限界費用が価格を下まわる状況で生産量が増えているので，生産者余剰が発生しています．

168　8章　外部不経済

図 8-3　上流企業の社会的余剰を最大化する生産量

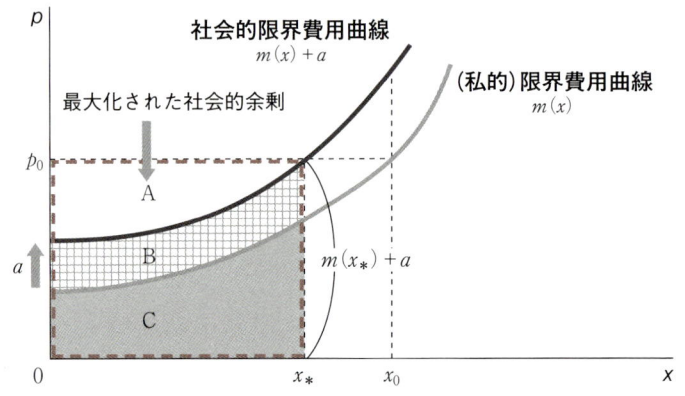

図8-2の社会的余剰 $S(x)$ を最大化する生産量は x_* です．図8-3の白抜き部分の面積Aは**最大化された社会的余剰** $S(x_*)$ です．一方，自由放任のもとでは，上流企業は自社の生産者余剰を最大化させる x_0 まで生産を行います．これは，社会的に最適な水準の公害を発生させる生産量 x_* を超えています．

生産量 x の時の社会的余剰を $S(x)$ と書き，(8.7) 式を用いて，(8.6) 式を書き直すと，

$$S(x) = p_0 x - 生産量 x における社会的費用$$

が成り立ちます．この式の右辺第1項は，図8-2の茶点破線の長方形の面積で，第2項は，(8.5) から社会的限界費用曲線（濃いグレー線）の下側の面積です．社会的余剰は，この2つの面積の差ですから，次が得られます．

> 図8-2で生産量が x の時の社会的余剰 $S(x)$ は，濃いグレー線と価格線 p_0 とにはさまれた白抜き図形の面積である．[5]

社会的余剰の最大化

図8-2および図8-3の x_* は，社会的限界費用曲線と価格線 p_0 との交点の生産量です．すなわち x_* では，

---

[5]　もう1つの考え方は，次のとおりです．上流企業は，企業自体としては，生産者余剰を図8-2の $S(x) + ax$ だけ得ていますが，下流企業の生産者余剰を浄化費用 ax の分だけ低下させています．したがって，これらの差である $S(x)$ が，上流企業の社会的余剰，すなわち上流企業が流域全体に発生させた余剰になります．

$$p_0 = m(x_*) + a \tag{8.8}$$

が成り立ちます．

　図 8-2 で生産量 x を少し増やせば，図形 $S(x)$ の面積が増えるのは明らかです．生産量をさらに図の x_* まで増やした時の社会的余剰 $S(x_*)$ は，価格線 p_0 と濃いグレー線とに囲まれた図形の面積です．これは，図 8-3 の A に描かれています．すなわち，

$$S(x_*) = A \tag{8.9}$$

となります．

　一方，生産量を x_* よりさらに増やすと限界費用のほうが限界便益より大きいので $S(x)$ は減少します．

　したがって，x_* 以外の各点では，死重の損失が発生していますので，次のように言えます．

> 上流企業の生産が生む社会的余剰を最大化する生産量は，社会的限界費用曲線と価格線の交わる生産量 x_* であり，次が成り立つ．
>
> 　　最大化された社会的余剰＝A　　　　　　　　　　　　　(8.10)

　なお，社会的余剰を最大化する上流企業の生産量は 0 でないことに注目しましょう．これは，社会全体の観点からは，公害を引き起こす企業の生産量を 0 にすることが必ずしも望ましいわけではないことを示しています．公害は適切な水準まで引き下げるべきです．

自由放任の非効率性

　いよいよ，次に自由放任のもとで外部不経済が生み出す非効率を分析しましょう．

　図 8-1 において，上流企業の自由放任のもとでの生産量は x_0 と定義されました（この生産量で私的限界費用曲線 $m(x)$ と価格線 p_0 が交わっています）．図 8-3 から明らかなように，x_0 は社会的に見て最適な水準の公害を発生させる生産量 x_* を超えています．つまり

> 自由放任のもとでは，外部不経済を発生させている企業は，効率的水準よりも過大な生産を行っている．　　　　　　　　　　　　(8.11)

　ここで，自由放任のもとで上流企業が生み出す社会的余剰 $S(x_0)$ を図 8-3 を

コピーした図 8-4 を用いて図示しましょう．図 8-4 の生産量 x_0 における社会的余剰は，便益を表す茶色破線枠の長方形の面積から，可変費用であるグレー図形の面積と外部費用であるグレー格子の帯状枠図形の面積とを差し引いたものです．これは，共通部分（B＋C＋E＋F）を取り去ると，面積 A から面積 D を差し引いたものになります．[6] すなわち，

$$S(x_0) = A - D$$

です．

ところで，(8.10) 式とこの式は，上流企業の社会的余剰が，自由放任のもとでは，最大達成可能量 A より D だけ少なくなることを示しています．最大達成可能な社会的余剰と現実に発生している社会的余剰の差を**死重の損失**と言いました．したがって，

自由放任のもとでは，外部不経済を発生させている企業が生み出す死重の損失は D である．

限 界 分 析

社会的余剰を最大化する生産量が，(8.8) 式で定義された x_* であることと，自由放任のもとでの生産量 x_0 は非効率的であることとは，限界分析によっても示すことができます．

上流の公害発生企業による 1 単位の増産がもたらす社会的余剰の増大を**社会的限界余剰**と言います．(8.6) 式から

社会的限界余剰＝限界便益－社会的限界費用

が成り立ちます．図 8-2 の場合には，この企業が直面している需要曲線が水平なので，**この企業の生産量にかかわらず，消費者の限界便益は市場価格 p_0 に等しくなります．**したがって，上式は次のように書き直せます．

　　　社会的限界余剰＝p_0－社会的限界費用　　　　　　　　　　(8.12)

図 8-2 で生産量が x の時，社会的限界費用は濃いグレー線の高さですから，

---

[6] 別の言い方をすれば，社会的余剰は，収入（茶色破線で囲まれた長方形の面積）から，社会的費用（社会的限界費用曲線の下側の面積）を差し引いたものです．重なり合っているところを取り除くと社会的余剰は A－D になります．

1 自由放任の非効率性

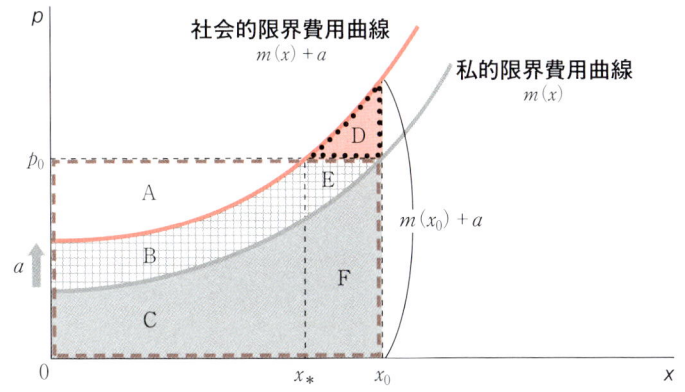

図 8-4　自由放任のもとの死重の損失およびピグー税

上流企業の**自由放任のもとでの生産量**x_0における社会的余剰は，三角形Aの面積からDの面積を差し引いたものです．したがって，Dが**死重の損失**を表しています．しかし，上流企業に**外部限界費用**a円に等しい税金（**ピグー税**）を課すと，私的限界費用曲線（供給曲線）がa円分上方にシフトし，企業の最適生産量が社会的に最適な生産量x_*に一致します．この時の**社会的余剰**はAです．

社会的限界余剰は，生産量xにおける価格線p_0と濃いグレー線の高さの差です．生産量がxの時，p_0のほうが社会的限界費用を上回りますから，社会的限界余剰は正です．図が示すように，社会的限界余剰が正である場合には，上流企業の増産によって，社会的余剰が増加します．同様に，社会的限界余剰が負ならば，減産によって社会的余剰が増加します．

結局，社会的限界余剰が0でないかぎり，増産か減産かによって社会的余剰は増加します．すなわち，社会的余剰が最大になるのは

　　　社会的限界余剰＝0

の時です．(8.12) 式から，この時

　　　p_0＝社会的限界費用

が成り立ちます．これからも (8.8) 式が得られます．

なお，図8-4から明らかなように，上流企業の自由放任のもとでの生産量x_0では社会的限界費用$m(x_0)+a$のほうがp_0より高いので，社会的限界余剰は負です．[7] したがって減産によって社会的余剰は増大します．これは次のように言い換えられます．

上流企業の生産が外部不経済を発生させている時には，自由放任のもとでの生産量 x_0 は社会的余剰を最大化しない．生産量 x_0 のもとでは，社会的限界費用 $m(x_0)+a$ が価格 p_0 を上回っているためである．

2 ピ グ ー 税

上流企業が外部不経済を発生させている図 8-4 のケースでは，政府が上流企業に自由放任のもとで生産量 x_0 から減産させて，x_* で生産させることができれば，社会的余剰を最大化できます．では政府はどうすれば上流企業が x_* まで減産するように誘導できるのでしょうか．

それは，公害発生企業に対して**ピグー税**を課すことによって達成できます．ピグー税とは，「公害発生企業の生産に対して外部限界費用に等しい税率の税金を課す」ものです．[8]

図 8-4 で上流企業が x_* を生産している場合には，価格 p_0 のほうが上流企業の私的限界費用 $m(x_*)$ を上回っているため，増産によって利潤が増加します．上流企業の経営者の立場からすると，生産を x_* にとどめる理由がありません．

x_* を上回って生産をさせないためには，上流企業に社会的費用を自社のコストとして認識させる必要があります．その方法の 1 つは，1 単位増産するごとに，外部限界費用 a 円に等しい税金を課すことです．これがピグー税です．この課税によって，上流企業が直面する私的限界費用が税金分だけ上昇するため，私的限界費用曲線が，ちょうど社会的限界費用曲線に等しくなります．その結果，社会的限界費用と価格が等しい生産水準 x_* で生産が行われることになります（その状況での外部費用は図 8-3 のグレー格子の図形 B で，可変費用は図 8-3 のグレー図形 C の面積で示されています）．

ピグー税は，課税によって，この企業が直面する税込みの私的限界費用を社

---

[7] これは，図を使わずに説明できます．上流企業が x_0 を生産している時には，上流企業の社会的限界費用は $m(x_0)+a$ です．(8.1) 式から，これは p_0+a と等しいことがわかります．したがって，(8.12) 式から社会的限界余剰は $-a$ です．

[8] ピグー（Arthur C. Pigou）は 20 世紀初めのケンブリッジ大学の大経済学者です．

会的限界費用に等しくし，最適な生産量になるように誘導します．ピグー税が課された場合の上流企業の生産量は x_* になります．したがって (8.10) 式より，

$$\text{ピグー税のもとでの社会的余剰} = A \tag{8.13}$$

が成り立ちます．これは，(8.10) 式から，この企業が生み出しうる最大の社会的余剰です．すなわち，ピグー税は社会的余剰を最大化します．言い換えると，ピグー税は，自由放任のもとで発生する死重の損失（図8-4のD）を除去します．

> 市場の失敗がない場合には，物品税は死重の損失をともなって税収を生み出す．しかし，外部不経済がある場合には，ピグー税は当初に存在した死重の損失を除去して，税収を生み出します．ピグー税は理想的な税である．

最後に，ピグー税のもとで達成される社会的余剰Aが各経済主体にどう配分されるかを図8-4によって見てみましょう．ピグー税のもとでは，

政府の税収：B

一方，上流企業の生産の結果，下流企業は同額の浄化費用を負担しますから，費用がBだけ増加します．その分利潤が下がるのですから，次が成り立ちます．

下流企業の余剰増加：$-B$

ところで，上流企業の生産者余剰は，生産量が x_* の時の収入 $A+B+C$ から税額と可変費用の和，$B+C$ を引いたものです．つまり

上流企業の生産者余剰：A

です．これで，3つの経済主体（上流企業，下流企業，政府）の余剰がわかりました．以上を合計するとAとなり，(8.13) 式で求めた総余剰Aと整合的です．

税収をどう使うか

ここで注目すべき点は，ピグー税のもとでも，下流企業は浄化費用をまだ図8-4のB分だけ負担していることです．社会的余剰を最大にする上流企業の生産量 x_* は0ではないためです．この結果，下流企業の浄化費用負担は，ピグー税の課税前と比べて図8-4のD+E分だけ減少したとはいえ，負担は残されています．

下流企業の負担が残っている以上，ピグー税による政府税収から，下流企業に補助金を与えるということが考えられます．しかし，この場合余剰は変化しません．すなわち，効率上の観点からは，税収を下流企業に与えても与えなくても，差はありません．

上流企業にピグー税を課すと，上流企業が減産をするため，効率が改善されます．一方，下流企業は，浄化費用を税金で補償してもらおうともらうまいと，生産量を変えません．下流企業は自らの直面している価格と限界費用が等しくなるように生産量を決めますが，補償はそのどちらにも影響を与えないからです．したがって，下流企業の損害を補償するかどうかは，効率上の差を引き起こしません．[9] 補償は，下流企業の利潤を増やすことを通じて，純粋に所得分配を変える効果だけを持っています．

実は，ピグー税からの税収には，総余剰を変化させずに効率性を阻害しないさまざまな使い方が考えられます．まず，**既得権尊重のルール**です．たとえば，昔から下流企業が営業している河川の上流で，最近水を汚染する企業が操業を開始したとしましょう．このような状況では，「上流企業から徴収したピグー税からの税収は，被害者である下流企業にわたすべきじゃないか」と考えられる場合があるでしょう．しかし逆に，昔から上流企業が営業している河川の下流に，ある企業が最近営業を始めたとしましょう．「上流企業のほうが50年も以前から操業しており，最近営業を始めたばかりの下流企業に対して補助金を与える必要はない」と考えられる場合もあるでしょう．また，最初から「ピグー税からの税収は，既存企業の損害補償の財源にはあてるが，公害発生企業より後に営業を始めた企業には補償はしない」という制度にすることも考えられます．以上のルールはどれも既得権尊重のルールです．

さらに，どちらが先に操業を開始したかに関係のないルールを考えることもできます．たとえば，「ピグー税からの税収は，すべて一般財源として使うことにする」という制度にすることも考えられます．ピグー税の導入以前には被

---

[9] ここでの設定では，ピグー税による税収は浄化費用に等しく，浄化費用の額は，河川の汚染度のみに依存していますから，税金による補償額は，上流企業の生産量にのみ依存しています．

害企業はもともと補償されていません．ピグー税の導入は，それだけでも被害企業の被害を少なくしますから，それほど不自然な解決策ではありません．すなわち，被害企業にはいっさい補償をしないことを最初から原則とすることも可能です．そういう原則がある場合には，流域にまだ他企業が立地していない時に下流に立地を決める企業は，将来は何らかの企業が上流に立地して水を汚染する可能性を覚悟して立地を決めることになります．汚染の可能性の分だけ下流の地価が安くなる場合もあるでしょう．

3　個人と外部不経済

　前節では，企業が引き起こす外部不経済を分析しました．しかし，外部不経済はより一般的にも成立します．

　これまでは，2企業間で起きる外部不経済を考えてきました．しかし実際には，被害者あるいは加害者が個人である場合もあります．水の例で言えば，下流に住んでいる人にとって汚れた水は明らかに迷惑です．空気を汚す自動車公害も，工場による煤煙も，さらには地球温暖化を引き起こすCO_2（二酸化炭素）の排出も，個人の効用水準を下げます．これらは被害者が個人である外部不経済です．

　また，外部不経済は個人間でも起こりえます．たとえば，真夜中にピアノを弾きまくる人は，周辺の他人に外部不経済を引き起こしています．

　被害者が個人である時の外部不経済費用は，「被害者の効用水準を外部不経済が発生する前の水準に戻すことができる補償額」で測ります．

　被害者が企業であるか個人であるかを問わずに，外部不経済を定義できます．

　すなわち，ある経済主体の行為が市場を通さずに他の経済主体の効用を下げたり費用を上げたりしている時，その行為は外部不経済を引き起こしていると言います．

　ところで，犯罪も，外部不経済を与える行為だとみなすことができます．ある人に傷害を与えるということは，受けるほうにとっては望ましくない行為を，市場を通さずに与えることです．罰金や刑罰は，そのような行動を抑制するた

めのピグー税であると考えることもできます．通常，外部効果やピグー税は，経済取引について言いますが，このように，より広いものとして捉えることもできます．

4　地球温暖化対策

地球温暖化防止のために二酸化炭素（CO_2）などの温室効果ガスの排出量を抑制することの重要性が認識されるようになりました．

日本全体の二酸化炭素排出量抑制には，CO_2の排出に対してピグー税を課すことが有効です．CO_2の排出に対して課税するピグー税を**炭素税**と言います．

原子力発電と再生可能エネルギーへの補助金はいらない

しかし日本では，温暖化対策として，原子力発電や再生可能エネルギー等，炭素をまったく排出しない電源——**ゼロエミッション電源**——に補助を与えてきました．

まず原子力発電に対して，電源開発促進税を財源とする地元対策費などを支払って優遇してきました．政府が原子力発電を補助する公式の理由は，「原子力発電は，CO_2を排出しないので地球温暖化対策として有効だから」というものです．[10]

さらに太陽光発電や風力発電等の再生可能エネルギーに対しても補助金が与

---

[10] もう1つの公式理由は，石油輸出国が輸出禁止をすれば，エネルギー安全保障の観点から困るというものです．しかしそのような事態に備えるのに最も有効な手段は，石油の備蓄です．原子力発電で発電だけはできても，石油自体がなくなれば，自動車交通も工場もストップしてしまうからです．原子力発電に，電力会社がこだわる本音の理由は，原子力発電の専門教育を受けた数多くの人たちが，電力会社にも，発電メーカーにも，大学にもおり，原子力発電が行われなくなれば，これらの人たちが職を失うからだと言えるでしょう．こういう疑いを晴らすのに有効な手段は，日本の原子力政策を決める最高機関の委員たちから，原子力発電に既得権を持つ人たち（とりわけ大学の原子力発電専門家）を取り除き，真の意味で中立的な委員たちが，専門家の意見を十分に聞いて原子力発電への補助政策を決めることです．

えられてきました．2012年からは，新規に再生可能エネルギーを用いて発電する企業から電力を42円/kWhで買い取ることを，電力会社に義務づけ，そのコストを通常の電気料金に上乗せして回収させる固定価格買い取り制度というスキームも始めました．[11]

これらのゼロエミッション電源に対する補助金は，化石燃料を非化石燃料に比べて一律に不利にしますが，炭素税に比べて効率的な温暖化対策ではありません．

第1に，エネルギーは，発電だけでなく，産業や輸送にも用いられます．それらすべてのエネルギー消費におけるCO_2の排出量を抑制する政策手段を用いることによって，初めて全体として効率的な排出抑制ができます．事実，発電に使われる石油は，日本の輸入量の1割未満です．したがって，日本の発電を全部原子力でまかなっても，せいぜい日本の石油輸入量の1割ぐらいしか削減できません．残りの9割は，自動車輸送とか産業用に使われています．そこに手をつけず，発電だけを石油から原子力に換えても，地球環境保全にとってはあまり有効ではありません．

それに対して，炭素税は，発電用だけでなく産業用や輸送用のエネルギー消費におけるCO_2排出量の抑制にも効力を発揮します．

第2に，天然ガスのCO_2排出量は石炭の半分，石油の4分の3ですから，石炭・石油から天然ガスへの燃料転換がCO_2の排出抑制にきわめて有効ですが，再生可能エネルギーや原子力発電だけへの補助金は，この燃料転換を促しません．

それに対して，炭素税は，天然ガスに比べて石炭や石油をより不利にしますから，天然ガスへの燃料転換を促進します．

第3に，再生可能エネルギーや原子力発電への補助金政策は，火力発電の技術開発の促進には役立ちません．日本では，電源の構成比の40％が天然ガスですし，25％は石炭ですから，天然ガス発電の効率化を促す技術開発や石炭のガス化技術の促進は，CO_2の発生を大規模に削減するうえできわめて有効な手段

---

11) 固定価格買い取り制度の問題点については，八田達夫『電力システム改革をどう進めるか』（日本経済新聞出版社，2012年），pp.165-166を参照．

です．一方，たとえば構成比が0.25％である太陽光発電に対する補助金政策はそのような規模での削減をもたらすとは考えられません．

それに対して炭素税は，火力発電の研究開発（R&D）の促進にインセンティブを与えます．CO_2を排出する電源全部に税金が課されることになると，CO_2を排出しないような技術を開発しようと企業や発明家は一生懸命になります．そうした技術進歩により，予想もしていなかった形で，CO_2排出量がコントロールできるようになるでしょう．

国内でできる地球温暖化対策の基本は炭素税

以上で見たように，炭素税は，ゼロエミッション電源への補助金が持つ上記の3つの非効率性をすべて解消します．適正な炭素税を課すことができるならば，ゼロエミッション電源への補助は一切すべきではありません．こうした補助金はまったくの無駄です．[12] 地球温暖化対策の根幹は，原子力発電や再生可能エネルギーへの補助ではなく，国際水準の炭素税を設定することです．

炭素税は，石炭や石油の利用を不利にする一方で，石油に比べて二酸化炭素（CO_2）の排出量の少ない天然ガス，風力発電，原子力発電の利用を優遇しますが，優遇の結果，原子力発電を選択するのか，[13] あるいは天然ガスへの転換を選択するのかは，経営者の判断にゆだねればよい問題です．

エネルギー源選択に関する政府の役割は，炭素税の税率を正しく設定することです．炭素税のもとでは，経営者にCO_2排出削減のためのさまざまな工夫をしようというインセンティブが生まれます．実際にどのエネルギー源を選んで日本全体のCO_2排出量の削減に寄与貢献するかは，経営者が決めるべきです．自社のコスト構造全体を把握している経営者に任せたほうが，国が特定の電源を恣意的に選択して補助するより低いコストでのCO_2排出量の削減が可能になります．これがピグー税の考え方です．

---

[12] それにもかかわらず，政治や行政がピグー税を嫌い，特定産業への補助金を好む理由については，八田，前掲書，（2012），pp.191-194を参照．

[13] 原子力発電自体も外部不経済を発生させます．事故による汚染や使用済み燃料が公害をもたらしうることです．原発公害に対してもピグー税が必要です．これについては八田，前掲書，（2012），pp.160-174を参照．

図 8-5　GDP10億ドル当たりの年間 CO_2 排出量（2008年度）

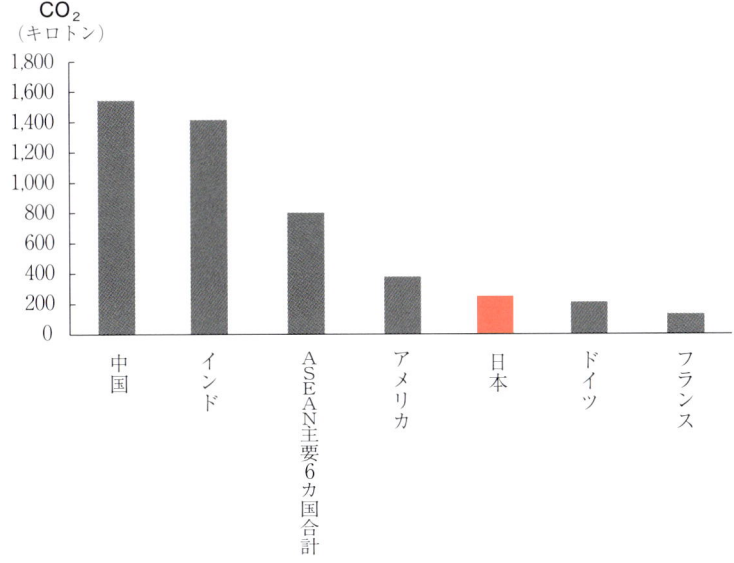

（注）ASEAN 主要6カ国とは，（インドネシア，フィリピン，ベトナム，シンガポール，マレーシア，タイ）．

炭 素 税 率

　図8-5が示すように，日本は既に国際的に見ても CO_2 排出の対 GDP 比では優等生の仲間入りをしています．日本は今まで原子力産業への利益誘導という目的もあって，[14] 国際的に非常に厳しい CO_2 の追加削減をコミットしてきました．そのような背景に無頓着な鳩山由紀夫元首相は，1990年比25％削減という無謀な目標を掲げましたが，この目標はただちに廃止して，炭素税の税率を国際水準に引き上げる工程表を明らかにすべきです．

　2012年10月にわが国でも炭素税（地球温暖化対策のための税）が初めて導入されました．この税の税率をこれから引き上げていくべきです．

---

[14]　なお，2002年5月中旬，当時の東京電力会長平岩外四氏が原子力発電の推進のために海部俊樹元首相に京都議定書の批准を働きかけたという指摘が，元朝日新聞記者によってなされています．志村嘉一郎『東電帝国――その失敗の本質』（文藝春秋，2011年），pp.123-125を参照．

図 8-6 CO₂排出量 1 トン当たりのエネルギー課税税率

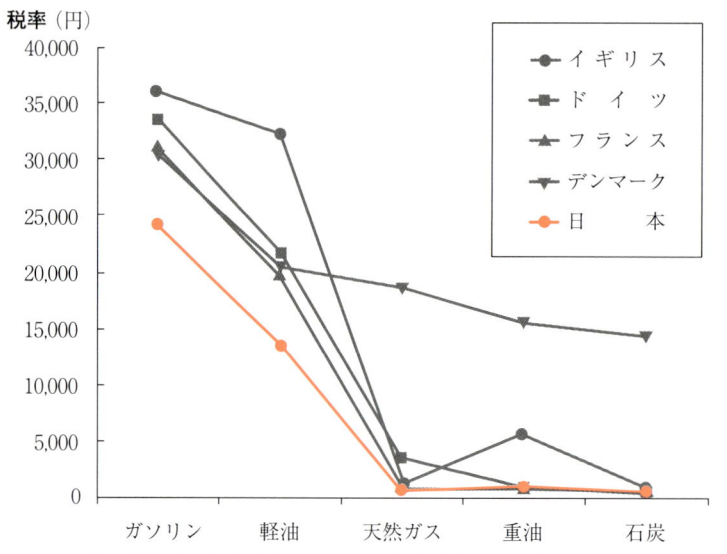

（出所）環境省，税制全体のグリーン化推進検討会（第 6 回）配布資料 2 「税制全体のグリーン化推進に関連する資料」に基づいて著者作成．

日本で今後炭素税率を引き上げるにあたっては，税率を国際水準にそろえれば十分です．日本だけが EU 諸国の水準以上に CO_2 排出に税を課すべき理由はありません．

図 8-6 は各国の CO_2 排出量 1 トン当たりのエネルギー税率を示しています．日本は，ほんの少し税率を上げれば EU 諸国と同じ水準になります．

税　収

環境保護団体の多くは，炭素税からの税収を環境改善，たとえば自然エネルギーへの補助に使おうと主張しています．しかし，炭素税による税収を環境改善のためにしか使えないとなったら，効率が悪い再生可能エネルギー・プロジェクトにも資金が注ぎ込まれてしまう可能性があります．それは結局，資源の浪費を引き起こします．[15]

再生可能エネルギー・プロジェクトへの補助に使うのならば，費用より便益のほうが大きいプロジェクトに対象を限定しなければなりません．そのような

プロジェクトへの補助に必要な金額の総計がピグー税としての炭素税収入と等しくなるはずはありません．そうであるならば，最初から炭素税の税収は，原則にしたがって一般財源に繰り入れたうえで，費用より便益のほうが大きい再生エネルギー・プロジェクトへの補助をするのが一番自然です．

ただし，税負担増を嫌う産業界に対して炭素税の導入を受け入れさせるためには，炭素税の導入と同時に一律の法人税減税を行って，増減税同額にするという方法もあります．

5 混雑税

道　路

道路混雑は，経済学的には典型的な外部不経済の例です．ただし，道路で混雑が起きている場合には，同一の経済主体が加害者でもあり，被害者でもあります．すでに混み合っている自動車道路にもう1台自動車が入ってくれば，他のすべての車のスピードを下げるという意味でこの車は加害者です．しかし，他の車がすでに大量に走っていることの結果としてこの車自身のスピードも落ちているという意味で，この車は外部不経済の被害者でもあります．

このように，あるグループ内のどの経済主体の活動が活発化しても，グループ内の他の経済主体に市場を通さずに悪影響を及ぼす時，混雑が発生すると言

---

15) たとえば日本では「ガソリン税はすべて道路に使わなければならない」ということになっているために（道路特定財源），必要のない道路までどんどん建設されています．このように，使途を限定した税金は無駄を生むことが多いので，できるだけ避けるべきです．

　再生可能エネルギー・プロジェクトへの補助に炭素税の使途を限定することも，まったく同様の問題を生み出します．ガソリン税は，もともとは道路建設の原資を生み出すために作られた税ですが，目的を変えて自動車の排気ガスに課す炭素税である，と考えることができます．この場合，ガソリン税の目的は，それによって自動車によるCO_2排出量を抑制することです．その場合も，税収の使い道を再生可能エネルギー・プロジェクトへの補助に限定する必要はまったくありません．それを一般財源に組み入れてしまったほうが，効率性の観点からはより有意義な使い方ができます．

います．道路混雑が発生する場合には，自由放任のもとでは，非効率的なレベルにまで走行自動車数が増えてしまいます．この場合，混雑している道路を走るすべての自動車に対して，他の自動車に対する迷惑料相当のピグー税を課すことが非効率を除去する対策となります．これが**混雑税**です．[16]

一方で，もしこの混み合っている道路を通るすべての自動車を，1つの会社（たとえばヤマト運輸）が所有していれば，この会社は自発的に，トラックの混雑度を最適なレベルまで抑制するでしょう．したがって，**この道路を利用している自動車が別々の経済主体であるということが，非効率を発生させています**．すなわち市場を失敗させています．

実のところ，1つの企業がすべてのトラックを持っていたとしても，道路を走るトラック数が多くなれば，「混み合い」現象という物理的な現象は起きています．この混み合い現象が1社内で起きる時には，たんに，トラックの限界生産力逓減という現象が起きるだけです．非効率や市場の失敗は起こしません（第3章「供給曲線」1節参照）．「混み合い」という物理的な現象が外部不経済となって非効率をもたらすか否かは，結局所有権のあり方に依存します．混み合い現象という技術的な現象と所有権のあり方とが組み合わさって，混雑が発生すると言えるでしょう．

市街地

建築基準法では，容積率（各階の床面積の合計と敷地面積の比率）や建坪率（建物が建てられている面積と敷地の面積の比率）を規制しています．その目的は，居住環境を混み合った感じにしたり，都市インフラに混雑を発生させたりしないためです．家屋を密集して建てることによって，他の人が困ることを防ごうというわけですから，これらの規制は外部不経済対策です．しかし現実には，それらの規制に違反した違法建築が数多く建設されています．

違法建築に対して，現在通用している罰則は「除却」です．要するに，建設業者をつれてきて，違法建築を潰してしまうということですが，大変な費用と

---

[16] 同じ目的で料金を課す場合は混雑料金と言います．混雑税と混雑料金の違いは，収入が政府に入るか道路事業者に入るかのみで，混雑抑制の効果はまったく同一です．

人手がかかるため，日本全体でも毎年1件か2件しか行われていません．

このような外部不経済に対しては，ピグー税を用いればオーソドックスな対策をとることができます．すなわち，定められた許容容積率や建坪率を超えた割合に応じてピグー税を課せばいいわけです．たとえば固定資産税の上乗せのような形で，付加税をとればすみます．また個々の宅地ごとの容積率ではなく，インフラ混雑に関係する地区全体の容積率を定め，それに達するまでは賦課金を0とし，それを超えるとその地区のすべての住宅の床面積に対して付加金を課すことも考えられます．[17]

6　外部不経済の必要条件

外部不経済が発生するための必要条件がいくつかあります．

排除費用

上流企業と下流企業の例では，上流企業が汚染した水を下流企業が無料で排除でき，きれいな水だけを取り込むことができれば，外部不経済は発生しません．したがって，外部不経済が起きるための1つの必要条件は，被害者が負担しなければならない**排除費用**が存在することです．

所有権

外部不経済が起きるためのもう1つの必要条件は，発生源と被害者とが異なる経済主体であることです．

同一の経済活動が行われても，**所有権**の所在，すなわち誰がどの財産を持っているかによって，外部不経済が発生したり，しなかったりします．上流企業と下流企業の公害の例のように，自由放任のもとでの上流企業の生産が社会的

---

[17] ピグー税が日本で導入されていない最大の理由は，「法律の観点からは，税は財政収入を得ることを目的とするものであって，人の行動を誘導する目的で設けることはできない」という考えの法制局が法案作成の段階でブロックをするために，そのような法律を各省庁が作れないところにあります．

に過大になり，非効率をもたらすのは，あくまで2つの工場が別の企業に属している場合です．

　加害者企業と被害者企業が統合された場合には，外部不経済は消滅します．この場合，統合された企業は全体の利潤を最大にしようとしますから，自由放任のもとでも社会的に最適な生産ができます．このように，外部不経済が発生するか否かは，どの工場をどの企業が所有しているかという，制度的な枠組みに決定的に依存しています．技術的な理由だけで外部不経済が起きるわけではありません．[18]

　ところで，社会主義国では企業間の外部不経済がありません．というのは，すべての企業が国営だから，上流工場が水を汚染して下流工場のコストを高めても，1つの国営企業内の費用構造の変化にすぎないからです．1つの企業ですから，当然，工場間のコストの影響を考慮して生産量を決めます．加害者企業と被害者企業を統合すれば，外部不経済が消滅するのとまったく同じ理由で，社会主義国では定義上は外部不経済がないわけです．[19]

7　まとめ

　1．公害を発生させる企業は，自由放任のもとでは，社会的に最適な水準よりも過大な生産を行います．社会的な観点からは，公害発生企業は，生産物の

---

[18]　上流企業と下流企業の公害の例のように，上流工場と下流工場が別々な企業に属している場合には，下流企業が負担する浄水費用は上流企業の可変費用の一部ではありません．しかし浄水費用は，上流企業の社会的費用の一部です．このことを利用して，本章1節では両企業の合計の利潤，すなわち社会的利潤の最大化を分析しました．しかし，両工場のどちらかが他方を買収して1つの統合企業になった時，この統合企業では，浄水費用は，上流工場の生産がもたらす可変費用の歴とした一部です．「上流企業の生産の社会的費用とは，統合企業における上流工場の可変費用である」と考えると社会的費用の意味がはっきりします．

[19]　ただし，社会主義国では，市場を用いず，中央が各工場に生産量割り当てをしますから，第4章「生産者余剰，可変費用，帰属所得」5節に述べたように，大規模な非効率が生じます．

価格と，企業の社会的限界費用（＝限界費用＋外部限界費用）が等しくなる水準で生産をする必要がありますが，利潤最大化のみを追求している企業は，価格と自社の限界費用とが等しくなる生産量で生産するからです．

しかし，この企業に外部限界費用に等しい税金を課すと，税込みの限界費用がこの企業の社会的限界費用に一致するので，最適な生産水準が達成されます．このような税をピグー税と言います．

2．ピグー税からの税収は，被害者の救済に使う必要は必ずしもありません．肝心なことは，企業が生産を1単位増やすごとに企業の税負担が外部限界費用の分だけ増えるため，社会的に最適な生産量を生産するように動機づけられるということです．

3．地球温暖化防止のために，日本政府は風力発電や電気自動車に補助金を出したり，あるいは公害発生源の生産を規制したりしています．これは，特定の産業の政治力に負けている結果だと言えるでしょう．二酸化炭素（CO_2）を排出するものに対して炭素税（ピグー税の一種）を一律に課すことが最も効率的な温暖化対策です．税負担増を嫌う産業界に対して炭素税の導入を受け入れさせるためには，炭素税の導入と同時に一律の法人税減税を行って増減税同額にするという方法もあります．

4．混雑が発生する場合には，加害者は被害者に対して外部不経済を引き起こしています．したがって混雑の加害者に対してピグー税を課すことは，社会的な観点から見た最適な活動水準に抑制するために有効です．このような混雑を抑制するためのピグー税を，混雑税と呼びます．

5．建築基準法では，混み合った住宅が周辺に対してかける迷惑を抑えるために，容積率や建坪率を規制しています．これらは，規制された率を少しでも上回れば，建築が許可されないという性格のものです．むしろ決められた率を上回っても建築は許可するが，上回った分に応じて賦課金を取るということにすると，建築の外部不経済に対するピグー税になります．

6．外部不経済が発生するためには，加害者と被害者が異なる経済主体であることが必要です．さらに，外部不経済が問題になるのは，被害者が受ける外部不経済を排除するのにコストがかかる場合です．

8章 外部不経済

キーワード

自由放任　浄化費用　外部不経済　外部費用　社会的費用　社会的限界費用　外部限界費用　私的限界費用　社会的限界費用曲線　社会的余剰　死重の損失　社会的限界余剰　ピグー税　既得権尊重のルール　炭素税　ゼロエミッション電源　混雑税　排除費用　所有権

9章

規模の経済：独占

本章では，序章「市場と政府の役割分担」で触れた「規模の経済」が生み出す問題を分析します．規模の経済は独占の原因の1つです．独占がどのような弊害を生み，それに対してどのような対策が考えられるかを分析します．

A. 独占の非効率性

1 規模の経済

まず，規模の経済を，平均費用という概念を使って，定義しましょう．

生産量1単位当たりの費用のことを**平均費用**と言います．

生産量の増大とともに平均費用が減少していく時，その生産には**規模の経済**があると言います．[1]

例として，石油パイプラインの輸送力とパイプラインを製造するために使う鉄の量の関係を考えましょう．パイプラインの直径を2倍にすると，そのため

---

[1] 投入物が複数ある場合には，すべての投入物を比例的に増やした場合に，投入物の増加率よりも産出量の増加率のほうが大きい時に，この生産には規模の経済があると言います．

に必要な鉄の量は2倍になります．しかし，それによってパイプラインが運ぶことのできる石油の量は4倍になります．運べる石油の量を4倍にしても，使う鉄の量は2倍にしかなりませんから，生産量1単位当たりの費用は2分の1になります．したがって，パイプライン輸送には，規模の経済があると言えます．

さらに，固定費用があり限界費用が一定である場合にも，生産の増大とともに平均費用は下がります．[2] たとえば発電の可変費用はほとんどが燃料で，しかも燃料の使用量が発電量に比例している場合には，発電の限界費用は，ほぼ一定であるとみなせます．したがってこの場合には，規模の経済があります．

規模の経済はしばしば観察される現象です．本章では，規模の経済が生む**独占**の市場の失敗を分析します．

2 独占

1つの産業に企業が1社しか存在しない場合に，その企業を**独占企業**と言います．たとえば家庭に対する電力供給は地域独占です．首都圏では東京電力が独占し，近畿圏では関西電力が独占するなど，日本全国が10社によって電力供給されています．コカ・コーラ社も独占的な企業ですし，パソコンの高級CPU市場では，インテル社が独占しています．さらに，アップル社が復活しグーグル社のアンドロイドOSが登場するまでは，マイクロソフト社はパソコンOS産業における事実上の独占企業でした．さらに，徳島県にある日亜化学工業は世界に冠たる「青色発光ダイオード（LED）」の独占企業でした．[3]

---

[2] まず定義から次が成り立ちます．
$$\text{平均費用} = \frac{\text{固定費用} + \text{可変費用}}{\text{生産量}}$$
限界費用が一定の場合，可変費用＝限界費用×生産量，ですから，これは次のように書き直せます．
$$\text{平均費用} = \frac{\text{固定費用}}{\text{生産量}} + \text{限界費用}$$
右辺第2項の限界費用は一定なので，生産量が増えるにつれて第1項は下がっていくため，左辺の平均費用も下がります．

独占の原因

　1つの会社が独占的にある製品を製造できる原因は基本的には2つあります．
　第1は，参入規制が行われている場合です．すなわち，新たな企業がこの産業に参入するのを阻止している場合です．たとえば青色発光ダイオードやコンピュータのソフトウェアなどは**特許**や著作権で独占が守られています．また，**企業秘密**が参入を防ぐ場合もあります．コカ・コーラは特許ではなく，成分の配合に関する企業秘密が，同一製品を生産する企業の出現を妨げています．
　第2は，規模の経済です．規模の経済が存在すると，参入が起きにくく，市場シェアが小さい企業は退出に追い込まれるため，独占が生じます．たとえば，送電線のような設備は，生産規模が大きければ大きいほど平均費用が低下していきます．そして，都心にビルができれば，送電線はすでに敷設されているので，電力会社は追加費用をほとんどかけずに送電できます．新しく送電線を敷設するにしても，すでに電柱は立っていますから，そこに通すだけでよいので安上がりです．このため，生産量が増加するほど，平均費用は減少します．
　このように，規模の経済が成立している場合には，他の企業より少しでもシェア（市場占有率）が大きい企業はそれだけ平均費用が少なくてすみ，そのため価格を低く設定することができますから，それを武器にさらにシェアを奪い，最終的には独占になります．これを**自然独占**と言います．電力供給の例では，別の企業が参入して新しく送電線を敷設しようとしても，最初の段階では平均費用がものすごく大きいので，既存企業には価格面で太刀打ちできません．したがって，参入しようとする企業もありません．
　独占を発生させる2つの原因のうち，参入規制によるものは，第10章「外部経済と公共財」8節で詳しく論ずることとします．この章では，規模の経済によって発生する自然独占を分析しましょう．

3）　ただしその後に他に作っている会社ができました．LEDは電気を通すと発光する半導体で，携帯電話，大型の液晶装置，照明技術などに応用されています．すでに製品化されていた赤色と緑色だけでなく青色LEDが開発されたため，光の三原色が全部そろい，広大な応用ができるようになりました．

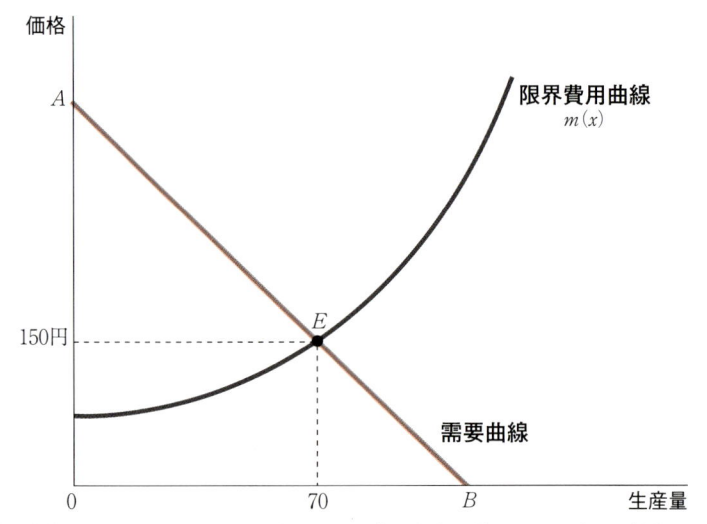

190　9章　規模の経済：独占

図 9-1　独占企業が直面する需要曲線と限界費用曲線

独占企業は，自社の限界費用曲線と需要曲線の交点の数量より供給量を抑制して価格をつり上げることで，利潤を増大できます．図の独占企業は，需要曲線上の線分 AE 上の一点で利潤を最大化します．このため独占企業を分析する時には，供給曲線を描いても意味がありません．

独占と完全競争

　第2章「需要と供給」1節で説明したように，市場需要曲線は右下がりです．しかし，完全競争的な企業というのは，市場全体に比べて自分の生産量があまりに少ないために，市場需要曲線のほんの一部にのみ直面します．このため，第2章5節で指摘したように，企業が直面する需要曲線は水平です．

　第3章「供給曲線」で明らかになったように，完全競争企業はその限界費用が所与の価格に等しくなる水準で生産します．

　一方，独占企業は1つの産業に1社しか存続していないという状況にあるので，産業全体の需要曲線がそのままその企業の需要曲線になります．そのため，独占企業は右下がりの需要曲線に直面します．図9-1は，ある独占企業が直面する右下がりの需要曲線と限界費用曲線を同時に描いています．

　もしこの企業が完全競争企業ならば，限界費用曲線が供給曲線になりますから，限界費用曲線と需要曲線の交点 E で競争均衡が達成されます．

すなわち，競争均衡 E では，次が成り立っています．

　　　　価格＝限界費用　　　　　　　　　　　　　　　　　　　　　　(9.1)

　しかし独占企業の場合には，完全競争企業の場合と違って，企業自身が右下がりの需要曲線に直面しているので，製品の価格を多少高く設定しても需要量は０にはなりませんし，安くしても，無限に売れるわけではありません．このため，利潤最大化をめざす独占企業は，生産量を調整することによって企業自身が需要曲線上の点を選び価格と生産量とを決めます．

　実は次節で示されるように，利潤を最大化する独占企業は，競争均衡価格より高い価格と生産水準より低い生産水準の組み合わせを選びます．図9–1では，線分 AE 上の点です．生産量を抑制することによって価格をつり上げることで，利潤を増やそうとするからです．この結果，生産量が社会的に見て過少な水準に抑制されてしまいます．したがって独占は非効率を発生させます．すなわち市場の失敗を引き起こします．

寡　　占

　ある産業に，複数かつ少数の企業が存在するケースを**寡占**と言います．象印マホービンやタイガー魔法瓶などの企業からなる電気ポット産業は，寡占の例です．携帯電話産業も寡占です．寡占産業の企業は他の企業と多少なりとも製品を差別化します．**製品差別化**とは，競合する他社とは多少なりとも違う機能を持った財を作ろうとすることです．このため，ある企業の製品に特有の機能を気に入っている消費者は，その財の価格が少し上がったからといってただちに他社の製品に切り替えたりしません．このため，個々の寡占企業は右下がりの需要曲線に直面しています．象印もタイガーもお互いに製品差別化しています．このため，象印もタイガーも右下がりの需要曲線に直面しています．

　寡占の場合にも，個々の企業は右下がりの需要曲線に直面しているために，独占の場合と同じように，社会的には非効率が発生します．

　このような寡占による非効率に対処するためには，あとで述べる独占対策と同様のものを施す必要がある場合があります．

　以下では，独占の場合にのみ焦点を当てて分析します．

3　独占企業の行動

　独占企業は競争均衡生産量より低い水準で生産をします．その理由を説明しましょう．

　独占企業も完全競争的な企業と同じく利潤を最大化するように生産量を決定します．利潤と生産者余剰の差は固定費用ですから，独占企業の場合にも，**生産者余剰を最大化する生産量が，利潤を最大化します．**

　図 9-2 の各パネルは，図 9-1 の独占企業の各生産量に対応した生産者余剰を図示しています．

　ちなみに，各パネルのグレー図形は，それぞれの生産量における**可変費用**を，また，グレー図形とオレンジ格子図形を合わせた図形の面積は，それぞれの生産量における**収入**を示しています．

　図 9-2 のパネル A とパネル B を見ると，生産量が 10 から 40 まで増えるにつれてオレンジ格子図形面積で示された生産者余剰は，増えていることがわかります．しかしパネル B とパネル C の比較から明らかなように，生産量を 40 から 70 まで増やしていくと，生産者余剰は減少します．特に競争均衡生産量 70 では，独占企業の利潤を最大化させません．

　この企業の，生産者余剰（したがって利潤）は，図 9-2 パネル B の N 点で最大化されるとします．独占企業の利潤を最大化する価格と数量の組み合わせを**独占均衡**と呼び，その均衡における価格を**独占価格**，生産量を**独占企業生産量**と言います．図 9-2 パネル B では，N 点が独占均衡で，200 円が独占価格，40 が独占企業生産量です．

　この図から明らかなように，独占企業の生産量では，

　　　価格＞限界費用　　　　　　　　　　　　　　　　　　　　　(9.2)

が成り立ちます．

　図 9-2 のパネル B で，不等式 (9.2) が成立する N 点における生産量が，等式 (9.1) が成立する E 点における生産量より低いのは，独占企業が直面している需要曲線が右下がりであるためです．

3 独占企業の行動 193

図 9-2 独占企業の生産者余剰は，競争均衡より低い生産量で最大化される

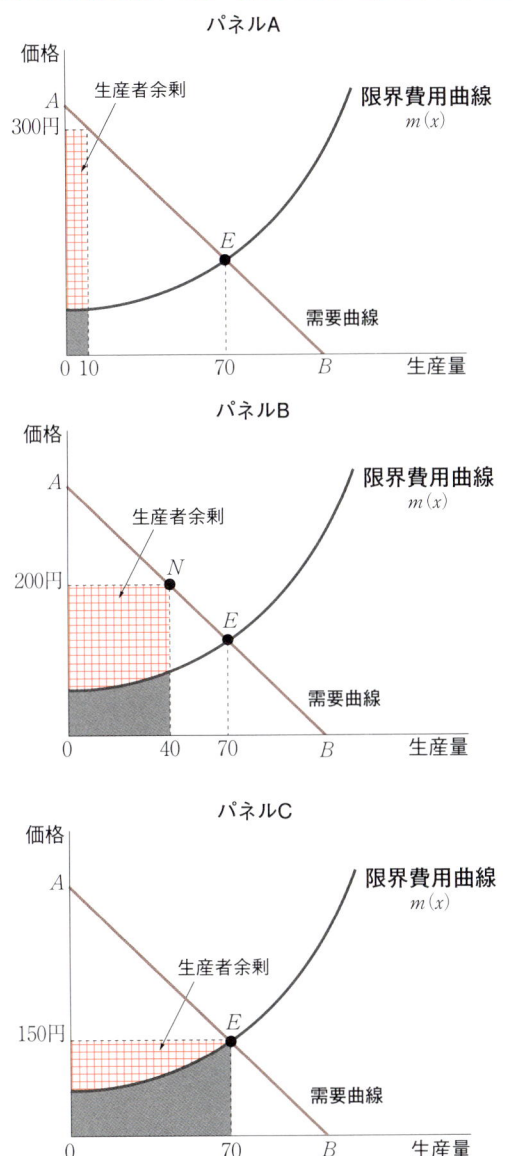

パネルA

パネルB

パネルC

パネルBとパネルCのオレンジ格子図形の比較が示すように，**独占企業の生産者余剰は，競争均衡生産量70より低い生産量で最大化されます**．

194　9章　規模の経済：独占

図9-2では，パネルBに描かれたN点で利潤が最大化されているとしましょう．図9-2に描かれている独占企業は，直面している需要曲線が右下がりであるために，生産量を (9.1) 式が成立しているE点からN点に引き下げることによって，価格を引き上げ，生産者余剰を増やすことができます（一方，完全競争企業の場合には，直面する需要曲線が水平ですから，生産量を減らすことによって価格を引き上げることはできません）．これが，独占企業の利潤最大化生産量のもとでは，(9.1) 式ではなく (9.2) 式が成立する理由です．

4　独占の非効率性

完全競争企業の場合と違って，独占企業が，利潤を最大化する生産量は，総余剰を最大化させません．このことを示しましょう．

図9-3を用いて，図9-1，図9-2に描かれてきた独占企業が各生産量において生み出す総余剰を図示しましょう．

ある産業が生み出す総余剰とは，その産業の生産量を消費することによって社会全体が得る便益から，それを生産するのに必要な費用を差し引いたものでした．(5.3) 式では次のように表現されました．

　　　　総余剰＝総便益−可変費用

すなわち，総便益と可変費用の差が，社会全体に対してこの財の生産が生み出す正味の生活水準の上昇分の総計です．

図9-1の需要曲線の下側の面積は便益を示し，限界費用曲線の下側の面積は可変費用を示していますから，需要曲線と限界費用曲線の間にはさまれた面積が総余剰を表します．

図9-3パネルAのオレンジ実線枠の図形の面積は，独占企業がその利潤を最大化する生産量40のもとでの総余剰を示しています．

死重の損失

一方，図9-3のパネルBのオレンジ実線枠図形の面積は，需要曲線が限界費用曲線と交わるE点の生産量，すなわち「価格＝限界費用」が成り立つ生

図 9-3　総余剰

パネルA：独占価格のもとでの総余剰

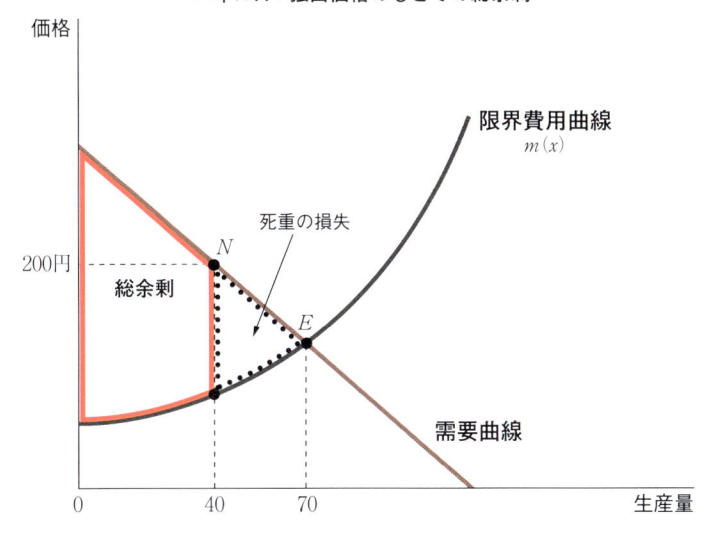

（価格／生産量のグラフ。限界費用曲線 $m(x)$ と需要曲線が示され、点 N は価格200円・生産量40の位置、点 E は均衡点。オレンジ実線枠の図形が総余剰、黒点線枠の三角形が死重の損失を表す。）

パネルB：総余剰の最大化

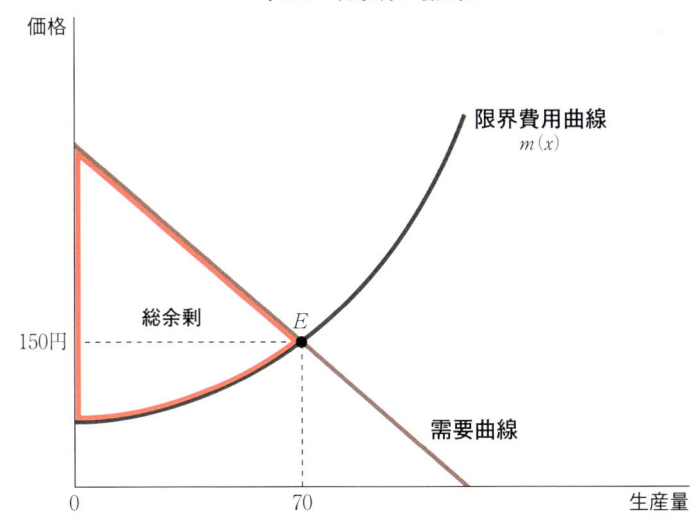

（価格／生産量のグラフ。限界費用曲線 $m(x)$ と需要曲線の交点 E が生産量70・価格150円に位置し、オレンジ実線枠の図形が総余剰を表す。）

この図のパネルA, Bはそれぞれ，**独占企業の利潤を最大化させる生産量40の場合**と，価格＝限界費用が成り立つ生産量70の場合における総余剰を示しています．どちらのパネルでも，総余剰はオレンジ実線枠図形の面積で表されます．**独占価格**のもとでは，パネルAの黒点線枠の面積で表される**死重の損失**が生まれています．

> ## コラム：独占企業と供給曲線
>
> 　完全競争的な企業は，所与の価格のもとで販売数量を決めます．これは，所与の価格が変化すれば，それに対応した数量を供給するということです．こうしてこの企業の供給曲線を描くことができます．言い換えると，企業の供給曲線は，その企業が直面している需要曲線が水平である（すなわち所与の価格のもとで売りたいだけ売れる）という状況で，どれだけの数量を売るかを示す曲線です．したがって，完全競争企業は自社の供給曲線上で，市場価格に対応した生産量を生産します．このように企業の供給曲線は，水平な需要曲線に直面している企業の行動を示すものです．
>
> 　一方，独占企業は，図 9-1 が示すように需要曲線と限界費用曲線の交点 E における数量より供給量を抑制して価格をつり上げることによって，利潤を引き上げることができます．つまり，E 点より左上にある需要曲線上の一点を選択します．したがって，右下がりの需要曲線に直面している企業は，（完全競争企業とは違って）自社の供給曲線上で価格や生産量の組み合わせを選びません．
>
> 　このように，個々の企業が右下がりの需要曲線に直面する場合には，供給曲線は，価格や供給量の決定に何の役割も果たしません．したがって，経済分析において，独占企業の供給曲線を描くことはありません．
>
> 　言い換えると，経済分析では，売り手が完全競争的な場合にのみ供給曲線を描きます．つまり，供給曲線を描く時には，無数の生産者がいることを前提にしているのです．

産量70における総余剰を示しています．この生産量のもとで総余剰は最大化されます．

　両パネルを比較すると，独占に任せると，社会の総余剰は図 9-3 パネル A の黒点線が囲む三角形の面積分だけ少なくなる，すなわち無駄が生じることがわかります．この面積が，独占が生み出す**死重の損失**です．

　図 9-3 の独占企業の消費者たちは，限界便益が価格に等しくなる水準で消費していますから，(9.2) 式は

　　限界便益＞限界費用

と書き直すことができます．図では，生産量が40の時，需要曲線の高さ（限界便益）のほうが限界費用曲線の高さ（限界費用）より大きくなることに対応します．つまり，図9-3パネルAで生産量が40の時に，生産量を1単位増やすと，便益の増加が費用の増加より大きくなります．したがって，総余剰が増えるわけです．

独占企業が生産している財市場における総余剰は，「価格＝限界費用」が成り立つ生産量で，最大化されます．しかしこの生産量から減産することによって価格をつり上げ利潤を引き上げることができます．結果的に，社会的に望ましい供給量より少ない量を供給するのです．これが，独占が非効率をもたらす原因です．

B. 独 占 対 策

5 独占の弊害

独占は2つの弊害を生みます．

死重の損失

第1は，上で見たように，**独占が死重の損失を生む**ということです．独占のもとでは，生産量が社会的に見て過少な水準に抑制されてしまいます．独占が生み出す生産者の儲けの増大は，効率的な状況からの消費者の余剰の減少を補うほどには大きくはありません．その結果，この差が死重の損失となって表れます．

X 非効率性

第2は，独占のもとでは**費用節約の動機がなくなりがちだ**ということです．
一般に，企業の経営者は株主のために働くことになっていますが，実際はどの程度一生懸命に経営者が働いてコスト引き下げをはかっているかを株主が監

視することは非常に難しいことです．通常の競争的な状態では，競争相手と比べて勝っているか負けているかがはっきりしますから，株主にとっては，経営者が有能か無能かの判断がしやすくなります．しかし独占の場合には，経営者の優秀さを示す客観的な基準がないために，経営が下手な経営者が居座る可能性があります．そうなると，その経営者の部下も，無駄な作業をさせられたり，上司に十分監視されていないために非能率的になったりして，全体がコスト高になってしまいます．

非効率的な経営が行われてきた郵便事業がそのいい例です．信書のやりとりには，ヤマト運輸などの宅配業者による参入が禁じられていて，郵便局の独占が維持されています．しかも手紙が信書であるか否かは，手紙を出す人が判断して選べるようにして何ら不都合はないはずですが，通常の手紙はすべて信書であると決めつけられていて郵便事業の独占が守られています．参入を認めれば，競争によってとたんに価格は下がるでしょう．郵政事業の能率も上がるでしょう．上がらなければ，競争相手に仕事を譲ることになります．

企業がそれぞれの生産量をより少ない費用で生産することを **X（エックス）効率性** が高まると言います．一方，競争にさらされていない企業に生じる非効率性，すなわち無駄な費用のことを **X非効率性** と呼びます．参入の自由化や企業分割を行うと，競争が促進されるため，効率的な生産方法を採用することを余儀なくさせられ，X効率性が高まります．

独占対策の分類

独占への対策として政府が市場に介入する方法は基本的に3つあります．

第1は，**国有化** です．国有化して価格を効率的な水準に設定する．その結果利潤が出れば国庫に入れるし，損失が出れば国庫から穴埋めするというものです．

第2に，独占を認める代わりに価格を低水準に規制するという方法です．これは **料金規制** または **価格規制** とも言われます．価格を規制すれば，独占企業は価格を自分で決められないため，**プライス・テイカー** として行動することになります．

政府が独占に介入して死重の損失を取り除くということは，価格を下げると

いうことです．したがって，介入後には消費者は得をし，独占企業は損をします．ただし，その際には，独占企業の損失を穴埋めしたとしても，なお「おつり」がくるほど，消費者は大きく得をします．その「おつり」は，ちょうど図9-3に描いた死重の損失と等しくなります．

第3は，独占企業の**企業分割**です．たとえばアメリカでは，電気通信会社であるAT&T社が数社に分割されました．日本では旧国鉄がいくつものJRに分割されました．2013年2月8日には，発電事業の競争を促進するために，電力会社を2020年までに送電会社と発電会社にすることが決まりました．

以下に，これらの独占対策のうち国有化と料金規制について説明します．[4]

6　独占対策(1)：国有化

規模の経済があると考えられる産業では，必然的に独占が発生しますから，そのような企業を国営化して運営するということがずいぶん行われました．すなわち，独占の対策のためなら国費を投入してもよいという考えです．昔の国鉄，電電公社，郵便事業，道路公団などはその典型です．

国有化は，独占の2つの弊害のうち，死重の損失の除去ないし減少を可能にします．しかし，独占であり続けるかぎりX非効率性は除去できません．むしろ，国有化によってX非効率性は増大します．

国営企業では，**政治家からの自分たちの選挙区への事業の誘致**を目的とした干渉を受けざるをえなくなります．予算の承認が国会で行われるためです．国鉄が，昔多くの赤字ローカル線を建設せざるをえなくなったのも，政治の圧力のせいです．道路公団も，明らかに無駄なところにまで道路を建設していました．これも政治家の干渉を受けやすい状況にあるからです．

したがって，国営企業は，多くの場合大きなX非効率性を生み出します．このため，国営企業をむしろ民営化するべきだという議論がさかんになりまし

---

[4]　独占対策としての企業分割については八田達夫『ミクロ経済学Ⅰ』（東洋経済新報社，2008年），pp.227-231，を参照．電力分野での独占対策については，八田達夫『電力システム改革をどう進めるか』（日本経済新聞出版社，2012年）を参照のこと．

た．

7　独占対策(2)：料金規制

　規模の経済が強く働いている企業では，独占の状態でも，大規模であることによって生産費用が低下しているのだから，数多くの小規模企業で生産するより，生産の能率はいいわけです．したがって，独占は認めるが，その代わりに価格を規制する，という独占対策が考えられます．たとえば図9-3では，需要曲線と限界費用曲線の交点である生産量70まで生産するように，価格をp_rの水準に規制すれば総余剰が最大化します．

　料金規制の良い例が日本の電力価格です．電力事業では規模の経済が働きます．東京のような大都市であっても，電力会社がもう1社参入してきて送電線をはりめぐらすというのは無駄なので，送配電に関しては1社が独占したほうが低費用で生産できます．このため，放っておいたら自然独占に陥り，電力価格はつり上がってしまいます．これを防ぐために，電力会社の地域独占は認めるが，その代わり価格は低く規制するという方法がとられます．電力では，東京電力，関西電力など10社が全国各地において地域独占を認められています．

　電力事業だけでなく，ガスや鉄道や通信などの事業のように，公共目的のために料金規制が課せられている事業を，**公益事業**と言います．

　以下では，料金規制の方法として，①限界費用価格形成原理と，②総括原価主義（平均費用価格形成原理）とを説明しましょう．

　結論を先に述べると，いずれの規制も死重の損失の縮小に関しては有効ですが，X非効率性の除去縮小に関しては，有効ではありません．ただし，状況によっては，X非効率性の縮小にも役立つように，それぞれの規制方法を修正できる場合があります．

8　限界費用価格形成原理

総余剰の最大化

　限界費用曲線と需要曲線がちょうど交わる点における価格水準に価格を規制すれば総余剰を最大化できます．この規制方法を**限界費用価格形成原理**と言います．この時，価格は限界費用に等しくなります．この規制方法は，ホテリング（Harold Hotelling）やヴィッカリー（William Vickrey）といった人たちによって，1930年代から提唱されてきました．[5] 初めは奇抜で非常に特殊な考え方だと思われていましたが，理論的には一番すっきりしています．公益事業の価格規制は基本的にはこの限界費用価格形成原理に基づいて実行することが望ましいと言えます．

　政府が価格を規制して図9-3パネルBの150円を上限とするならば，企業は150円の水準の価格線をあたかも需要曲線のように受け入れざるをえなくなり，利潤を最大化するためには，結局は70単位を生産することになります．この結果，死重の損失をなくし，総余剰を増大させることができます．

　ただしこの場合，利潤が正か負かはケース・バイ・ケースです．価格線と限界費用曲線で囲まれた三角形の面積で表されている生産者余剰が固定費用より大きければ利潤は正（プラス），小さければ利潤は負（マイナス）になります．

　限界費用価格形成原理に基づいて価格が規制された結果，利潤が正（プラス）になる場合には，それ以上は政府が市場に介入する必要はありません．価格規制の目的は，死重の損失をなくすことです．総余剰を拡大できるのならば，超過利潤を得ること自体は問題ではありません．

　一方，価格規制の結果，利潤が負（マイナス）に陥った企業は，このままでは事業から撤退せざるをえなくなります．そうなると，その企業が生産してい

---

[5] Harold Hotelling, "The General Welfare in Relation to Problems of Taxation and of Railway and Utility Rates," 1938, *Econometrica*. および William Vickrey, *Public Economics*, edited by Richard Arnott, Kenneth Arrow, Anthony B. Atkinson and Jacques H. Drèze, Cambridge University Press, 1994を参照のこと．

図 9-4 規制なき自然独占

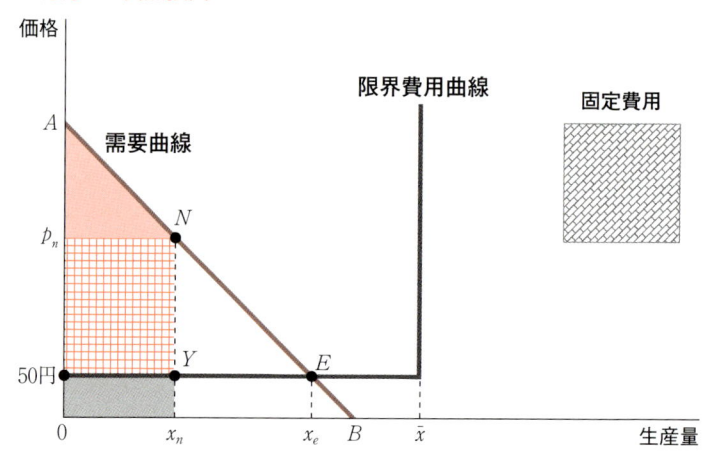

この図は，発電所の価格規制前における生産量と総余剰の関係を示しています．まず，独占下では，N 点で生産が行われます．図9-5と比較すると，三角形 NYE の **死重の損失** が生まれていることがわかります．

た財はいっさい供給が止まってしまい，その結果大きな総余剰の損失が発生します．そのため，この場合には政府によるさらなる介入が必要です．

利潤が負になるケース

利潤が負（マイナス）になる場合を，その最も単純なケースに基づいて考えてみましょう．すなわち，ある企業で，固定費用は非常に大きいが，限界費用は，この企業の最大可能生産量まで一定である場合を考えます．発電所などがその例です．[6] 図9-4ではそのようなケースが描かれています．

この発電所がたとえば島の唯一の発電所であれば，需要曲線が図に描かれたように右下がりになりますから，放っておけば自然独占になり，利潤を最大化する水準の生産がなされます．この場合の生産量と価格の組み合わせは N 点です．もしオレンジ格子の長方形で示された生産者余剰のほうがレンガ模様で

---

[6] たとえば，ガス発電所の建設には固定費用がかかりますが，可変費用の大部分は燃料ですから，限界費用は一定です．そういう場合には，価格が限界費用にちょうど等しくなるように設定すると企業は損失をこうむります．

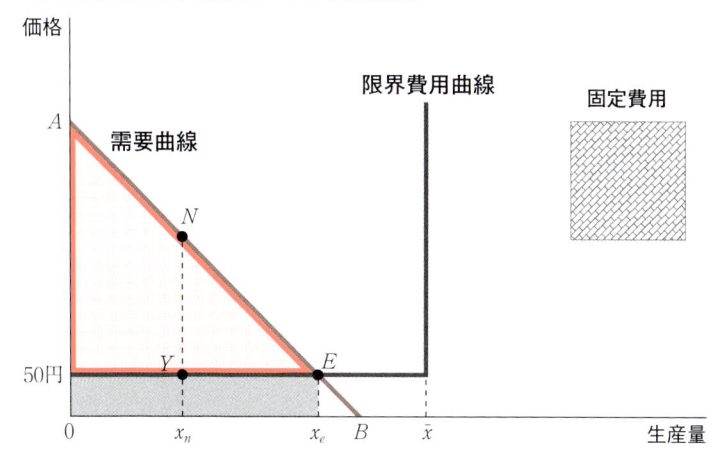

図 9-5 限界費用価格形成原理による価格規制

価格を50円に規制すれば企業は E 点で生産し，総余剰はオレンジ点線で囲まれた三角形の面積全体となります．しかし，E 点の収入では，限界費用曲線の下側のグレー面積で示される可変費用がちょうどまかなえるだけで，レンガ模様で示された固定費用がまかなえず，企業は生産を行わないため，固定費用に相当する**一括補助金**を与える必要があります．

示された固定費用より大きければ，利潤が正ですので，この企業は x_n を生産します．

次に，総余剰を最大化するために限界費用価格形成原理に基づいて価格を限界費用である50円に等しく規制すれば，生産量と価格の組み合わせは E 点になります．総余剰は需要曲線と限界費用曲線にはさまれた面積ですから，この場合，総余剰は，図 9-4 をコピーした図 9-5 のオレンジ実線枠の三角形全体となり，総余剰は最大化されます．

一方，図 9-5 の E 点で企業が手に入れることのできる収入は限界費用曲線の下側のグレー長方形の面積だけです．この収入では可変費用だけしかまかなえず，固定費用はまかなえません．この場合，この企業の利潤は完全に負になります．[7]

---

[7] ただし可変費用はすべて収入でまかなわれているので生産者余剰は0です．このため，消費者余剰であるオレンジ実線枠の三角形そのものが総余剰になっています．

限界費用価格形成原理による価格規制を行うと，社会的に最も望ましい生産量（E点の生産量）が生産されますが，私的な独占企業の利潤は負になってしまうので，生産が行われません．したがって，どのようにして独占企業にE点に対応した生産量を生産させるかが問題になります．

限界費用価格で規制する一方で，企業の損失（＝固定費用，レンガ模様の正方形図形面積）を政府が補填すれば問題は解決します．企業の生産水準とは無関係に政府から支給される固定費用の相当分を，**一括補助金**と言います．このような一括補助金を限界費用価格形成原理による価格規制とセットにして，価格を引き下げさせます．そうすると，企業が損失を出して生産をやめてしまう事態を回避すると同時に，総余剰を最大化する生産量を実現させることができます．地下鉄や市バスの固定費用は市や都が負担していて，料金で運営費などの可変費用をまかなっているところが多くあります．これは基本的にこの考え方に沿った介入です．

限界費用価格形成原理の問題点と改善策

実際に限界費用価格形成原理に基づく価格規制と一括補助金の組み合わせによる自然独占対策を実施しようとすると，2つの問題が生じます．

第1は，固定費用を政府が補助してくれることになると，規制されている企業に**固定費用を節約しようとするインセンティブ（動機づけ）がまったくなくなること**です．費用をできるだけ抑制しようという動機がなくなって，平均費用がどんどん増大してしまいます．X非効率性が，国有化とは別の形で増大してしまうわけです．**固定費用に関するX非効率性が特に増大することが，一括補助金付き限界費用価格形成原理の特徴です．**

第2は，実務的な問題です．すなわち政府は一括補助金の支払いを嫌うことです．このため，限界費用価格形成原理を採用せずに，一括補助金を支払う必要がない（しかし非効率を発生させる）総括原価主義を採用しがちになります．

ただし幸いなことに，政府による一括補助金の必要額を軽減する2つの方法があります．

(1) 二部料金制

上で述べたように，限界費用価格形成原理を採用して価格を規制した場合には，図9-5の E 点で余剰は最大になりますが，固定費用に相当する政府補助金が必要になります．

この問題を解決する1つの方法は，料金を，使わなくても支払わなくてはならない月々の**基本料金**と，使った量に応じて支払う**従量料金**に分ける**二部料金制**をとることです．たとえば水道代・ガス代・電気代はこの料金制を採用しています．この制度のもとで基本料金部分で固定費用をまかない，従量料金部分を限界費用に等しく設定すると，図9-5では，料金が50円に設定されます．結果的に，E 点で消費され，総余剰は最大化されてオレンジ実線枠の三角形の面積になります．この場合，消費者余剰は，この三角形の面積から固定費用部分を差し引いたものになります．その一方で，生産者余剰は，固定費用部分だけ増加するので，合計はオレンジ実線枠の三角形の総余剰の面積に等しくなります．

二部料金制のもとでは，政府が補助金を出す必要はなくなります．したがって，財政負担を少なくしながらできるだけ多くの人に使ってもらうように価格を設定する方法だと言えるでしょう．ただしこの料金の下では，固定費用に基づいた基本料金を設定しますから固定費用に関する X 非効率性は残ります．

(2) 時差料金制（ピークロードプライシング）

一括補助金の必要額を軽減するための，別の例を考えてみましょう．電力需要は時間帯ごとに大きく変動します．つまり，電力会社は時間帯によって異なった需要曲線に直面しています．深夜の需要の低い時には図9-5のような需要曲線の位置になっており，昼間の需要が高い時には図9-6のような需要曲線の位置になっていると考えられます．この場合，時間帯ごとに別料金をかけることを時差料金制と言います．いま時間帯ごとに，限界費用に等しくなるよう料金設定すると，オフピーク時には低料金になるので損失が発生しますが，ピーク時の高料金が生む利潤で穴埋めできます．

実際，オフピーク時の図9-5では料金が50円で設定され E 点で取引されま

図 9-6 時差料金制

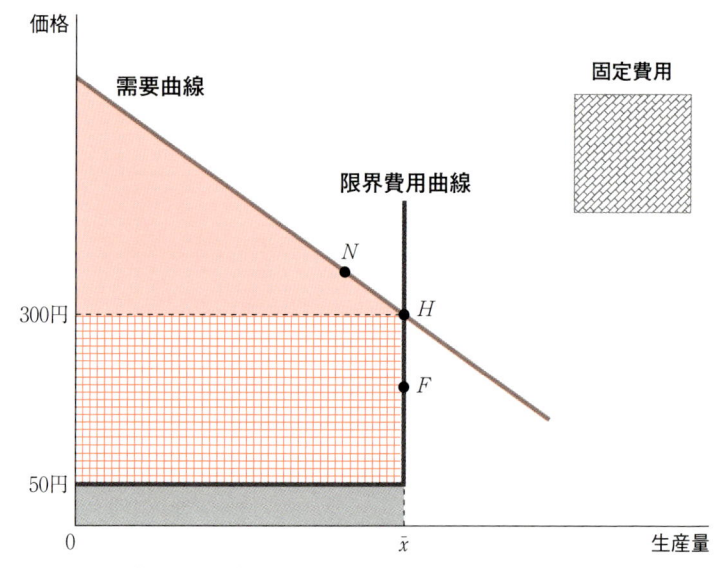

この図は，ある島で独占状態の発電所が，昼間に直面する需要曲線を示しており，図 9-5 は，この発電所が夜間に直面する需要曲線を示しているとします．いずれの時間帯にも**限界費用価格形成原理**を適用すると，本図が示すように，昼間の生産者余剰がレンガ模様で示された固定費用の正方形面積を上回り，利潤が生まれるため，これを夜間に発生する損失の一部あるいは全部の穴埋めに使うことができます．

すから，固定費用の相当分の損失が発生します．一方ピーク時の図 9-6 の場合には，料金が 300 円の H 点で取引されます．この料金ではオレンジ格子の長方形の面積で示される生産者余剰は固定費用より大きいので利潤が発生します．昼間に発生するこの利潤を夜間に発生する損失の一部，あるいは全部の穴埋めに使うことができます．

したがって，需要が時間帯で大きく異なる場合には，それぞれの時間帯で限界費用に等しく価格を設定することで，政府からの補助金を 0 にする，あるいは補助金の額を減少させることができる場合もあります．**時差料金制**はピーク時に高い価格を設定するので**ピークロードプライシング**とも呼ばれています．[8]

時差料金制のもとでは，固定費用に関する X 非効率性を基本的には抑える

ことができます.

9 総括原価主義（平均費用価格形成原理）

収支均衡

次に，政府が料金規制をする場合にも，「財政に余裕がない」ために補助金を出すのが困難なことがあります．その場合には，せめて総費用の分だけは企業が自前でまかなえるような価格づけをする必要があります．このように，企業に価格をあまり高くつり上げさせないように政府が規制するけれども，生産にかかっている費用はまかなえるようにする，という価格規制の方法を**総括原価主義**と言います．その場合,

$$\text{総費用} = \text{収入} \tag{9.3}$$

が成り立ちますから，両辺から可変費用を差し引くと，「固定費用＝生産者余剰」が成立します．したがって，この規制価格のもとでは，固定費用の面積が生産者余剰の面積に等しくなります．そのように料金規制する場合の価格と生産量の組み合わせが図 9-7 の F 点で示されています．なお F 点は，生産者余剰（オレンジ格子長方形の面積）が，固定費用（レンガ模様の正方形の面積）と同一になるように選ばれています．この時の収入は，固定費用と可変費用を合わせたものにちょうど等しくなっています．

ところで，(9.3) 式の両辺を生産量で割ると，「平均費用＝価格」が成り立

---

8) 図 9-5 の生産量 $\bar{x}$ における限界費用は，減産の場合には 50 円，増産の場合には無限大なので，不定であるように見えます．しかし「限界費用」の概念を一般化して，「ある財を消費者に 1 単位追加供給するために誰かが負担しなければならない最低限の便益減少」であるとすると，生産量 $\bar{x}$ の時に消費者に 1 単位追加供給するためには，他の誰かの消費を 1 単位減らさなければならないので，最低限 300 円の便益が失われます．

なお，生産量が図 9-5 の $\bar{x}$ より低い場合にも，上の一般化した限界費用の定義は適用できます．第 12 章「労働市場」で示すように，賃金率は労働者が 1 単位の追加労働量を供給するために犠牲にする，余暇便益の減少を示しています．図 9-6 の可変投入物が労働のみであれば，限界費用は，1 単位の増産のために必要な賃金支払い額の増大であり，その分の労働者の便益の損失です．

図 9-7 総括原価主義による価格規制

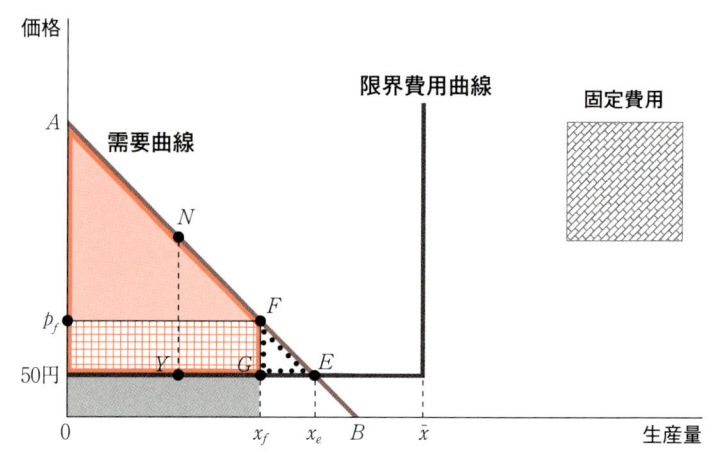

総括原価主義は,「総費用＝収入」が成り立つように価格を規制します．その場合,「固定費用＝生産者余剰」が成り立ちます．図では，オレンジ格子長方形の面積（生産者余剰）がレンガ模様の正方形の面積（固定費用）と等しくなるようにF点が，したがって規制価格が選ばれています．

ちます．すなわち，これは，生産にかかる費用を全部ひっくるめた総括的な原価の平均（＝平均費用）で価格を決めましょうという考え方です．いわば**平均費用価格形成原理**です．ここで，価格と平均費用が等しいなら，コストを回収しただけで，この企業には利潤がないじゃないか，と思われるかもしれません．しかし，第4章「生産者余剰，可変費用，帰属所得」6節で説明したように，帰属所得を経済学では費用の一部として評価します．したがって株主が投資した資本に対する帰属利子をちゃんと会計上の費用に上乗せしたうえでの経済学的な費用の平均を価格にしましょう，というのがこの総括原価主義です．この「総括」という言葉は，株主の投下資本に対する帰属利子まで入っているということを意味しているわけです．しかも帰属利子の評価は，「市場で評価した公正な報酬率」に基づいて計算するので，この原理を**公正報酬率原理**とも言います．これは新聞によく出てくる言葉です．

　日本では，この総括原価主義に基づいて価格が決められている公共料金がたくさんあります．実際，日本中の家庭用電気料金・ガス料金や鉄道料金，バス料金，道路料金の大きな部分がこの方式で決められています．

総括原価主義の問題点

図9-7で，政府がこのF点を料金規制の基準とするということは，独占を許すし，公正報酬率は保障するが，価格を規制して，それ以上の超過利潤は発生させない，ということです．こうした総括原価主義には2つの問題点があります．

第1の問題点は，**死重の損失は，総括原価主義のもとでは，規制がない場合に比べて減少するが，残存することです．生産量不足が原因です．**本来は，死重の損失をなくすために，限界費用と価格が等しいE点で生産すべきです．しかし，総括原価主義に基づいてF点で価格を規制した時には，三角形EFGが新たに死重の損失として発生してしまいます．

ここで各ケースにおける死重の損失の比較をしておきましょう．規制がない場合，企業は利潤を最大にするように行動し，図9-7のN点に対応する価格づけと需要量の生産をします．これは独占企業が利潤を最大化する点です．この点では三角形NYEの面積に等しい死重の損失が発生しています．次に，限界費用価格形成原理にすると，E点になり，政府が固定費用分を財政から補塡しなければなりませんが，死重の損失は完全になくなります．最後に，総括原価主義に基づいて規制を行うと，図9-7のF点になり，規制がまったくないN点に比べて価格は低下し死重の損失も減少しますが，死重の損失はまだ残っています．

第2の問題点は，**X非効率性も残存することです．すなわち企業側にコストを抑制しようというインセンティブがなくなる**ことです．総括原価主義の場合は，損失を政府が税金でまかなって穴埋めしてくれるわけではありませんが，費用がかかった分だけ規制料金の引き上げで穴埋めしてもらえるからです．したがって，限界費用価格形成原理の問題点であったX非効率性は解消されません．例を2つあげましょう．

第1に，日本の電力会社の送電線網は，外国の送電線網に比べて非常に大きな費用がかけられています．

送電線敷設にどんなに高いコストがかかっても，電気料金は総括原価主義に基づいて決められていますから，そのコストは全部電気料金に上乗せすることができるためです．ですから，送電線を安く敷設しようとか，あるいはピーク

時の電力料金を高くすることによって需要量を抑えて，その分だけ送電線敷設費用を引き下げよう，などといったコスト削減努力は行われません．かかったコストはすべて電気料金に上乗せしましょう，ということになります．

　第2に，電力会社の無駄遣いは，発電機に関しても起きます．数年前に，電力会社が，鉄鋼メーカーやガス会社などから電力を入札で購入する卸入札という制度ができました．[9)] 卸入札が始まった年に，あるガス会社が，自己所有の土地に発電所を作って，入札しようと考えました．できるだけ安く入札するために，日本のメーカーではなくてスイスのメーカーに発電機の値段を聞いたところ，3割も安かったそうです．それでコスト面での条件をクリアできて，このガス会社は入札に成功しました．その後は，電力会社も発電機を3割安く購入するようになったそうです．

　この例からもわかるとおり，総括原価主義のもとでは，生産要素の調達価格を引き下げてもらうように交渉するインセンティブが小さかったわけです．高コストでも，全部を料金に上乗せして回収できるからです．もし完全競争的であったならば，どの会社も血眼になってコスト引き下げの努力をするはずです．

　その結果，総括原価主義に基づいた料金規制は電気料金を高止まりさせました．電力の自由化が始まる前の電気事業審議会におけるセブン-イレブン・ジャパン社長の指摘によると，同社は，アメリカのセブン-イレブンの3倍の平均電気料金を支払っていました．

改　善　策

　コスト引き下げのインセンティブが働かない，という問題の改善策はこれまでいくつか考えられてきました．その例は**プライスキャップ制**です．これは価格の上限は規制するが，各企業の努力によりさらに費用が節約された時には，次期の規制上限価格の設定にはその費用節約分を反映させない制度です．

　ノルウェーでは，市のレベルで電気を売る配電会社が各市にあるのですが，

[9)] 電力は必ず地域独占の電力会社から買わなくてはならない，と思い込むのは間違いで，自家発電はかなり広く行われています．鉄鋼メーカーは，製鉄の過程で出る熱を利用して発電しています．また中国地方や四国地方では，買うよりも安いからという理由で，使っている電力のほぼ半分が自家発電です．

そこでは配電料金と発電料金を別々に徴収します．その際，配電料金は，国からプライスキャップ制により規制されています．したがって今年の価格は前年のコストには基づきません．その代わり規制価格は，毎年最低２％ずつ引き下げられます．しかし，料金引き下げ，と言われても，送電・配電の技術面で，そんなペースでの技術革新なんてあるはずがありません．毎年２％ずつ価格を引き下げる規制を課された企業の関係者によれば，技術開発をしなくても，余剰人員を減少させるなど価格引き下げの余地はいくらでもある，とのことです．これは，総括原価主義に基づく価格規制のもとで料金に上乗せされてきた無駄をなくそうという試みです．

　コスト引き下げのインセンティブを与えるもう１つの方法は，企業間で競争をさせることです．たとえば，電力会社には，地域ごとに東北電力，東京電力，九州電力などの企業があります．この場合，企業間を比較して，発電量１単位当たりの費用が相対的に高い企業に対しては，低い報酬率を与え，利潤が下がるようにします．この方法のもとでは，費用を節約した場合にはその分だけ価格を下げずにすみますから，利潤を上げることができます．したがって，各企業は費用引き下げの競争をします．このような規制方法を**ヤードスティック**と言います．

10　ま　と　め

　１．独占は，参入規制あるいは規模の経済によって生まれます．
　２．独占企業が利潤を最大化する生産量は，総余剰を最大化する生産量を下回ります．すなわち，社会的な観点から見て，独占企業は過少に生産します．その根本的理由は，限界便益と限界費用が等しい生産水準から出発した場合，独占企業は，生産を縮小して市場への供給量を少なくすれば，価格をつり上げることによって，利潤を増やすことができるからです．完全競争企業の場合には，直面している需要曲線が水平なので，供給量を減らしても価格をつり上げることはできませんが，独占企業は右下がりの需要曲線に直面しているので，こういうことができます．

3．独占は，死重の損失を発生させるだけでなく，費用を節約する動機がないため，X非効率性をも発生させるという弊害を生み出します．

4．独占対策の1つである国有化によって，過少生産による価格のつり上げを防ぐことができます．その一方で，国有化によってX非効率性はむしろ増大してしまう可能性があります．特に，国営企業は，政治家からの自分たちの選挙区への事業の誘致を目的とした干渉を受けがちです．その面からもX非効率性は増大します．

5．独占対策の1つである限界費用価格形成原理に基づいた料金規制は，総余剰を最大化します．ただし，この料金規制をすると，固定費用の補助が必要になる場合が多くなります．その場合には，固定費用を節約しようというインセンティブ（動機づけ）を企業が失い，X非効率性が増大するという問題が起きます．

この問題を軽減する方法の1つは，二部料金制の採用です．これは，料金を基本料金と従量料金とに分け，基本料金で固定費用をまかなうことによって，固定費用に対する補助金の必要性をなくそうとするものです．また，時差料金制も同様の役割を果たします．これは，混雑時の高い料金で固定費用の大きな部分をまかなおうとするものです．需要量が少ない時は，限界費用価格形成原理に基づく料金では，固定費用をまかなえませんが，混雑して需要量の多い時には，この原理に基づく料金は十分に高くて，固定費用をカバーできるからです．

6．現実には，補助金支払いの財政負担をなくすために，多少の死重の損失を発生させても，総括原価主義がとられることが多くあります．しかし，価格の設定が実現された平均費用に基づいているために，企業側にコストを抑制しようというインセンティブがなくなり，X非効率性が残存するという問題が生じます．

総括原価主義におけるコスト抑制のインセンティブを与えるためには，プライスキャップ制のように，価格の上限は規制するが，企業努力で費用を節約した場合には，企業の利益にするという方法もあります．また，地域ごとに独占企業がある場合には，ヤードスティックという規制方法で各社の経営努力を比較しながら価格規制をしていくという方法もあります．

キーワード

平均費用　規模の経済　独占　独占企業　特許　企業秘密　自然独占　寡占　製品差別化　可変費用　収入　独占均衡　独占価格　独占企業生産量　死重の損失　X効率性　X非効率性　国有化　料金規制（価格規制）　プライス・テイカー　企業分割　国有化　料金規制　公益事業　限界費用価格形成原理　一括補助金　インセンティブ（動機づけ）　基本料金　従量料金　二部料金制　時差料金制（ピークロードプライシング）　総括原価主義（平均費用価格形成原理）　公正報酬率原理　プライスキャップ制　ヤードスティック　限界収入

補論:独占企業の利潤最大化生産量では,価格は限界費用より大きい——限界収入による説明

独占企業の場合には,利潤を最大化する生産量で,(9.1) 式が成り立たず,

　　価格＞限界費用　　　　　　　　　　　　　　　　　　　　(9.2)

が成り立ちます.

補論では,この不等式が成立する理由を「限界収入」という概念を用いて説明しましょう.

独占企業の場合も,利潤最大化生産量では,限界収入＝限界費用

利潤は,次で定義されました.

　　利潤＝収入－費用

生産量を 1 単位増やした時の収入の増加を **限界収入** と呼ぶと,上の式から,

　　限界利潤＝限界収入－限界費用

が成り立ちます.[10] 企業の利潤が最大化する時には

　　限界利潤＝0

ですから,利潤を最大化する生産量のもとでは,

　　限界収入＝限界費用　　　　　　　　　　　　　　　　　　(9.4)

が成り立ちます.

右下がりの需要曲線のもとでは,価格＞限界収入

完全競争の場合には,企業が直面する価格は一定であり需要曲線は水平ですから,

　　価格＝限界収入　　　　　　　　　　　　　　　　　　　　(9.5)

でした.したがって,(9.4) 式から,利潤最大化の条件として「価格＝限界費

---

[10] 限界利潤は,第 3 章「供給曲線」4 節で定義したように,生産量を 1 単位増やした時の利潤の増加です.(9.5) 式で説明するように完全競争企業の場合には,たまたま,「限界収入＝価格」が成り立つために「限界利潤＝価格－限界費用」が成り立つのです.

補論：独占企業の利潤最大化生産量では，価格は限界費用より大きい　215

図 9-8　価格＞限界収入

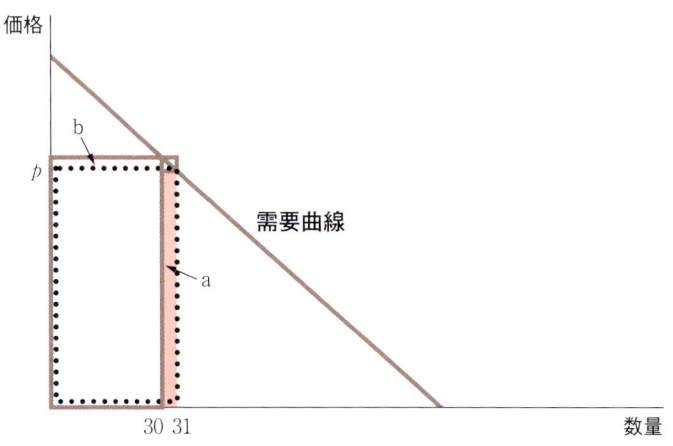

パネルA：限界収入＝a－b＝価格－b＞0

パネルB：限界収入＝a－b＝価格－b＜0

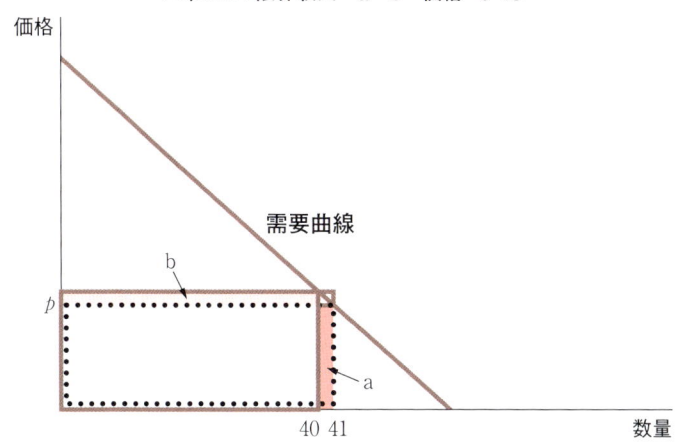

この図のパネル A は，生産量が正である時に，限界収入が価格を下回る仕組みを示しています．まず，生産量を30単位から 1 単位増やした場合，収入は面積 a 分増加した一方で，面積 b 分だけ減少しています．つまり，ここで「限界収入＝a－b」が成り立ちます．ポイントは，面積 a は価格と等しく，面積 b は「増産前生産量からの収入」の減少分を表し，「限界収入＝価格－増産前生産量からの収入の減少」となるため，価格＞限界収入となる点です．

用」が導かれたわけです．

しかし，需要曲線が右下がりの場合には，いかなる生産量のもとでも

$$\text{価格} > \text{限界収入} \tag{9.6}$$

が成立します．この不等式と（9.4）式から，利潤を最大化する生産量のもとでは，（9.2）式が成り立っていることがわかります．

図による説明

なぜ（9.6）式が成り立つのでしょうか．すなわち，生産量が正である時に，価格のほうが限界収入より高いのはなぜでしょうか．図を使ってより詳しく説明しましょう．

図9-8は，生産量を30単位から1単位増やした時に，収入が茶の実線で囲まれた長方形から黒の点線で囲まれた長方形に動くことを示しています．この増産によって，収入は，面積aだけ増加する一方でbだけ減少しています．結局この変化による収入の純増はaからbを差し引いたものです．すなわち

$$\text{限界収入} = a - b \tag{9.7}$$

という式が成り立ちます．[11]

一方，長方形aの高さは価格であり，その底辺の長さは1ですから，この長方形の面積aは価格です．すなわち（9.7）式右辺のaは，価格です．したがって，この式は，

$$\text{限界収入} = \text{価格} - b \tag{9.8}$$

と書き直すことができます．[12]

需要曲線が右下がりで，生産量が0でなければ，図から明らかなように，bは正なので，（9.8）式から限界収入は価格よりbの分だけ低いことがわかります．このため（9.6）式が成り立ちます．一方，生産量が0の時には（9.8）式の右辺のbが0ですから，（9.5）式が得られます．

---

[11] ところで，生産量削減が増収をもたらすのは，限界収入が負の場合でした．図9-8パネルBではa＜bですから，限界収入が負の場合を示しています．したがって，豊作貧乏は，このように生産量増加が減収をもたらす時に起こります．豊作貧乏を示す図7-7は，図9-8パネルBに対応しています．ただし図9-8では，限界収入を定義するために生産量を1単位だけ増やしているところが違います．

補論：独占企業の利潤最大化生産量では，価格は限界費用より大きい

では，図9-8のbは何でしょうか．図から明らかなように，bは，1単位の増産がもたらす価格減少が引き起こす「増産前生産量からの収入」の減少分です．増産した1単位から得られる収入は価格です．これから，「増産前の生産量からの収入」の減少分を差し引いたものが限界収入になります．これが(9.8)の式の意味です．(9.6)式は(9.8)式からただちに得られます．

独占企業の場合に，(9.6)式が成り立つ理由は次のとおりです．1単位の増産をすると，増産された1単位は，価格分だけ収入を増やします．その一方で，1単位の増産は価格を引き下げますから，これまで売ってきたすべての生産量の販売価格を下げ，これらの生産量の売上げからの収入を減少させます．したがって限界収入は，増産から得た価格分の増収から価格低下分をこれまでの生産量に掛けたものを差し引いたものです．すなわち，

限界収入＝価格増収分－価格低下分×生産量

が成り立つわけです．価格増収分は価格そのもの，価格低下分×生産者は図のbに相当します．この式から，(9.6)式が成り立ちます．

---

12) 完全競争企業は，水平な需要曲線に直面しています．図9-8パネルAで需要曲線が水平であれば，30単位から1単位分増産する時b＝0になります．したがって，(9.8)式から

限界収入＝価格

が成り立ちます．完全競争企業にとっては，価格は生産量に関係なく一定です．したがって，1単位生産量を増やせば，それを販売して得られる収入増は価格と等しくなるわけです．

10章

外部経済と公共財

　本章の前半では、個人や企業が他の個人や企業に対して及ぼす良い影響、すなわち外部経済を分析します。材木会社の持っている山林がふもとに住む住民に対して治水効果を持つ場合は、外部経済の1つの例です。

　本章の後半では、複数の経済主体に外部経済を及ぼす財を分析します。これらの財は公共財と呼ばれます。公共財は、規模の経済とも密接な結びつきを持っています。

A. 外 部 経 済

1　外部経済とピグー補助金

定 義 と 例

　これまでは、ある経済主体が市場を通さずに、他の経済主体に対して、何らかの被害を与える場合を考えてきました。しかし、ある経済主体が他の経済主体に対して、市場を通さずに良い効果をもたらす場合があります。他の企業の利潤を引き上げたり、他人の効用を引き上げたりする場合です。このような状況を、**外部経済**が起きていると言います。**外部不経済**のちょうど逆です。

外部経済で最も古典的な例は，養蜂家と果樹園の例です．養蜂家の近くに果樹園ができると，蜂蜜生産の生産性が上がります．

もう1つの例は，山林の治水効果です．山林を持っている材木会社は，ふもとに住む住民に対して治水効果という外部経済を生みます．すなわち山林によって，洪水の可能性が発生してしまう雨量の閾値が上がります．しかも山林の規模が大きいほどこの閾値は高くなります．

外部経済と外部不経済を合わせて**外部経済効果**と呼びます．外部経済を**正の外部経済効果**，外部不経済を**負の外部経済効果**とも言います．

ピグー補助金

果樹園や材木会社のような外部経済を発生させている経済主体は，自由放任のもとでは，社会全体の効率性の観点からは過少な生産をする傾向があります．その場合には，外部経済の発生源の生産を自由放任の水準より増加させることを社会的に促す補助金を採用することが効率化に役立ちます．たとえば，自由放任のもとでは，材木会社が行う植林の規模は社会的観点からは小さすぎる可能性があります．その場合，効率化の観点からは，材木会社が行う植林に対して補助金を出して，治水効果を上げる必要があります．このような外部経済の発生源に対する補助金は**ピグー補助金**と呼ばれています．

2　外部経済の必要条件

排除費用

外部経済の発生源の例として上にあげた山林を持っている材木会社が，ふもとに住む住民のうち治水サービスの対価を支払う人に対してのみサービスを与え，対価を支払わない住民に対しては治水サービスを排除することができれば，材木会社は治水サービスから利益を得ることができます．すなわち，治水サービスの市場ができます．しかし，それがなされないのは，受益者の排除が難しいからです．「サービスの受益者として，特定の人以外を排除するのが難しい」場合，**排除費用**が高い，あるいは，**排除不可能**である，と言います．

果樹園は，果物は商売にできるものの，養蜂家への蜂蜜提供サービスのほうは商売にできないのは，特定の養蜂家以外のミツバチが果樹園に来るのを排除できないためです．受益者の排除費用が高いために，養蜂家への蜂蜜提供は，市場に提供できず外部経済効果として供給されています．

結合生産物

　企業が発生させる外部経済は，結合生産物という概念と密接に結びついています．

　これまで，1つの企業は1つのものを生産するという場合を考えてきました．しかし実際には1つの財の生産に付随して，副産物が生産される場合があります．牛からは革も肉も生産されますし，鶏からは卵も肉も生産されます．石油精製をすると，一定の割合で，ナフサや軽油が出てきます．このように，同時に生産される複数の生産物のことを，**結合生産物**と言います．[1]

　果樹園とミツバチの場合には，果樹園は，果物を生産していると同時に，蜂蜜提供サービスをも結合生産物として生産しています．その際，果物は市場で取引されますが，蜂蜜提供サービスのほうは売られることなく，外部経済効果を及ぼしています．材木会社は，材木と治水効果とを結合生産しています．その際，材木は市場で取引されますが，治水効果のほうは，売られることなく外部経済効果を及ぼしています．

　ある生産工程から財Aと財Bの2つの結合生産物が生まれる場合に，財Aには市場があるが，財Bには，市場がないため売れないとしましょう．この時，財Aを市場で売るために生産すると，自動的に結合生産される財Bを，関係ない人が無料で受益してしまうということになります．

　このように，民間企業の生産活動が外部経済を発生させるのは，その企業の主な生産活動の結合生産物が，他の経済主体に便益を及ぼすにもかかわらず，

---

[1] このような結合生産が起きるのは，1つの企業がそれぞれ単品で作るよりも，異なった生産物を同時に作ったほうが，その企業が持っているノウハウや機械，労働力・材料などをより有効に使うことができ，より安く作ることができるからです．このように，複数のものを作った場合に，1つひとつを別々に作った場合よりも安くできることを，範囲の経済がある，と言います．

その結合生産物の市場が存在しない場合です．

したがって，**ある企業が生産する財の結合生産物の排除費用が高い場合には，**結合生産物の市場ができないために，**その結合生産物が，受益者に対して，外部経済効果を起こします．**すなわち，ある企業が自社が生産する商品の結合生産物の利用者を選別的に排除するのに費用が存在することが，その企業で外部経済が発生するための必要条件です．

所　有　権

さらに，外部経済効果を発生させる生産プロセスが，受益する側の生産プロセスとは異なる企業に属していることも，その効果が外部経済効果となるための必要条件です．外部経済も，所有権の所在，すなわち誰がどの財産を持っているかによって，発生したりしなかったりします．たとえば，ミツバチの例では，養蜂家と果樹園とを同じ会社が経営しているならば，外部経済効果は発生しません．果樹の種類や本数を蜂蜜の生産のことも考えて調整するでしょう．また，個人経営の材木会社が所有する山林のふもとに，経営者が広大な邸宅を持っている場合も，外部経済効果は発生せず，放っておいても山林の規模は適正になります．

3　発生源としての個人と政府

ここまでは，企業が外部経済効果を発生させる場合を考えましたが，個人も政府も外部経済効果を発生させます．

ヨン様が街を歩いているのを見ると，皆が嬉しくなるということも，個人が引き起こす外部経済の1つであると言えます．また，ある邸宅の樹木が周囲の人にくつろぎを与えるということも，個人が外部経済を発生させる例です．大田区の東馬込の個人が所有する邸宅内にあった桜並木は，桜の名所でした．この邸宅の持ち主が亡くなったあと，邸宅を買い取った不動産業者が跡地にマンションを建てるために桜の木を切ろうとしたところ，近所の住民による大規模な反対運動が起こり，周囲の人たちがそれまで無償でどれだけの恩恵を受けて

いたか，桜並木にどれだけの外部経済を受けていたかが明らかになりました．

　ところで，企業が発生源である時の外部経済を引き起こす技術的な要因は，結合生産物と高い排除費用でした．個人が外部経済を発生させる原因も，高い排除費用です（たとえば，街を歩いているヨン様の場合も，特定の人には姿を隠せるのならば，お金を支払う人だけに姿を見せることができるはずです．見物人を排除するコストが高いから，外部経済が発生しています）．

　一方，政府が発生させる外部経済は，無料で提供している橋や道路のような公共財です．これらは，受益者に市場を通さずに便益を及ぼしているため外部経済を引き起こしています．

B. 公 共 財

4　公共財と料金

非 競 合 性

　私がアイスクリームを消費したら，他の人は同じアイスクリームを消費することができません．このように，ある人が消費したら他の人が同じ財を消費できないという性質を**競合性**と言います．さらに，この性質を持つ財・サービスを**競合財**と言います．

　反対に，国防，灯台，テレビ放送などのサービスは，ある人が消費しても他の人の消費量が減少することはありません．すなわち，資源投入を一定に保ったまま使用者数を増やしても，サービスの質を一定に保つことが可能です．この性質を**非競合性**，この性質を持つ財・サービスを**非競合財**と言います．

　表10-1の左側は競合財を，右側は非競合財を例示しています．

　競合財としては，アイスクリームのほか，ハンバーガーとジーンズが例としてあげられています．非競合財としては，国防，灯台，テレビ放送のほかにも各種の道路など数多くの例があげられています．

　道路は，混み合っていれば非競合性を失います．したがって表10-1では，

コラム：金銭的外部経済

　1つの企業の行動が，価格変化を通じて他の企業に良い影響を及ぼすことがあります．たとえば，あるオフィスビルと契約している清掃会社が料金を下げたとします．それによってこのオフィスビル会社は得をします．しかしそれは養蜂家の近くに果樹園ができるのとは違っていて，たんに価格の低下を通じてこの企業は得をした，ということです．

　このような場合，外部経済と似ているので，それとはっきり区別するため特別の用語を用います．すなわち1つの企業の行動が他の企業の行動に価格変化を通じて影響を及ぼす場合を，金銭的外部経済を及ぼすと言います．これは非効率を生み出すわけではありません．なお，市場を通さない普通の外部経済のことを，これと区別するために，技術的外部経済と言うこともあります．

混雑が発生していないことを前提として東名高速道路などの道路を非競合財としています．なお，非競合性を持つ財の例としてあげられている通勤鉄道も，混雑すれば，同様に非競合性を失います．

　ところで，混み合っていない映画館は，もう1人観客が増えても，他の観客にとっての迷惑になりませんから，非競合財です．したがって，商業映画館（空席有）は，表の右側に分類されています．一方満席の映画館には競合性がありますから，左側に分類されています．

　非競合財は，政府（あるいは準政府機関——以下省略）が提供する場合も民間が提供する場合もあります．表10-1で，黒字項目は，政府が提供するものを，茶色字項目は，民間が提供するものを示しています．たとえば，同じ高速道路でも，東名高速道路のサービスは政府によって，箱根ターンパイクのサービスは民間によって提供されています．さらに森林が及ぼす治水効果も，国有林によっても民有林によっても提供されています．

料　　金

　表10-1には，非競合財の例として，道路が4つあげられています．東名高

表 10-1 競合財と非競合財

	競合財	非競合財
有料	アイスクリーム ハンバーガー ジーンズ 商業映画館（満席）	テレビ放送［WOWOW］ 東名高速道路 箱根ターンパイク 通勤鉄道 商業映画館（空席有） USJ 小石川後楽園 新宿御苑
無料	公民館無料映画会（満席）	新御堂筋高速道路 公民館無料映画会（空席有） 日比谷公園 テレビ放送［NHK］ テレビ放送［民放］ 一般道路 国防 灯台 国有林が及ぼす治水効果 民有林が及ぼす治水効果 果樹園の外部効果

この表は，さまざまな財を，①**競合性**があるかないか，②有料か無料か，という2つの基準で分類しています．競合性がなく，かつ無料で供給されている財を「**公共財**」と呼びます．この表でオレンジ枠は，公共財を表しています．さらに，黒字項目は政府が，茶色字項目は民間が提供する財を示します．

＊なお，NHK のテレビ放送を無料としたのは，NHK を見ても見なくても受信料を支払わなければならないため，受信料が NHK を見ることの代価になっていないからです．

速道路・箱根ターンパイク・新御堂筋高速道路・一般道路です（なお，一般道路とは，自動車だけでなく，歩行者や自転車も通れる道路，すなわち，家やビルや店舗に直接出入りできる道路のことです）．

これらのうち，民間が提供している箱根ターンパイクも，政府が提供している東名高速道路も有料です．しかし政府が提供している大阪の新御堂筋高速道路[2]や一般道路は無料です．公園に関しても，民間が提供している USJ や政府が提供している小石川後楽園や新宿御苑は有料ですが，政府が提供している日比谷公園は無料です（ところで，有料の小石川後楽園と無料の日比谷公園は

両方とも都立公園です）．

表10-1では，有料で提供されている財・サービスが実線の上欄に，無料で提供されている財・サービスが下欄に示されています．

公共財の料金による定義

非競合財のうち，サービスが無料で提供されているものには特別な名前が与えられます．

　　　無料で提供されている非競合財を公共財と呼ぶ.　　　　(10.1)

公共財の別な定義と区別する必要がある場合には，(10.1) を公共財の**料金による定義**と言います．[3]

表10-1の右下のオレンジ枠で囲まれた項目が公共財の例を示しています．例として，政府が提供している一般道路や国防だけでなく，民間が提供している果樹園の外部経済効果や民有林が及ぼす治水効果もあげられています．

同じ道路でも，無料の道路は公共財ですが，有料の道路は公共財ではありません．表10-1で無料の新御堂筋高速道路が公共財に分類され，有料の東名高速道路が公共財に分類されていないのはこのためです．実際に道路利用者の観点からは，箱根ターンパイクも東名高速道路も有料である点では共通です．したがって，箱根ターンパイクが公共財でないのと同様に東名高速道路も公共財ではありません．

定義 (10.1) を満たすものは，民間が提供するものであっても公共財と言います．たとえば，材木会社の治水効果の例では，ふもとに住む住民は，追加的に何人か増加しても，以前と同様に治水の便益を得ることができますから，治水効果には非競合性があります．もちろん無料で供給されていますから，公共財です．同じく，果樹園の場合にも，混雑が発生していないかぎり，養蜂家へ

---

[2]　新御堂筋高速道路は，大部分が信号のない自動車専用道路で，高架か掘割になっていますから，ハイウェイです．しかし無料です．なお，「高速道路」という言葉は法律上，有料道路のことを指しますが，本書では，信号のない自動車専用道路——ハイウェイ——のことを，有料無料に関係なく，高速道路と言います．

[3]　この定義は，公共財の通常の定義と少し違います．通常の定義は本章第6節で「自然公共財」と呼ぶものです．詳しくは，本章補論を参照のこと．

の果樹園の蜂蜜提供サービスは非競合性を持っています.[4] よって,このサービスも公共財です.

5 公共財と外部性

　公共財の「料金による定義」の2つの要素のうち「無料」のほうは外部経済効果の概念と密接に結びついています.

　公共財であることがはっきりしている山林の治水効果を例にとって説明しましょう.まず山林の治水効果は,サービスが無料で提供されているため,外部経済効果です（外部経済効果とは,1つの経済主体が他の経済主体に市場を通さないで影響を与えること,であったことを思い出してください）.

　いま,この山林のふもとに複数の家屋があるとしましょう.その場合,治水効果はふもとのすべての家屋に外部経済効果を与えていますから,追加のもう1軒が治水のサービスを得ても,他の家屋が同様のサービスを受け続けることができます.したがって,非競合性を持っています.

　橋や道路のように,政府がサービスを無料で提供する公共財も,複数の受益者に対して外部経済効果を引き起こしています.この場合も外部経済効果の受益者が複数いることが橋や道路に非競合性を与えています.したがって,公共財は次のようにも定義できます.

---

4) 民間が供給する非競合性を持つサービスにも規模の経済があります.山林が非競合性を持つ財を生み出している時には,植林費用と山林の維持に要する費用との和を治水費用と言うとしましょう.植林した木の数を一定にしたまま,山林のふもとに住む住民（＝治水効果の利用者）の利用者数を増やした時,社会的限界費用は0です.したがって,利用者1人当たり治水費用（すなわち平均費用）は減少します.サービスの供給量が増えるにつれて平均費用が下がるのですから,山林の治水効果にも規模の経済性があります.果樹園の場合にも,養蜂家の数が増加しても社会的限界費用は変わりませんから,蜂蜜提供1単位当たりの平均費用が下がります.したがって,果樹園の外部経済効果にも規模の経済があります.

複数の受益者に対して外部経済効果を引き起こしている財を公共財と言う．　　　　　　　　　　　　　　　　　　　　　　　　(10.2)

これを公共財の**外部性による定義**と呼びましょう．公共財は，外部性を持つ財の特殊型としても位置づけられるわけです．公共財の「外部性による定義」が，(10.1) で与えられた「料金による定義」と実質的に同一であることは明らかでしょう．

公共財の本格的な分析は，サミュエルソンの1950年代の3本の論文に始まりました．サミュエルソンは，これらの論文の中で，公共財の概念を数学的なモデルで定義しました．その定義を言葉で表現すると外部性による定義になります．

6　公共財と排除費用

排除不可能性

「料金を取っても採算にのらないほど排除費用が高い」ことを**排除不可能**であると呼びます．[5]「受益者を排除できない」という意味です．

表 10-2 は，表 10-1 に点線の横線を加えたものです．点線の下側には，排除不可能な（すなわち料金徴収が不可能な）財が，点線の上側には，排除可能な（すなわち料金徴収が可能な）財がリストアップされています．

この表のオレンジ枠で囲まれた公共財サービスの中では，点線の下側には排除不可能だから無料で提供されている公共財が，点線の上側には排除可能であるにもかかわらず無料で供給されている公共財がリストアップされています．この表から次が観察されます．

民間企業は，自社が供給する非競合性のある財・サービスの料金が徴収可能ならば，料金を徴収するでしょう．このため，図の点線より上側の（すなわち

---

[5] 本章2節では，「ある企業が生産する財の結合生産物の排除費用が高い場合には，結合生産物の市場ができないために，その結合生産物が，複数の受益者に対して，外部経済効果を起こす」ことを示しました．(10.2) と合わせると，この命題は次のように言い換えることができます．**民間企業が提供する公共財は必ず，排除不可能な非競合財です**．これを言い換えると，(10.3) になります．

表 10-2 自然公共財と政策的公共財

		競合財	非競合財
有料	排除可能	アイスクリーム ハンバーガー ジーンズ 商業映画館（満席）	テレビ放送［WOWOW］ 東名高速道路 箱根ターンパイク 通勤鉄道 商業映画館（空席有） USJ 小石川後楽園 新宿御苑
無料	排除不可能	公民館無料映画会 （満席）	新御堂筋高速道路 公民館無料映画会（空席有） 日比谷公園 - - - - - - - - - - - - テレビ放送［NHK］ テレビ放送［民放］ 一般道路 国防 灯台 国有林が及ぼす治水効果 民有林が及ぼす治水効果 果樹園の外部効果

表 10-1 で示された財の分類に，「排除可能か不可能か」という新たな分類基準を追加しました．

点線の下側には**排除不可能**な財が，点線の上側には**排除可能**な財が示されています．オレンジ枠は公共財を示していますが，そのうち点線より下側の財が「**自然公共財**」で上側の財が「**政策的公共財**」です．たとえば，公民館無料映画会（空席有）は，排除可能であるにもかかわらず，無料で提供されていますから，政策的公共財です．

なお，この表でも黒字項目は政府が，茶色字項目は民間が提供する財を示しています．

排除可能な）民間企業が提供する非競合財（茶色字項目）はすべて有料です．一方，民間企業が無料で提供している果樹園の外部経済効果や民有林が及ぼす治水効果のようなサービスはすべて点線の下側にあります．民間企業が無料で提供しているのは，料金徴収の難しさのためです．したがって，次が成り立ち

①民間企業が提供する公共財は，必ず排除不可能な非競合財である．

政府が無料で提供しているものの中にも，料金を徴収するのにコストがかかりすぎるために無料にせざるをえないものもあります．たとえば，灯台の場合には，そもそも料金徴収の方法がありません．

それに対して，政府は，技術的に排除可能な非競合財・サービスのいくつかを，無料で提供しています．公民館無料映画会や，日比谷公園（それに対して，小石川後楽園は有料です），新御堂筋高速道路などがその例です．[6] 以上の観察は次のようにまとめられます．

②政府は，排除不可能な非競合財を公共財として提供するが，排除可能な非競合財も公共財として提供することがある．

自然公共財と政策的公共財

上の2つの命題から，排除不可能な非競合財は，政府も民間企業も，公共財として提供することがわかります．したがって，本書では，排除不可能な非競合財を**自然公共財**と呼びます．

一方，上の命題②から，政府が無料で提供する排除可能な非競合財を**政策的公共財**と呼びます．

これらの概念を用いると，上の命題①②は，それぞれ次のように書き直せます．

①民間企業が提供する公共財は，必ず自然公共財である．　　　(10.3)

②政府が提供する公共財は，自然公共財であることも，政策的公共財であることもある．　　　(10.4)

---

6) 実際，東京-横浜間では，有料道路と無料道路が入り混じっています．さらに，道路のように非競合性を持つ財は，必ずしも政府が供給するとはかぎりません．外国では，民間企業が料金を徴収して経営している道路はいくつもあります．日本でも，箱根ターンパイクは，民間企業が経営しています．

つまり，道路や橋のような非競合財の中には，①料金を安い費用で徴収することができるものも，できないものもあります．また，②実際に料金を徴収しているものも，してないものもあります．さらに，③そのサービスを政府が提供する場合も，民間企業が提供する場合もあります．

7　規模の経済の一種としての非競合性

政府が，多くの排除可能な財・サービスを政策的公共財として無料で提供しているのは，次の理由によるものです．

> 非競合性のある財に関しては，料金が仮に徴収可能であっても，その料金を0にし，その建設費用は税金でまかなうことが効率的な資源配分を達成する．

この節では，料金徴収可能な（すなわち排除可能な）非競合財のサービスに対する適正料金について分析します．そのために，まず料金が徴収可能であるか否かにかかわらず，すべての非競合財に共通する性質を分析しましょう．

非競合性と限界費用

灯台，混み合っていない道路，混み合っていない橋，混み合っていない公園のような非競合性を持つ財は，使用者数が増加しても，それにともなう費用を増やさずにサービス供給量を増加させることができます．言い換えると，これらの財・サービスの提供に関して，建設のためには巨額の固定費用がかかりますが，施設供給者側が負担する可変費用は無視できるということです．[7] すなわち，施設供給者側が負担する（以後省略）限界費用は0です．したがって，**非競合財のサービス供給に関する限界費用は0です**．

規模の経済

第9章「規模の経済：独占」で見たように，固定費用があり，限界費用が一定である場合には，生産量が増えるにしたがって平均費用が下がります．[8] し

---

[7]　道路を利用する運転者はガソリンや時間の費用を負担しますが，施設供給者側はこれを負担しません．

図 10-1 独占価格

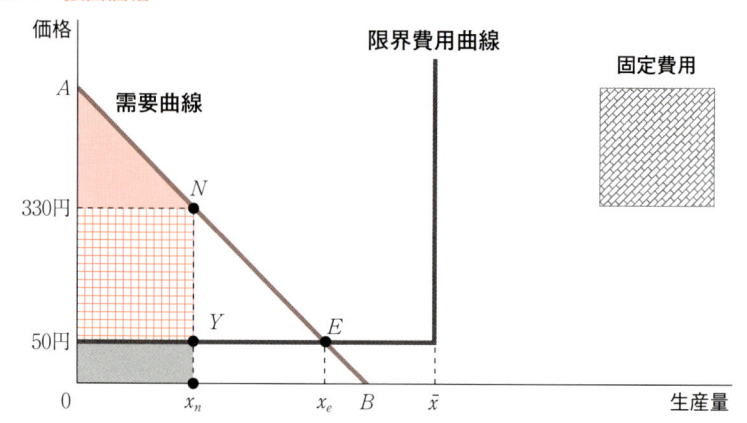

価格規制がない場合，図の独占企業は，生産者余剰を最大化する生産量と価格の組み合わせとして，N点（生産量x_n，価格330円）を選びます．この時の生産者余剰は，オレンジ格子の図形の面積です．総余剰（＝需要曲線の下側の面積から限界費用曲線の下側のグレーの面積を差し引いたもの）は，オレンジ格子の図形とその上のベージュの三角形の面積の合計です．

たがってこの場合には，規模の経済があります．[9]

非競合財は，固定費用のみで限界費用が0という特性を持っていますから，**非競合性は規模の経済の極端な形です**．

限界費用がかからない場合に必要な市場介入は，第9章図9-4で分析した限界費用が一定のケースの特殊例として，分析できます．

第9章の議論を簡単に復習しましょう．ある独占企業の限界費用曲線と需要曲線が図10-1（これは，図9-4の基本部分を再掲したものです）に描かれています．価格規制がない場合，この企業は，利潤が最大化されている生産量x_nで330円の価格づけをします．しかしこの場合には，三角形NYEの面積に等しい死重の損失が発生します．

一方，限界費用価格形成原理（第9章8節）によって，価格規制を行うと，

規制価格＝限界費用　　　　　　　　　　　　　　　　　　　　(10.5)

---

[8] 第9章注2）参照．
[9] 規模の経済とは，生産量が増えるにしたがって平均費用が下がることです．

図 10-2 非競合財の供給：自由放任の場合

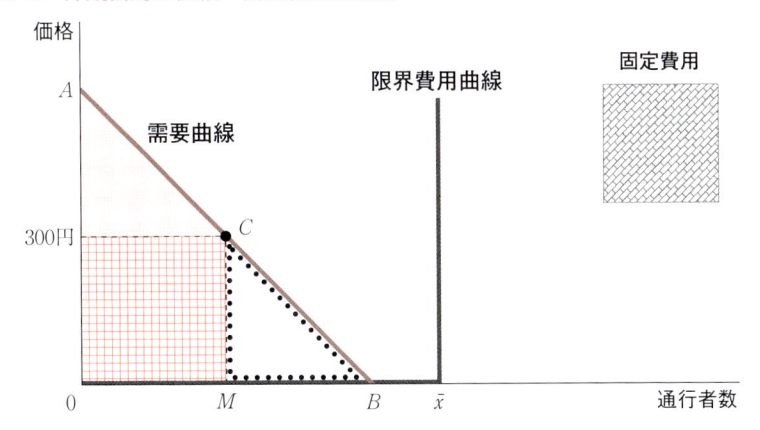

C点は，自社の生産者余剰を最大化しようとする橋の保有会社が選択する通行料金と通行者数との組み合わせです．この時の生産者余剰は，オレンジ格子の四角形の面積であり，総余剰はこの図形とベージュの三角形の面積との合計です．図10-3との比較から明らかなように，三角形 CMB の面積が，自由放任がもたらす死重の損失です．

ですから，規制価格は50円になります．この場合，死重の損失は0になります．しかし，限界費用が一定なので収入はちょうど可変費用をカバーする分しか入ってきません．固定費用の分の赤字が発生しますので，国が固定費用分を補填してやる必要があります．

民営非競合財の価格設定

橋を例にとって，第9章の分析を非競合財に適用しましょう．横軸に通行者数をとった図10-2には，ある橋の需要曲線，限界費用曲線，固定費用が描かれています．この橋の通行者数が増加しても，$\bar{x}$ までは完全に安全ですが，それを超えると橋が重量に耐えきれずに落下してしまう可能性が発生するとしましょう．[10] この場合の限界費用曲線はグレー線で示されています．通行者数が $\bar{x}$ になるまでは，橋は非競合財ですから，限界費用は0です．また，右側に描

---

10) 事故が起これば，橋の管理者に膨大な費用がかかります．わずかでも危険があれば，それ以上に通行者が利用することによる限界費用は巨大になると考えられます．

いたレンガ模様の図形の面積は，固定費用すなわち橋の建設費（および毎年の償却費＋利子）です．右下がりの線 AB は，仮に橋の通行料金が徴収された場合に何人の人が通行するかを示す需要曲線です．図 10-2 は，図 10-1 で一定の生産量までは限界費用を 0 とした特殊なケースであることは明らかでしょう．

いま，この橋が私的に所有され，通行料金を支払った人のみに通行させるとしましょう．

まず料金（価格）規制がない場合を考えます．図 10-2 に描かれている橋の保有会社の収入が最大化される通行者数は M であり，それに対応した通行料金は 300 円であるとします．この場合，通行者数を増やしても可変費用は 0 のままですから，収入を最大にする通行者数 M が利潤をも最大にします．利潤を最大化させる通行者数のもとでは，総余剰は図 10-2 のベージュの三角形とオレンジ格子の四角形の面積を合わせたものになります．そのうち価格線 300 円より上のベージュの三角形が消費者余剰で，下のオレンジ格子の長方形が生産者余剰です．

道路無料公開の原則

次に，限界費用価格形成原理に基づいて料金を規制すると，橋の限界費用が 0 ですから，(10.5) 式に基づいて，通行料金を 0 に規制しなければなりません．この場合の通行者数と通行料金の組み合わせは，図 10-3 の B 点で示されます．

この時の総余剰は，図 10-3 の需要曲線の下側のベージュの三角形の面積です（これは消費者余剰でもあります．一方この場合，橋の保有会社にとっての生産者余剰は 0 です）．B 点における通行者数の時に総余剰は最大化されます．したがって，総余剰を最大化するためには，通行料金を 0 にしなければなりません．

図 10-2 と図 10-3 を比較すると明らかなように，限界費用価格形成原理に基づいて価格規制をする場合には，橋が自由放任のもとで供給されている場合と比べて，総余剰が図 10-2 の黒点線で囲まれた三角形 CMB の面積分だけ増加しています．

通行料金を 0 にした場合には，政府が建設費（および毎年の償却費＋利子）

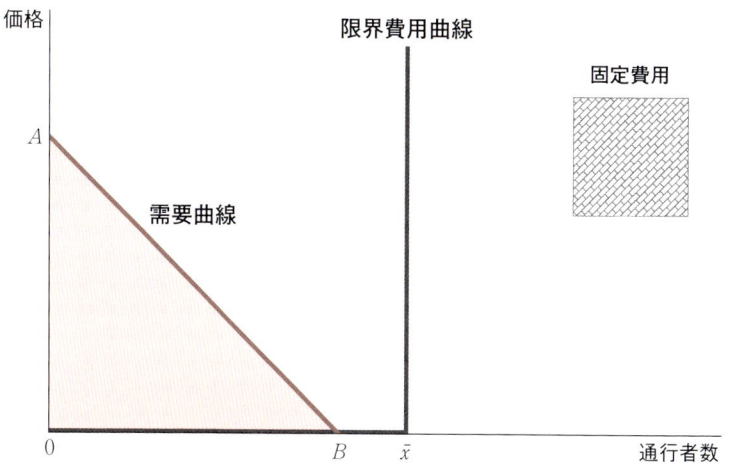

7 規模の経済の一種としての非競合性

図 10-3 非競合財の供給：限界費用価格形成原理によって価格規制される場合

図10-2の橋の保有会社に対して，限界費用価格形成原理に基づいた価格規制を行うと，限界費用が0なので，橋の通行料金は0に規制されます．この時，通行料金と通行者数との組み合わせはB点に移るため，ベージュの三角形の面積が総余剰となります．したがって死重の損失は0です．この価格規制によって，自由放任の場合と比べて図10-2の三角形 CMB の面積分だけ総余剰が増加しています．

の全額を負担する必要があります．しかし，総余剰を最大化できれば，税金でその建設費をまかなっても，社会全体では得をします．非競合財は，誰かが使うことで他の人へのサービスが減るわけではないので，使用料金は無料にして公共財としてできるだけ多くの人に使ってもらうのがよいわけです．

これから，「ある非競合財から得られる総余剰を最大化するためには，料金を0にし，固定費用を政府がまかなうべきだ」ということになります．この政策原則を**道路無料公開の原則**と言います．この原則は，どの非競合財にも適用できますが，典型的な非競合財である道路に，非競合財の代表になってもらって，この名前になっています．

灯台，道路，橋といった非競合性を持つ財が，基本的に政府によって建設され使用料金が無料になっているのは，その時に総余剰が最大化されるからです．混雑が発生してない道路は非競合財なので，そのような道路に対しては，この原則があてはまります．[11]

道路無料公開の原則の根拠をまとめると，以下のようになります．

「非競合性のある財・サービスの供給に際しては，限界費用は0であるから，使用者数を増やしても費用は増えない．このため，無料にすることによってできるだけ多くの人に使ってもらえば，総余剰を最大化できる．したがって料金徴収が可能であっても，無料にするべきである．その場合，サービス供給の費用は税金でまかなうべきである．」　(10.6)

8　公共財としての情報

情報は，政府が公共財として提供することもありますし，民間が有料で提供することもあります．

情報という財の非競合性

普通の財を複製するためには，費用がかかります．しかし，情報の生産には，固定費用はかかりますが，利用者数を増加させるために複製をする限界費用は0です（ある経済学者が「情報は火のようなものだ」と言いました．火と同様に，情報は，次から次へと無料でコピーしていくことができるという意味です）．限界費用が0であるということは，情報が非競合財だということを意味します．したがって，情報の生産は，市場に任せてもうまくいかず，国が積極的に関与する必要があります．その手段の第1は，情報を政策的公共財にしてしまうことです．すなわち，情報の生産者に助成金を与え，その代わりに生産された情報を広く一般に提供させることです．第2は，情報の使用に関する独占権を与えることです．

公共財としての情報
(1) 研　究　助　成
大学での基礎研究は，非競合性のある情報の生産活動です．誰かがある研究

---

11) ただし，道路に混雑が発生すれば，第11章「道路と市場の失敗」で詳しく論じるように，最適な通行料金は0ではなくなります．

成果を使ったからといって，他の人の知識水準は落ちません．だからこそ，政府が大学での研究を助成し，その成果が公共財として提供されています．

(2) 政府による情報提供

　序章「市場と政府の役割分担」では，医薬品の品質に関して，売り手と買い手の間に情報の非対称性がある時に，政府が情報提供をする必要があることが指摘されました．この場合，政府は情報の正確性に関する検査に固定費用をかける必要がありますが，その後に情報を知らせることは，基本的に限界費用は0で行うことができます．したがって，この場合の政府による情報提供は，公共財であるということがわかります．

知的財産権の保護

　新しく開発された技術が，公共財として無料で提供されることは，その技術が最大限に利用されるという意味では望ましいことです．

　しかし，技術開発をする企業にとっては，苦労して新技術を作っても，それが他人に無料で利用されてしまうと，技術開発のインセンティブがなくなってしまいます．これにより社会にとって有用な研究開発が行われなくなります．同様のことは，映画や本についても言えます．完成した映画を無料で他人がコピーしてもいいのならば，映画製作者としては良い映画を作るインセンティブがなくなってしまいます．

　新しく情報を作るインセンティブを与えるためには，せっかく作った情報を他人がコピーできないように，情報生産者が情報を独占できる仕組みが必要になります．

　第9章「規模の経済：独占」で独占を分析した時に説明したように，独占は，規模の経済だけでなく情報の独占によっても発生します．[12] 情報の独占は，国が青色発光ダイオードのように①特許を与える場合，マイクロソフト社のウィンドウズなどのように②著作権保護を与える場合，コカ・コーラの製法のように③企業が秘伝として情報を秘密にする場合に可能です．

　①製品に関する特許と，②著作権に関する独占権の法的な保護を総称して**知的財産権保護**と言います．これらは，新しい発明や著作を，一定期間「独占」

的に営業目的に使うことを可能にする法的な保障制度です．技術は特許で守られ，映画や著作物は著作権で守られています．知的財産権保護の結果，知的財産の使用料金を徴収できるようになります．

知的財産の使用料を徴収するということは，死重の損失を発生させるというマイナスの効果を当然発揮します．しかしその反面，発明や創造的活動にインセンティブを与えるというプラスの効果があります．言い換えると，知的財産は非競合財であるから，元来は無償で公共財として提供されることが望ましいにもかかわらず，技術開発促進効果のために知的財産権保護制度を通じてそのサービスの使用に料金を徴収することが許されていると言えるでしょう．ただし，何年間の保護が適正であるかを判断するためには，厳正な経済学的分析が求められます．[13]

9　非競合財の有料供給

映画館の非競合性

混み合っていない映画館は，非競合財が有料で提供されている典型的な例です．混み合っていない映画館では，もう1人観客が増えても，他の観客にとっての迷惑になりませんから，明らかに非競合性があります．言い換えると，社

---

[12] 独占的行為は死重の損失を発生させるので，独占禁止法は，独占を原則として禁じています．また公正取引委員会が公正な競争が行われるように監視しています．

にもかかわらず，独占が法律に基づいて例外的に認められているケースがあります．第1は，電力会社やガス会社などの，国が価格規制を行う地域独占事業体です．第2は国営企業です．かつての郵便事業がその例です．第3は知的財産権を保護する場合です．

[13] なお，知的財産権保護のほとんどの分野では，法律の面でも，それを運用する法曹人材の面でも，アメリカが圧倒的に優れており，日本はその技術開発力にもかかわらず，法的な保護の側面で立ち遅れ，国際競争の場で不利な立場に立たされています．日本では，知的財産権問題に詳しい技術者や医療過誤に関する知見を有する医師が弁護士資格を取得しやすくなるように制度改革を行うことが，国際競争に伍していくために不可欠だと言えるでしょう．

会的費用なしに観客を増加させることができます．このため，厳密に言うと民間の映画館が料金を徴収して映画を上映していることは，空席が多いかぎり非効率を生み出しています．

　一方，混み合っていない公民館で映画を無料で上映するならば，この映画上映サービスは公共財です．映画上映サービスのように非競合性のある財は，公共財として供給される時に効率的に利用されます．表10-1で，公民館無料映画会（空席有）は，オレンジ線で囲われた公共財のリストに入っています．

有料にすべきか無料にすべきか

　表10-1の右上欄には，非競合性のある財・サービスが有料で提供されている例がいくつかあげられています．これらの財・サービスは，国が何らかの財政的支援をして，公共財として無料で供給されるべきなのでしょうか．

　商業映画館の場合を考えてみましょう．できあがった映画を映画館で上映している時に，空席がある場合，料金を支払わないで観られるのならばぜひ観たいという人がいるでしょう．その人にも観せてあげたら，費用は増加せずに便益だけは増加します．したがって，総余剰は増加するでしょう．映画館は，すでに完成された映画の料金を徴収することによって社会の総余剰を減少させています．

　しかし，その一方で，徴収された料金は，最終的には映画製作会社に入り，質の高い映画を作ることに貢献します．映画の興行収入があるからこそ，映画会社はより面白い映画を作ろうと努力すると言えるでしょう．したがって，料金を徴収することは，質の高い映画を生み出すことを通じて，便益を増加させるという貢献をしています（同様のことは，テレビ放送のWOWOWが料金を徴収することについても言えます）．

　政府が無料の映画館を経営して，映画鑑賞を公共財にすれば，確かに映画が製作されてしまった後の死重の損失は少なくなります．しかし，そもそも良い映画ができなくなるという別の損失が生まれます．商業映画館に有料で映画を提供させていることは，映画を無料でコピーすることを禁じる知的財産権保護と同じ理由であることがわかります．

　その一方，高速道路や空港に関しては，公共財として無料で提供しても，研

究開発や映画製作と違って，何らかの技術開発が抑制されるということはありません．言い換えると，東名高速道路の通行料金や羽田空港の着陸料を徴収しても，これら施設に技術進歩が起きて質の改善が起きるというわけではありません．これらの施設で混雑していない時に料金を徴収するのは無意味です．[14]

10 まとめ

1．ある経済主体が他の経済主体に対して，市場を通さずに（つまり無料で）他の企業の利潤を引き上げたり，他の個人の効用を引き上げるなど，良い効果をもたらす場合を外部経済が起きていると言います．外部不経済のちょうど逆です．外部経済と外部不経済を合わせて外部経済効果と呼びます．外部経済を正の外部経済効果，外部不経済を負の外部経済効果とも言います．

2．材木会社のような外部経済を発生させている経済主体は，自由放任のもとでは，社会全体の効率性の観点からは過少な生産をする傾向があります．材木会社の植林に対して補助金を出して治水効果を上げるような，外部経済効果の発生源に対する補助金を，ピグー補助金と呼びます．

3．「サービスの受益者として，特定の人以外を排除するのが難しい」場合を排除不可能である，と言います．そのようなサービスは，生産してしまえば無料で提供せざるをえません．

4．同一企業が生産する複数の生産物のことを，結合生産物と言います．材木会社は，材木と治水効果とを結合生産しています．その際，材木は市場で取引されますが，治水効果のほうは排除不可能である（すなわち受益者を制限できない）ので無料で供給されています．

5．企業は，生産する財の結合生産物が排除不可能なサービスを発生させる場合には，そのサービスを無料で提供することになり，外部経済効果を発生さ

---

[14] ただし政府は，排除可能な非競合財を，財政的な理由から有料で提供することがあります．表10-2の右上欄に表示されている，東名高速道路はその例です．しかし政府は，排除可能なサービスであっても効率的な資源配分のためにあえて無料で公共財として提供すべきです．

せます．

6．政府が，無料で提供している国防，灯台，テレビ放送のようなサービスは，受益者に市場を通さずに便益を及ぼしているため，外部経済を引き起こしています．

7．「ある人がある財を消費したら，他の人は同じものを消費することができない」という性質を持つ財・サービスを競合財と言います．

反対に，国防，灯台，テレビ放送などでは，ある人が消費しても他の人の消費量が減少することはありません．すなわち，資源投入を一定に保ったまま，使用者数を増やすことが可能です．この性質を持つ財・サービスを非競合財と言います．道路や通勤鉄道は，混み合っていなければ非競合財ですが，混み合っていれば非競合財ですはなくなります．

8．非競合財のサービス供給に関する限界費用は0です．すなわち使用者を増やしても費用は増えません．

9．非競合財は，できるだけ多くの人に利用してもらうことによって効率的な資源配分を達成します．ということは，非競合財のサービスの料金徴収が可能であっても（すなわち排除可能であっても），あえて無料で提供することで，効率化を達成できます．これを有料で供給すると，市場の失敗を引き起こしてしまいます．

非競合財のサービスを無料にすることによって総余剰を最大化する場合，サービス供給の費用は税金でまかなわねばなりません．

10．公共財には，2つの同値な定義を与えました．

 ①無料で提供されている非競合財を公共財と呼ぶ． (10.1)

 ②複数の受益者に対して外部経済効果を引き起こしている財を公共財と言う． (10.2)

このように定義された公共財は，必ず非競合財です．

また，非競合財で排除不可能なものは，無料で提供せざるをえませんから，必ず公共財です．本書では，排除不可能な非競合財を特に自然公共財と呼びます．一方，排除可能であるにもかかわらず政府が無料で提供する非競合財を政策的公共財と呼びます．これらの概念を用いると，次が成り立ちます．

 ①公共財は，自然公共財と政策的公共財に分類される．

②民間企業が提供する公共財は，必ず自然公共財である．

③政府が提供する公共財は，自然公共財であることも，政策的公共財であることもある

11. 情報は非競合財であるため，市場の失敗が起きますので，国が積極的に関与する必要があります．その手段の第1は，情報を政策的公共財にしてしまうことです．すなわち，情報の生産者に助成金を与え，その代わりに生産された情報を広く一般に提供させることです．大学での基礎研究への助成金はその例です．第2は，情報の使用に関する独占権を与えることです．これが政府による知的財産権保護政策の根拠です．完全に効率的になるわけではありませんが，効率は改善します．

12. 混み合っていない映画館は，非競合財が有料で提供されている典型的な例です．

政府が無料の映画館を経営して，映画鑑賞を公共財にすれば，確かに映画が製作されてしまった後の死重の損失は少なくなります．しかし，「そもそも良い映画ができなくなる」という別の損失が生まれます．商業映画館に有料で映画を提供させているのは，映画を無料でコピーすることを禁じる知的財産権保護と同じ理由です．

キーワード

外部経済　外部不経済　外部経済効果　正の外部経済効果　負の外部経済効果　ピグー補助金　排除費用　排除不可能　結合生産物　競合性　競合財　非競合性　非競合財　金銭的外部経済　技術的外部経済　公共財　自然公共財　政策的公共財　道路無料公開の原則　知的財産権保護

補論："公共財"の排除費用による定義

　現在の大半の教科書では，本書で「自然公共財」と呼んだものを，たんに「公共財」と呼んでいます．[15] すなわち，標準的な公共財の定義は次のとおりです．

　　排除不可能な非競合財を公共財と言う．

　これを"公共財"の**排除費用による定義**と呼びましょう．この定義は，公共財の料金による定義（10.1）の中の，「無料で提供されている」を「排除不可能な」で置き換えたものです．

　ところで，(10.3) 式から明らかなように，民間企業が提供する公共財に関しては料金による定義と排除費用による定義はまったく同じです．(10.4) 式から明らかなように，異なるのは，政策的公共財に関してです．

　5節で述べたように，公共財の本格的な分析を始めたサミュエルソンは，公共財の定義として，「外部性による定義」を採用しました．[16] これは「料金に

---

[15]　私の知るかぎり唯一の例外は，「公共財（public good）は市場機構によって効率的に供給することができないために，公共部門が無償で人々に供給する特殊な財です．」と定義した常木淳『公共経済学』（新世社，1990年，p.31）です．「無償性」を中心的な概念としている点で本書と同様にサミュエルソンの3本の論文に忠実な定義だと言えるでしょう．

[16]　具体的には，サミュエルソンはこれらの論文では，ある財の供給量を表す変数が，2人以上の消費者の効用関数（八田達夫『ミクロ経済学Ⅱ』（東洋経済新報社，2009年）第18章「生産と消費の基礎理論」を参照）の中に直接入っている場合に，その財を公共財と呼んでいます．

　　ちなみに，サミュエルソンの公共財に関する論文は次の3本です．

　　P. A. Samuelson, "The Pure Theory of Public Expenditure," *The Review of Economics and Statistics*, November 1954, pp. 387-389; "Diagrammatic Exposition of a Theory of Public Expenditure," *The Review of Economics and Statistics*, November 1955, pp. 350-356; "Aspects of Public Expenditure Theories," *The Review of Economics and Statistics*, November 1958, pp. 332-338.

よる定義」と同値です．実際サミュエルソン自身は，上述の論文の中で「排除不可能な」という概念を用いていません．彼は，公共財を規範的な分析の文脈で定義したためです．

　料金による定義と排除費用による定義の相違をより明確にするために，一般道路と有料高速道路を比べてみましょう．まず，一般道路は，どちらの定義でも公共財ですが，有料高速道路は，どちらの定義でも公共財ではありません．いま，これまで高速道路として有料で供給していた道路を無料で開放することによって，一般道路とまったく同じように使えるようにするとしましょう．この道路は「料金による定義」では公共財に分類されますが，排除可能なので，「排除費用による定義」では，公共財に分類されません．

　表10-2のオレンジ枠で囲まれた項目はすべて，料金による定義に基づく公共財ではありますが，これらの項目のうち点線より上側のものは，排除費用による定義では，公共財ではありません．[17]

---

[17] 排除費用による定義には，明確性に欠けるという特徴もあります．排除の難しさは程度問題で，排除費用の大きさによって高かったり低かったりするため，ある財が公共財なのかどうかはっきりした判定ができないのです．それに対して，料金が徴収されているかどうかは，はっきりしていますから，「料金による定義」には明確であるという特徴があります．

11章

道路と市場の失敗

　本章の前半では，第10章「外部経済と公共財」の分析結果を用いて，市場の失敗への対策の観点から，道路の規模，料金，財源をどのように定めることが効率的であるかを分析します．

　本章は，市場の失敗に関する最後の章ですから，後半では，市場の失敗の全体に共通する側面を展望します．

A．道路の規模，料金，財源

1　公共財の投資基準

費用便益分析

　前章で，すでに建設されてしまっている橋や道路については，総余剰を最大にする水準でサービスを供給するためには，政府が固定費用をまかなうべきだということが明らかになりました．

　しかし，そもそも財政負担をしてまで橋や道路を建設すべきか否かの決定は，いったいどのように行ったらよいのでしょうか．

　経済学的に意味のある公共財の投資基準は，

図 11-1 非競合財の供給：限界費用価格形成原理によって価格規制される場合

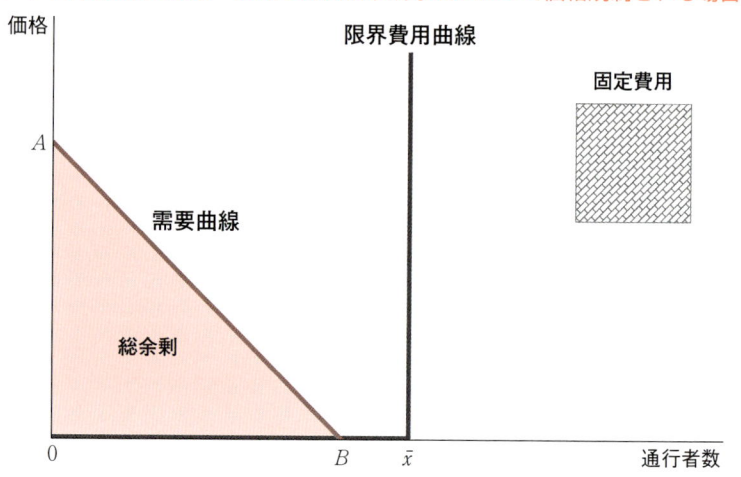

この図には，ある非競合財の需要曲線が描かれています．需要曲線の下側のベージュの三角形の面積が，この財が生み出す総余剰です．レンガ模様の四角形は，この財の建設にかかる固定費用です．総余剰の面積が固定費用の面積を上回る場合にのみ，この財の建設が社会的に望ましいと言えます．

最大化した総余剰のほうが固定費用よりも大きければ，建設すべきだ

(11.1)

というものです．

図 11-1 は，前章の図 10-3 をコピーしたものです．上の投資基準をこの図で示すと，「ベージュの三角形で示した総余剰がレンガ模様の四角形で示される固定費用を上回る場合は，建設を行う」というものです．この投資基準に基づいて総余剰と固定費用とを比較する分析は，**費用便益分析（規制影響分析）**と呼ばれています．

定義式

　　　　総余剰＝便益－可変費用

の両辺から固定費用を差し引くと

　　　　総余剰－固定費用＝便益－総費用

となります．したがって基準 (11.1) は，

最大化した便益のほうが総費用より大きければ建設すべきだ　　(11.2)

という基準と同値です.[1] これが，(11.1) に基づくテストが「費用便益分析」と呼ばれる理由です．

費用便益分析は，次の手順を踏んで行われます．
第1に，需要曲線を推定して，その下側の面積によって総便益を計算する.[2]
第2に，建設費のデータを収集して，総費用を計算する．
第3に，総便益と総費用のどちらが大きいかを比較する．

中立官庁による費用便益分析の発注

現在日本に存在する多くの橋や道路は，費用便益分析なしに建設されました．その例は3本の本州四国連絡橋です．1967年に建設省は，この本州四国連絡橋（本四架橋）を1本だけ3候補地のどこに架けるべきか検討するために，費用便益分析を行うプロジェクトチームを作って検討を始めていました（当時私自身が大学院1年生時代にアルバイトでこのプロジェクトに下働きとして参加していたのでよく知っています）．しかし費用便益分析ができあがる以前に，政治家たちの強引な要望によって，3本の橋をすべて架けるということが政治的に決められてしまいました．本四架橋のそれぞれがもたらす余剰が総費用を超えているかどうかは，チェックされないまま建設されてしまったのです．

現在，本州四国連絡高速道路株式会社（2005年9月までは，本州四国連絡橋公団）が赤字であることが非難されています．しかし赤字であるということ自体は非難の理由にはなりません．費用便益分析に基づいた投資決定を行わなかったことが非難されるべきです．すなわち，こういう政治決定を行った時点における首相であった佐藤栄作氏こそ非難されるべきでしょう．費用便益分析を行わないで大型の公共投資をするなどという愚行を，日本は二度と繰り返すべきではありません．

---

[1] すでに固定費用が投下されてしまっている施設の場合には，便益のほうが可変費用より大きければ，生産を止めるべきではありません．また，固定費用を投下する以前では，便益のほうが総費用より大きければ，建設すべきです．なお図11-1の場合，可変費用は0なので，「総余剰＝便益」と「固定費用＝総費用」が成り立ちますから，(11.1) が (11.2) を意味するのはただちに明らかです．

[2] 通常は，計量経済学的手法によって需要曲線を導き出しますが，アンケートによって推定することもあります．

コラム：フリー・ライダーと公共財の適正規模

　一般道路のように非競合性があり，しかも排除不可能なサービスを生む施設を，受益者の1人が自分でお金を出して建設しようとするインセンティブは起きません．誰かが作ってくれれば自動的に利用できるわけですから，自分で作るのはばかばかしいわけです．

　したがって，受益者全体でお金を出し合って作る必要があります．しかし，皆で作るにしても，公共財の適正な規模・性能をどうするべきか，ということを決めるのは困難です．たとえば，受益の大きさによって建設資金を負担するということになれば，どの人も，自分はあまり受益していないと主張して，自分が負担するお金をなるべく少なくしようとします．とにかく誰かが作ってくれれば，自分はそれを利用できるからです．このように，自分が犠牲を払わなくても，他人が作ってくれたものを自由に利用できることをフリー・ライダー問題と言います．

　排除不可能でかつ極端な規模の経済を持つ財は，フリー・ライダー問題のために市場では供給されなくなってしまうので，政府がそれを供給する必要があります．その場合，適正な供給量は，費用便益分析によって判断されます．道路のように類似のものがいろいろなところにある場合には，需要曲線の予測ができるのでそれを用います．

　ところで最近では，日本でも形のうえでは費用便益分析をすませてから公共投資が行われるようになりました．しかし残念ながら，正しい費用便益分析が行われているとは言えません．その主たる理由は2つあります．1つは，分析を行う者と分析発注者のいずれもが費用便益分析に関する知識を欠いていることです．両者とも費用便益分析を支える経済学を体系的に学んだことがないことが多く，正解が何かわからないまま，闇雲に数字だけを出しているという状況があります．もう1つは，分析を行う者と分析発注者の間の力関係です．国土交通省や農林水産省が，ある事業をしようとする場合には，費用便益分析をコンサルティング会社に依頼します．当然発注者側は，便益は費用を超えているという結果を出してほしいわけです．コンサルティング会社が逆の結果を出せば，国土交通省や農林水産省から仕事があまり回ってこなくなるかもしれません．したがっていろいろ工夫して，便益が大きくなるようにしているのではないか，と疑われています．

そのような癒着を防ぐために最低限行うべきことは，費用便益分析の計算の発注を，事業担当官庁ではなく，中立的な官庁が行うことです．

費用便益分析の現行制度には他にも大幅な改善の余地があります．

まず，すべての費用便益分析に対して，第三者が事後的な検証調査を行い，分析の責任者に対しては，過去に行った評価の質の優劣によって，それ相応の社会的評価を与え，責任を明確にすべきです．現在は，責任が不明確になっています．

次に，政府が，費用便益分析の結論とは異なる投資判断をする場合には，第三者による費用便益分析自体を公開したうえで，分析とは異なる政治判断をした大臣なり市長なりの責任者を特定する必要があります．現在では，費用便益分析自体の責任と政治的責任とが明確に分離されていないため，費用便益分析を行う側に対して発注官庁におもねる分析を行うことが期待される仕組みになっています．

2 「受益者負担の原則」vs「道路無料公開の原則」

これまで見てきたように，公共財のサービスを効率的に供給する方法は，建設費を税金でまかない，料金自体を無料にすることです．これを**道路無料公開の原則**と言いました．この原則は混雑のない公共財のすべてに対して当てはまります．

たとえば図11-2では，通行料金が180円に設定されると料金収入（ベージュ格子の面積）が固定費用（レンガ模様の面積）に等しくなることを示しています．この料金がかけられると，無料の時に比べて利用者数が減少して黒点線で囲まれた三角形の面積で示される死重の損失が発生します．これを避ける方法は，道路建設を所得税や消費税などの税金でまかない，無料で使用させることです．これが（10.6）にまとめられた「道路無料公開の原則」のエッセンスです．

それにもかかわらず，「道路の利用を無料にすれば，道路利用者は得をするのに，道路を利用しない人たちは税負担により損失を被る．これは不公平だか

図 11-2　独立採算制道路

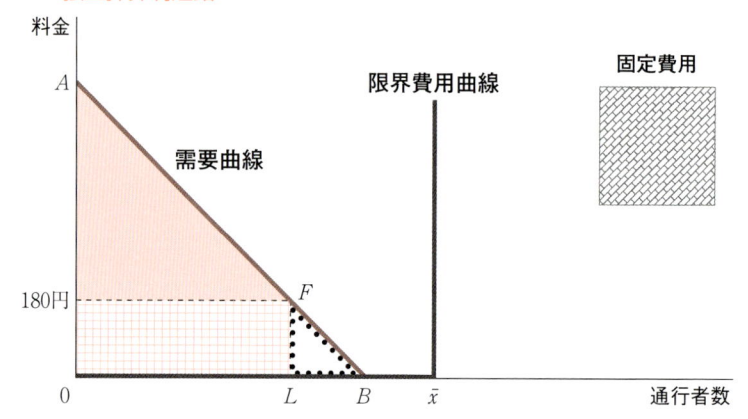

もし道路が無料で開放されていれば，図11-1で見たように，三角形 AOB が総余剰です．しかし独立採算制のもとで料金が180円に設定されると，黒点線で囲まれた三角形の面積で示される死重の損失が発生します．なお，ここで180円は，料金収入（ベージュ格子の面積）が固定費用（レンガ模様の図形の面積）に等しくなるように選ばれた料金水準です．この図は，たとえ料金徴収が可能であっても，余剰を最大化するためには無料にするべきことを示しています．

ら，効率を犠牲にしてでも，利用者に使用料を課すべきだ」という主張がなされることがあります．これは，**受益者負担の原則**と呼ばれています．

たしかに，道路の利用を無料にすれば，道路利用者は他の人より得をします．実は，道路無料公開の原則は，序章「市場と政府の役割分担」で説明した効率化原則を道路建設に対して適用したものであると位置づけられます．なぜなら費用便益分析に基づいて選択された道路に対する「道路の無料公開」と「税金による建設費調達」との組み合わせは，総余剰を増やすという意味での効率化政策だからです．さらに「すべての効率化政策を実行し，その際には損失をこうむる人を補償しない」というのも「効率化原則」に一致しています．

道路に限らず，どの公共財も，政府による無料提供はその利用者だけを有利にします．たとえば，灯台の無料サービスによって，それらの受益者だけが得をします．医療の研究開発に政府は多大な補助をしていますが，病気になった人がそれによって得をするわけです．しかし山奥に住んでいる人も一生健康な人も税負担をします．政府の補助金によるコンピュータ技術開発の場合にも，

それによって大きな利益を得る人もいますが，何も得をせず税負担だけを強いられる人もいます．

さらに，独占企業に対する価格規制は，消費者に大きな恩恵をもたらし，総余剰を増加させます．独占企業の株主は損失をこうむりますが，効率化原則のもとでは，独占企業への所得補償をせずに，独占価格を規制します．

このように多様な効率化政策は，さまざまな人に負担を負わせつつ，総余剰を増加させます．この結果，現実に行われている多種多様な効率化政策の全体を総計すると，損失より大きな便益をもたらしている可能性が高いと言えるでしょう．特に10年とか20年という長い期間をとると，損失より便益のほうが大きい可能性が高いと言えます．なにしろ，個々の効率化政策は，経済全体に対しては，損失より大きな便益をもたらすことがわかっているからです．したがって，効率化原則のもとでは，一部の人に損失をもたらす場合にも，効率化政策を実行します．これによって，少なくとも，次の世代，子どもの世代や孫の世代になった時には，ほとんどの人が大きな総便益を得ることを期待するからです．[3]

これが「効率化原則」を政策基準として採用する際の根拠です．したがって「道路無料公開の原則」の根拠でもあります．

一方，受益者負担の原則は，道路投資によって損失する人を出さない場合のみ投資するというのですから，効率的資源配分の観点からは過小投資をもたらします．これは序章で説明した「既得権保護原則」を道路建設に適用したものだと言えるでしょう．

以上で述べたように，道路走行の社会的限界費用が0であるという前提のもとでは，道路は無料で公開されるべきです．しかし現実には，道路走行は正の社会的限界費用を生むことが多くあります．その場合には走行に対して課税したり，料金をとったりすべきです．

ところで，「受益者負担の原則」は道路使用の総費用を受益者が負担しなけ

---

[3] ただし，混雑料金を社会的費用に基づいて課すと，長期的には料金収入でちょうど建設費をまかなえるようになる場合があります．八田達夫『ミクロ経済学Ⅱ』（東洋経済新報社，2009年）pp. 269-288を参照．

ればならないというものです．しかし「道路使用の限界費用を受益者が負担すべきだ」という「限界費用受益者負担の原則」ならば，効率化原則と整合的です．経済学者の中にも時々「受益者負担の原則」を支持する人がいるのは，これを「限界費用受益者負担の原則」と混同しているためでしょう．

3　道路建設財源としてのガソリン税

　以下では，日本の自動車関連税の制度を紹介したうえで，これを経済学的観点から評価しましょう．

　所得税や消費税のように，使途が特定されず，どのような経費にも使用できる税金が投入される資金を**一般財源**と言います．それに対して，使途を特定した税金が投入される資金を**特定財源**と言います．消防署にしても，政府資金による基礎医学研究の成果にしても，公共財として政府が無料で提供しているサービスが利用者に与える恩恵の多くは，利用者以外をも含む人々の一般財源の税負担で可能になっています．それに対して，航空機燃料税は，空港整備のために使途を特定されている特定財源に組み入れられます．

道路特定財源

　道路は，公共財の中でも重要なものの1つです．ここで，その建設財源がどうあるべきかについて考えてみましょう．

　一般道路には通行料金が課されていないので，これまでは，混雑がないかぎり，公共財として効率的に供給されているとしてきました．これは，道路建設が一般財源でまかなわれることを前提としています．

　しかし，実は，ガソリンには課税されており，このガソリン税は，2009年度まで，道路建設のための財源に充てられ，**道路特定財源**の一部を構成していました．日本の一般道路には料金所こそありませんが，建設費をまかなうための通行料金が徴収されていたのです（なお，一般道路とは，自動車だけでなく，歩行者や自転車も通れる道路．すなわち，信号のある道路のことです）．自動車は，走行にともない，必ずガソリンを使いますから，ガソリン税は実質的に

は通行料金と同じです．この場合，図11-2で分析した死重の損失が発生します．

ところで，道路特定財源の自動車関連税は，田中角栄氏が1953年に議員立法で作りました．その根拠は，受益者負担の原則でした．この原則を根拠にしたことは，当時の時代背景を考えると自然であったと言えるでしょう．まず費用便益分析の制度は，いまよりさらに未発達で，道路予算はしょせん政治的に決めざるをえませんでした．そうなると一般財源からは十分な予算が確保できません．次に，道路が極端に不足していた当時，自動車関連税から得られる税収をすべて道路整備の財源に使っても，費用便益分析のテストを満たす可能性が高かったのです．さらに，自動車は，裕福な人たちが使う贅沢財で，道路建設のための財源を，ガソリン税等として彼らに求めることは，政治的に抵抗が少ない財源調達方法でした．

しかしこれらの条件は今ではことごとくなくなりました．したがって，「道路無料公開の原則」に戻る必要があります．道路建設は他の公共投資と同じように費用便益分析に合格した道路のみを建設することとし，それを一般財源でまかなうべきです．費用便益分析に合格しない道路まで通行料金としての自動車関連税でまかなうべきではありません．

にもかかわらず，2009年までは道路特定財源に自動車関連税が投入されていたのは，道路が利権と結びついていたからです．まず道路建設は地方にカンフル注射のような雇用を生みます．さらに受注会社からは政治家への献金があったらしく，これもさらなる利権を発生させ，政治家を潤していましたし，いまも潤しているのかもしれません（これが1つの理由で，「道路を押さえる政治家が国政も押さえる」と言われます）．道路特定財源があるかぎり，費用便益分析の観点で他の公共投資項目より劣っていても，優先して道路に投資されることになります．不必要な道路にまで投資してもらえるわけです．

自動車関連税の根拠

しかし，道路建設をまかなう以外の目的で自動車関連税を課税する正当な根拠が，現在の日本では4つあります．

第1に，混雑が発生している場合には，その道路はもはや非競合性を持ちま

せんから（第8章5節で示したとおりです），**混雑税**あるいは**混雑料金**をピグー税として課すべきです．混雑している時間帯だけ高い混雑料金をかけ，空いている時間は無料にすることによって，混み合っている時間から空いている時間に交通量をシフトさせることができます．これは，高速道路ならば，ETCの技術を使うことによって可能になります．[4]

　実は，一般道路でも，このような方式を採用しているところが世界中に多くあります．シンガポールやノルウェーのベルゲンでは，早くからETCに類似した電子式のカードと一般道路の横に置かれたセンサーを用いて料金を徴収していますし，ニューヨークのマンハッタンとニュージャージーをつなぐ橋も，センサーで料金を徴収しています．ロンドンの中心部では，許可を持つサインを示す自動車だけが乗り入れることを許され，それ以外の車は番号プレートをカメラで撮って，それに基づいて罰金が科せられるという方式で，実質的には混雑料金が課されています．電子式の装置を用いていないだけです．日本でも，さまざまな工夫が可能でしょうが，ETC技術が十分普及すれば，一般道路でも混雑している場所や時間帯にだけ，あらかじめ定められた通行料金を課すことができるようになります．

　第2は，自動車走行がもたらす道路の**損傷の代価**として課すべきです．一般に，自動車が引き起こす道路の損傷は，車の重さの3乗に比例すると言われます．したがって，たとえばトラック用タイヤなど，走行に伴って消耗するものに重く課税すれば，損傷を引き起こす走行を有効に抑制できます．ちなみに現行の重量税は，走行量に関係なく車の重量に応じて課税されているため，道路損傷を抑制する効果はあまりありません．

　第3は，**環境税**として課すべきです．自動車の排出ガスによる二酸化炭素（CO_2）や煤煙の発生を抑制する目的でガソリンに税金を課すならば，**排出ガスに対するピグー税**としての存在意義があります．その場合，現状の自動車関

---

[4] ETCは，有料道路の料金所を通過する自動車を電子的に特定し，ノンストップで課金するシステムです．課金方法には，デポジットカード（ETCパーソナルカード）から料金が差し引かれる方法や月末に請求書が届く方法があります．ETCを利用すれば，時間ごとに違った料金を課すことができますから，混雑している時間帯の料金を高くすることができます．

連税を，ピグー税として再構成する必要があります．すなわち，税金をCO_2排出量に応じて課すことになります．

　第4に，**エネルギー安全保障税**として課すべきです．仮に日本のエネルギー源のほとんどが，輸入された石油でまかなわれているとしましょう．この時，石油産出国の政府や政府の連合が，独占力を行使して日本企業に対して高い値をつける場合，日本は危機に陥ります．このような事態を防ぐためには，石油以外のエネルギー源（たとえば天然ガス，風力や石炭）を使うことを奨励して石油への需要を抑える必要があるでしょう．このように，日本における石油の需要を抑制することを「エネルギー安全保障」のための対策と言います．エネルギー安全保障の観点から，輸出国の独占の行使に対抗するため団結して日本全体の需要を抑制する必要があります．そのために有効なのは，石油の輸入に関税をかけることです．この対抗手段による需要減少は，国益にプラスです．また，石油の税込みの国内価格が上昇することで，省エネルギー技術の開発が促進されます．

　当分の間，この関税の近似として，自動車関連税の一部をエネルギー安全保障税とすることができます．現状以上に石油輸入量が増加すると，エネルギー安全保障が脅かされるのならば，環境税率とエネルギー安全保障税率の和が，これまでの自動車関連税の税率を下回らないように，2つの税率を設定すべきです．

　自動車関連税の根拠のうち，損傷の代価としての税収は当然道路の補修に使うべきです．次に，混雑税や環境税やエネルギー安全保障税などのピグー税は自動車の利用を抑制するための税金であり，財源を捻出するための税ではありません．これらからたまたま入ってくる税収は，一般財源にあてるべきです（第8章「外部不経済」2節を参照）．

　環境税やエネルギー安全保障税は，自動車だけでなく，産業において使われるエネルギーにも課されるべきです．将来は，自動車関連税のエネルギー安全保障税の部分を輸入関税化し，産業にも自動車と共通に負担させることにするべきでしょう．なお，環境税やエネルギー安全保障税を産業に導入する際には，日本の産業全体として税金の負担を増やさないために，法人税を同時に減税する必要があるでしょう．

課税目的においても，また税制の設計においても，現行の自動車関連税には，排出ガス抑制やエネルギー安全保障という思想はありません．5) しかも現在では道路特定財源を使って必ず道路を建設するという体制になっていますから，不必要なところにまで道路が建設されてしまいます．6)

4 高速道路料金

前節では，道路一般の財源になっているガソリン税について分析しましたが，本節では高速道路の財源になっている高速道路料金について分析します．

道路無料公開の原則 vs 受益者負担の原則

これまで示したように，混雑していない道路で料金を徴収するのは非効率ですから，道路無料公開の原則は，一般道路だけでなく，現在有料道路となっている高速道路にも当てはまります．混み合っていない高速道路の通行料金は，最初から無料にして，建設費は一般財源からの税金でまかなうべきです．

しかし現実の日本の高速道路では，道路無料公開の原則ではなく，受益者負

---

5) たとえば，トヨタのハイブリッド車のプリウスは電気を使いますが，ガソリンも使うので結構二酸化炭素（CO_2）を排出します．しかし，特別措置によって税金が安くなっています．ところがプロパンガス車はCO_2排出量も小さく，昔から存在しています．本当にCO_2排出量の抑制を考えるのならば，ハイブリッド車であるかどうかに関係なく，実際に排出しているCO_2排出量に比例してガソリン税を課すべきですが，そのような特別措置はありません．そうした仕組みを作れば，プロパンガス車を使おうという人も増えるでしょう．

6) 省庁が利用者負担を主張する建前は，「道路を使わない納税者に損をさせないため」ということですが，本音は，通行料金を課すことによって，省庁の裁量のきく税源を確保するためであると言えるでしょう．

7) 日本のように通行料金で道路建設の固定費用までまかなう国はあまりありません．ドイツのアウトバーンが無料なのは有名ですし，アメリカでもフリーウェイと言って無料道路が多くあります．欧米諸国の中で高速道路料金を徴収している場合でも，固定費用の部分は国が補填して，残りの維持や補修などの可変費用の部分を料金収入でまかなうという制度を採用しています．

担の原則に基づいて，通行料金が徴収されています．[7] すなわち，料金収入を財源にして，道路体系全体における独立採算を前提に建設されています（これは「料金プール制」とも呼ばれています）．この料金・予算制度は，2つの問題を引き起こしてきました．

第1は，多くの高速道路が，料金が高すぎるためあまり利用されなくなっていることです．その一番有名な例は，**瀬戸大橋**です．橋ができればフェリーの利用者がいなくなるだろうからというわけで，フェリーの船主には運航停止のための補償金が支払われました．ところが，橋の通行料金が高い（普通自動車で端から端まで行けば通常料金は4100円）ので，誰もがフェリーに乗りたがり，フェリーは再開しました．結局，料金を高くしてしまったために，橋を作ったことは膨大な無駄になったわけです．もう1つの有名な例は，**東京湾アクアライン**です．通行料金を無料にすれば，東京を通過するトラックの多くは，追加的な社会的コストも発生させずにアクアラインを通るでしょう．そうすれば，代替道路である首都高速道路の大幅な混雑解消という便益をもたらすことでしょう．しかし通行料金が高いためにそうはなっていません．[8]

第2は，不要な道路が建設されてきたことです．東名高速道路・名神高速道路のような大動脈では建設費以上の料金収入を稼いでいましたが，通行料金は全国でプールして使っているので，個別道路ごとの費用便益分析が甘くなり，ほとんど自動車が通らないような地方道路の建設のためにそれらからの料金収入が使われてきました．不要な道路が建設されたのは，それによって地元の経済がうるおうという恩恵を受ける道路利権族が政治的に推進してきたからです．

道路公団本体の民営化

2点目の不要な道路が建設されてきたことに対して，「赤字の高速道路を造るのはけしからん」という日本の高速道路への批判がなされました．その中には，「ペイする道路のみを建設すべきなのだから，道路公団を民営化しろ」と言う人が数多くいました．彼らを民営化論者と言います．

---

[8] ただし，最近このことに気がついて社会実験と称したETC割引が始められ，通行量は大幅に増えました．

しかし，道路を造るか否かは，「ペイするかどうか」ではなく，「便益が費用を超えるかどうか」によって決めるべきです．すなわち「総余剰が固定費用を超えるかどうか」が判断基準です．民営化論者が言うように，料金収入が総費用を超えるもののみを建設しようとすると，便益が費用を超える場合にも橋や道路建設されなくなる可能性があります．

道路建設においては，一般道路，高速道路の区別なく，同じ基準を用いるべきです．道路公団本体の民営化の主張には，説得的な根拠が提示されていませんでした．「高速道路だけは原則として固定費用を通行料金でまかなう」と決めた高速道路制度の設立時からの方針が間違っていたのです．

高速道路料金が混雑料金になっていない

第10章7節では，原則として，道路は税金で建設費をまかなって，無料で公開することが効率性を達成することを示しました．ただし道路は，利用者数が増えると混雑するので，通行している自動車に混雑料金を課す必要があります．もし道路の損傷の代価や，環境税や，エネルギー安全保障税として，ガソリン税等がすでに徴収されているならば，高速道路は原則無料にし，混み合っている時間帯のみに混雑料金を徴収することが望ましいと言えます．したがって，**高速道路の料金設定の基準は混雑の程度であるべきです**．そのうえで，料金収入が建設費に満たなければ政府が不足分を補填すればいいし，料金収入が建設費を超えた場合にはその余剰分を政府に返却すべきだということになります．

日本では，2005年9月まで**日本道路公団**が大都市圏を除いた全国の有料道路の大部分を管理していました．日本道路公団の料金設定基準は，「①新設の道路は当初は有料にして，建設費をすべて回収した後に，②道路無料公開の原則にしたがって無料にする」というものでした．本章におけるこれまでの分析に照らしてみると，何か変な議論だと感じるでしょう．

まず，新設道路を当初は必ず有料にするというのは間違いです．料金水準は混雑の度合いを基準にして決めるべきです．[9] その際，混雑税（混雑料金）収入で建設費をすべて回収する必要もないし，混雑税（混雑料金）が建設費を超

---

9) ここでは，すでにガソリンには排出ガスに対するピグー税が課せられているとします．

えてもかまいません．

次に②についても，すべての建設費を回収した後にさらに混雑があれば，混雑税を徴収し続けるべきです．

要するに，日本道路公団の料金設定基準は，何から何まで最初から間違っていたわけです．間違っていたのは，①有料道路の料金設定を混雑度に合わせて設定しなかったこと，②あらかじめ定めた期間内に建設費を回収することを目的に料金を設定したこと，③建設費の回収ができれば無料公開にするとしたこと，の3点です．

道路公団民営化

道路本体は公共財なので民営化の根拠は薄弱です．ただし，高速道路に付随するサービスエリアのガソリンステーションやレストラン，さらには駐車場などの周辺施設は公共財ではありません．したがって，高速道路付随施設の運営を民営化すべき理由は十分あります．しかし，2002年に小泉政権下で始められた道路公団民営化推進委員会は，道路本体を民営化すべきだと考えました．すなわち，混み合っていない道路でまで料金を徴収して，建設費を通行料金でまかなうような企業に高速道路を運営させるべきだと考えていました．この方式を採用すると，通行料金のゆえに，利用者を不必要に制限し，道路が十分に活用されないことになります．

道路利権族は，当時の民営化論者の明らかな論理矛盾を指摘していました．こうして，民営化自体が形式的なものになり，利権族が勝利してしまいました．

2005年9月に日本道路公団は民営化され，東日本高速道路株式会社などいくつかの会社に分割民営化されました．しかし，民営化とは名ばかりで，料金収入のプール制は基本的に維持され，もともとプール制を前提にして作られた新道路建設計画も実質的に手つかずになりました．高速道路の独立採算制を主張する民営化論は，民営化論者の当初の意図と反対の結果をもたらしてしまったわけです．

高速道路無料化

一方，民主党は，政権交代前に，有料を前提にした高速道路の民営化を推進

した小泉内閣に批判的であり，高速道路無料化をマニフェストで主張しました．高速道路を無料化にすべきか否かは，「道路無料公開の原則」をとるか「受益者負担の原則」をとるかの論争だったと言えるでしょう．民主党の主張は，道路無料公開の原則に合致しているので，原則的には正しいものです．しかし，混雑時間帯や重量トラックにまで無条件の無料化を主張していました．

元来，混雑している道路では，特定の地点や時間帯では，以前の料金よりも新料金は高くすべきでしたし，道路に大きな損傷を与えるトラック（一般に重さの3乗に比例する損傷を与えると言われています）に対しては非混雑時でも一般利用者よりはるかに高い料金を課すべきでした．しかしそのような肝心の付帯条件をつけずに無料化を実施したために，混雑が加速化し，さらに週末に高速道路が渋滞して高速バスが事実上機能しなくなるなどという事態が起きました．結果的にはずるずると，再び混雑の度合いに関係なく有料化することになりました．

高速道路通行料金の設定にあたっては，小泉内閣が推進した高速道路本体の民営化も，民主党マニフェストに掲げられた混雑を無視した無料化も無謀な考え方です．トラックを例外として原則的には無料にしたうえで，混雑する地点・時間に，戦略的に高い料金を課す制度に移行すべきでしょう．

効率化政策を広く採用する方針でいくならば，非競合財は，政府が無料で提供すべきです．その際，その費用は原則税金でまかなうべきです．高速道路政策を，効率化政策の一環として位置づけるならば，以下の5項目がその基本であるべきでしょう．

(1) 混雑している道路は有料化する（本節参照）．
(2) 混雑していない道路の通行料金を無料にする（第10章7節参照）．
(3) 高速道路新規建設の是非は費用便益分析の厳格な適用によって決める（1節参照）．
(4) 費用便益分析の発注を中立的な官庁が行う（1節参照）．
(5) 高速道路付随施設の運営を一般競争入札によって民間委託する（本節参照）．

こういうことが行われたならば，混雑が大幅に減少する一方で，平均的には高速道路の料金は大幅に下がるでしょう（日本の高速道路の料金は，アメリカの2倍以上，ヨーロッパの3倍以上です）．その一方で，ごく少数の新設道路

のみが建設されることになったでしょう．

B．「市場の失敗」の総括

5　市場の失敗とは

　さて，本章で，市場の失敗に関する主要な議論を終えるので，ここで市場の失敗とは何であったかを考えてみましょう．

　市場の失敗を引き起こす技術的要因は4つあります．第1は規模の経済（その特殊ケースとして，限界費用＝0である場合を含む），第2は結合生産物の存在，第3は排除費用の存在であり，第4は情報収集の費用の存在です．

　さらに，規模の経済，独占，公共財，外部性，情報の非対称性など市場の失敗の全体に共通しているものは，競争市場の欠如です．つまり，**市場の失敗とは，政府が介入しないと，競争的な市場自体が成立しなくなったり，縮小してしまうことです．**

　まず，規模の経済の場合は，1社が生産するのが一番能率的なのですから，競争的な市場はなくなって独占状態になってしまいます．電力はその例です．同じ規模の経済があるものでも，一般道路のように排除費用の高い財の場合には，フリー・ライダー問題のために独占すら成り立ちませんから，国が公共財として提供せざるをえません．民間企業は，その企業が，元来市場で売っている生産物の副産物（結合生産物）の市場がない状態では外部経済効果を発生させます．市場がないのは，その財が排除性を持っていないからです．ところで情報は非競合財です．したがってその商品自体の市場が成立しなくなってしまいます．

　結局は，政府が介入しないかぎり，競争市場が何らかの原因で小さくなったり，なくなってしまう状況が，市場が失敗する状況だ，と言えます．

6 市場の失敗の非効率性：余剰を用いない説明

本書では，市場の失敗がもたらす非効率性を余剰の概念を使って説明してきました．

本節では，余剰の概念を用いずにこのことを説明できることを示しましょう．例として独占を用います．

独占産業から競争産業への資源移動

経済が衣料品と食料品の2つの産業のみによって成り立っているとします．衣料品を X 産業，食料品を Y 産業としましょう．図 11-3 パネル A のグレー線が衣料品産業の限界費用曲線で，図 11-3 パネル B のグレー線は，食料品産業の限界費用曲線です．衣料品産業は独占で，食料品産業は完全競争的だとします．

図 11-3 パネル A の茶線は衣料品企業が直面する需要曲線を示しています．独占企業なので，価格のほうが限界費用より高い生産量を供給します．図では，衣料品企業は，価格が300円，限界費用（MC_X）が100円になる生産量で生産しているとします．一方，パネル B で示される完全競争的な食料品産業の各企業は，限界費用（MC_Y）が価格200円に等しくなる生産量で生産します．

この状況で衣料品を1単位増産するとしましょう．それに必要な生産要素の増加は，食料品の減産によってまかなわなければなりません．この場合，衣料品生産の限界費用（MC_X）は100円で，食料品生産の限界費用（MC_Y）は200円ですから，国が食料品産業に0.5単位の減産を命じて，それによって節約された生産要素を衣料品産業に与えれば，衣料品1単位を増産できます．[10]

資源一定のまま X 財産業の生産量を1単位増やすために必要最小限度の Y 財産業の減産量を，X の Y に対する **限界変形率（MRT）** であると定義します．この概念を用いると，図 11-3 では「衣料品の食料品に対する MRT は0.5です」と言えます．

このような増産と減産との組み合わせの結果，図 11-3 から明らかなように，

図11-3　独占の非効率性

パネルA：独占企業

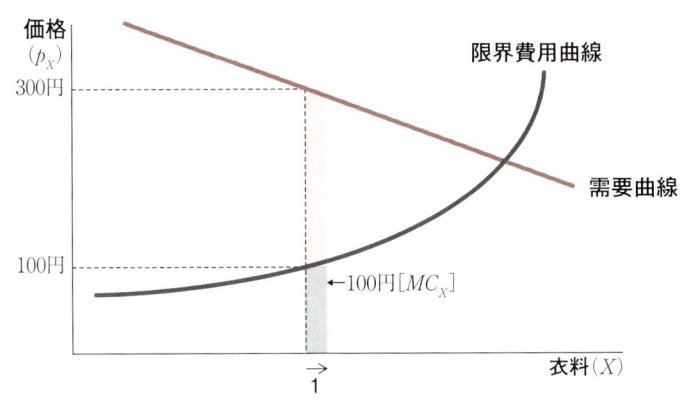

独占衣料品企業が直面する需要曲線と，限界費用曲線が描かれています．独占企業は，価格が限界費用を上回る点で生産することで，利潤を最大化できます．図では，この独占企業の利潤を最大化する生産量は，限界費用が100円，価格が300円となる生産量です．

パネルB：完全競争企業

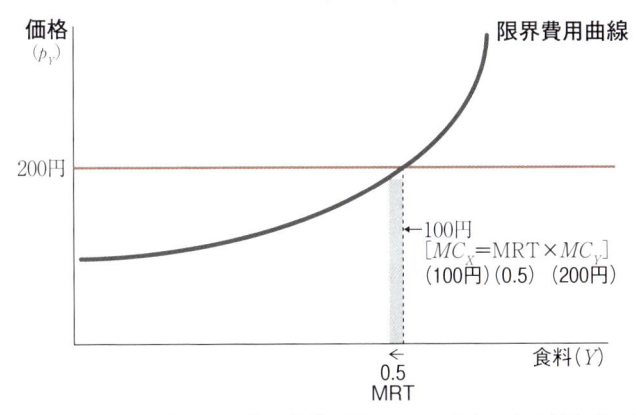

完全競争的な食料品産業の限界費用曲線が描かれています．完全競争的であるので，各企業は限界費用が市場価格200円に等しくなる生産量で生産します．

両パネルは，衣料品を1単位増産するために必要な追加投入要素は，食料品を0.5単位減産することによってまかなえることを示しています．このため，市場価値100円分の食料品を減産すれば，市場価値300円分の衣料品を増産できます．すなわち，完全競争企業で減産して，節約された資源を用いて独占企業で生産されている財を増産すれば，他の誰をも犠牲にすることなく，ある人の生活水準を改善できます．

衣料品産業では生産を1単位増やすことによって，市場価値300円分の追加生産ができます．一方，食料品産業では価格が限界費用と等しいので，市場価値100円分だけ食料品が減産されます．つまり，食料品を100円分減産することによって，衣料品を300円分増産できます．したがって，独占企業では価格が限界費用を上回っているということは，**完全競争企業で減産して，それによって放出される生産要素を独占企業の増産に用いれば，減産分の市場価値より増産分の市場価値のほうが高い**ことを意味します．

独占の非効率性

図11-3は，ある消費者が食料品消費を100円分減らせば，他の誰の消費の組み合わせも変えることなく，その消費者に300円分の衣料品を与えることができることを示しています．この消費財の組み合わせの変化は，彼の生活水準を改善するはずです．[11]

その一方で，このような資源の再配分を行っても，この人以外の人たちの消費の組み合わせ，したがって彼らの生活水準は，以前のままに保てます．このため，完全競争企業で生産されている食料品を減らし，節約された資源を用いて独占企業で生産されている衣料品の生産量をもっと増やせば，他の誰をも犠牲にすることなく，ある人の生活水準を改善できるわけです．

序章5節によれば，「非効率的な」状況とは，与えられた資源と技術の制約のもとで，「経済にいる他の誰かの生活水準を引き下げることなく，ある人の生活水準を引き上げることができる」状況です．したがって，**独占の状況は，独占企業によって生産されている衣料品の生産量が少なすぎるので非効率である**と言えます．

---

10) 食料品生産の限界費用100円は，図11-3パネルAのグレーの面積で示されています．図11-3パネルBには，減産による100円の費用減がやはりグレーの面積で描かれています．パネルBのグレーの長方形は，パネルAのグレーの長方形と同じ面積なのに高さが2倍なので，底辺の長さは半分になります．

11) このことは直感的に明らかでしょうが，これを導く前提となる命題を，限界効用均等の法則と言います．この法則の導出および独占の非効率性分析への応用については，八田達夫『ミクロ経済学Ⅱ』(東洋経済新報社，2009年) pp. 311-327を参照のこと．

このように独占企業が非効率をもたらす根本原因は，意図的に生産量を減らして，価格をつり上げ，利潤を高くするためです．完全競争企業の生産量を減らして，独占企業の生産量を増やすと効率化するのは，このためです．[12]

以上の分析では市場全体における便益の概念も，消費者余剰の概念も使いませんでした．そのかわりに，特定の消費者の生活水準の変化を直接的に比較して独占の非効率性を示しました．

機会費用としての限界費用

一般的に，「何かを入手するために犠牲にしなければならないもの」を，それを入手するための**機会費用**と呼びます．[13] 機会費用という概念は，ある行動をすることによって，あきらめざるをえなかったもののことを指します．たとえば，彼女が出演するバンドのライブ演奏を聴きに行くために同じ時間帯にある高校の同窓会に行けないとしましょう．その場合，「ライブに行くことの機会費用は，同窓会への出席だった」というように機会費用という用語を使います．この例では，同窓会に出席する機会があったのに，ライブに行くことを選んだため，その機会を失うことになってしまったわけです．[14]

図11-3は，衣料品生産の限界費用が100円であることを示しています．これは，衣料品を1単位増産するためには，食料品を100円分減産しなければならないことを示しています．すなわち衣料品の限界費用は，衣料品を1単位増産することの**食料品で測った機会費用**を示しています．このパネルにおいて，

---

[12] いま，独占企業の生産物の価格を独占価格の水準より安く規制するとしましょう．独占企業は，この規制ができると，増産します．その分だけ生産要素への需要が増えますから，経済全体の要素価格が上がり，完全競争企業での供給曲線が上方にシフトします．その結果，完全競争企業での生産量が減り，完全競争企業における生産要素の投入が減少します．そうしてはき出された生産要素を独占企業が購入することにより，独占企業の増産が可能になります．これが，独占企業の価格規制によって，完全競争企業から独占企業に資源が移動するメカニズムです．

[13] 機会費用というのは，失われた機会の費用（lost opportunity の cost）のことです．

[14] 彼女のライブ演奏を聴くために犠牲にしなければならないものは，高校の同窓会に出席することだけではなく，ゲームをやることやカラオケに行くことなどもあります．それらの中で，最大の犠牲になるものが同窓会だ，とここでは想定しています．

衣料品の限界費用は，たんに投入物の金額を示しているだけではなく，それを用いて生産できたはずの（競争市場で取引されている）他の財の市場価値も示しています．

機会費用と限界便益の比較

一方，消費者が直面する価格で測った衣料品増産1単位分の市場価値は300円です．つまり図11-3パネルAは，**100円分の食料品消費減による限界便益の損失を機会費用として支払うことによって300円分の限界便益が衣料品から得られることを示しています．**

したがって，このパネルは，衣料品1単位の増産によって，衣料品と食料品全体から，差し引きベージュの面積分の便益増が社会的に得られることを示しています．ベージュの面積は，奇しくも，衣料品1単位の増加をもたらす総余剰の増加と同じです．

7　ま　と　め

1．経済学的に意味のある公共財の投資基準は，次のとおりです．「最大化した便益のほうが総費用よりも大きければ，建設すべきだ」．この投資基準に基づいて総便益と総費用とを比較する分析は，費用便益分析と呼ばれています．道路では，可変費用が0の場合，「総余剰＝便益」と「固定費用＝総費用」が成り立ちます．したがって，この基準は，「最大化した総余剰のほうが固定費用よりも大きければ，建設すべきだ」という基準と同値です．

2．費用便益分析を行うコンサルティング会社と分析の発注をする官庁が癒着することを防ぐためには，費用便益分析の計算の発注を，事業担当官庁ではなく，中立的な官庁が発注する必要があります．

3．混雑が発生している場合には，その道路はもはや非競合性を持ちませんから，通行料金を混雑税（混雑料金）として課さなければなりません．

4．「道路の利用を無料にすれば，その道路利用者以外も建設費を税負担することになる．このことを防ぐために，道路の利用者に使用料を課すべきであ

る」という考えを，受益者負担の原則と言います．

　しかし，そうすると，それぞれの道路の利用者が減り，大きな無駄が発生します（建設費をまかなおうとして高い通行料金を課したために，利用者が少ない東京湾アクアラインがその典型的な例です）．

　5．逆に，「道路に限らず費用便益分析に合格するすべての非競合財を，一般的な税を財源にして建設し，そのサービスは無料で（公共財として）供給する」という方針を道路無料公開の原則と言います．

　この原則のもとでは，それぞれの非競合財を最大限活用することができ，しかも負担の偏りを避けることができます．当該の非競合財を利用しない人も，それ以外の多様な競合財の恩恵を無料で受けますから，無料で提供される非競合財全体からは，彼が支払う税負担を上回る恩恵を受ける可能性が高まります．

　6．「道路無料公開の原則」は，「効率化原則」を道路に通用したものであるにすぎません．

　たとえば，独占価格の規制も，当該独占企業の生産物の買い手には大きな便益をもたらしますが，当該企業の株主には直接的には損失をもたらします．それにもかかわらず，効率化原則のもとでは独占価格は規制されます．それと同様に，道路の無料公開も，当該道路の利用者には便益をもたらしますが，非利用者には租税負担をももたらします．それにもかかわらず効率化原則のもとでは，道路を無料公開することになります．

　そのような効率化を促進する政策を首尾一貫して行うことによって，少なくとも次の世代，子どもの世代や孫の世代になった時には，ほとんどの人が大きな総便益を得る可能性があります．

　7．道路建設をまかなう以外の目的で自動車関連税を課税する正当な根拠が，現在の日本では4つあります．

　第1は，ある地域で一般道路が混雑していることが多いならば，通行している自動車に混雑税をピグー税として課す必要があります．

　第2は，自動車走行がもたらす道路の損傷の代価として課すべきです．

　第3は，環境税として課すべきです．自動車の排出ガスによる二酸化炭素（CO_2）や煤煙の発生を抑制する目的でガソリンに税金を課すならば，排出ガスに対するピグー税としての存在意義があります．

第4は，エネルギー安全保障税として課すべきです．

8．小泉内閣が推進した「高速道路本体の民営化」と，民主党がマニフェストに掲げた「混雑を無視した高速道路無料化」とは，両極端の考え方です．高速道路は，トラックを例外として，原則的には無料にしたうえで，混雑する地点・時間に，弾力的・戦略的に高い料金を課す制度に移行すべきでしょう．

9．市場の失敗とは，政府が介入しないと，競争的な市場自体が成立しなくなったり，縮小したりしてしまうことです．

10．企業の限界費用は，たんに投入物の金額を示しているだけではなく，追加増産の結果生じた他財の減産額で測った機会費用を示しています．すなわち必要な追加投入物を用いて生産できたはずの（競争市場で取引されている）他の財の市場価値を示しています．したがって，独占企業で価格が限界費用を上回っているということは，独占企業の増産分の市場価値のほうが，そのための機会費用より高いことを意味します．言い換えると，生産要素を完全競争企業から独占企業に移すと，増産分の市場価値のほうが減産分の市場価値より大きいことを意味しています．

この時，生産要素を完全競争企業から独占企業に移せば，他の誰をも犠牲にすることなく，ある人の生活水準を改善できます．すなわち，資源配分をより効率化できます．もとの状況では，独占企業によって生産されている財の生産量が少なすぎたのです．

キーワード

費用便益分析　　フリー・ライダー問題　　道路無料公開の原則　　受益者負担の原則　　一般財源　　特定財源　　道路特定財源　　混雑税（混雑料金）　　損傷の代価　　環境税　　排出ガスに対するピグー税　　エネルギー安全保障税　　市場の失敗　　限界変形率　　機会費用

12章

労働市場

　これまで，限界費用と価格にギャップがある時には死重の損失が発生するので，それをなくすことが効率性を改善する方法だ，と説明してきました．税金による歪みや外部性についての説明も，この考え方に基づいて首尾一貫して行っています．ただし，これらはすべて，財やサービスなどの生産物の市場でどういうことが起こっているのかについての話でした．

　しかし，第1章「経済の全体像」で見たように，一国の経済には労働や土地，資本などの（生産）要素市場もあります．要素市場では，財・サービス市場の場合とは逆に，需要曲線は企業の行動を示し，供給曲線は消費者の行動を示しています．このため，要素市場において生産者と消費者とがどのような余剰を得るのかをこれまでとは別の見方で，分析する必要があります．

　本章の第1の目的は，労働を例にとって要素市場における余剰概念の意味を明らかにすることです．第2の目的は，賃金格差是正策として採用されている最低賃金制と累進所得税による効率性向上の効果を，余剰概念を用いて分析し，比較することです．

A．生産要素市場における総余剰

1 労働需要

生産要素

生産要素とは，原材料以外の生産過程への投入物のことです．これには，**労働・土地・資本**の3種類があります．生産要素は，誤解が生じない時には，たんに「要素」とも言います．さらに，生産要素市場と言う代わりに，たんに「要素市場」とも言います．

労働と土地は生産することはできないため，**本源的生産要素**と呼ばれます．耐久性のある生産された要素，具体的にはトラックやハンマーといった，生産に使う機械や道具を**資本**と言います．

要素市場とは，通常，要素そのものではなく，要素から受け取るサービスの市場のことです．いわば，ストックではなくフローの市場です．たとえば，労働市場では，取引されるのは労働者自身ではなく，時間当たりの労働サービスです．

企業が生産をするためには，いくつもの生産要素が必要になります．一口に労働と言っても，さまざまな種類があります．未熟練労働者とコンピュータ技術者とプロ野球選手の労働は性質が全然違います．土地も，不便な場所にある土地もあれば，便利な場所にある土地もあります．資本も，ハンマー，クレーン，産業用ロボットなど，山ほど種類があります．それぞれの中身は雑多ですが，ここではわかりやすくするために，生産要素を労働と土地と資本，の3分類とします．本節では労働を例にとって要素に対する需要と供給を分析しましょう．

限界生産物価値

第3章「供給曲線」では，他の投入物を全部一定のものとして，1つの投入

1 労働需要　271

図 12-1　労働の限界生産物（力）曲線

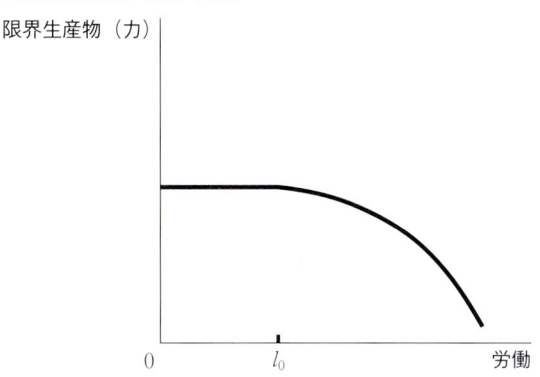

労働の**限界生産物**は，労働以外の**生産要素**の投入量を一定としたまま労働を 1 単位追加投入した時の生産物の増加量を示します．労働の「限界生産物（力）曲線」は，横軸で示された各労働量に対する，労働の限界生産物を示す曲線です．図 12-1 が示すこの曲線は，労働雇用量が l_0 までは，限界生産物は一定ですが，投入量がそれを超えると，じわじわ下がっています．これは，「限界生産力逓減の法則」を反映しています．

物だけを 1 単位追加投入した時の生産物の増加分をその投入物の**限界生産力**と言いました．本章では，限界生産力のことを，**限界生産物**と言います．[1] 第 3 章で説明したように，他の投入物を一定にして労働だけ増やしていくと，混み合い現象が発生するまでは比例的に生産量が増加していきます．しかし，その水準を超えると生産量は比例以下にしか増加しません．このことを第 3 章では，「限界生産力逓減の法則」と言いました．

図 12-1 は，図 3-4 をコピーしたものです．労働の限界生産物は l_0 までは一定ですが，そこからじわじわ下がっていきます．図 12-1 にはその下がり具合が描かれています．

投入要素の限界生産物にその生産物の価格 p を掛けたものを，**限界生産物価値**と呼びます．これは，労働を 1 単位追加投入した時に生み出される生産物の

---

[1] これら 2 つの用語はまったく同義です．しかし慣用的に，「限界生産力逓減の法則」の場合は，「生産力」を用いることが多く，「限界生産物価値」の場合には，「生産物」を用いることが多いと言えます（これは英語でもそうです）．このため，本章では「生産物」のほうを採用します．

図 12-2 労働の限界生産物価値曲線

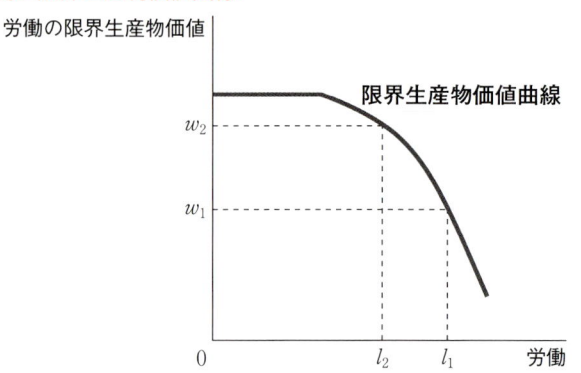

限界生産物に財の価格（以下 p と表記）を掛けたものが**限界生産物価値**です．この図は，図 12-1 の限界生産物曲線を縦方向に p 倍引き伸ばして得られた限界生産物価値曲線です．この曲線は，労働需要曲線でもあります．たとえば，賃金率が w_1 の時に，利潤最大化企業は，限界生産物価値が w_1 に等しくなる l_1 を雇用します．仮に，企業が雇用する労働水準が l_1 より低ければ，**労働の限界生産物価値**のほうが賃金より高いので，1 単位労働を追加雇用すると，収入増のほうが費用増（すなわち賃金率）より大きく，利潤が増加するからです．

市場価値です．各投入要素量に対応した限界生産物価値を示したものを，限界生産物価値曲線と言います．財の所与の価格水準を p とすると，図 12-1 の限界生産物曲線を縦に p 倍引き伸ばして得られた**労働の限界生産物価値**曲線が，図 12-2 に描かれています．

この企業が生産物市場で完全競争的な売り手であるならば，財の価格はこの企業の生産量にかかわらず一定です．したがって，限界生産物価値は，労働を 1 単位追加投入した時に得られる収入増を示しています．

ある賃金（労働 1 単位当たりの賃金）が与えられた時に，利潤を最大化したい企業は，どのような労働投入量を選ぶでしょうか．たとえば図 12-2 で賃金率が w_1 である時に，労働雇用量が l_2 であるとしましょう．この時，労働を 1 単位追加投入した時に得られる収入増は w_2 です．しかし，賃金率は w_1 ですから，労働を 1 単位追加投入することによって生じる費用増は w_1 です．収入増は w_2 で費用増は w_1 ですから，利潤が $w_2 - w_1$ だけ増えます．このように，限界生産物価値が賃金率より高いかぎり，労働雇用量を増やすことによって利潤を増やせます．結局，図 12-2 で賃金率が w_1 ならば，労働の限界生産物価

値が w_1 に等しくなる投入量である l_1 まで労働雇用量を増やした時に利潤が最大になります．同様に，もし賃金率が w_2 ならば，労働の限界生産物価値が w_2 に等しくなる投入量である l_2 まで労働雇用量を増やせば利潤が最大化されます．賃金率が変われば，限界生産物価値が新しい賃金率に等しくなる水準まで労働を雇えばよいのです．

したがって，労働以外の要素が一定である時は，**利潤を最大にする労働雇用量について，**

> 労働の限界生産物価値＝賃金率 (12.1)

が成り立つことがわかります．つまり，次が成り立ちます．

> **労働の需要曲線は，労働の限界生産物価値曲線である．**

他の要素への需要曲線も同様に求めることができます．

生産者余剰

(12.1) 式は，別の方法でも導くことができます．

図 12-3 で，労働を l_2 雇用した時の収入は，労働投入量 0 から l_2 までの限界生産物価値を合計した茶色破線枠の図形の面積です．この時に賃金率が w_1 の水準にあれば，賃金支払いはグレーの四角形で示された面積になります．したがって，図 12-3 のオレンジ格子の面積は，収入から賃金支払いを差し引いたものです．つまり

> オレンジ格子の面積＝収入－賃金支払い (12.2)

です．

一方，利潤の定義（収入－費用＝利潤）より

> 収入－（賃金支払い＋労働以外の要素への支払い）＝利潤

が成り立ちます．したがって，

> 収入－賃金支払い＝利潤＋労働以外の要素への支払い (12.3)

です．この式と (12.2) 式とから

> オレンジ格子の面積＝利潤＋労働以外の要素への支払い (12.4)

が成り立っています．

労働の限界生産物価値を考える際は，労働以外の要素の量は全部一定ですので，他の要素への支払いも当然一定にされています．このため，(12.4) 式か

274　12章　労働市場

図 12-3　労働需要量と利潤

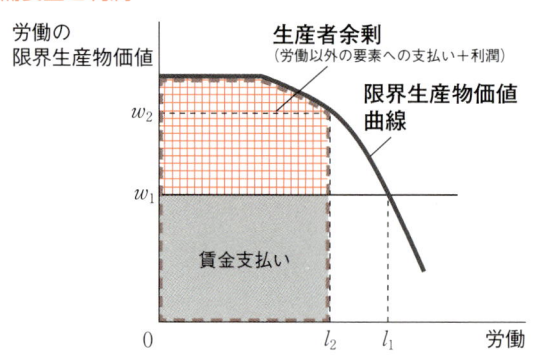

限界生産物価値曲線を用いると、企業の労働雇用量に応じた生産物の販売収入を示すことができます。たとえば、企業が労働を l_2 まで雇用している時、販売収入の合計は、茶色破線で囲まれた図形の面積です。これは、労働が l_2 になるまでの限界生産物価値を足し合わせたものだからです。一方、賃金が w_1 で与えられている時に労働を l_2 まで雇用しているならば、グレーの四角形の面積が賃金支払いです。この場合、オレンジ格子の面積は、収入から賃金支払いを差し引いたものですから、「労働以外の要素への支払い＋利潤」になります。労働以外の要素は一定にされていますから、オレンジ格子の面積が大きければ大きいほど利潤が増えます。したがって、限界生産物価値曲線と w_1 が等しくなる l_1 だけ労働を雇用することによって利潤が最大化されます。これは、「労働の限界生産物価値曲線が、労働需要曲線である」ことの別証です。

らオレンジ格子の面積が変化する時には、その分だけ利潤が変化していることがわかります。

すなわち、次が成り立ちます。

　　オレンジ格子の面積を最大にする雇用量が、利潤を最大にする.　(12.5)

このため、図 12-3 では、賃金率が w_1 の時、雇用量 l_1 が利潤を最大にします。結局、労働以外の要素が一定にされている時には、労働の限界生産物価値曲線と賃金率水準での水平線との交点における雇用量が、利潤も最大にします。したがって、利潤を最大にする雇用量で、(12.1) 式が成り立つことがわかります。

ところで、労働だけが可変投入物である場合には、(12.2) 式は次のように

書き直せます．

$$\text{オレンジ格子の面積} = \text{収入} - \text{可変費用} \tag{12.6}$$

これは，第4章「生産者余剰，可変費用，帰属所得」(4.9) 式より

$$\text{オレンジ格子の面積} = \text{生産者余剰} \tag{12.7}$$

であることを示しています．つまり，財・サービス市場と異なって，**労働市場では，需要曲線と価格線にはさまれる図形は，生産者余剰を示しています．**したがって (12.5) 式は，「**生産者余剰を最大にする雇用量が，利潤を最大にする**」と言っているわけです．

2 労働供給

時間配分

次に，生産要素の供給はどうやって決まるのかを考えてみましょう．労働を例として考えましょう．

1人の労働者は自由になる時間を1日に24時間持っています．24時間のうち，働いた時間を「労働時間」と言い，労働時間以外の，寝たり食べたりする時間も含めた時間を「余暇時間」と言いましょう．24時間の一部は余暇として自分で使い，残りは他人に貸し出すことができます．この場合に他人に貸し出すことは，労働を供給することです．したがって次が成り立ちます．

$$24\text{時間} = \text{労働時間} + \text{余暇時間} \tag{12.8}$$

つまり，ある賃金率のもとでどれだけ労働時間を供給するかを決めることは，どれだけの余暇時間を需要するかを決めることと同一です．以下では，まず余暇需要曲線を導出したあとで，その裏返しとしての労働供給曲線を導出しましょう．

賃金所得

家計は，労働供給に時間を配分することにより，所得を得ます．労働から得る**所得**とは，働いた結果得る報酬のうち，自分の消費額を実質的に増やせる金額のことを言います．大工さんは，仕事をするために，道具を購入しなければ

図 12-4 余暇の限界便益曲線

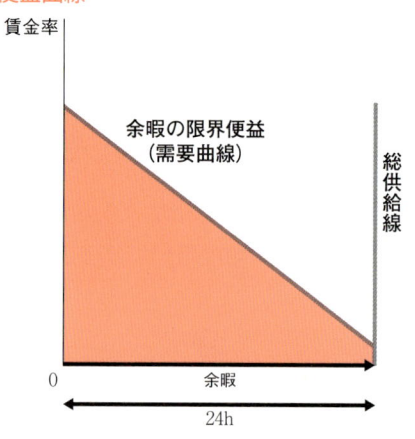

右下がりの茶線は，余暇時間に応じた限界便益を示す「余暇の限界便益曲線」です．余暇消費量に対応した余暇限界便益曲線の下側の台形の面積が，その余暇消費量がもたらす便益（すなわち**余暇便益**）です．この図のオレンジ色の台形の面積は，労働者が24時間のすべてを余暇として消費する時の余暇便益額を示しています．

なりません．したがって，彼の所得は，収入から道具の償却費などの費用を差し引いたものです．マジシャンは，ショーの演出のために，衣装や小道具や化粧道具が必要です．したがってマジシャンの所得は，収入からそれらの費用を差し引いたものです．作家は，取材費や筆記具が必要です．作家の所得は，収入からこれらの費用を差し引いたものです．つまり，所得とは，

$$所得＝収入－費用 \tag{12.9}$$

であると定義することができます．

一方，上のような自営業の人とは違って，誰かに雇われている人の場合には，通常，費用はほとんど雇い主が負担しますから，収入がそのまま所得になることが多いでしょう．以下では簡単にするため，

$$賃金収入＝賃金所得 \tag{12.10}$$

であるとみなして分析します．

余暇便益

図12-4の横軸の線分は，24時間を示しています．この線分上の点は，余暇

図 12-5 労働と余暇への時間配分と包括便益

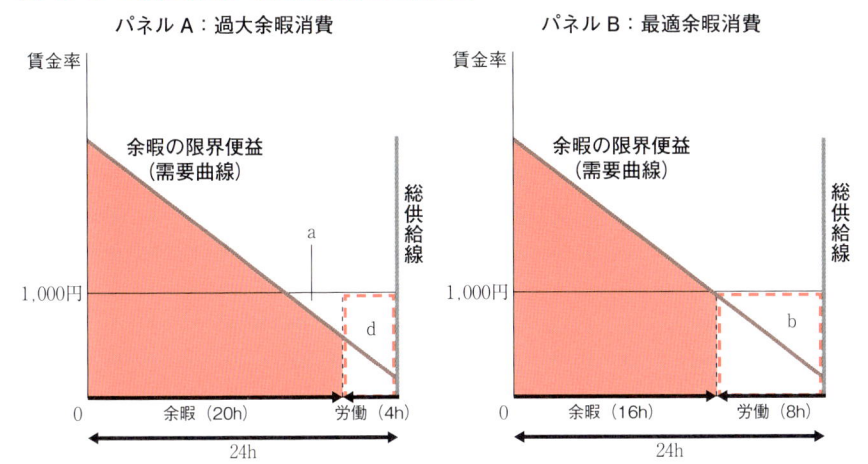

パネル A：過大余暇消費

賃金率／余暇の限界便益（需要曲線）／総供給線／1,000円／a／d／0／余暇（20h）／労働（4h）／24h

パネル B：最適余暇消費

賃金率／余暇の限界便益（需要曲線）／総供給線／1,000円／b／0／余暇（16h）／労働（8h）／24h

パネル C：過小余暇消費

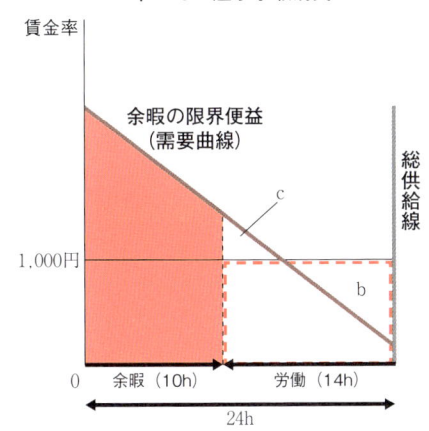

賃金率／余暇の限界便益（需要曲線）／総供給線／c／1,000円／b／0／余暇（10h）／労働（14h）／24h

パネルBのように労働者が余暇の限界便益が賃金率に等しくなるように24時間を余暇と労働に振り分ける時，労働者の**包括便益**（＝余暇便益＋賃金所得）が最大になります．パネルAではaの三角形分，パネルCでは，cの三角形分，労働者は便益を増加させる余地を残しています．

と労働供給時間への時間配分を示しています．線分の左端から所与の点までの長さが余暇の量で，右端から所与の点までの長さが労働供給量を示します．

初期保有時間は同時に，最大供給可能労働時間なので，**総供給量**とも言います．これらの図の右端の垂直なグレーの線を**総供給線**と言います．

24時間を余暇と労働にどう振り分けるかは，賃金率によって変わります．図12-4の右下がり茶線は，余暇時間に応じた限界便益を示しています．この線

を**余暇の限界便益曲線**と言います．余暇消費量に対応した余暇限界便益曲線の下側の台形の面積が，その余暇消費量がもたらす便益（すなわち**余暇便益**）です．労働者が24時間のすべてを余暇として消費する時の余暇便益額を，図12-4のオレンジ色の台形の面積が示しています．労働者が20時間，16時間，10時間を余暇として消費する場合の「余暇便益」を，それぞれ図12-5のパネルA，B，Cのオレンジ色の台形が示しています．

余暇を減らしていくことによって時間を労働として供給し，賃金を得て財・サービスを購入できます．

包括便益

労働者が24時間を余暇と労働に配分した時に，彼の生活水準は，余暇からの便益と，賃金収入によって買う財・サービスから受ける便益との合計に依存して決まります．この合計を**包括便益**と呼びましょう．式で表せば次のとおりです．

　　　包括便益＝余暇便益
　　　　　　　＋賃金収入によって買う財・サービスから受ける便益

包括便益はある労働者の生活水準の高さを示す指標です．したがって，**労働者は，所与の賃金率のもとで包括便益を最大化するように，余暇消費水準を決めます**．

余暇以外の財への支出が賃金所得に等しいとすると，上の定義式は次のように書き直せます．

　　　包括便益＝余暇便益＋賃金所得

ここでは (12.10) 式の前提を置きますから，次が成り立ちます．

　　　包括便益＝余暇便益＋賃金収入　　　　　　　　　　　　　　　(12.11)

賃金が1000円で与えられている時に，労働者が仮に10時間だけ余暇消費し，

---

2) 「包括便益」という言葉は，この教科書特有です．この概念は普通定義なしに用いられます．これは，財政学で言う「包括所得」に対応しています．包括所得には，賃金所得だけでなく余暇からの帰属所得も加えるからです．なお，包括便益と中級のミクロ経済学の教科書における労働供給の理論との関係については，補論を参照してください．

コラム：シャドウ・プライス

　図 12-4 から図 12-5 の需要曲線は，これまで見てきた需要曲線と違って，市場からの購入量を示しているわけではありません．たとえば，賃金率1000円に対する消費量16時間は，労働者が市場から購入しようという量ではありません．むしろ，16時間は，もともと持っていた時間のうち売らずに余暇消費する量を示しています．*

　いままで見てきた需要曲線では，縦軸の「価格」は購入価格を示してきました．しかし，図 12-4 から図 12-5 の縦軸の「価格」は，「1 単位の余暇消費増がもたらす支出増」を示しているわけではありません．むしろ，「1 単位の余暇消費増がもたらす収入減」を示しています．これを陰の価格，あるいはシャドウ・プライスと言います．

　余暇の需要曲線は，賃金率に応じた，労働と余暇に対する消費者による時間配分の選択を示しています．消費者は，最終的に余暇消費から効用を得ますが，労働を供給してお金を稼げば，洋服を買ったり，レストランに行ったり，パソコンを買ったり，さまざまな消費をすることによって効用を得ることができます．結局「余暇か労働か」の選択は，「余暇消費か，あるいは，（旅行や家といった）財・サービスの消費か」の選択だと言えます．最終的には自分の効用を増大させる源泉の配分を選択しているわけです．

―――――――――――――
*この意味で，余暇消費量を**留保需要量**と呼び，余暇需要曲線を**留保需要曲線**とも言います．

14時間だけ労働供給するとしましょう．その場合，図12-5 パネル A のオレンジ色の台形は余暇便益を示し，オレンジ破線枠の長方形は賃金収入を表します．したがってこの時の包括便益は，このパネルのオレンジ色の台形とオレンジ破線枠の面積の合計です．

余暇需要曲線

　賃金率が1000円であれば，図 12-5 パネル B が示すように，包括便益を最大にする余暇消費量は16時間です．この時の包括便益は，パネルBのオレンジ

図 12-6 労働供給曲線の導出

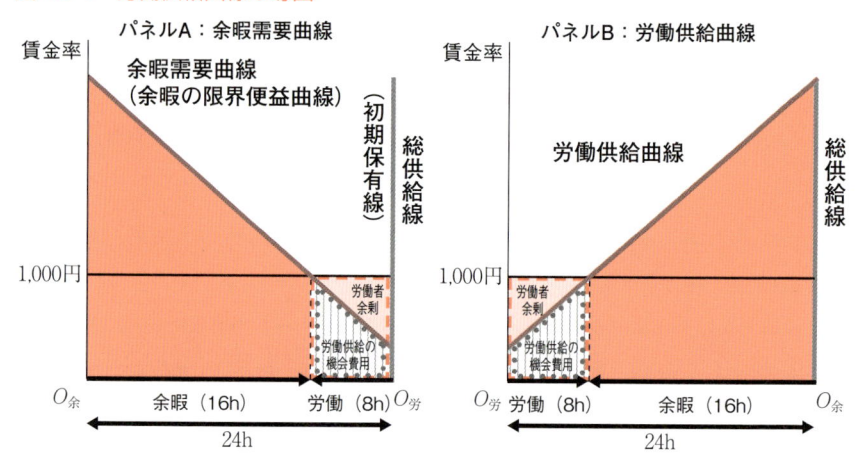

パネルA：余暇需要曲線 / **パネルB：労働供給曲線**

パネルAの右下がりの茶線で示される**余暇需要曲線**の下の台形の面積は，労働者の**初期便益**です．また，ベージュの三角形の面積は，賃金率1000円の時に，8時間の労働によって得られる**包括便益**の増加分，すなわち**労働者余剰**です．これは労働者の余剰を示し，この余剰が最大化する時に，包括便益も最大になります．

パネルBは，余暇需要曲線を示すパネルAを左右に反転して描いたものです．パネルBの右上がり茶線は，賃金水準に対する労働者の**労働供給曲線**です．パネルBのベージュの三角形にもパネルAのそれとまったく同じ意味づけができます．

なおパネルBの図の原点，すなわち横軸の左端 $O_労$ は，パネルAの横軸の右端 $O_労$ です．パネルBの横軸の原点からの長さは，この人の労働供給量を示しています．横軸の長さは，1日の時間の初期保有量24時間を示していますが，これは労働の最大供給可能量でもあります．

色の台形とオレンジ破線枠の長方形の面積の合計です．(仮に，16時間より少ない10時間を余暇消費した時は，16時間を余暇消費した時に比べてパネルCの三角形cだけの包括便益が失われます．反対に，16時間より多い20時間を余暇消費した時は，16時間を余暇消費した場合に比べて，パネルAの三角形aだけの包括便益が失われます)．したがって，次が成り立ちます．

> 限界便益の高さが所与の賃金率と等しくなる余暇消費量を労働者が選ぶ時，包括便益は最大になる． (12.12)

言い換えると，図12-4や図12-5の余暇の限界便益曲線のもとでは，賃金率が1000円の時，この価格線と限界便益曲線の交点で16時間の余暇を消費する

のが最適となります．他の賃金率のもとでも，その価格線と余暇の限界便益曲線との交点で，最適な余暇消費量が決定されます．つまり，**余暇の限界便益曲線は，余暇需要曲線**です．

労働供給曲線

　図12-6パネルAは，基本的に図12-5パネルBをコピーしたものです．さらに，図12-6パネルAでは，右下がりの曲線は，「余暇の需要曲線」と名づけられています．図12-6パネルBの右上がり茶線は，パネルAの余暇需要曲線を左右に反転して描いたものです．この曲線は，賃金水準に応じた，労働者による市場への労働供給量を示す**労働供給曲線**です．たとえば，賃金率が1000円のもとでの労働供給量8時間は，(12.8) 式で定義されているように，初期保有量24時間から，この賃金率のもとでの余暇需要量16時間を差し引いたものです．同様のことは，別の賃金率についても言えます．

3　労働者の余剰（消費者余剰）

包括便益の増分による定義

　第5章「需要曲線の導出と総余剰」では，財やサービスの需要曲線を，消費者が直面する価格のもとでの「消費者余剰」の最大化の結果として導きました．余暇の需要曲線も，労働者が直面する賃金のもとでの「労働者の余剰」の最大化の結果として導くことができます．

　労働供給によって得られた包括便益の増分を**労働者の余剰**と言います．つまり，労働者の余剰は次のように書くことができます．

　　　労働者の余剰＝包括便益－初期便益　　　　　　　　　(12.13)

　労働者の余剰は，労働の供給によってどれだけ生活水準が上がるのかを金銭換算したものです．

　この式の右辺の**初期便益**とは，労働市場が存在しない時に，個人が得ている包括便益です．すなわち，24時間の余暇便益です．図12-4のオレンジ色の台形の面積は，初期便益を示しています．この図形は，図12-6パネルAのオレ

ンジ色の台形とグレー縦縞の台形の和と同一です．これが，労働を市場に供給する前にこの消費者が得ていた包括便益です．

　市場が設立されて労働供給を行うことになると，労働者の包括便益が増加します．初期便益と比べた包括便益の増加分が「労働者の余剰」です．たとえば賃金率が1000円の時に，余暇を削減して，8時間分の労働を供給すると，包括便益は，図 12-6 のオレンジ色の台形とグレー縦縞の台形の和で示される初期便益に比べて，ベージュの三角形の面積だけ増えています．したがって，(12.13) 式によって**ベージュの三角形の面積がこの場合の労働者の余剰です**．

　本章では，労働者は包括便益を最大にするように余暇消費量と労働量の割り振りを行う，と説明してきました．一方，労働者の余剰を示す (12.13) 式の右辺の初期便益は，割り振りに関係なく一定です．したがって，**所与の賃金率のもとで包括便益を最大にする余暇需要量は，労働者の余剰を最大にします**．

　図 12-6 パネルの元になっている図 12-5 では，パネル B が示すように余暇を 16 時間消費する時に包括便益が最大になっていました．実際，この時に労働者の余剰も最大になっています．つまり 8 時間（＝24時間－16時間）だけ労働を供給する時に，労働者の余剰が最大になっています．[3]

　なお，労働者の余剰の定義式 (12.13) の右辺は，消費者余剰の一般形です．財市場においては，包括便益の定義式 (12.11) は次のように書けます．

　　包括便益＝財からの便益＋財から得る販売収入

ところで財市場において通常消費者は財を購入します．一方，

　　財から得る販売収入＝－財への購入支出

が成り立ちますから，上の式は，次のように書き直すことができます．

　　包括便益＝財からの便益－財から得る購入支出

この式の右辺は，第 5 章で定義した財市場における消費者余剰そのものです．

---

[3] たとえば，図 12-5 パネル A の余剰は，この図の包括便益（ベージュ縦縞の台形とオレンジ枠図形の面積の合計）から図 12-4 で示されている初期便益を差し引いたものですから，図の三角形 c の面積から三角形 a の面積を差し引いたものです．よって，図 12-5 パネル A の余剰は，パネル B の余剰に比べて三角形 a の面積だけ少ないことがわかります．同様に，パネル C の余剰は d ですから，パネル B の余剰 c に比べて三角形 b の面積だけ少ないことがわかります．

3 労働者の余剰（消費者余剰）

したがって財市場では，

消費者余剰＝包括便益

が成り立ちます．

ところが，初期包括便益は0だからこれは，

消費者余剰＝包括便益－初期包括便益

を意味します．この式の右辺と（12.13）式の右辺はまったく同一です．[4]

機会費用による定義

図12-6パネルBでもベージュの三角形の面積が最大化された労働者余剰を示しています．

前項では労働者余剰を消費者余剰の一種としてとらえました．しかし図形的には，図12-6パネルBの労働者余剰は，財市場における生産者余剰と似た形をしています．ここでは「供給者余剰」という概念が，労働者余剰と生産者余剰の両方の概念を含むことを説明します．

そのために前章で導入した「機会費用」の概念を用いて労働者余剰を眺めてみましょう．

前章では，「何かを入手するために犠牲にしなければならないもの」を，それを入手するための**機会費用**と呼びました．

労働者は，収入を求めて労働供給するために，「余暇の消費を減らす」という機会費用を負担しています．

図12-6の労働者は，労働市場ができて賃金率が1000円の場合には，余暇の消費量は16時間になります．[5] この時，労働者は，8時間だけ労働を供給してオレンジ破線枠の長方形の面積の収入を得ています．この賃金収入を得るために，労働市場がない場合に比べて，余暇の消費を8時間だけ減らしています．それによって失われた余暇便益が，図12-6パネルAのグレー縦縞の台形の面積で示されています．これは，**労働供給の機会費用**です．式では次のように表せます．

---

[4] このことについては，八田達夫『ミクロ経済学Ⅱ』（東洋経済新報社，2009年，pp.118-120）を参照のこと．

284　12章　労働市場

　　　労働供給の機会費用＝労働供給するために必要な余暇便益の減少

　図12-6のパネルBで図示された余剰は，収入（オレンジ破線の長方形）から，労働供給の機会費用（グレー縦縞の台形の面積）を差し引いたものです．したがって（12.13）式で定義した労働者の余剰は，次のように書き直せます．

　　　労働者の余剰＝賃金収入－労働供給の機会費用　　　　　　　　　(12.14)

　労働者は，労働を供給することによって得た収入からさまざまなものを買うことによって便益を得ることができます．しかしそのためには，いままで消費してきた余暇を犠牲にしなければなりません．それによる便益の損失を機会費用として差し引いた残りが，余剰になっています．[6]

労働者余剰と生産者余剰の共通点

　ここで（12.14）式が通常の企業の生産者余剰の定義式である

　　　生産者余剰＝収入－費用

とよく似ていることに注目してください．

　実は，**企業の費用も生産するための機会費用です．さらに，企業の費用は，収入を得るための機会費用である**とみなすことができます．（12.14）式で表現された労働者余剰も，上式で定義された**生産者余剰も，次式で定義される供給者余剰の特別な場合です．**

---

[5]　余暇を24時間消費すると限界便益は0になります．しかし，仮に余暇のすべてを消費すると想定しても，労働市場ができる結果，余暇の消費を減らすことによって失われる便益の大きさはまったく同じですから，後述の「賃金収入を得るための機会費用」は，想定の違いによって影響を受けません．

[6]　労働供給量を1単位増やすことによる機会費用の増加を**労働供給量増加の限界機会費用**と言います．図12-6パネルBの労働供給曲線は，**労働供給量増加の限界機会費用曲線**です．この曲線は，労働供給量を1単位増やすたびに，余暇消費の便益がいくら失われるかを示しています．労働者が（12.14）式で定義された労働者余剰を最大化するように労働供給量を決めるということは，

　　　限界機会費用＝価格

が成立する労働供給量を選ぶということです．もちろんこれは，通常の生産者余剰最大化条件である

　　　限界費用＝価格

とそっくりです．

図 12-7 経済全体での労働の市場

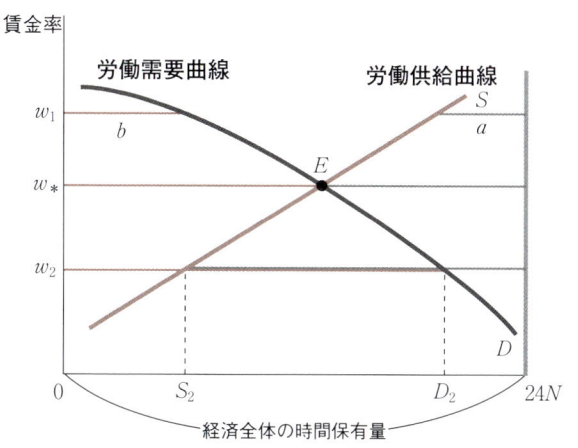

（賃金率を縦軸、経済全体の時間保有量を横軸とした図。右下がりの労働需要曲線Dと右上がりの労働供給曲線Sが点Eで交わり、均衡賃金率w_*を決める。w_1ではbからaまでの超過供給、w_2ではS_2からD_2までの超過需要が発生する。横軸の最大値は$24N$）

この図は，経済全体での労働市場における需要・供給曲線を示しています．この図の横軸の長さは，**経済全体の時間保有量**です．そして，右上がりの茶線は，**市場の労働供給曲線**です．これは，図 12-6 パネル B のような各人の労働供給曲線を，すべての労働者について横方向に足し合わせたものです．さらに，右下がりのグレー線が，**市場の労働需要曲線**です．これは，図 12-2 のような各社の労働需要曲線をすべて横方向に足し合わせたものです．仮に賃金率がw_2であれば，$D_2 - S_2$だけの超過需要が発生し，w_1であれば，超過供給が発生するので，結局需要曲線と供給曲線の交点で**均衡賃金率**w_***が決まる**ことになります．

$$\text{供給者余剰} = \text{販売収入} - \text{収入を得るための機会費用} \quad (12.15)$$

労働者の供給行動と企業の供給行動との共通点は，次のようにまとめることができます．

第 1 に，供給者は，「供給者余剰」を最大にするように供給量を決めています．

第 2 に，供給曲線の下側の面積は，供給の機会費用です．

第 3 に，「供給者余剰」は，**供給量を 0 にした時と比べての，利潤なり包括便益なりの増加**を示しています．

4 労働市場均衡

均　　衡

　これまでは 1 人当たりの労働供給を考えてきましたが，市場の労働者全員の個別労働供給曲線を横方向に足し合わせてやると，図 12-7 の右上がり線のように市場の労働供給曲線が描けます．この図の横軸の長さは，経済全体の時間保有量です．これは，24時間と人数 N を掛けた時間数です．この供給曲線と左側の縦軸との水平距離が総労働供給時間を示しています．したがって，この図の右側の縦軸と供給曲線との水平距離は総余暇需要時間です．

　一方で，労働時間に対する需要を，すべての企業について横方向に足し合わせた市場の労働需要曲線が，図 12-7 の右下がり線で描かれています．

　図 12-7 の需要曲線と供給曲線の交点 E で均衡が達成され，**均衡賃金率** w_* が決まります．もし w_2 のような安い賃金であれば，$D_2 - S_2$ だけの超過需要が生産要素としての労働に関して発生します．一方，賃金が w_1 であれば，超過供給が発生します．

　つまり，均衡賃金率 w_* で，経済全体の総時間保有量を，労働時間と余暇時間とに分け合うことになります．

総　余　剰

　ところで，労働市場における総余剰を次のように定義します．

　　　　総余剰＝（労働供給が生み出す生産増がもたらす）総収入
　　　　　　　－（労働供給の）機会費用

　右辺の総収入は需要曲線の下側の面積であり，右辺の機会費用は供給曲線の下側の面積です．したがって図 12-8 の E 点で均衡が達成されている時の総余剰は，需要曲線と供給曲線にはさまれるオレンジ実線枠の三角形です．

　図 12-8 の E 点で均衡が達成されている時，この図をコピーした図 12-9 の需要曲線と価格線にはさまれるオレンジ格子の面積が，生産者が得る生産者余剰です（図 12-3 を参照）．一方，労働者の余剰は，図 12-9 のベージュの部分

4 労働市場均衡

図 12-8 労働市場における総余剰

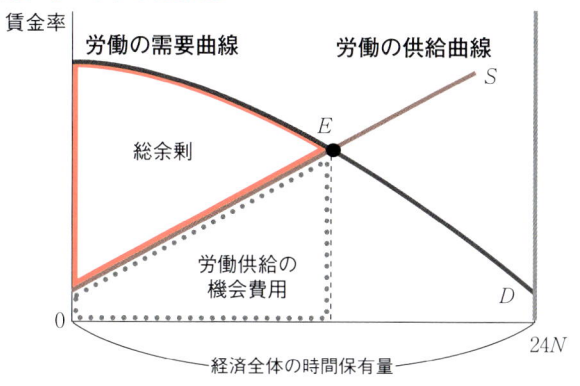

労働市場における総余剰は，労働の需要曲線と労働の供給曲線にはさまれる図形の面積として表されます．労働市場における総余剰は，労働供給による生産増がもたらす総収入（需要曲線の下側の面積）から労働供給の機会費用（供給曲線の下側の面積）を差し引いたものだからです．財市場でも，労働市場でも，供給曲線の下側の面積は機会費用です．一方，需要曲線の下側の面積は，財市場では総便益であり，労働市場では総収入になっています．これは，財市場では買い手である家計が便益で示される恩恵を受けるのに対し，労働市場では買い手である企業が労働を雇うことによってもたらされる増産から収入を得るという恩恵を受けるからです．

図 12-9 生産者余剰と労働者余剰

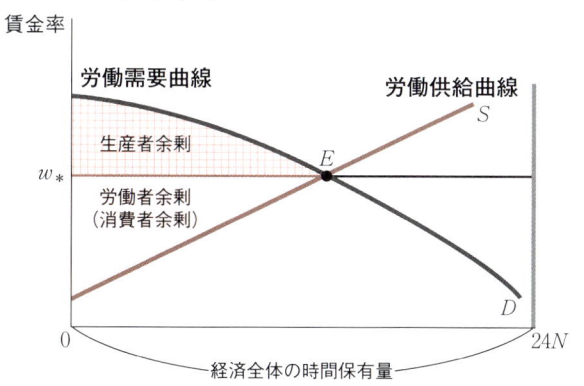

この図は，労働市場が均衡している時の**生産者余剰**と**労働者余剰**（消費者余剰）とを示しています．均衡点 E では，図 12-3 から，賃金率 w_* を示す価格線より上側のオレンジ格子部分が生産者余剰，そして図 12-6 パネル B から，価格線より下側のベージュ部分が労働者余剰です．これらの合計は，**総余剰**です．これらの余剰の概念を用いると，労働市場でも，財市場とまったく同様に**余剰分析**を行えます．

の面積で示されています（図12-6 パネルBを参照）．つまり，価格線と供給曲線にはさまれる三角形が，労働者が得る消費者余剰です．財・サービスの場合とは，上下が逆になっています．図12-8と図12-9の比較から明らかなように次が成り立ちます．

総余剰＝生産者余剰＋消費者余剰

　ここで示したように，労働市場でも財市場とまったく同様に余剰分析を行えます．たとえば，労働市場への参入規制や労働課税がもたらす死重の損失はいままでとまったく同様に分析できます．

B. 格差是正策の比較

　人々の賃金には大きな格差があります．その差の原因は，第13章「社会的厚生」で詳しく説明するように，努力，能力，運などさまざまです．賃金格差を是正するための手段として，①最低賃金制，②累進的な労働所得税，③解雇規制等が設けられています．このうち③は，既に雇われている人が失業して賃金が0になる可能性を減らす手段ですが，一方で雇用そのものを減らす効果も持っています．以下では本章のこれまでの分析道具でただちに分析できる①と②の効果を分析しましょう．[7]

　ところで，財・サービス市場では余剰の概念を使って，規制と税金がもたらす死重の損失の大きさを分析しました．以下では，前節までに明らかにした労働市場における余剰概念を用いて，賃金規制と賃金所得税が発生させる死重の損失を分析します．

---

[7] 解雇規制については，本書の終章「政治家と官僚の役割分担」で短い説明を与えています．より詳しくは，八田達夫『ミクロ経済学II』（2009年，pp492-498, pp.538-543），および大内伸哉・川口大司『法と経済で読みとく雇用の世界』（有斐閣，2012年），第1章を参照．

5 最低賃金制

最低賃金制均衡

　最低賃金法は，ある水準以下の賃金（率）では労働者を雇ってはいけない，と定めている法律です．日本ではまず，各都道府県ごとに1つずつ「地域別最低賃金」が定められています．平成23年度の地域別最低賃金（時間額）は，東京では837円，沖縄では645円です．そのうえに「特定産業別最低賃金」が定められています．たとえば東京では鉄鋼業が846円，沖縄では新聞業が744円となっています．

　最低賃金は，日本では均衡賃金と同じか，おおむね低めに設定されているので失業を発生させる効果はあまりないと考えられていますが，アメリカでは非常に大きな効果を及ぼしています．アメリカの場合は，特に高校を卒業したばかりの人に集中して失業が発生する原因になっています．

　図12-10パネルAは，労働市場の需要と供給を示しています．縦軸は賃金（時給）を，横軸は労働量を示しています．図の右下がり線は労働需要曲線です．分析の期間中はシフトしないものとします．右上がり線は労働供給曲線です．この線の高さは余暇の限界便益を示しています．均衡は，E点で達成され，均衡賃金は550円です．**この状況を市場均衡と呼びましょう．**このパネルAで示される市場均衡のもとでの生産者余剰は，この図のオレンジ格子の図形の面積で，消費者余剰はベージュ図形の面積です．総余剰は，前節でみたように，これら2つの面積の合計です．

　次に，賃金がこのように低くては低所得者が困るからという理由で，賃金の下限を700円に規制するとしましょう．この場合は，図12-10パネルBの線分RQが示す量の失業（超過供給）が発生します．結果，それだけ多くの労働者が働く気があるのに働くことができない，という状況になります．この状況における賃金と均衡労働量の組み合わせは，図12-10パネルBのR点です．この点を**最低賃金制均衡**と呼びましょう．賃金700円で均衡労働量はx_Rです．

余暇の限界便益

一方,賃金が700円なのですから,余暇の限界便益が700円より低い人すべてが労働を供給します.その場合,総労働供給量は図12-10パネルBのx_Zです.しかし,700円における労働需要量はx_Zよりはるかに少ないですから,余暇の限界便益が700円より低い人がすべて働けるわけではありません.その中で,誰が実際に働くことができるかは,さまざまな要因によって決まります.コネがある人の場合もあるし,たんに運が良かった人が働くチャンスを手に入れるということもあります.それらの人を合計したx_R人が実際に700円をもらって働くわけです.

このため,最低賃金制のもとでは,市場均衡賃金ならば職が得られた人たち——図12-10パネルBの場合には,余暇の限界便益が550円以下の人たち——の中にも,運もコネもない場合には,働くことのできない人が現れます.[8] 一方,700円に近い高い余暇の限界便益を持つ人たちの中にも,運良く働くことができる人が現れます.

図12-10パネルBの右上がりの線分NRは,最低賃金制のもとで実際に働くことのできる人の余暇の限界便益を低い順に並べた余暇の限界便益曲線です.供給曲線の一部である線分NGの最高限界便益が400円であるのに対し,線分NRの最高限界便益は700円です.よって均衡点Rのもとでは,幅広い限界便益を持つ人が働いていることがわかります.[9] これは次のことを示しています.

最低賃金制は,比較的低い余暇の限界便益を持つ人から労働の機会を奪う一

---

[8] 実際には,x_Rに対応した供給曲線の高さである400円より低い余暇の限界便益を持っている人たちの中にも働けない人が現れます.

[9] 賃金の下限が700円に設定された時の労働需要量は図12-10パネルBのx_Rです.もし,x_Rだけ労働供給する人たちが余暇の限界便益の低い順に選ばれるならば,余暇の限界便益が400円(x_Rに対応した供給曲線の高さ)以下の人たちだけが実際に働くことになります.この場合に働くことができる人たちの余暇の限界便益曲線は,図の供給曲線の一部である線分NGです.

ところが実際にx_Rだけ労働供給する人たちは,余暇の限界便益の低い順に選ばれるわけではありません.線分NRは,これを反映して描かれています.

5 最低賃金制 291

図 12-10　最低賃金制

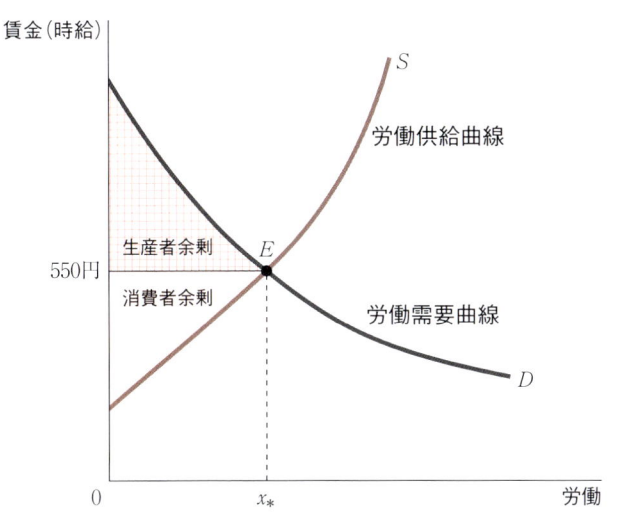

パネルA：最低賃金規制がない場合

最低賃金規制がない場合の**市場均衡**は E 点で達成され，この時の賃金は550円です．また，生産者余剰はオレンジ格子の図形の面積，消費者余剰はベージュ図形の面積で，総余剰はこれら2つの面積の合計です．

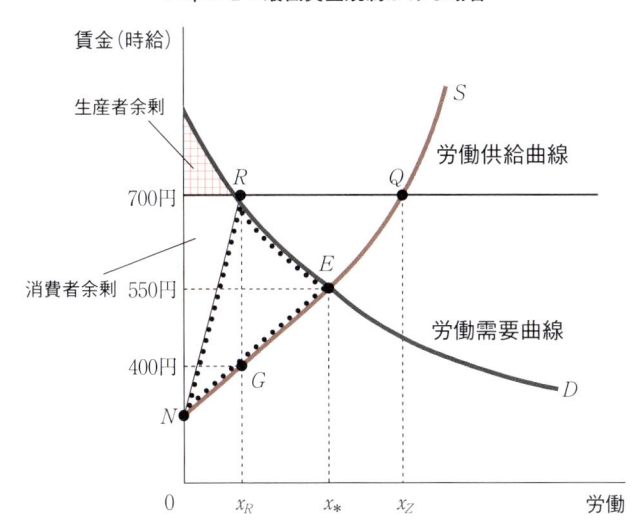

パネルB：最低賃金規制がある場合

賃金の下限を700円に規制する**最低賃金制**を採用するとしましょう．この時，余暇の限界便益が700円より低い人はすべてが労働を供給しますから，総労働供給量は図の x_Z です．しかし，700円における労働需要量は x_R ですから，余暇の限界便益が700円より低い人がすべて働けるわけではありません． x_Z 人の就職希望者の中で，コ

ネがあったり，運が良い x_R 人だけが働けるわけです．このため，最低賃金制のもとでは，市場均衡賃金では職が得られた（すなわち，余暇の限界便益が550円以下の）人たちの中にも，運もコネもないために失業する人が現れます．一方，700円に近い高い余暇の限界便益を持つ人たちの中にも，運良く働くことができる人が現れます．

方で，比較的高い余暇の限界便益を持つ人に労働の機会を与えるという効果を持っている．特に，最低賃金制は，市場均衡賃金では職が得られた人（図12-10パネルBの場合には，余暇の限界便益が550円以下の人）から労働の機会を奪う一方で，市場均衡賃金では働くつもりがない人（余暇の限界便益が550円より上の人）にも職を与えるという効果を持っている． (12.16)

最低賃金で損をする人，得をする人

賃金規制によって，均衡が図12-10パネルBのE点からR点に移ることによって，生産者余剰は，オレンジ格子の図形の面積になります．したがって，生産者余剰は，図12-10パネルAの市場均衡の状況と比べて大幅に縮小してしまいます．

一方，賃金規制均衡における消費者余剰（労働者余剰）は，図12-10パネルBのベージュの三角形の面積です．

賃金規制は，市場均衡に比べて賃金をつり上げることになるので，その分，労働者を有利にすることによって消費者余剰を引き上げる方向の効果を持っています．これを「賃金上昇効果」と言いましょう．その一方で，この規制は，「雇用減少効果」によって，消費者（＝労働者）余剰を減らす効果も持っています．

図12-10パネルBには，賃金規制の結果，消費者余剰がパネルAと比較して減少している状況が図示されています．つまり，「賃金上昇効果」より「雇用減少効果」のほうが大きく，賃金が上昇したにもかかわらず，消費者余剰が減少してしまう場合があります．[10]

賃金規制は，運良く働くことができた人にとっては良い制度です．しかしこの規制によって発生する失業者にとっては，大変不利な制度です．切実に働きたいのに働くことができない人が多数発生してくる場合には，図12-10パネルBで示されているように，賃金の上昇にもかかわらず，消費者余剰は減少してしまいます．その場合には，生産者余剰も消費者余剰も減少してしまうわけです．なお，仮に消費者余剰がもともとの水準より増加したとしても，社会全体の総余剰は必ず減少してしまいます．[11]

6 賃金所得税

賃金の格差是正に用いられているもう1つの政治手段は，累進所得税です．すなわち，高い所得階層で所得税率が高くなる仕組みです．

賃金所得税

累進所得税の格差是正効果を調べるためにはまず，**賃金所得税**の余剰分析を行いましょう．

就労のための費用を企業が負担する場合，(12.10)式から賃金所得税は賃金収入税と同じです．このため，賃金所得税は，労働供給曲線を図12-11のように上方にシフトさせます（第7章「市場介入」参照）．ここでは，時間当たり300円の税金が課されている場合が描かれています．[12]

図12-11では，課税の結果，均衡がE点からF点に移動しており労働の供

---

10) 特定の地域では，最低賃金制が導入されて，賃金が上昇しても雇用量がほとんど減少しないということが，日本でもアメリカでも観察される場合があります．このような場合には，最低賃金が労働者の得になっていると言われることがあります（たとえばアメリカについては，明日山陽子「米国最低賃金引き上げをめぐる論争」2006年12月24日参照．http://www.ide.go.jp/Japanese/Publish/Download/Overseas_report/pdf/200612_asuyama.pdf）．

これは，企業側の労働需要曲線がほぼ垂直の時に起きます．その場合には図12-10パネルBを書き直してみればわかるように，労働者の得る消費者余剰は増加します．その限りにおいて，最低賃金の引き上げは労働者の得になったと言えるでしょう．

ただしその場合も，総余剰は減っています．それだけではなく，前出の(12.16)で指摘されたように，最低賃金制は，市場均衡賃金のもとでは職が得られた人たちから労働の機会を奪う一方で，市場均衡賃金で働くつもりのない人に職を与えることに変わりはありません．したがってこの場合も，最低賃金制の導入は，労働者の中でもより貧困な人を犠牲にすることによって，より豊かな人に得をさせます．すなわち，労働需要曲線がほぼ垂直である場合には，最低賃金制は確かに労働者の余剰を増加させますが，より貧しい人をもっと貧しくするという最低賃金制の本質を変えるものではありません．

11) 最低賃金についてさらに学ぶには，大内・川口（2012年），第2章を参照．

図 12-11　賃金所得税の効果

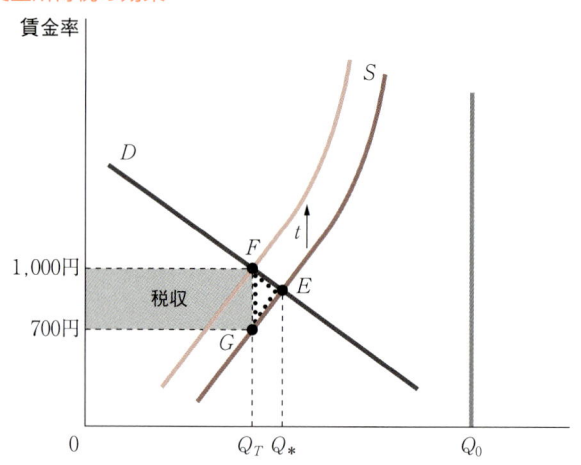

この図は**賃金所得税**の効果を示しています．時間当たり300円の賃金所得税（t）が課された場合，均衡が E 点から F 点に移動し，労働の供給量は $Q_* - Q_T$ だけ減少します．また，薄いグレーの長方形は税収を，黒点線の三角形 EFG が，この賃金所得税によってもたらされる**死重の損失**を示しています．

給量が $Q_* - Q_T$ だけ減少しています．課税後の均衡点 F では，企業が支払う時給は1000円であり，労働者が受け取る税引き後時給は700円です．薄いグレーの長方形は税収を示しています．さらに賃金所得税は，死重の損失を発生させます．図 12-11 の黒点線の三角形 EFG がその損失です．死重の損失は，形式的には財市場とまったく同様に分析できますが，失われている総余剰の意味合いが異なることに注意してください．[13]

一方，図12-12のように労働供給曲線が垂直の時，賃金所得税が課されても，均衡点は E 点から動かないため，死重の損失を出しません．[14]

---

12) 実は，所得税は従量税ではありません．賃金率が上がるほど，追加的な労働供給に対して支払う税額は大きくなります．本来ならば，図 12-11 の課税後の供給曲線をそのようにシフトさせなければなりませんが，ここでは単純化のために従量税として分析します．

13) 労働市場では，財蓄市場の場合とは反対に，需要曲線と価格線で囲まれる三角形は生産者余剰であることを思い出してください．

14) この場合，市場均衡賃金は5000円のままです．ただし，労働者が税引後に受け取る手取り賃金は3000円になっています．

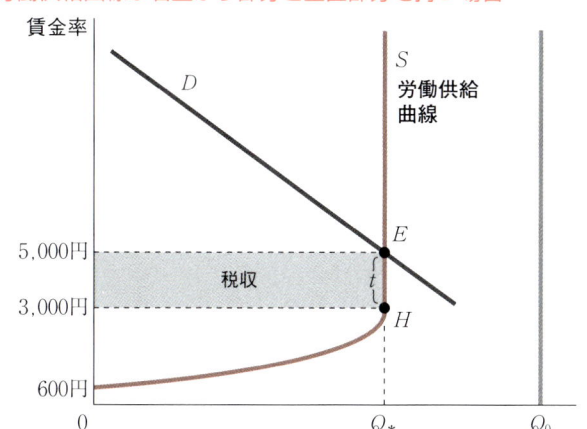

図 12-12　労働供給曲線が右上がり部分と垂直部分を持つ場合

労働供給曲線が垂直の時には，**賃金所得税**が課されても，労働供給量は変化しないので，**死重の損失**は発生しません．税収の分だけ労働者の手取り収入が減るだけです．こうした供給曲線は，比較的高所得の人には一般的に見られます．

市場の労働供給曲線が図 12-12 のように垂直になるのは，個々の労働者の個別労働供給曲線が垂直である場合です．個別労働供給曲線が垂直な場合の余暇の限界便益曲線が，図 12-13 のパネル A に描かれています．ここでは，余暇時間が14時間までは必要で，それを切るとあまりに辛くなり病気になってしまうため，余暇の限界便益がきわめて高いが，14時間を超えると，余暇の限界便益が急激に減少し，最終的には600円まで下がる状況を示しています．これを左右反転したパネル B は，この労働者の労働供給曲線を示しています．賃金率が600円以下では労働供給をせず，[15]賃金がこれより増えると労働時間が増えますが，3000円を超えるとそれ以上は労働供給量が増えないという状況を示しています．もし，個人の余暇に対する需要曲線が，この図のパネル A が示すようであれば，市場の労働供給曲線もパネル B のように広い賃金の範囲で垂直になります．

労働供給曲線が垂直の時に賃金所得税が課されると，①労働供給量が変化せ

---

[15]　この場合は，貯蓄を切りくずしたり，自分で野菜を作ったり，奥さんの場合には専業主婦に戻ったりします．

図 12-13 労働供給の垂直部分

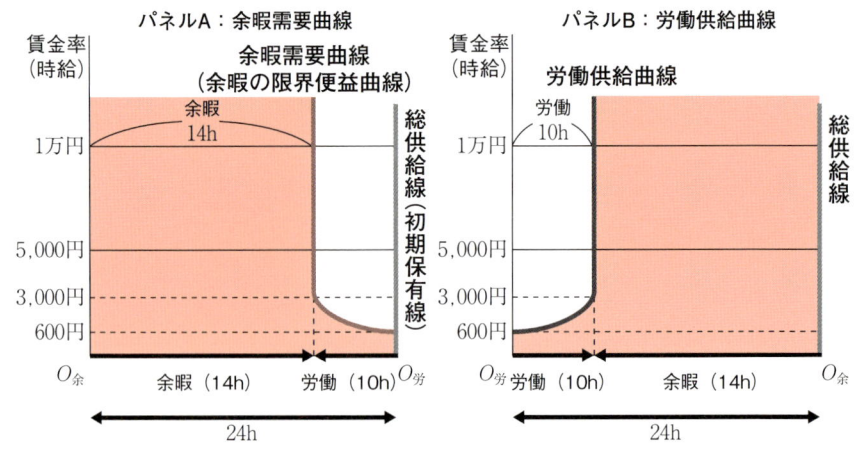

パネルA：余暇需要曲線

余暇需要曲線（余暇の限界便益曲線）
余暇 14h
賃金率（時給）
1万円
5,000円
3,000円
600円
総供給線（初期保有線）
$O_余$　余暇（14h）　労働（10h）　$O_労$
24h

パネルB：労働供給曲線

労働供給曲線
労働 10h
賃金率（時給）
1万円
5,000円
3,000円
600円
総供給線
$O_労$　労働（10h）　余暇（14h）　$O_余$
24h

パネルAは，垂直な部分を持つ**余暇需要曲線**を描いています．余暇時間が14時間までは，余暇の限界便益がきわめて高い一方で，14時間を超えると限界便益は急激に減少し，最終的には600円まで下がります．また，これを左右反転したパネルBは，この労働者の**労働供給曲線**です．賃金率600円以下では，労働供給をせず，3000円を超えると，それ以上は労働供給量が増えません．パネルBの労働供給曲線の垂直部分がパネルAの曲線の垂直部分の鏡像であるのはもちろんです．

ず，②税収の分だけ労働者の手取り収入が減り，さらに，③死重の損失は発生しません．

ところで供給曲線が垂直である財で最も有名なものは土地です．土地供給者の収入はレント（地代）ですが，1 m² 当たりのレントがどう変化しようと土地の存在量は変化しようがありません．土地のレントに課税されると，①供給量は変化せず，②税収の分だけ地主のレント収入が減り，さらに③死重の損失は発生しません．土地以外の市場でも，供給曲線が垂直である場合の供給者の収入を**経済レント**と言います．このような市場の供給者に課税されると，税収の分だけ経済レントが減少しますが，死重の損失は発生しません．

労働供給曲線が垂直的な場合，賃金収入は経済レントです．課税をしても，市場における労働供給量と賃金率との組み合わせは課税前とまったく変わらず，死重の損失は発生していません．労働者の受け取る税引き後の賃金率のみが下がります．

累進所得税の効果

さまざまな実証研究によれば，中流以上の所得賃金を得ている人の賃金所得の大部分は，経済レント[16]です．その一方で賃金の低い人の労働供給は，賃金の変化に対して敏感であり，賃金が低くなると労働供給自体を止めてしまう場合が多いため，低所得者への課税は，税収に比して大きな死重の損失を生むことがわかっています．したがって所得が高くなるほど税率が高い**累進所得税**によって，死重の損失を低く抑えながら所得の再分配をすることができます．

なお本書ではスペースの関係で論じませんが，格差是正の手段としては，有期労働者への雇用差別の撤廃もきわめて重要です．[17]

7 まとめ

1．生産要素市場である労働市場でも，需要曲線と供給曲線にはさまれる三角形が総余剰です．ただし生産要素市場では，価格線より上側の三角形が生産者余剰で，下側が消費者余剰です．財市場とは，逆になっています．

税金や規制がある時に発生する死重の損失も，財・サービス市場の場合と同様に分析できることがわかりました．

2．最低賃金制は，運良く働くことができた人にとっては良い制度です．しかし，市場賃金率のもとでは働く機会が与えられた人の中に，最低賃金制のも

---

[16] 賃金変化が労働供給に及ぼす効果については，八田『ミクロ経済学Ⅱ』（2009年）pp. 51-56およびpp. 462-468を参照．多くの高所得者の労働供給曲線は現在の賃金率の周辺で垂直です．たとえば，報酬を増やしてもイチロー氏がヒット数をさらに増やしたり，明石家さんま氏がもっと面白くなったりはしないでしょう（上級ミクロ経済学の分析では余剰の分析にあたって余暇の資産所得弾力性も問題にします．しかしイチロー氏やさんま氏が，資産を失うと今よりさらに働きはじめることはないでしょうから，資産所得弾力性も0と見ていいでしょう）．

[17] 有期労働者は「非正規労働者」とも呼ばれます．日本では不思議なことに終身雇用が正規雇用と呼ばれているからです．有期労働者への差別については，八田『ミクロ経済学Ⅱ』（2009年）pp. 492-500を参照．

とでは働けなくなる人がいます．つまりこの規制によって一部の運やコネのない人にとっては，いかに切実に働きたくても職を得られないという事態が発生します．

3．賃金所得税は賃金率の低い人には比較的大きな死重の損失を発生させますが，賃金率の高い人の場合には賃金収入は経済レントの側面が強いので死重の損失をほとんど発生させないという実証研究があることを本章では紹介しました．これは賃金に対する累進所得税は同じ税収をもたらす従量税に比べて小さな死重の損失しか発生させないことを意味します．

4．この章の分析は，①賃金所得の高い者には高い所得税率を適用する一方で，低い者が直面する税金を軽減し，さらには②最低賃金制を廃止することが社会の弱者に対する負担を小さくする方法であることを示しています．

キーワード

生産要素　労働　土地　資本　本源的生産要素　限界生産力　限界生産物　限界生産物価値　労働の限界生産物価値　所得　総供給量　総供給線　余暇の限界便益線　余暇便益　包括便益　陰の価格（シャドウ・プライス）　留保需要　労働供給曲線　労働者の余剰　初期便益　機会費用　労働供給の機会費用　均衡賃金率　最低賃金制均衡　賃金所得税　経済レント　累進所得税

補論：包括便益と無差別曲線

　中級の教科書では，普通「無差別曲線」という概念を用いて労働の供給曲線を導きます．将来，そのような分析を学ぶ時のために，本章で導入した包括便益を無差別曲線で図示しておきましょう．

　まず，図12-6パネルAの縦軸を，他の財（それを食料品としましょう）で測った賃金率とします．たとえば，現在1000円の目盛りが付いている高さの目盛りは，1000円を食料品の市場価格で割ったものに置き換えます．これは余暇

図 12-14　無差別曲線と包括便益

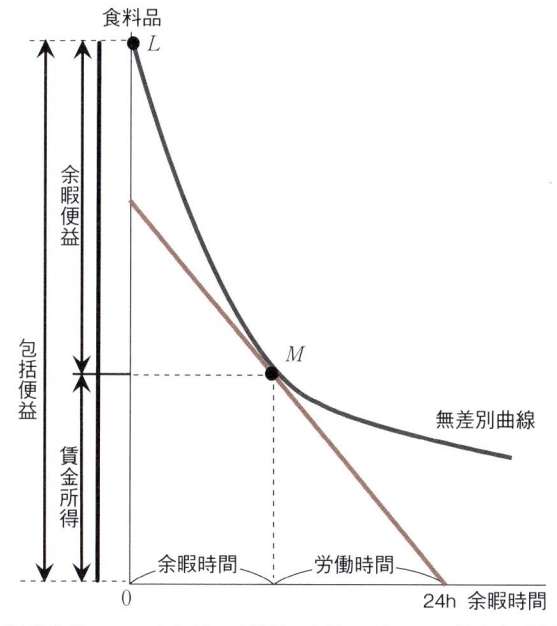

初期に24時間を持っている人が，予算線の傾きで示される賃金率（単位は食料品の量）のもとでM点で効用を最大化している時の効用水準は，無差別曲線の縦軸切片であるL点の高さで表すことができます．これが包括便益です．さらに，包括便益は賃金所得（M点の高さ）と余暇便益（L点とM点の高さの差）の和として示されます．

をもう1時間を入手するためには，何単位の食料品の消費を減らさなければいけないかを示しています．いわば，食料品で測った余暇の価格です．さらにこの目盛りに直すと，限界便益曲線自体は，食料品の単位で測った余暇の限界便益曲線になります．

このように縦軸を読み直すと，右下がりの曲線は余暇の食料品に対する「限界代替率」を示す曲線となります．労働者がその生活水準（効用）を最大にする余暇・労働供給配分を行うのは，この限界代替率が余暇時間と食料品の価格比に等しくなる点においてです．どのような条件のもとで，このような限界代替率曲線を描けるかは，ミクロ経済学の中級理論で学びます．

図12-14は，横軸に余暇時間をとり，縦軸に食料品をとった場合の無差別曲線を示しています．予算制約下に M 点で効用が最大化されています．その時，M 点の高さが賃金所得で，この高さと無差別曲線の縦軸切片 L の高さの差が食料品で測った余暇便益です．したがって，横軸から測った L 点の高さが包括便益になります．

この補論で用いた「無差別曲線」と「限界代替率」という概念は，中級の教科書で学びます．本書では説明していないので，わからなくても安心してください．

13章 社会的厚生

　これまでは主として，政府による効率化の方策を論じてきました．しかし，格差の是正も，政府の重要な役割です．

　本章では，効率化だけでなく格差の是正をも含めた社会の望ましさについて考えます．

　効率性と，社会の不平等度に関する価値観の両方を含めた社会の望ましさを示す指標を社会的厚生と言います．本章の後半では，この社会的厚生の最大化について論じ，社会的厚生最大化へのいくつかの道を比較検討します．

　そのために，本章の前半では，不平等の原因とその是正策の根拠について考えます．

A. 不平等是正政策

1 不平等の原因

　まず，人びとが生涯を通じて得る**所得の不平等**の原因を分析してみましょう．不平等の原因は4つあります．

　第1は，**努力**の度合いです．

第2は，**才能の違い**です．生まれつき歌の上手い人，野球の才能のある人，映画俳優になったりするような人，面白い人，などのそれぞれの才能があって，所得の差が生じます．

第3は，**親の力**です．豊かな家庭に生まれた人は，親の死亡時点で大きな相続財産を得ることができます．そのうえ，親が生きている間も親から有形・無形の贈与をさまざまな形で受けることができます．これらを総称して「親の力」と呼びましょう．

親の力は4つに分類できます．
(1) 相続．
(2) 物や金融資産の贈与．
(3) サービスの贈与．
(4) 親から子への外部経済効果．

サービスの贈与の中で最も重要なのは，教育です．これには徳育などの家庭内教育と，学校教育の両方が含まれます．さらに，旅行をさせる，別荘を使わせる，美容整形の費用を出してやるといった形での贈与もできます．つまり，お金持ちの家の子どもたちは，親が生きているかぎり，親に頼って豊かな生活をしたり，労働しないで暮らしたりすることも可能です．

また，富や社会的地位を持つ親は，その地位を利用して子どもたちにさまざまな恩恵を与えることができます．子どもたちは，たとえば親のコネで良い就職ができたり，親の会社の重役になれたりします．さらには，親が贈与する意図を持たなくても，社会的地位のある親との生活や人脈から，多くを学ぶことができるでしょう．[1] 本書では，これらを総称して「親から子への外部経済効

---

1) 日本では，終戦後20年くらいの間は，政治家も実業家もタレントも，自分の実力だけでのし上がった人が多く，親の七光りの割合は少なかったと言えるでしょう．松下幸之助氏，井深大氏，本田宗一郎氏などが例として浮かびます．ところが現在では，国会議員は最近の首相を例にあげても，小泉首相，安倍首相，福田首相，麻生首相，鳩山首相などをはじめとして，二世・三世議員が多いことは周知のとおりです．歌手やタレントにも二世・三世が目立っています．また，各官庁にも，二世の官僚は数多くいます．外務省にいたっては三世も当たり前です．実は，公立高校の先生になる時も，面接では親が学校の先生であると有利に扱われる県があったことが報じられました．

国会議員だけでなく，学校の先生も，その息子・娘というだけで優遇されています．

果」と定義しています．

　第4は，**運**です．たとえば，ビル・ゲイツ氏が10年早く生まれていても，10年遅く生まれていても，あれほどまでの大金持ちにはなれなかったでしょう．代わりに他の人が同じようなことをやっていたでしょう．タイミングよく生まれるということは，非常に大切です．これは，ソフトバンクの孫正義氏についても言うことができます．ロックフェラー氏も，カリフォルニアで石油が見つかったころに青年時代を迎えるように生まれていなければ大富豪にはなれなかったでしょう．逆に，親が交通事故で死んでしまったり，自分が何かの事故に巻きこまれてしまったりというのも運で，事故や病気が所得を下げることもあります．したがって，運というものは非常に大きいのです．

　なお，才能も「親の力」も運の一種ですが，それらは特に重要なものなので特別扱いすることにし，ここで運というのは，才能と「親の力」以外（の運）を意味することにします．

2　不平等是正政策の根拠

　多くの国が，何らかの方法で**不平等是正政策**を行っています．国が行う以前は，日本ではお寺が困窮者の面倒をみたり，西欧では教会が重要な機能を果たしたりしてきました．どの社会でも，不平等の度合いを社会的に是正しようという動きが何らかの形であるものです．一方で，分配の不平等は是正する必要がないと言う人もいます．

　この2つの考え方の違いは，不平等の原因が何に由来していると考えるかによっています．再分配を行う必要はないと考える人の多くは，「努力次第で人は豊かになれる．なまじ再分配をすると人は働かなくなる」と考えています．すなわち，所得の不平等の原因が努力の違いのみに由来していると考えています．この観点からすれば，所得が低い人は，他の楽しみがあるために，望んで努力をしないのだから，ほうっておけばいいということになります．すなわち，所得が低い人は，レジャー（余暇）を楽しむことや楽な仕事を選んだことから，それなりの効用を得ている．だから，全体的な幸福度の分布では，名目所得の

分布が示すような不平等はないと考えるわけです．

一方，不平等を是正する必要があると考える人は，不平等の原因のある部分が，才能や親の力や運に由来していると考えます．

その場合には，社会が不平等を是正しなければならないとする根拠には，主に４つのものがあります．

第１は，**不平等の是正は，博愛的外部経済効果**をもたらすから必要だというものです．貧しい生活をしている人を見ると心が痛むから助けてあげようと感じたり，あるいは自分の家族のことを思うように他人のことを配慮したりする気持ちから生じるものです．国に頼らず，個人的に慈善活動に寄附したり，ボランティアとして働いたりする人は数多くいます．

第２は，不平等の是正が**自衛的外部経済効果**をもたらすから必要だというものです．たとえば，あまりに貧乏な人がたくさんいると，犯罪が多発するかもしれません．極端な場合には，革命が起きるかもしれません．[2] したがって，あまりに不平等な状態にしておくと，持てる者の既得権を脅かしかねないわけです．それをコントロールするには費用がかかります．相対的高所得者は，低所得者にある程度の再分配をすることで，既得権維持のための費用を削減できるという考え方もあります．

第３は，**再分配は保険**のために必要だというものです．

運良くお金持ちになったり，運悪く病気になったり自動車事故にあったりして貧乏になるということはありえます．そこで，仮に自分自身の置かれた貧富の状況がわからないとした場合に，[3] 自分がどのような再分配をする社会に住みたいか考えてみるとします．すると，運が良く才能があって生まれたならば，それに応じて十分な保険料を支払い，その代わりに運が悪く生まれたならば，ある程度保険金が出る社会に住みたいと考える人は多いでしょう．このような所得再分配は，社会が用意する一種の保険とみなすことができます．

特に，自分はたまたま健康に生まれた場合でも，自分の子どもや子孫の運は，

---

2) 貧しい人が，不十分な相続や差別などのために貧乏になっているのならば，財産権を尊重することによって彼らが得をすることはまったくありません．最初から財産権を否定して，犯罪を起こしたり，革命を起こそうと考えたりするのは当然です．

3) これを「無知のヴェールを被る」と言います．

わかりません．非常に貧乏になるかもしれないし，ひょっとすると，大金持ちになるかもしれません．子孫が運良く豊かになった場合には，十分な税金を支払わせることにすれば，貧困に生まれた場合には生活保護を受けることができます．このような保険機能を社会的に持つために，再分配をするという考え方があります．

第4の根拠は，再分配は効率化政策を政治的に遂行しやすくするので，**効率化政策遂行のための後ろ盾になる**というものです．

たとえば，効率を改善するために，総余剰を増やすいろいろな改革をするとします．自由化をしたり，参入規制を撤廃したり，さまざまな外部経済・不経済に対する対策を講じたりすると必ず，得をする人が出てくる一方で，損をする人も出てきます．すなわち，痛みをともなう改革となります．言い換えれば，これは，総余剰が増えるから，一部の人の余剰が減ることは我慢してもらおうという改革でもあります．

しかし，改革が起きるたびに痛みを被るのが特定の人びとに集中している場合には，やがて彼らの生活水準は，再起不能な状態にまで下がってしまうかもしれません．そのような人たちに対して救済措置を何も用意しなかったならば，そのような改革を行っていくことは批判されて，実現が難しくなるでしょう．さらに，効率化政策が行われるごとに，既得権を失う人たちが，何らかの保護を要求するという政治的な力が強くなるでしょう．

反対に，背後できちんとセーフティネットが用意してあれば，効率化政策によって貧乏になってしまった人に対しては，再起するチャンスを与えることができます．そうすることによって，最終的にはすべての人びとの生活を改善する効率化政策を遂行しやすくすることができるでしょう．このように，きちんとした再分配政策を用意するということは，効率化政策を実行するための後ろ盾を与えてくれるわけです．

以上の4点が，不平等を是正すべき根拠とされるものです．

B. 社会的厚生の最大化

では，不平等を是正するための再分配は，どのような基準に基づいて行えばよいのでしょうか．以下3節から6節までは，この問題を論じます．そのために，まず平等度の指標を考えましょう．

3　効用水準の比較

効用

平等度指数を作るためには，おのおのの消費者が消費から得る満足度自体を数値化する必要があります．

消費者は，所与の所得と価格のもとで，満足度を最大化するように各財の購入量を決めます．これらの財の消費から得る満足度のことを**効用**と言います．

いま消費者がX財とY財をそれぞれXとYだけ消費するとしたら，2つの財の消費量と，この消費者が得る効用水準Uの間には次の関係が成り立ちます．

$$U = U(X, Y) \tag{13.1}$$

この関数Uを**効用関数**と言います．この効用関数Uは，効用水準Uが2つの財の消費量（X, Y）に依存して決まることを示しています．XあるいはYを増やした時，効用の水準Uは上昇します．

平等度の指標：2人経済

AさんとBさんしか存在しない社会における平等度の指標を考えましょう．

Aさんの効用水準をU_Aと書きましょう．Aさんの消費量が(X_A, Y_A)だとすると，Aさんの効用関数U_Aは，これらの変数を次のように結びつけます．

$$U_A = U_A(X_A, Y_A)$$

Bさんの効用水準，消費量，効用関数を同様に定義すると，Bさんの効用関

図 13-1 平等度指標

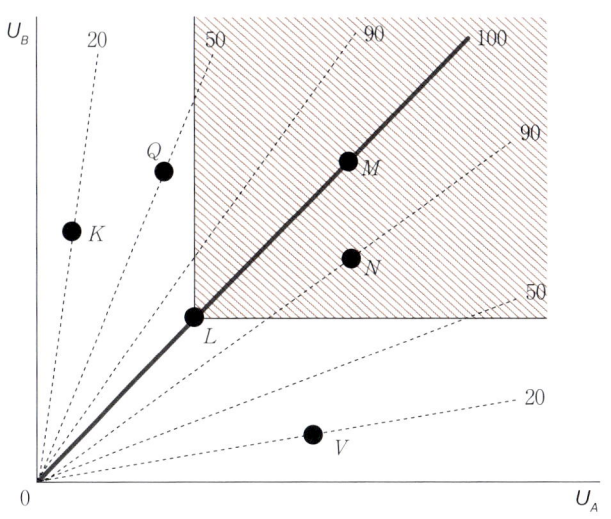

この図の横軸と縦軸は，それぞれAさんとBさんの**効用**の水準を示しています．L点やM点のように，原点を通る45°線上の点では，$U_A = U_B$となり，「平等な状況」です．一方，原点を通る直線が45°線から離れるにつれ，「より不平等」な状態がもたらされます．AさんとBさんの効用の組み合わせが，L点を出発して，図の茶斜線の領域に移る時には，多少不平等化しても，**パレート改善**するため，多くの人びとが受け入れやすい政策になります．

数U_Bは，これらの変数を次のように結びつけます．

$$U_B = U_B(X_B, Y_B)$$

ある状況における（U_A, U_B）の組み合わせが

$$U_A = U_B$$

を満たす時，「平等な状況」であると言えます．この等式は，図13-1の原点を通る45°線上のどの点でも満たされています．

さらに図13-1が示すように，原点を通る直線が45°線から離れるにつれて，「より不平等」な状態がもたらされます．45°線の上下の各点線には，「U_B/U_Aの比率×100」が**平等度指標**として記されています．図ではL点やM点が完全平等を達成しています．一方，N点は不平等な効用の組み合わせで，K点やV点はさらに不平等な効用の組み合わせです．

パレート改善

ところで，現在の経済状況における効用の組み合わせのほうが，以前の状況における組み合わせよりも不平等でも，誰が見ても現在の状況のほうが望ましいというケースがあります．たとえば図 13-1 において，L 点よりも M 点の状態が望ましいことは明らかでしょう．さらに，図 13-1 の N 点は，完全平等な 45°線上にはありませんが，完全平等な L 点よりすべての人の効用が高くなっています．

このように，経済を構成する誰の効用も減少しないが，少なくとも 1 人の効用は増大する経済変化を，**パレート改善**すると言います（反対に，経済を構成する誰の効用も増大しないが，少なくとも 1 人の効用は減少する経済変化を，**パレート劣化**すると言います）．図 13-1 では，A さんと B さんの効用の組み合わせが当初の L 点を出発して，茶斜線の領域に移る時，パレート改善します．たとえば，L 点から N 点への移動は明らかにパレート改善しています．

多少の不平等をもたらすとしても，パレート改善する政策は望ましい，と多くの人は判断するでしょう．

4　社会的厚生と社会的無差別曲線

しかし，不平等な Q 点と完全平等な L 点ではどちらが望ましい状況であるかについて，人びとの意見は分かれるでしょう．Q 点では L 点におけるよりも，U_A はわずかに減少している一方，U_B は大幅に増えているからです．

この時にどちらを望ましい状況とするかは，人びとの価値観によって決まります．

言い換えると，経済を構成する人びとの間に資源を，したがって効用水準を，どのように再分配するべきかは，価値判断の問題です．したがって，これは市場ではなく，選挙で決めることになります．

ここで，各人の効用の組み合わせの望ましさを示す指標を**社会的厚生**と呼びましょう．社会的厚生は，価値観の表明ですから，国民全体の価値観を集約す

る必要があります．仮に国民全体の価値観が選挙によって完全に集約されるとすれば，社会的厚生とは，各人の効用の組み合わせに関する，選挙で選ばれた政権の価値観であるとみなすことができます．[4]

各人の効用水準を変数として社会的厚生を示す関数を**社会的厚生関数**と呼びます．AさんとBさんしか存在しない社会で，AさんとBさんの効用水準をそれぞれ U_A, U_B と書くと，社会的厚生 W は，一般的には

$$W = W(U_A, U_B) \tag{13.2}$$

と書けます．社会的厚生関数 W は，経済を構成する人びとの効用のさまざまな組み合わせを，社会全体の観点から見た望ましさの度合いに応じて順序づけるものです．その順序づけは分配の平等度に関する価値観を反映したものです．[5]

所得分配に関する代表的な3つの価値観が，図13-2のパネルA，B，Cで示されています．各パネルの横軸と縦軸はそれぞれ U_A と U_B であり，一定の社会的厚生を生み出す2人の効用水準のさまざまな組み合わせが図の複数のグレーの曲線上に示されています．これらの線は社会的厚生の水準ごとに無数にあります．右上方にある曲線ほど高い社会的厚生を表し，左下方にある曲線ほど低い社会的厚生を表しています．これらグレーの曲線を，**社会的無差別曲線**と呼びます．各曲線の示す社会的厚生の水準の値が，オレンジ色の数値で記されています．社会的無差別曲線群は，社会的厚生の水準を山の高さとみなし，U_A, U_B をそれぞれ経度，緯度とみなした時の等高線です．

パネルAの社会的無差別曲線群は，「社会的な望ましさの指標としては両者の効用の和が適切である」とする価値観を示す等高線です．この価値観を**功利主義**と言います．功利主義の価値観のもとでは

$$W(U_A, U_B) = U_A + U_B \tag{13.3}$$

と書けます．[6] この価値観によれば，社会的厚生の水準は，人びとの効用の和によって決まります．たとえば，L 点から R 点に移る時Aさんの効用水準は4減少していますが，Bさんの効用水準が4増加しているので社会的厚生の水

---

4) これには異論もあるでしょうが，以下では説明上便利なのでこの解釈をよく使います．
5) もちろん，社会の成員間での現在時点における効用の配分が何であるかはこの順序づけに影響を与えません．したがって，社会的厚生関数の順序づけでは，既得権は無視されます．

図 13-2 効用に関する社会的無差別曲線

パネルA：功利主義

パネルB：中間

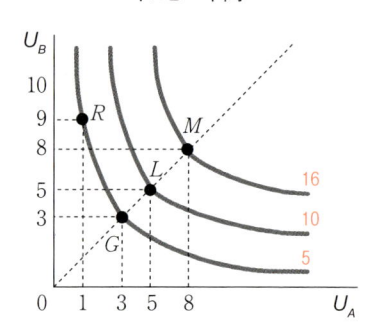

パネルC：完全平等主義

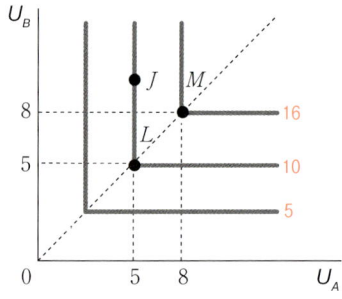

ある社会に参加する各人の効用の組み合わせの，社会全体の観点から見た望ましさを特定の価値観に基づいて示す指標を**社会的厚生**と呼びます．さらに効用の組み合わせのそれぞれに対して，その社会的厚生を示す関数を，**社会的厚生関数**と呼びます．パネルA，B，Cには，3つの代表的な価値観を示す社会的厚生関数の無差別曲線群がグレーの曲線で示されています．これらは，「**社会的無差別曲線**」です．各パネルの，横軸 U_A と縦軸 U_B は，それぞれ，AさんとBさんの効用水準を示しており，それぞれのパネルに描かれた3つのグレーの曲線のうち，右上方にある曲線ほど高い社会的厚生を，左下方にある曲線ほど低い社会的厚生を表しています．

パネルAは，**功利主義**の価値観で，社会的厚生は2人の効用水準の和に等しくなります．パネルCは，**完全平等主義**の価値観で，L点からJ点に移っても，Aさんの効用水準が変化していないため，社会的厚生は増えません．パネルBは，中間的な価値観を表現しています．

準は不変であるとみなします.

　パネルBの社会的無差別曲線群は,効用のより低い人により同情的な価値観を示しています.たとえば,L点でもR点でも効用の和は10ですが,社会的厚生はL点に10与えられているのに,R点では5しか与えられていません.R点ではAさんの水準が非常に低く,U_Aが1しかないためです.より平等な分配を示すL点のほうにより高い社会的厚生があるという考え方です.さらに同様の理由で,平等なG点では両者の効用の合計が6しかありませんが,効用の合計が10であるR点と社会的に同等に望ましいとされています.G点には生活水準が極端に低い人がいないためです.

　パネルCは完全平等主義の人の価値観を表す社会的無差別曲線です.たとえば,L点からJ点に移っても社会的厚生は増えません.Bさんは豊かになっているのにAさんがもとの効用水準に置き去りにされているからです.この価値観のもとでは,豊かな人をさらに豊かにしても,社会的厚生は増えません.言い換えると,もっとも貧しい人の効用を基準として社会的厚生を測ろう,という価値観です.これは完全な平等主義です.これはハーバード大学の哲学の先生であるロールズ(John Rawls)が示した価値観です.

　ところで,効用というものは客観的に測ることはできません.したがって,仮に人びとが消費から満足を得る度合いが違うとしても,本当にそうなのかどうかを判断するのがきわめて難しいという事情があります.このため,人びと

---

6) (13.3)式のように経済を構成する人びとの効用の和で社会的厚生を評価する価値観を「狭い意味での功利主義」と言います.より一般的には,(13.2)式のように,必ずしも和ではないが,何らかの型で経済を構成する人びとの効用に基づいて社会的厚生を評価する価値観を「広い意味での功利主義」と言います.功利主義という言葉は"utilitarianism"の訳なので「効用主義」と訳すべきものだったのかもしれません.そうであれば,(13.2)式の価値観を表しているとしてもおかしくはありません.「功利主義」を提案したベンサム(Jeremy Bentham)は確かに(13.3)式の価値観を示しましたが,それは加法以外の関数を知らなかったからではないかと思います.彼の偉かったところは,政策判断の根拠に人びとの効用を用いたところにあります.したがって,気持ちとしては(13.2)式こそ彼の言うutilitarianismの本当の気持ちを表現していると言えるでしょう.以下では慣用にしたがって狭い意味での功利主義をたんに功利主義と言います.

は同じ効用関数を持つと仮定したうえで，社会的厚生関数の中でも両者を差別せずに扱うのが自然です．すなわち，効用に関する社会的無差別曲線は，どちらかをえこひいきせずに扱うのが自然です．このため，社会的無差別曲線は，図 13-2 の各パネルのように各個人に対して対称的に描かれます．すなわち，原点からの 45° 線に関して対称的に描かれています．効用に関する社会的無差別曲線がパネル A，B に関して対称的であることを式で表すと，いかなる U_A と U_B に対しても

$$W(U_A, U_B) = W(U_B, U_A) \tag{13.4}$$

であると表すことができます．この性質を持つ W を**対称的社会的厚生関数**と言います．

5　効用フロンティア

　図 13-3 のベージュの扇形図形は，経済全体の所与の総資源量と技術水準のもとで，達成可能な A さんと B さんの効用水準の組み合わせを示しています．このベージュ領域を，**効用達成可能領域**と言います．この領域の中の効用の組み合わせは，この経済で実現可能です．一方，この扇形の外側の点は，この経済では実現できません．

　図 13-3 のベージュ領域のふちのオレンジ曲線は，横軸が示す A さんのそれぞれの効用水準に対して，経済全体の所与の総資源量と技術水準のもとで，B さんが達成可能な最大限の効用水準を縦軸に示しています．この曲線を，**効用フロンティア**と言います．

　序章「市場と政府の役割分担」のサンマとバナナの例に戻って，A さんをサンマさん，B さんをバナナさんだとすれば，サンマさんの生活水準を上げれば上げるほど（すなわちサンマさんがより多くのバナナとサンマを消費するほど），バナナさんの最大達成可能な生活水準は下がります．このため効用フロンティアは右下がりです．「与えられた資源と技術の制約のもとで，経済の中のある人の生活水準を引き上げるためには，必ず他の誰かの生活水準を引き下げなければならない状況」を効率的な状況であると言いました．図 13-3 の効

図 13-3 効用達成可能領域と効用フロンティア

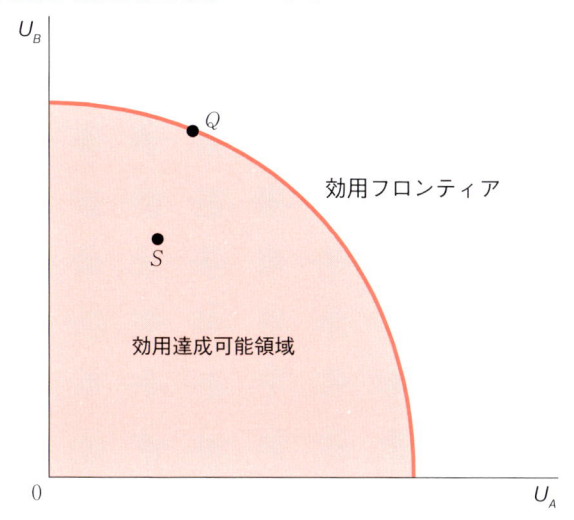

ベージュの領域は，経済全体の所与の総資源量と技術水準のもとで達成可能なAさんの効用水準 U_A とBさんの効用水準 U_B の組み合わせの集合を示しています．この領域を，**効用達成可能領域**と言い，領域のふちのオレンジ曲線を，**効用フロンティア**と呼びます．効用フロンティアは，横軸 U_A 上でのAさんのそれぞれの効用水準に対して，Bさんが達成可能な最大限の効用水準を縦軸 U_B に示したものです．なお，総資源量や技術水準が変化すれば，効用フロンティアはシフトします．

用フロンティア上の効用配分点である Q 点では，まさにそのような効率的資源配分が達成されています．一方，経済が効用フロンティアの内側の S 点にあれば，資源の再分配によって両者の効用を向上させることができます（たとえば，Q 点に移動できます）．したがって S 点では資源配分が非効率的です．効用フロンティアは，効率的資源配分のもとでの効用の組み合わせを連ねた曲線だと言えます．

なお，総資源量や技術水準が変化すれば効用フロンティアはシフトします．たとえば天気が良くてバナナが多くとれる場合には，資源量が増大するので，効用フロンティアは右上方にシフトします．漁業の技術水準が上がってサンマの漁獲量が増える場合にも，効用フロンティアは右上方にシフトします．

6　社会的厚生の最大化：市場と政府の役割分担

効用フロンティアと社会的厚生の最大化

　効用達成可能領域の中にある効用の組み合わせのうち，社会的厚生を最大化する組み合わせを発見するために，効用達成可能領域の図に社会的厚生関数の無差別曲線群を重ねてみましょう．

　いま，選挙を通じて国民のさまざまな価値観が1つにまとめられ，その結果として得られた社会的厚生関数の無差別曲線が図13-2パネルBであるとしましょう．この無差別曲線群を効用達成可能領域の図の上に重ねたものが図13-4です．この図では，効用達成可能領域上で，**社会的厚生を最大化**する効用の組み合わせはM点であることがわかります．すなわちこの経済では所与の技術水準と総資源量のもとで達成可能な最大の社会的厚生水準を与える効用の組み合わせはM点です．M点は，もちろん効用フロンティアの上にあります．[7)] この観察をまとめておきましょう．

　効用達成可能領域の中にある効用の組み合わせのうち，社会的厚生を最大化する組み合わせは，効用フロンティア上にある．

効用フロンティアに到達させる政策と効用フロンティア上を移動させる政策

　序章で，「市場の失敗が是正された完全競争の経済では，市場均衡は，効率的な資源配分を達成する」ことを学びました．これは，「厚生経済学の基本定理」と呼ばれました．この定理は，「市場の失敗が矯正された完全競争経済における効用の組み合わせは，効用フロンティア上のどこかに落ち着く」と言い換えることができます．

　では，市場経済の均衡は効用フロンティア上のどの点に落ち着くのでしょう

---

7)　なお，ここでは図13-2パネルBの関数を用いて議論を進めてきましたが，社会的無差別曲線が右下がりであるかぎり，社会的厚生関数が何であっても（たとえばAさんとBさんに関して対称的でなくても），社会的厚生を最大化する効用の組み合わせが，効用フロンティア上にあることは明らかでしょう．

図 13-4　社会的厚生の最大化

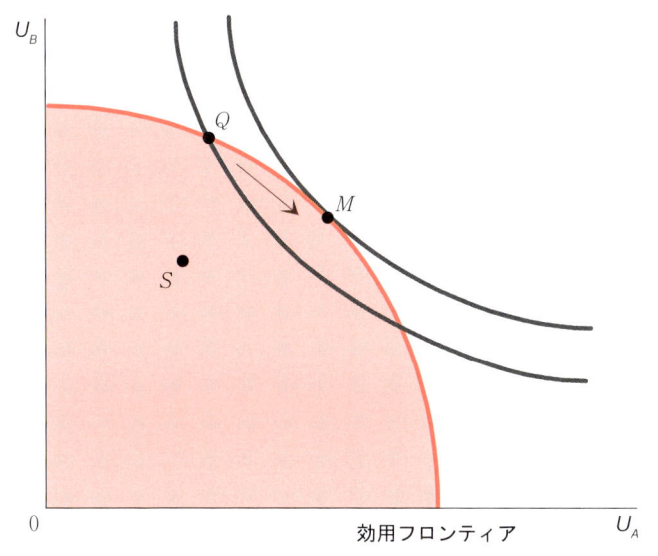

図13-3で作成した効用達成可能領域の図に，図13-2パネルBで作成した社会的厚生関数の無差別曲線群が重ねて描かれています．右上方の無差別曲線ほど高い社会的厚生水準を表すことから，この経済で**社会的厚生を最大化**できる点はM点です．仮に市場均衡が図のQ点で達成されていた場合，Bさんに課税して得られる税収を，Aさんに補助金として与えることで，均衡点であるQ点からM点まで移動できます．

か．それを決める要因は，各消費者が初期に保有している資本や土地などの資源保有量です．そのかなり多くの部分は，本章の1節で述べたように，持って生まれた才能と相続で決まります．したがって，市場均衡がもたらす効用の組み合わせは，社会的厚生を最大化する組み合わせと，一般的には異なります．

しかし，政府が課税と補助金を組み合わせることによって，前者の組み合わせから後者の組み合わせへ移動できます．すなわち，より生活水準の高い人から低い人に所得再分配をするわけです．

たとえば，市場均衡が図13-4のQ点で達成されているとしましょう．この場合には，Bさんに課税して得られる税収をAさんに補助金として与えることによって，効用フロンティア上を，社会的厚生の最大化点であるM点まで移動できます．

したがって，社会的厚生最大化にあたっての市場の基本的な役割は，経済を効用フロンティアに到達させることであり，政府の基本的な役割は，所得再分配によって，経済を市場均衡から社会的厚生最大化点まで効用フロンティア上を移動させることです．

C. 効用フロンティアへの到達を促すための3つの政策基準

7　効率化原則

しかし，現実の効用の組み合わせは，通常，効用フロンティアの上にはありません．現実には，政府の失敗も数多くありますし，数多い市場の失敗に対しては，十分な対策がとられていないからです．図13-4でいえば，S点のような場所にあると言えるでしょう．効用フロンティアの内側の非効率な点から効用フロンティアに到達させる政策基準には，効率化原則とパレート改善原則があります．それぞれを本節と次節で検討しましょう．

すべての効率化政策を実行し，それ以外は実行しないという政策基準を，本書では**効率化原則**と呼んできました．効率化原則とは，「反独占政策」「税制改革」「貿易自由化」「金融自由化」「限界費用価格形成原理による公共料金の設定」などのさまざまな効率化政策のすべてを，パッケージとして受け入れることだと見ることもできます．効率化原則は，このような効用フロンティアの内側にある点から，政府の失敗や市場の失敗を1つずつ取り除いて，効用フロンティアの方向に近づける方法だと考えられます．

個々の効率化政策は，多くの場合，政治的な抵抗に直面します．ある人の生活水準を引き上げても，別の人の生活水準を引き下げてしまうことが多いからです．たとえば，独占を規制すれば，これまでの独占企業は利潤を失いますし，ピグー税を課せば公害発生企業は生産を縮小しなければなりません．さらに，公共財を提供するためには，その公共財から直接恩恵を受けない人にまで税金を課して，負担を負ってもらう必要があります．効率化政策がすべての人の効

用を改善することはきわめてまれです．このため，**効率化政策はそれによって損害を受ける人たちの既得権を奪う**という批判が常になされてきました．効率化原則は，効率化政策の積み重ねですから，原則適用のプロセスで同じ問題を引き起こすという批判を受けてきました．

8　パレート改善原則

パレート改善原則は現状維持をもたらす

　そうであるならば，個々の政策を，効率化するか否かで判定するよりは，それがパレート改善をもたらすか否かで，いきなり判定すればよいのではないかとも考えられます．誰の生活水準をも下げずに，一部の人の生活水準を引き上げる政策を，**パレート改善政策**と呼びましょう．図 13-5 の S 点から出発する場合には，S 点の右上方のオレンジ斜線部分のどこに（たとえば H 点に）移動させる政策も，パレート改善政策です．

　さらに，パレート改善政策を首尾一貫して採用する政策基準を，**パレート改善原則**と言います．あらゆる人の生活水準を引き上げるような政策のみを実行するという原則です．

　パレート改善政策は，必ず厚生を改善します．一般的に，ある政策が厚生を改善するか否かを判定するには，政府が表明する価値観が必要なのに対して，パレート改善するか否かは，価値観を導入せずに判定できるという長所があります．

　しかし，すべての人々の効用を改善するようなパレート改善政策は，実際にはあまりありません．効率化政策の多くは，誰かの生活水準を下げてしまいます．このため，効率化政策の多くは，パレート改善原則のもとでは採用されません．**パレート改善原則のもとでは，結果的に現状維持政策——すなわち既得権保護政策——が採用されることになってしまいます**．したがって，パレート改善原則のもとでの経済政策の積み重ねが人びとの生活を大きく改善することは望めません．

図 13-5　厚生改善政策

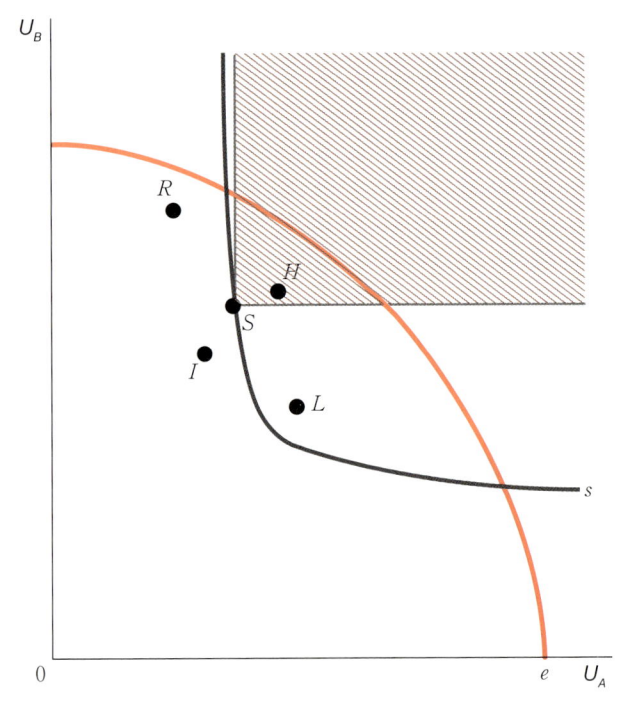

何らかの市場の失敗や政府の失敗によって，効用フロンティア上にない S 点で市場が均衡しているとしましょう．この時，H 点や L 点のように，S 点を通る無差別曲線 s より右上方にシフトする政策を行えば，社会的厚生は改善されます．また，H 点を含む図の斜線領域にシフトする政策は，誰の生活水準も下げずに，一部の人の生活水準を引き上げることができるので，**パレート改善政策**と呼びます．

補償は行動を歪ませる

では，効率化政策を行うごとに，損失を被った人に対して実際に補償を与えてパレート改善すればどうでしょうか．

現実には，ある政策の結果損失を被った人すべてに対して，補償を与えることは実質的に不可能です．その基本的な理由は，ある政策の結果，個々の消費者や生産者がどれだけの余剰を失ったか，あるいは得たか，を測定できないことにあります．

その例として，独占企業の価格を競争価格まで引き下げる改革が与える損得を測定する場合を考えましょう．

①まず，独占企業が被る損失は，改革の前後における独占企業の利潤の差（すなわち生産者余剰の減少）として計測するのが自然でしょう．しかし，そうやって**測定した損失に基づいて補償をすることにすると**，補償を受ける企業は，改革後に利潤が下がれば下がっただけ補償を受けられることになります．その場合には，**企業は経営努力をまったく怠ってしまいます**．このような測定法は，非効率的な生産のインセンティブを引き起こして，改革による損失額自体を増大させてしまいます．

②次に，価格の低下が消費者にもたらす恩恵を正しく表す指標は，消費者余剰の増加です．しかし，これを個人について直接計測するのは困難です．たとえば，消費量が多いほど消費者余剰も大きいだろうという前提のもとに，消費者余剰を代理する変数としての**消費量に応じて税金を課すことにすると**，**消費者は税金を避けるために消費量を減らします**．これは新たな死重の損失を生みます．

測定した利潤や消費量に基づいて税金や補償額を決めるかぎり，利潤も消費量も歪んで変化してしまいます．このため，正確な測定はできません．

このように，政策に伴う補償は，実務の観点から難しいという問題があります．そのため，多くの効率化政策は，補償なしに行わざるをえません．

9　逐次厚生改善原則

結局，補償の有無を問わず，パレート改善政策の実現には，多くの困難をともないます．それならば，個々の政策を，効率化できるか否かで判定するよりは，それが社会的厚生をもたらすか否かで，いきなり判定すればよいのではないかとも考えられます．

社会的厚生をただちに改善する政策を**厚生改善政策**と呼びましょう．厚生改善政策は次のように図示できます．

図 13-5 において当初の均衡点が S 点であったとします．何らかの政策によ

って，S 点を通る社会的無差別曲線 s より右上方の点にシフトすれば，社会的厚生は改善されます．たとえば，均衡点を S 点から H 点や L 点にシフトする政策は，社会的厚生をただちに改善するので厚生改善政策です．一方，I 点や R 点のように，社会的無差別曲線 s より左下方に位置する点に移れば，社会的厚生水準が下がります．

一般的な厚生改善政策も，単独で行うのならばそう難しいことではないでしょう．首相が直接，各政策が効用をもたらした結果，すなわち生活水準が上がる人と下がる人について報告を受け，その政策を行うべきかどうかを判断することが可能です．しかし，国中の政策をすべてこの基準で行うのは，かなり大変です．政府は，無数の政策を同時並行的に行っているからです．

しかし，厚生改善政策を行うためには，個々の政策ごとに，政策当局の価値観を直接導入して，社会的厚生が改善するかどうかを判定する必要があります．

ある政策が社会的厚生を改善するか否かを判断するにあたっては，個々の政策ごとに，分配に関する価値観を用いて判断する必要があります．すなわち，個々の政策ごとに政治的な判断を必要とします．

「厚生改善政策はすべて実行するが，それ以外は実行しない」という原則を**逐次厚生改善原則**と呼びましょう．[8] 効率化政策を首尾一貫して採用する「効率化原則」に対して，「逐次厚生改善原則」は，厚生改善政策のみを首尾一貫して実行します．

逐次厚生改善原則には，2 つの問題があります．

第 1 に，政策決定を選挙で選ばれた政治家自身が行う必要があるため，**膨大な手間がかかります**．

第 2 に，政策の判断に分配に関する価値観の導入が不可欠ですから，**判定基準の透明性を欠く**という問題を抱えています．透明性の高い政策基準なしで，政策を判断していくと，結局は権力者や特定の人びとの利権に奉仕することになる可能性がきわめて高いと言えるでしょう．

---

[8] 社会的厚生を下げる政策の採用を拒否する「無為の策」も，逐次厚生改善原則に基づく政策の一種です．「無為の策」の典型例は，「ラッシュ時の通勤電車に混雑料金を課す」という効率化政策を拒否することです．混雑料金を課すと，低所得の人が通勤に困るから社会的厚生を下げてしまうというわけです．

いかなる組織でも，トップが部下に権限を委譲する場合には明確な判断基準を示す必要があります．政治家が，官僚機構に対して，政策の遂行を委ねる時には，たとえば効率化政策のように，それを満たしているか否かを明確に判断できる基準を示す必要があります．

　ところが，効率化と所得再分配のバランスを示す社会的厚生関数は価値観を示すものであるために，官僚機構が矛盾なく判断できる基準を示すのは困難です．したがって，**逐次厚生改善原則は，分権化にふさわしくない政策判断基準**と言えるでしょう．

　民主党政権発足当時のいわゆる「政治主導」では，与党の政治家が直接個々の政策を決めました．これは，まさに逐次厚生改善原則を採用しようとした試みだとみなすことができます．しかし，これを試みた結果，①政治家が直接扱える範囲が少ないので，ごくわずかな政策しか実行できなかったこと，②省益を代表した政務三役の意見が各省間で深刻に異なり，政府としての社会的厚生関数が示されていなかったこと，などの理由によって，逐次厚生改善原則を実行するのは大変な困難をともなうことが露呈しました．

　それに対して，次章で述べるように，効率化原則のもとでは，政策の遂行を分権化した官僚機構に任せることが可能です．なお，効率化原則のもとでの政治主導のあり方については，終章「政治家と官僚の役割分担」で詳しく論じます．

10　まとめ

　1．所得再分配政策が必要なのは，不平等の原因の大きな部分が，努力ではなく運や才能であるためです．さらに，所得の再分配政策は保険の一種であると位置づけることもできます．

　2．経済を構成する人びとへの効用水準の配分について，社会全体の観点から見た望ましさを示す指標を，社会的厚生と呼びます．

　3．社会的厚生を最大化する1つの方法は，まず効用フロンティアに到達し，そのうえで社会的厚生関数に表現されている価値観に基づいて効用フロンティ

ア上の点を選ぶことです．

4．社会的厚生関数の値をただちに引き上げていく政策のみを実行するという政策原則が，逐次厚生改善原則です．これを実行するためには，政策ごとに，政治的価値判断を導入しなければなりません．このため，**逐次厚生改善原則のもとでは，政策決定の大きな部分を官僚機構に委ねて，迅速な政策対応を進めていく分権化が難しくなります．**

5．誰の生活水準も下げずに一部の人の生活を向上させる政策をパレート改善政策と呼びます．さらに，この政策のみを首尾一貫して採用する政策基準をパレート改善原則と言います．しかし，誰の効用も引き下げずに誰かの効用を引き上げるパレート改善政策は現実にはほとんど存在しないため，パレート改善原則は結果的に現状維持政策になってしまう危険があります．

6．効率化政策は，得をするものも生み出しますが，損をするものも生み出します．

7．しかし効率化政策ごとにパレート改善するような補償をすることは，実質的に不可能です．その理由は，特定の政策によって，どれだけの損失を受けたかを調べるのが，基本的に難しいためです．損失が大きければ大きいほど補償するとなれば，自分の損失を過大に報告したり，わざと損失が大きくなるように行動したりするという問題が発生します．

結局，効率化政策を実行すれば，損をする人の発生を避けることはできません．そこで次章では，効率化原則を導入できる場合と，できない場合がそれぞれどのような状況であるかを論じましょう．

キーワード

所得の不平等　不平等是正政策　博愛的外部経済効果　自衛的外部経済効果　効用　効用関数　平等度指標　パレート改善　パレート劣化　社会的厚生　社会的厚生関数　社会的無差別曲線　功利主義　対称的社会的厚生関数　効用達成可能領域　効用フロンティア　効率化原則　パレート改善政策　パレート改善原則　厚生改善政策　逐次厚生改善原則

14章 効率化原則

前章「社会的厚生」では，効用フロンティアの内側の非効率な点から効用フロンティアに到達するプロセスとして，

① 効率化原則
② パレート改善原則
③ 逐次厚生改善原則

を比較し，それぞれに問題点があることを示しました．

本章では，長期的には①がすぐれた特徴を持っていることを示します．ただし③のほうが①より有利になる場合がないわけではありません．それがどのような状況であるかも示します．

そのため，効用可能性曲線という概念を使って効率化原則を再述します．これによって，効率化原則を他の政策原則と比較しやすくなります（なお，本章では，「効用水準」と「生活水準」とはまったく同義で用います）．

1　効率化政策と効用可能性曲線

効率化政策

本書の序章「市場と政府の役割分担」で，改革によって生活水準が上がった人が，下がった人に対して補償を与えても，改革前よりも高い生活水準を維持

しうるのならば，この改革は**効率化政策**である，と定義しました．本節では，効率化の概念を図示します．

歪みを前提にした効用可能性曲線

そのために，本節では「歪みを前提にした効用可能性曲線」の概念を導入しましょう．

AさんとBさんは，与えられた資源量と技術水準の制約のもとにある経済に住んでいるとしましょう．この経済の**効用フロンティア**は，Aさんの効用のそれぞれの水準に対して，Bさんが達成できる最大の効用水準を示す曲線です．図 14-1 の曲線 c はこの図が示す経済の効用フロンティアです．

しかし実際の経済は，独占や公害，あるいは情報の非対称性といった市場の失敗によって歪んでいるのが普通です．[1] したがって，Aさんの効用のそれぞれの水準に対して，この経済の歪みを前提にしたまま，Bさんが最大限達成可能な効用水準を示す曲線を，曲線 c とは別に描くことができます．これを，**歪みを前提にした効用可能性曲線**（あるいはたんに**効用可能性曲線**）と言います．すなわち，一定の社会制度，税，あるいは独占の状況などに対応して，1つの効用可能性曲線を描くことができます．[2] どの効用可能性曲線も効用フロンティアの内側にあります．たとえば，図 14-1 の曲線 a は，さまざまな市場の歪みに加えて，ある産業が独占である場合の効用可能性曲線であるとします．この時，独占による市場の歪みがすべて取り除かれた後の効用可能性曲線が効用フロンティア c です．

効率化政策：効用可能性曲線による定義

効率化の概念は，「歪みを前提にした効用可能性曲線」を用いて図示するこ

---

[1] ここで「歪み」というのは限界便益と限界費用が不ぞろいになっていることを意味します．

[2] 経済全体にある財 X と財 Y の1つの組み合わせに対して1つの効用可能性曲線が描かれることがあります．他の教科書でそのような定義を見た人がいるかもしれません．しかし，「歪みを前提にした効用可能性曲線」は，より一般的に，所与の制約に対して描かれます．

1 効率化政策と効用可能性曲線 325

図 14-1 効率化

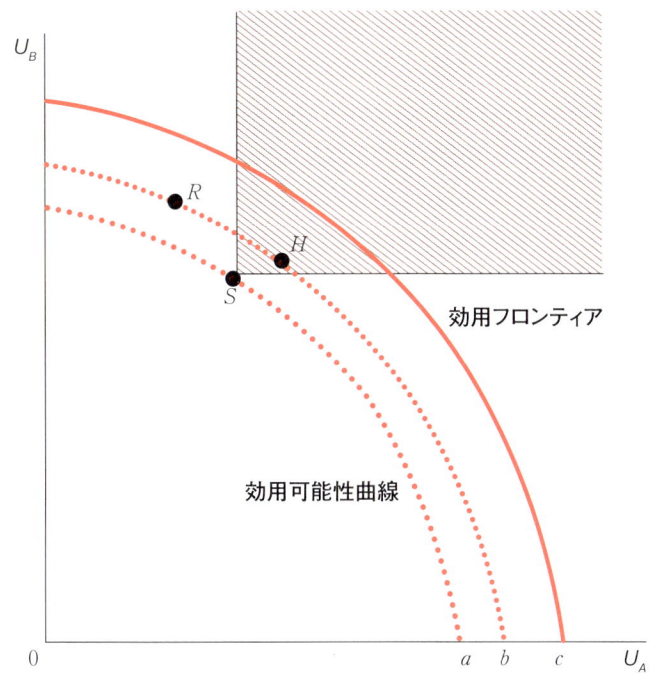

効用フロンティア c は，独占などの市場の歪みがすべて取り除かれた状態の効用可能性曲線です．一方，曲線 a は，ある産業が独占である場合の（歪みを前提にした）効用可能性曲線です．効用可能性曲線を一様に外側に押し出す政策を**効率化政策**と呼びます．出発点における，AさんとBさんの効用の組み合わせを S 点としましょう．独占企業に対して価格規制が導入された場合，効用の組み合わせは R 点に，効用可能性曲線は曲線 b にシフトするとします．R 点において，かりにBさんがAさんに補償を行えば，効用の組み合わせは H 点に移行し，**パレート改善**が実現できます．これは曲線 b が曲線 a より一様に外側に押し出されているために可能になっています．

とができます．AさんとBさんから成る経済を示している図 14-1 で，Aさんは独占企業の社長であるとします．

経済が当初は図 14-1 の S 点にあったとしましょう．その後，Aさんの独占企業に価格規制が導入されたとします．これによって，AさんとBさんの効用の組み合わせは，S 点から R 点に移るとします．R 点では，Bさんは，独占企業の生産物が価格低下した恩恵を受けて生活水準が上がっていますが，A

さんの生活水準が下がっています．S点からR点への移動をもたらすこの改革は，効率化政策でしょうか．

一度R点に移動した後で，仮に改革によって損をしたAさんをBさんが補償すれば，R点を通る効用可能性曲線b上を移動できます．その結果，S点より**パレート改善**（すなわち茶斜線領域に移動）することが可能ならば，この政策は効率化政策です．補償によって，仮にH点に移動すれば，S点よりパレート改善することは可能です．したがって，S点からR点への移動をもたらす価格規制は，効率化政策です．このことは，第9章「規模の経済：独占」での余剰分析に対応しています．

つまり，**ある政策が効用可能性曲線を一様に外側に押し出すならば，それは効率化政策である**と言えます．図14-1でS点からR点に移動する政策は，同時に効用可能性曲線をaからbに外側に押し出していますから，効率化政策です．

2　効率化と厚生改善とが矛盾する場合

図14-2のS点はオレンジ点線a（図14-1の効用可能性曲線a）上にあります．オレンジ点線aより右上方の領域では，S点よりも，効率が改善されています．

一方，図14-2では，S点よりも**社会的厚生**が改善されている領域が，無差別曲線の上方の領域で示されています．

この図から明らかなように，効率を改善する政策は，必ずしも社会的厚生を改善しません．たとえば，S点からR点への移動がその例です．さらに，社会的厚生を改善する政策が，S点からL点への移動のように，効率を下げる場合もあります．

「効率は改善したが，政策施行直後には社会的厚生を下げたかもしれない」1つの例として，序章「市場と政府の役割分担」に述べた1960年代の初頭における**石炭から石油への転換政策**があります．この政策は，人為的に作られていた石油輸入に対する障壁を取り除いたのですから，明白に効率化政策でした．

2 効率化と厚生改善とが矛盾する場合　327

図 14-2　効率と社会的厚生関数：短期

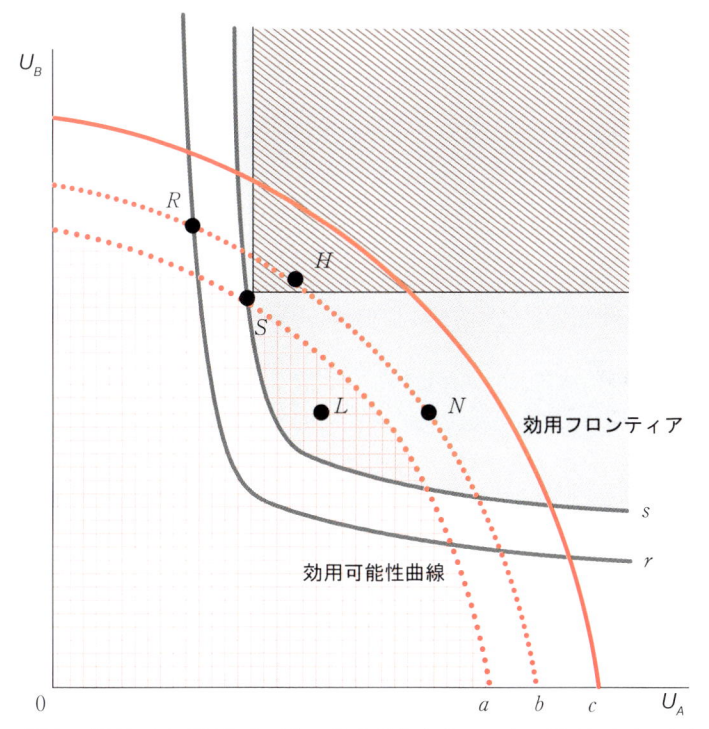

この図は，図 14-1 に図 13-2 パネル B を重ねたものです．図 14-1 は，A さんと B さんの効用の組み合わせの効率水準を示し，図 13-2 は，それぞれの組み合わせの社会的厚生水準を示しています．

したがって図 14-2 は，各組み合わせの効率水準と社会的厚生水準を同時に示しています．

出発点における A さんと B さんの効用の組み合わせが，図の S 点で示されています．S 点を通る社会的厚生関数の無差別曲線は，グレー曲線 s です．また，S 点を通る効用可能性曲線は，オレンジ点線 a です．無差別曲線 s より上方のグレーの領域では**社会的厚生**が，オレンジ点線 a の外側の領域では効率が改善されます．これらの領域は必ずしも一致しないので，効率化と厚生改善は矛盾することがあります．たとえば，S 点から R 点への移動では，効率は改善されますが，社会的厚生は下がっています．また，S 点から L 点への移動では，社会的厚生が改善されても，効率は下がっています．

しかし，この転換政策の結果，石炭生産の拠点だった三池・夕張・常磐の炭鉱は一気に没落し，石炭産業は壊滅しました．所得の平等を重視する社会的厚生関数を持つ人の観点からは，この政策は短期的に社会的厚生を下げる政策だった可能性があります．

3 効率化原則は長期的パレート改善をもたらすか

効率化原則の短期的効果

第13章「社会的厚生」8節で指摘したとおりパレート改善政策のみを採用しようとすると，結果的に現状維持を選択せざるをえなくなります．その一方で，効率化政策と実際の補償とを組み合わせることも，現実的ではありません．さらに同章9節では，直接的に厚生改善政策のみを採用することも難しいことがわかりました．

すべての効率化政策を実行し，それ以外は実行しないという政策基準を，本書では効率化原則と呼んできました．効率化原則とは，「反独占政策」「税制改革」「貿易自由化」「金融自由化」「限界費用価格形成原理による公共料金の設定」などのさまざまな効率化政策のすべてを，パッケージとして受け入れることだと見ることもできます．効率化原則のもとでは，図14-1における S 点から R 点への移動のように効用可能性曲線を外側に押し出す政策は，すべて実行することになります．

現実の経済では，ありとあらゆるところに効率化の余地はあります．これまで放置されてきた歪みを次々に取り除き，さまざまな分野において効率を改善していけば，1つひとつの政策の直後には誰かの効用が下がるかもしれません．したがって，「長い期間にわたって，すべての効率化政策を実行し，それ以外は実行しない」という**効率化原則**のもとで政策を実行していくと，その過程で生活水準が下がる人も出てきます．これまで何度も指摘したとおりです．

ヒックスの楽観主義

しかし，効率化原則を採用すると，個々の効率化政策の直後に一部の人の生

活水準が低下するにもかかわらず，さまざまな政策の結果，長期にはすべての人の効用が上がる可能性があります．すなわち，効率化原則を採用することによって，長期的にパレート改善する「見通し」が持てる場合があります．

上の「見通し」をより詳しく言い換えると，「1つひとつの政策は一部の人にとって好ましくない配分をしているかもしれないけれども，それにかまわず効率化する政策（すなわち効用可能性曲線を一様に外側に押し出す政策）を首尾一貫して行うと，長い目で見てパレート改善するだろう」という「見通し」です．この見通しを持てるか否かについて，2人の知的な人が異なった判断を持っても不思議ではありません．この判断は最終的には投票によって決められるべき価値観です．

かつて「効率化」の概念を確立させた学者たちは，この「見通し」が成り立つことを当然視していました．いろいろな政策をとると再分配効果は相殺し合うから，最後は皆が前よりも良いポジションに移動するだろう，すなわちパレート改善するだろう，というわけです．

たとえば，公共料金の限界価格形成原理の発案者であるホテリング（Harold Hotelling）は，所得再分配政策をともなわない効率化政策を次々と遂行していけば，長期的には，ほとんどすべての人の経済状態が改善する可能性が高いと次のように主張しました．[3]

> 「すべての人びとの生活水準を政策実行前よりも高めるような補償と課税のシステムが存在する場合があるかもしれない．しかし実際問題として，そのような調整を行いえない状況では，多くの人びとの厚生水準を高めるために少数の人びとの犠牲を強いることになる．たとえ政策によって得をする人たちの効用の上昇が非常に大きく，失う人びとの損失が少ないとしても，ある人びとが他人の犠牲のもとに得をするというのは公正ではない，と批判しうるであろう．……

---

[3] Harold Hotelling (1938), "The General Welfare in Relation to Problems of Taxation and Railway and Utility Rates," *Econometrica*, 6: 258-259.

……テネシー渓谷開発計画のような事業は、孤立して行われるのではない。このような事業を行おうとする政府は、他のいたるところにもダムを建設しようとするし、ほかにも実にさまざまな公共事業を建設しようとしているであろう。これらの公共事業の便益は、すべての階級の人びとに広く拡散するであろう。個々の事業の便益の配分がだいたいにおいてランダムでさえあれば、政策体系全体による便益は、国のすべての地域のほとんどの人びとの生活水準が改善されるように配分されることになるであろう。」

ほぼ同様の主張を行ったヒックス（J. R. Hicks）は、これが「古典派（経済学）の教条」であったとしています。

この「見通し」は、それを消費者余剰との関係で最初に明確に述べたヒックス[4]にちなんで、**ヒックスの楽観主義**[5]と呼ばれています。ヒックスの楽観主義が成り立つ場合には、効率化原則に基づいて政策を遂行し続けることが長期的にはパレート改善をもたらします。[6]

短期的な既得権にこだわってパレート改善原則を採用すると、実際には改善をほとんどできず、長期的にはすべての人の効用を低い水準に固定してしまう可能性があります。このため、ヒックスの楽観主義が成り立つ状況では、効率化原則を用いたほうが、パレート改善原則を用いるより、長期的には、すべての人の生活水準が高くなります。

---

4) J. R. Hicks (1941), "The Rehabilitation of Consumers' Surplus," *Review of Economics Studies*, 9 : 108-116 (Reprinted in K. J. Arrow and T. Scitovsky, eds. (1969), *Readings in Welfare Economics*, Homewood, Ill.: Irwin).

5) 「ヒックスの楽観主義」という命名は W. Max Corden (1984), "The Normative Theory of International Trade," in R. W. Jones and P. B. Kennen, eds., *Handbook of International Economics* 1, Amsterdam: North-Holland, によります。

6) この点については、八田達夫『ミクロ経済学Ⅱ』（東洋経済新報社、2009年）、第20章補論2「広義のパレート改善は、社会的厚生を改善する」を参照してください。

4　効率化原則は長期的な厚生改善をもたらすか

効率化による長期厚生改善の前提

　古典派の教条は，長い目で見たら必ず全員が有利になることを前提としますが，われわれの人生は短いので，生きているうちにはそうはならないかもしれません．

　ある政策が採用された結果，少数の人の生活水準は長期的にも下がったままになるかもしれません．しかしその場合でも，圧倒的多数の生活水準が長期的に改善するならば，「より望ましい状態になった」と判断することが政策基準として妥当な場合が多くあります．

　このような政策は，長期的にパレート改善をもたらさないにもかかわらず，社会的厚生関数の値を引き上げます．このように，一連の効率化政策によって，長期的に社会的厚生が改善するだろうという見通しをたてるほうが，長期的にパレート改善するだろうという見込みをたてるよりも自然です．図14-2を用いましょう．この図では，S点を通る社会的厚生関数の無差別曲線がグレー曲線sで描かれています．出発点が図のS点である場合，パレート改善する効用の組み合わせは，茶斜線の領域です．しかし，さまざまな効率化プロジェクトの所得再分配効果が相殺し合った結果，最終的にH点へのシフトのようなパレート改善をもたらすであろうとは，必ずしも期待できないかもしれません．最終的に，ある人の生活水準は永遠に下がったままかもしれません．

　それにもかかわらず社会的厚生改善の見通しを持つ政策担当者が，社会的厚生が改善しているN点のような組み合わせに移動するであろうという見通しを持つことは自然です．[7]

　もし古典派の経済学者たちが社会的厚生関数という概念を持っていたならば，「いくつもの効率化政策を行う場合には，それらの所得再分配効果が相殺し合う結果，**長期的には社会的厚生関数の値が改善する**可能性が高い」と主張した

---

7)　八田，前掲書，(2009) 第20章補論2で，この点をより詳しく説明しています．

コラム：経済成長の是非

　ここで，「効率化による長期厚生改善の前提」は経済成長主義と密接に関連していることを指摘しておきましょう．

　経済成長をすれば，必ず衰退産業が出てきます．たとえば，人力車や炭焼きは衰退します．したがって，「経済成長をすれば衰退産業が出てくるから，経済成長をよせ」という反経済成長主義は，1つの見識です．反経済成長主義は，「1人でも損失を被るならば改革はよそう」という既得権保護原則と同一の価値観に基づいています．

　それに対して，経済成長主義は，「経済成長にともなって，いろいろな産業が衰退するが，長い目で見たら全体としてより高い厚生水準に達するだろうから，経済成長を続けていこう」という立場です．これは基本的には，効率化による長期厚生改善の前提と同一の前提に基づいた立場です．さらに成長主義は効率化原則と同一の価値観に基づいています．

　①反成長主義＝パレート改善原則（既得権保護原則）と，②成長主義＝効率化原則，の2つの立場のどちらをとるかというのは，価値観の問題ですから，経済学によって決めることはできません．これも市民が投票によって決めることです．

　ただし，経済成長の是非に関しては，ずっと所得は上昇しないほうがいいという立場をとる人は，（いるとは思いますが）そう多くはないでしょう．やはり成長したほうがいいと考える人のほうが多いと考えられます．＊だとすれば，効率化原則のほうがパレート改善原則より有権者には支持される可能性が高いかもしれません．

＊　反経済成長主義は，環境保護の観点から主張されることもあります．しかし，環境悪化の問題には市場の失敗としての外部不経済をコントロールする観点から政策介入すべきです．そのような政策介入は，効率化原則に合致し，経済成長主義と整合的です．

ことでしょう．

　「すべての効率化政策をパッケージとして受け入れるならば，長期的には社会的厚生が増加する」という見通しを**効率化による長期厚生改善の前提**と呼び

ましょう．この前提が成り立つ場合には，効率化原則の採用がいずれは社会的厚生の改善をもたらします．その場合には，確実に効率化する政策だけを次々に採用していけば，長期的に社会的厚生を引き上げることができます．[8]

長期に社会的厚生が改善する効率化政策：例

1節では，石炭から石油への転換政策を，短期的には，社会的厚生を下げる効率化政策の例として取り上げました．しかし長期的には，この効率化政策は，単独で見ても（すなわち転換政策以外の効率化政策が一切行われないとしても），大多数の人が持っている社会的厚生関数に照らして社会的厚生を改善したと言えるでしょう．

そもそもこの政策なしには日本の高度経済成長はありえなかったからです．したがって，この転換政策は，高度経済成長の実現を通じて，多くの炭鉱の元労働者（少なくともその子や孫にとっては）の生活を，長い目で見て改善しました．[9]

1960年代初頭において通商産業省は，「効率化による長期厚生改善の前提」のもとに石油への転換政策に踏み切ったと見ることができます．

5　逐次厚生改善原則と効率化原則の混合の不可能性

第13章9節の「逐次厚生改善原則の問題点」では，執行後ただちに社会的厚生を改善する政策を**厚生改善政策**と定義しました．さらに同章での分析は，厚生改善政策の採用に際しては，個別政策案件ごとに所得分配に関する価値観を導入しなければならないので，厚生改善政策を原則として採用することは行政的に実行が難しいことを示しています．では，効率化政策を原則としたうえで，例外的に厚生改善政策を併用することは可能でしょうか．

---

[8] それに対して，個々の政策が直接的に社会的厚生を改善するか否かを判断しようとすれば，それによって利益を受ける人と不利益を受ける人の社会的重要性を個々の政策ごとに判断することになり，政治的判断が必要とされます．政府に依存しない形で行政が採用できる客観的な政策基準で判断することはできません．

日本では，（少なくとも建前上は）直接的な厚生改善を意図した政策が数多く採用されています．たとえば，最低賃金制，雇用政策，農業保護策，中小企業保護政策などです．他方，貿易自由化政策のように，効率化政策が選択される例もあります．このように2つのタイプの政策が一国の政策に混合して用いられています．

　「効率化と厚生改善とのいずれかが達成される政策のみを採用していけば，長期的な社会的厚生の改善がもたらされるだろう」と予想することは自然です．たとえば，ある省は効率化政策のみを政策基準として採用していますが，別の省は大臣主導のもとに厚生改善政策も採用している場合に，長期的にうまくいくのではないかと考えられます．

　ところが，厚生改善政策と効率化政策の両方を採用すると，何の政策も行わない場合よりも**パレート劣化**する可能性があります．このことを，図14-3を用いて示しましょう．

　図14-3のS点をスタート地点として2つの省庁が別の政策を実施することを考えます．たとえば，経済産業省がある効率化政策を行うと，初期点S点

9）　なお，2節では，石炭から石油への転換政策は，「所得の平等を重視する社会的厚生関数を持つ人の観点からは」短期的に社会的厚生を下げる政策だった可能性があると述べました．

　しかし実際には，短期的にも社会的厚生は改善した可能性が高いと言えます．

　当時は，二重構造と呼ばれた経済の仕組みのもとでは，地方の中小企業の労働者や農民は，炭鉱労働者より低い賃金を得ていました（二重構造とは，高度経済成長期以前の日本経済には，近代的大企業と，農業や商業を含めた前近代的零細企業が並存し，両者の間に生産性や賃金などに大きな格差があった状況のことです）．

　ところが転換政策がもたらした石油価格の低下によってあらゆる工業製品が安くなり，多くの低所得者が薄く広く便益を受けました．

　さらに，この本の範疇を超えますが，石油への転換政策によって促進された日本の高度経済成長が，失業率を劇的に減らして二重構造の解消に役立ちました．これらを考えると，比較的短期の2，3年で見ても，この政策は低所得者一般に対して，大きな便益を及ぼした可能性があります．

　実は，社会的厚生を下げる効率化政策の例を見つけることは，短期で見たとしても非常に難しいのです．多くの場合，効率化政策は，長期だけでなく短期でも社会的厚生を引き上げる効果を持っています．

5 逐次厚生改善原則と効率化原則の混合の不可能性　335

図 14-3　厚生改善政策と効率化政策の混合は不可能

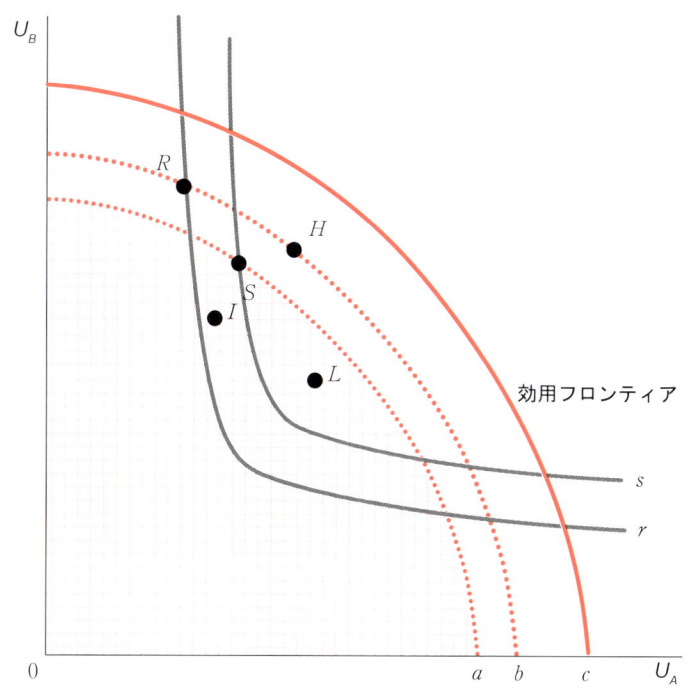

図は，**厚生改善政策**と**効率化政策**の両方が行われた場合に，**パレート劣化**を引き起こす事例を示しています．S点からR点に移る効率化政策が実行された後にR点からI点に移る厚生改善政策が行われた場合，結果的にすべての人の生活水準が下がることになります．

からR点に移るとしましょう．この政策は，不平等化しているので社会的厚生を下げています．しかし，R点は効用可能性曲線aより上方の効用可能性曲線bの上にあるので，これは効率化政策です．一方，厚生労働省がある雇用規制を行うとS点からL点に移るとします．この移動で，社会的厚生は改善していますが，資源配分は非効率化しています．

次に，経済産業省がS点からR点に移る効率化政策をまず行った後に，厚生労働省が上記の雇用規制を行うと，R点からI点に移るとします．R点からI点への移動でも社会的厚生は改善していますが，資源配分は非効率化しています．

ところが，この両省の政策の組み合わせの結果到達した I 点では，初期点 S に比べて，この国のすべての人の生活水準が下がっています．この政策の組み合わせでは，パレート劣化を引き起こしています．[10] それぞれの政策の悪い面のほうが残ってしまい，効率も社会的厚生も下がってしまっています．これは，2つの省がそれぞれ効率化政策と厚生改善政策という別の政策をバラバラに用いたためです．

効率化原則か逐次厚生改善原則のうちどちらか一方のみが首尾一貫して採用されるならば，このようなパレート劣化は起こりえません．したがって，われわれは，効率化原則か逐次厚生改善原則かの二者択一を迫られています．

6　効率化と再分配の分離：政治家と官僚の役割分担

第13章9節で明らかにしたように，逐次厚生改善原則は，適用にあたって個別の政策ごとに政治判断が要求されるので，分権に適しません．

一方，効率化原則を採用するならば，価値観から独立に余剰分析のみで政策を選択できるので，この原則の適用を官僚に委ね，政治家は主として再分配政策に特化することができます．このことを図によって確認しましょう．

ミクロ経済学の観点から政府に求められている市場補完政策は，効率化政策と再分配政策です．注目すべきは，これら2つの政策は，次のように，独立に実行できることです．

① 効率化政策を実行する時には，それが分配に及ぼす影響を無視して行います．これは効率化原則を採用するということです．
② その一方で，個々の効率化政策とは無関係に，所得再分配政策を行います．

---

[10] パレート劣化は，効率の観点からも厚生の観点からも望ましいことではありません．すなわち，「効率」か「厚生」のいずれかを満たしていればよいという政策評価基準を採用すると，評価基準が推移性を失うという問題が発生します．推移性とは，AがBより，BがCより優れていれば，AがCより優れているという性質です．

6 効率化と再分配の分離：政治家と官僚の役割分担

　このことは，任意の初期分配から出発して，社会的厚生の最大化に至るプロセスを2段階に分割できることを示しています．

　第13章6節の議論を用いて言い直すと，第1段階では，効率化原則によって効用フロンティアへの到達を目指し，第2段階では，所得の再分配を行い，効用フロンティアの上を移動させて社会的厚生を最大化する点への到達を目指すということです．

　ある経済が，初期に図14-4のS点にあるとしましょう．ここから出発して，社会的厚生を最大化するM点に達成するには，たとえば第1段階でQ点に移動し，第2段階でQ点からM点に移動するわけです．第1段階は，効率化原則を採用すれば達成できることは，これまで述べてきたとおりです．

　この2つのプロセスの第1段階で効率化原則を採用するならば，価値観から独立に余剰分析のみで政策を選択できますが，第2段階には政治的な価値判断が必要です．したがって，この2段階分割は，経済政策に関する行政と政治の役割分担のあり方を示唆します．第1段階は，行政官庁が余剰分析を行って特定の政策の効率化効果を判定することにより，政治的な介入を排除して事務的に進めていけます．一方，第2段階の再分配は，有権者の価値観に基づいた投票をとおした政治的プロセスなどで決める必要があります．[11]

　ということは，その政治決定に携わっている人が持っている所得分配に関する何らかの価値観，すなわち，特定の社会的厚生関数に基づいて第2段階の政策が決められているということです．[12]

---

11) 再分配政策は，国会を通じて表明される国民の価値観に依存します．しかし，再分配は，その方法によっては，大きな非効率をもたらすので，具体的な方法の選択にあたっては，経済学的な分析も不可欠です．

12) ①の効率化政策と②の所得再分配政策は独立に決定・実行できますが，②によって整備されたセーフティネットがあれば，①で行われる特定の効率化政策のもとで一部の人の生活水準が一時的に下がる場合があっても，長い目で見ると，大部分の人の生活水準の向上が期待できるでしょう．

図 14-4 社会的厚生の最大化

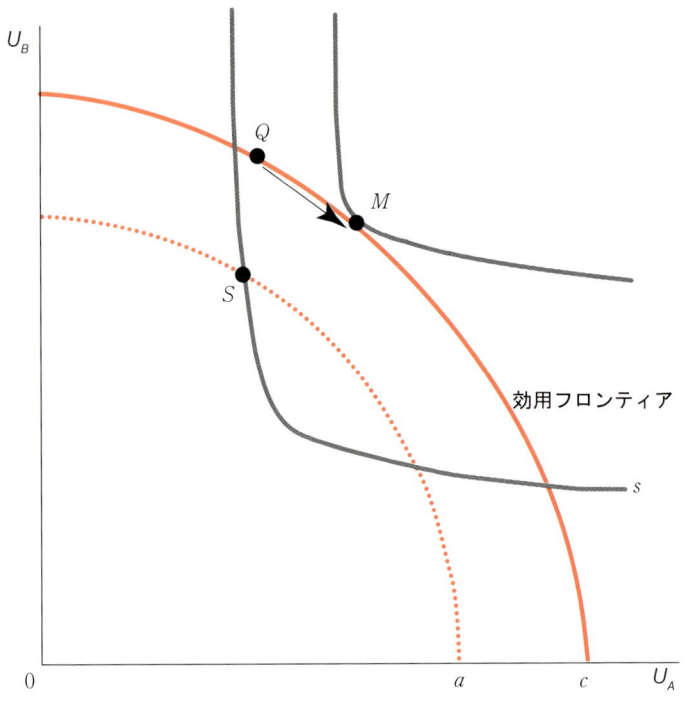

S 点から，**社会的厚生**を最大化する M 点に到達するためには，まず**効率化原則**によって Q 点に移動し，次に所得再分配政策によって M 点に移動することが考えられます．第 1 段階の政策は価値判断を含まない余剰分析のみで選択できますが，第 2 段階では政治的な価値判断が必要です．

7　効率化原則採用の条件

　実際に，効率化原則と逐次厚生改善原則のいずれを政策の指針とすべきかは，与えられた状況によります．最終的な社会的厚生の改善の可能性が高いならば，有権者が効率化原則を受け入れることが容易になります．長期的厚生最大化の観点から，個々の効率化政策を採用するか拒否するかの判断に影響を与える条件を，3つあげましょう．これらの3条件が成立しているか否かによって，効

率化政策が多くの人に受け入れられやすい状況になったり，そうでなくなったりします．

第1は，**他の効率化政策が行われる頻度**です．

まず，逐次厚生改善原則を指針とすべきケースを分析しましょう．たとえば自由化のような効率化政策が，ほとんど行われることがない開発途上国のある地域に，世界銀行がダム建設計画を立てているとしましょう．ダムに沈められる町には，低所得者のみが住んでいる場合を考えましょう．このプロジェクトは効率化原則を満たしていますが，同時に低所得者から高所得者への所得再分配を引き起こすため，社会的厚生を下げるとします．この状況を図14-2のS点からR点への移行が示しているとしましょう．その際，ダム建設をあきらめることは，厚生改善政策です．[13]

この地域においては，他の効率化政策が今後行われる見込みがほとんどないとしましょう．その場合には，ダム建設が引き起こす所得再分配効果の一部を将来何らかの政策が相殺するというようなことは考えられません．すなわちダム建設の直後に観察される社会的厚生の低下は，長期的な社会的厚生の変化を反映していると考えることができます．この場合にはプロジェクトは行うべきではないでしょう．

開発途上国におけるこのような状況でのプロジェクトの採否においては，プロジェクトが効率化原則を満たしているか否かではなく，社会的厚生が改善するか低下するかが決め手になります．つまり，いかに全体の便益が費用を上回るような政策でも，その頻度によっては施行されない場合があるということです．

一方，先進国では，効率改善のためのさまざまなミクロ経済学的経済政策が行われています．反独占政策・税制改革・貿易自由化・金融自由化・限界費用価格形成原理による公共料金の設定などです．これらの効率化政策の1つひと

---

[13] 厚生改善政策の定義には，「社会的厚生の低下を防ぐ政策」も含まれていることを思い出してください．さらに，本節の例では，ダムで沈む地域の住民が低所得者のみであることに注目してください．もしダムで沈む地域が別荘地で，豊かな人ばかりが住んでいたら，ダム建設をあきらめることは，厚生改善政策にはなりえません．厚生改善政策は貧富の差に注目するからです．

つが引き起こす所得の再分配のかなりの部分が長期的には相殺し合い，社会的厚生の改善をもたらす可能性が高いと言えるでしょう．[14]

　第2は，**職業選択の自由や居住地選択の自由**があることです．もし炭焼き職人の子どもは必ず炭焼き職人にならなければならないという法律なり慣習があれば，炭焼き産業の保護政策の撤廃は，炭焼き職人の子々孫々を貧困に縛りつけてしまいます．また，産炭地から他の地域への移動が禁止されていれば，石油輸入の自由化は，炭鉱に働く人びとの将来を悲惨にします．彼らの逃げ場はないからです．したがって，職業選択の自由や，居住地選択の自由がない社会では，特定の職業や特定の地域のための既得権保護政策には正当性があります．

　それに対して，職業や居住地が自由に移動できる社会では，効率化原則をとることによって，それらの自由を最大限に生かして社会を発展させることができます．[15]

　なお，日本でもヨーロッパでも封建時代には，職業選択の自由と居住地選択の自由が制限されていました．多くの人々は親の職業をそのまま継ぎ，また自分の生まれ育った故郷にそのまま暮らしました．そのために，望む場所にすでに住んでおり，望む職業にすでについている人たちの既得権は守られていました．封建社会は，既得権を尊重する社会だったと見ることもできます．

　近世になって人々が職業や居住地を自由に選択することが許されるようになりました．しかし誰でも自分が望む職業や居住地に移ることが可能であるということは，特定の職業の賃金が下がったり，特定の地域の家賃が上がったりすることが避けられないということです．多くの人々が望む職業や居住地の人は，新規参入者による競争に直面します．したがって，職業や居住地の自由な選択を許すということは，職業や居住地に関する既得権を守らないということと同意義です．

　さらに，人々が職業や居住地を選択できるということは，各地域の企業もそれぞれが雇う従業員を選択できるということを意味します．すなわち，職業や居住地が，需要と供給の調整によって選ばれるということです．効率化原則は，

---

14)　本章3節を参照のこと．
15)　本章4節を参照のこと．

職業選択の自由と居住地選択の自由とを前提にした政策原則です．

第3は，どの程度**セーフティネット**が充実しているかです．セーフティネットとは，サーカスの空中ブランコや綱渡りの下に張られている網のことです．つまり，競争の舞台から落ちた人に対してちゃんと安全網を張っているかどうか，ということです．累進的な所得税や相続税を財源にして，低所得になった人に対しては生活保護などの補助を行う，という制度がセーフティネットです．

効率化政策を実行していくと，企業にとっても労働者にとっても，参入の機会が増えますから，これまで恵まれなかった人たちの中には，チャンスが与えられ，生活が改善する人も多くいます．しかし中には，効率化政策をするたびに，次第に低所得になってしまう人もいるかもしれません．その場合にも，セーフティネットがあれば，極端な低所得に陥ることを防ぎ，再起が可能になります．

低所得になった理由に関係なく，低所得者は誰でも救済される再分配の機構が作られているとしましょう．すなわち，セーフティネットがきちんと張られているとしましょう．そのような社会では，効率化政策を次から次に進めても，特定の人に大きな犠牲を強いることなしに，大部分の人を豊かにする政策を実行することができます．

上にあげた3条件がどの程度満たされているかは，有権者の判断に影響を与えます．同時に，これらの3条件は，効率化政策を確実に人びとの生活水準向上に役立てるために，国が整備すべき条件でもあります．とりわけセーフティネットを充実させ，職業選択や居住地選択をより自由にする必要があります．[16]

3節では，「すべての効率化政策をパッケージとして受け入れるならば，長期的には社会的厚生が増加する」という見通しを，**効率化による長期厚生改善の前提**と呼びました．

---

[16] もっとも，効率化政策を推進する人の中には，「セーフティネットをこれから充実していけば，効率化できる」とたやすく言う人たちがいます．その人たちの多くは生活保護の制度改革にまったく関心を持たなかったり，消費税率の引き上げに熱心です．構造改革を唱える人は，まず具体的なセーフティネット改善策を提示するべきでしょう．

上の3条件は，「効率化による長期厚生改善の前提」を成立させやすくする条件だと言えます．日本のような先進国は，これらの条件を満たしていると考えられるので，効率化原則は，逐次厚生改善原則よりも優れていると言えるでしょう．もちろん，逐次厚生改善原則に比べて透明性の高い政策基準であることも，効率化原則の有利な点です．

8　まとめ

前章で示したように，効率化政策は，短期的には，一部の既得権を侵害しますし，時には社会的厚生を下げる場合もあるでしょう．すなわち効率化原則のもとでは，パレート改善しない政策を行わざるをえませんし，時には，社会的厚生を下げる政策も行わざるをえない場合があるでしょう．

一方，本章では，一定の条件を満たしている経済では，効率化原則が長期的には社会的厚生を改善することを示しました．議論の要点は，次のようにまとめることができます．

1. 効率化政策は，効用可能性曲線を外側に押し出す政策です．
2. 効率化政策を逐次厚生改善政策と併用すると，パレート劣化する可能性があります．したがって併用はできないので，いずれか一方を選択する必要があります．
3. 前章で見たように，逐次厚生改善原則を実行するためには，政策ごとに政治的価値判断を導入しなければなりません．このため逐次厚生改善原則のもとでは，政策決定の大きな部分を行政に委ねて迅速な政策遂行をすることができません．
4. 効率化原則のもとでは，経済政策を2段階に分離して，効率化を追求する第1段階を行政官庁に，再分配を行う第2段階を有権者の価値観に基づいた投票による政治的プロセスに任せる必要があります．その場合，効率化政策は，再分配効果を考慮することなく遂行することとし，所得再分配政策は，効率化政策とは独立して遂行することになります．

5．効率化原則は，「さまざまな効率化政策を積み重ねていくにつれて，それらがもたらすマイナスの所得再分配効果が，長期的には相殺されて消えていく」ことを前提とする政策基準です．この前提が成り立つ場合には，効率化政策を数多く行うことで，結果的に社会的厚生が大きく高まることが期待できます．

6．効率化政策がもたらすマイナスの所得再分配効果が相殺される可能性は，学問的に正確に予測することはできず，主観的な「見通し」に基づいています．したがって，効率化原則を採用すべきか否かは，選挙で決定すべきことがらです．

7．次の条件が満たされている場合には，「効率化による長期厚生改善の前提」が満たされる可能性が高くなります．①効率化政策が行われる頻度が高いこと．②職業選択の自由や居住地選択の自由があること．③セーフティネットが充実していること．

8．現在の日本は，これらの条件を満たしていると考えられるので，効率化原則は，逐次厚生改善原則よりもすぐれていると言えるでしょう．

9．効率化原則が，逐次厚生改善原則に比べて透明性の高い政策基準であることは注目に値します．

キーワード

効率化政策　　効用フロンティア　　（歪みを前提にした）効用可能性曲線　　パレート改善　　社会的厚生　　効率化原則　　ヒックスの楽観主義　　効率化による長期厚生改善の前提　　厚生改善政策　　パレート劣化　　反経済成長主義　経済成長主義

終章

政治家と官僚の役割分担

　本書の序章および第13章「社会的厚生」7節以下では,「市場と政府の役割分担」について論じました.さらに,本書全体を通じて,いかなる場合に市場に機能を発揮させ,いかなる場合に政府が市場に介入すべきかを論じてきました.

　この終章では,効率化原則のもとでは,政府の中において政治家と官僚がいかに役割を分担すべきかを考えます.そのためにはまず,厚生改善政策と効率化政策との比較を復習しましょう.

A. 政治家と官僚の基本的役割分担

1　逐次厚生改善政策は分権化に不向き

　遂次厚生改善原則——改革のたびに社会的厚生を改善する政策——は,分権化に適さない政策判断基準です.

　第13章9節で見たように,ある政策が社会的厚生を改善するかどうかを判断するためには,政治的な判断を必要とします.すなわち,厚生改善政策を首尾一貫して行うためには,個々の政策ごとに,政府の分配に関する価値観を直接

導入して，社会的厚生が改善をするかどうかを判定する必要があります．さらに同節で指摘したように，国中の政策のすべてに逐次厚生改善原則を適用することは，2つの問題を引き起こします．

　第1に，政策決定を選挙で選ばれた政治家自身が行う必要があるため，膨大な手間がかかります．

　第2に，政策判断の際には分配に関する価値観の導入が不可欠ですから，判定基準の透明性を欠くという問題を抱えています．透明性の高い政策基準なしで，政策を判断していくと，結局は権力者や特定の人びとの利権に奉仕することになる可能性がきわめて高いと言えます．

　このため，厚生改善政策は，分権化にふさわしくない政策判断基準です．

　だからと言って，いくつかの政策には厚生改善基準を当てはめ，他には効率化基準を当てはめて採否を決定することにすると，第14章「効率化原則」5節で示したように，パレート劣化してしまう可能性があります．したがって，効率は下げるが厚生は改善する政策を採用するのであれば，すべての政策の採否を，社会的厚生基準のみに基づいて判断する必要があります．

　そうなると，第13章9節および第14章7節で指摘したように，無数の政策を同時並行して遂行しなければならない日本のような先進国では，分権化に適した効率化原則のほうが逐次厚生改善原則と比べてより現実的な政策の基準だと言えるでしょう．

　日本を含めた多くの先進諸国では無数の政策を同時並行して実行しています．それが実現できているのは，かなりの部分を官僚機構（行政）が担っているためです．

　しかし，社会的厚生の改善自体は，長期の政策目標として重要です．第14章4節と6節で指摘したように，短期の厚生改善効果を無視する効率化原則を採用することが，長期の厚生改善のための有効な手段になります．

2　効率化原則のもとでの政治家と官僚の役割分担

　効率化原則のもとでは，経済政策は2つのタイプに分類されます．

第1は，効率化政策です．「効率化政策」とは，その政策によって得する人たちの利得のほうが損する人たちの損失を上回る政策です．

第2は，高所得者から低所得者への再分配政策です．

数多くある効率化政策を実行していくと，ある人がその中の1つの政策によってこうむる損失は，その他のいくつもの政策から得る便益によって長期的には相殺される場合が多いでしょう．この場合には，1つひとつの政策を実行するたびに損失をこうむった人を補償しなくても，効率化政策を次々に実行していくことによって，長期では国が発展することになります．つまり効率化政策を一貫して推進することが，長期の観点からは，社会厚生の改善につながります．第14章3節および4節で指摘したとおりです．

再分配政策は，パイの分割を変える政策で，効率化政策はパイを拡大する政策だと言えるでしょう．パイの分割を変えるためには，価値観に基づいた判断が必要です．しかし，効率化政策（すなわちパイの拡大策）の効果は価値観抜きに客観的に判断できるために，その遂行を分権化して官僚機構（行政）に任せることが可能です．このため，効率化政策と再分配政策の2つは，独立に実行できます．

官僚機構の重要な役割は，効率化政策を，客観的基準によって選択し，場合によっては実行していくということです．[1] 特定の政策が効率化政策であるかどうか，すなわち全体的な観点から見て損失を上回る便益を生むかどうかの判定を客観的にするための基本的な手段が，本書全体で行ってきた余剰分析です．外部経済効果に関わる費用便益分析も余剰分析の一種です．

まとめると，長期の社会厚生の改善を目指す効率化原則のもとにおける官僚（行政）と政治家の役割分担は次のようになります．

---

[1] いわゆる政策評価ということが欧米で非常にさかんに行われるようになってきましたが，それはパイ拡大の観点から官僚機構の仕事を評価する基準を明確化しようというものです．

　アメリカ，カナダ，イギリス，オーストラリアなどは，1980年代から事前に行う規制の費用便益分析（規制影響分析）を経なくては新しい規制を導入できない制度を導入し，2000年代になってからはEU（欧州連合）も導入しました．

① 効率化政策を実行する時には，それが分配に及ぼす影響を無視して行います．これらの政策を担当するのは官僚（行政）の基本的役割です．
② その一方で，所得再分配政策を，個々の効率化政策とは無関係に行います．この政策を担当するのは政治家です．

効率化原則のもとで行われる1つひとつの政策は一部の人には損害を与えますが，多くの人に利益をもたらすため，全体で見れば便益額が損失額を上回ります．

効率化原則を採用する（すなわちすべての効率化政策を行っていく）か，既得権に配慮して，効率を低下させても特定の利益集団に対する再分配を行っていくべきかは，価値観によって決まる問題です．したがって国はいずれかの方針を選択しなければなりません．

B. 官僚の役割

3 日本の官僚機構が行ってきた政策

日本では，官僚機構（行政）が効率化政策以外のさまざまな経済政策を行ってきました．いくつかの例をあげましょう．

(1) 官僚機構は，弱者保護のために必要だとして特定の利益集団（たとえば農業や中小企業）のために優遇策を講じています．これらは，所得の高い人から低い人への再分配という観点から見ると，無駄の多い政策です．しかし「弱者保護」という名目があれば特定の利益集団に再分配することが各省の役割であるとみなしている気風があります．
　本来なら，政治家が統一的に再分配政策を組み立て，所得税や生活保護を中心政策手段として実行すべきです．再分配の程度は，官僚機構ではなく政治家が議論して決めるべきものです．

官僚機構の役割を限定することが，官僚が本道から離れていくことを防止することになります．ある政策が効率化するか否かは，多くの場合に客観的に判断できますから，政策を徹底的に情報公開することによって，特定の利益集団との癒着政策を防ぐことができます．[2]

また，真に低所得の人のために再分配するためには，各省庁が別々にではなく，統一的に実行するべきでしょう．

(2) 官僚機構は，安全のために必要だとして，いくつかの業界に参入規制を行ってきました．安全性を担保することは政府の重要な役割ですが，そのためには，安全性の厳格なチェックや，事故時の罰金を含む直接的な安全規制を行うべきでしょう．死重の損失をもたらす価格の維持や参入の制限は，目的に対する最適な政策手段ではないでしょう．

10年ほど前までは，安全のためを根拠にして航空会社の新規参入を認めず，航空運賃を高く規制していました．しかし当時は，参入規制で守られていた航空会社が頻繁に事故を起こしていました．

また，タクシーの台数制限も，台数が増えると事故が増えるということを根拠に行っています．事故を起こした会社に，強い罰則を課すなどの手段をとる代わりに，全体の台数を制限するというのは，無駄な政策です．しかもタクシー台数が自由化された2002年以後，台数当たりの事故は増えていません．この期間には，やはり主として一般道路を走るバスの1台当たりの事故数もほぼ同様に推移しています．[3]

最近では，通信販売による（非処方の）薬品販売が大幅に制限されました．漢方薬も，通信販売で買えなくなり，山村の高齢者たちや，外出できない病人が不便をこうむりました．この理由は，対面でなければ市販薬の安全性を確保できないというものですが，これを信じている人は少ないで

---

[2] 「弱者保護」を口実とした利益誘導政策の例については，八田達夫・八代尚宏編『「弱者」保護政策の経済分析』（日本経済新聞社，1995年）参照．
[3] タクシーの交通事故要因分析，統計データについては下記を参照．国土交通省「自動車運送事業に係る交通事故要因分析（平成23年度）」(http://www.mlit.go.jp/jidosha/anzen/03analysis/press20120330.html)，国土交通省「事業用自動車の交通事故統計（平成22年度）」(http://www.mlit.go.jp/jidosha/anzen/03analysis/resourse/data/h23_1_1.pdf)．

しょう．この規制が導入されたとき，インターネットによる市販薬の販売で事故が起きたという報告を厚生労働省は1件も示すことができなかったことが，この規制の真の目的がどこにあるかを示しています．政治力を持っている大手のドラッグストアチェーンが，インターネットによる一般医薬品（大衆薬）の販売に脅威を感じて，コンビニエンス・ストアへの販売を譲ることを代償として，政治的な取引をしたと報じられています．

(3) 官僚機構は，安全保障のために必要だとして，特定の利益集団のために利益を誘導する政策を行ってきました．たとえば，食料の自給率を高めないと，いざという時に食料不足になると困るという理由で，特に米の関税を788％にするなど，穀物の輸入制限をしてきました．しかし，日本が石油をほぼ全面的に輸入している以上，石油の備蓄がなくなってしまえば，米を国内で毎年生産できても，都市に運ぶことができませんし，トラクターも動かせません．石油にあわせて半年分の備蓄をすることが，整合的な安全保障対策だと言えるでしょう．[4]

(4) 官僚機構は，地球温暖化対策のために必要だとして，原子力発電所へのさまざまな補助を行ったり，風力発電・太陽光発電・電気自動車など再生エネルギーへの補助金制度を設けたりしてきました．

一方，第8章「外部不経済」4節で明らかにしたように，地球温暖化への基本的対策は炭素税です．炭素税のもとでは，民間企業は税金の支払いをできるだけ避けようとするため，二酸化炭素（CO_2）排出削減のためのさまざまな工夫をしようというインセンティブが生まれます．炭素税は，化石燃料に比べて再生可能エネルギーや原子力発電を有利にするだけでなく，石油に比べてCO_2排出量の少ない天然ガスの利用も有利にします．さらに，CO_2排出抑制のための技術進歩も促進します．

しかし，炭素税のような正攻法の「市場の失敗」対策は，政策当局にとっては魅力的ではありません．民間企業は，そのことに関して政治家や官僚に直接感謝してくれないからです．炭素税は，政治家や官僚機構をすっ飛ばして，客観的な指標のみに基づいて，排出するものには罰を与え，そ

---

[4] 八田達夫・高田眞『日本の農林水産業』（日本経済新聞出版社，2010年）参照．

うでないものには自動的にご褒美を与えて，効果を出してしまうからです．

　これまで日本政府によりとられてきた地球温暖化対策は，「原発利権」や「再生可能エネルギー利権」へのバラマキであり，政治家と官僚機構においしい利権をもたらしてきました．しかし，地球温暖化対策のために資源配分の効率化の観点から最も有効な対策は，さまざまな特定業界への補助金等の利益誘導政策を廃止する一方で，炭素税の税率をヨーロッパの水準まで引き上げていくことです．[5]

⑸　官僚機構は，成長戦略のために必要だとして，成長が見込まれる特定の産業に特別な補助を与える「産業政策」を行ってきました．たとえば大型コンピュータの全盛期には，リスクが大きな産業だからという理由で，政府省庁による国産コンピュータ採用の義務づけを行い，大量の資金も投入しました．高速増殖炉もんじゅにも多額の政府資金がつぎ込まれました．

　しかし，今まで政府が行ってきた，リスクが大きな産業への支援で成功したものはあまりありません．実際日本では産業政策で死屍累々の失敗を続けてきました．その理由はそれらが市場の失敗対策としての根拠がない産業政策だったためです．[6] さらに基本的な理由は，国がリスクを取っても，失敗した時には誰も責任を取らないためです．

　一方，政府から補助をもらわずに自らリスクを取って成功したのは，ソニー，ホンダ，パソナ，楽天，ユニクロ，クロネコヤマトと枚挙にいとまがありません．何よりも iPhone に対してアメリカ政府がリスクマネーを出したという話を聞きません．

---

[5]　八田達夫『電力システム改革をどう進めるか』（日本経済新聞出版社，2012年），第7章参照．

[6]　鉄鋼に対する保護政策が無効だったことに関してはたとえば，Ohashi, Hiroshi, "Learning by Doing, Export Subsidies, and Industory Growth: Japanese Steel in the 1950s and 1960s," *Journal of International Economics*, Vol. 66, 2005, pp.297-323, の周到な研究がある．産業政策の非有効性のサーベイとしては，大来洋一[2010]『戦後日本経済論』（東洋経済新報社，2010年）の第7章を参照．日本の高度成長期の産業政策の無効性について次の著書が詳しい．三輪芳朗／J・マーク・ラムザイヤー『産業政策論の誤解——高度成長の真実』（東洋経済新報社，2002年）．なお，この本は，産業政策が有効だったと主張したチャルマーズ・ジョンソン（矢野俊比古訳）『通産省と日本の奇跡：産業政策の発展』（TBSブリタニカ，1982年）を実証的に全面否定しています．

ところが，政府は産業政策をやりたくて仕方がないのです．特定の産業をひいきするということは政治家にとっても各省庁にとっても魅力的です．選挙にも有利だし天下りも可能になります．官僚機構と政治家はタッグを組んで産業政策をやってきました．

　日本で成長産業を育てるためには，補助金を与えるのではなく，産業の成長を妨げる規制を改革し，法人税を引き下げることが重要です．たとえば，上記の炭素税は，天然ガスやクリーンな石炭火力発電へのシフトを促進します．さらに炭素税からの税収は，法人税収の引き下げを可能にしてくれます．炭素税率引き上げのような資源の効率化政策こそが成長戦略のモデルであるべきです．成長戦略は，特定業界への利益誘導では成功しません．

4　官僚機構の機能発揮のための条件整備

公務員昇進・退職制度改革

　従来，日本の官僚機構（行政）は，パイの拡大政策や長期的なビジョンを示す役割を十分果たしてきたわけではありません．それどころか一方で，官庁の既得権を守るためにエネルギーを使ってきました．さらに族議員と結びついて民間の利益集団の既得権を守る役割も果たしてきました．日本の制度が，官僚にそうせざるをえなくなるように仕向けてきたという側面もあります．[7]

　日本の官庁では，同期入庁の官僚の中で局長や次官になる人が出ると，それ以外の人は後進に身を譲って退職し，比較的若い人たちが次の局長や次官になれるようにするという仕組みになっています．退職した官僚は，民間の会社に就職することが習わしでした．

　先輩たちの就職先の斡旋をしなければならない官庁としては，民間企業と仲良くしたくなります．この制度が民との癒着を生んできました．[8]

　1960年代には，鉄鋼業界の副社長会議は通産省前次官会議だと言われたよう

---

[7]　古賀茂明『日本中枢の崩壊』（講談社，2011年）．

な時代もありました．すなわち通商産業省が各鉄鋼会社に補助金やさまざまな優遇措置を与え，その代わりに前次官を副社長として各社すべてに送り込んでいたということです．各種業界団体の専務理事や理事として天下ったという例も，昔から数多くあります．

露骨な民間企業への天下りは，当時よりも減りましたが，今でもあります．これは，個人が恩恵を与えて見返りを得るというよりは，組織としての省庁が恩恵を与えて見返りを得るわけですから，構造汚職と呼ばれています．[9] 各省庁は，天下りポストを得られる見返りとして，効率化政策を遅らせたり，非効率的な産業政策を導入したりということを行います．

一方，民間ではなく，政府の関連機関に天下るということは，今も広く行われています．国の機関を天下り官僚のために作り，そこにポストを与えるのです．そのために作られた特殊会社や特殊法人も数多くあります．

公務員が定年まで勤められるように，公務員制度を改革すべきです．それによって，民との癒着や非効率的な天下りポジションを作らなくてもよいようにすべきです．

公務員退職制度を整え，官僚が利益集団の影響を受けずにパイを拡大する政策の形成に専心できる環境を作ることが必要です．[10]

---

8) これに対する批判が高まったために，辞めた人を政府の外郭団体に送りこむことが行われ，退職者のために組織を作るという無駄も行われてきました．このことは，「天下り」あるいは「わたり」と呼ばれています．

9) 公職にある人が地位や特権を利用し，賄賂などによって不正な利益を受けることを汚職と言います．刑法で賄賂に該当するためには，お金を出す側が行政や政治家に特定の依頼をすることが必須です．1990年以降で3人の事務次官が汚職で有罪判決を受けています．

次に，現行の法律では犯罪にならなくても，国に損害を与えるという意味で汚職であるというものがあります．ある企業が定期的にある省庁の天下りを受け入れていれば，企業側が行政側に特定の要請をしなくても，行政側は組織として，その企業に都合のいいことをするでしょう．しかし，これは現行の法律では賄賂にはなりません．特定の依頼がないからです．したがって，このことを構造汚職と言います．

10) 公務員制度改革が政治的に受け入れられてこなかった事情については，原英史『官僚のレトリック』（新潮社，2010年）参照．

公務員採用制度

　日本の官僚機構には「市場の失敗がない場合には，原則として市場に中心的な役割を果たさせるべきだ」という認識も，「官僚の役割は，市場の失敗対策と政府の失敗の除去だ」という認識もありません．

　むしろ現状の法律がたとえ政府の失敗の見本のような参入制限を作る法律であったとしても，それを是としたところから出発します．政府の失敗だとして是正する文化はありません．したがって改革を提案する人たちは，その法律が，市場の失敗がないにもかかわらず参入規制をしていることを示すだけでは是正できないのです．是正を望む新規参入者は，是正による便益が費用を上回るということを，いちいち示さなければならないという文化になっています．すなわちどこかに行くたびに，車をもう一度発明しなければならないような制度になっています．[11] したがって効率化が遅々として進まないのです．

　このことの1つの原因は，「効率化政策における市場と政府の役割分担」と「政治家の役割は所得の再分配で，官僚機構の役割は効率化政策だ」ということが，日本の知識人の間に広く認識されていないことです．

　現在の日本でモデル分析に基づいた政策研究，とりわけ経済学が社会に浸透していないのは，日本の公務員採用制度に問題があるからだと考えられます．

　第2次世界大戦後，社会科学の発展とともに，多くの先進諸国で経済学の修士あるいは博士が官庁で大量に採用されるようになりました．さらにそのような各国では，修士や博士は給料と昇格の両面で優遇が与えられています．ある政策がパイを拡大するか否かを分析するには，統計学を用いるなど，高度な学術的訓練が必要だからです．しかも，アメリカ政府や国際機関が博士を採用する場合，大多数は学術的な経済学や社会学の博士です．各省は，本当の専門家を雇うわけです．このような専門家は役に立つという認識があるから，給料も

---

[11] ただし憲法には，職業選択の自由（営業の自由）を認めるなど原則として自由を尊重する条項がいくつかあります．これは恐らくアメリカ憲法が経済人によって作成されたということを反映しているのでしょう（序章，注10）を参照．しかし日本の法律学者は，自由の尊重よりも，既にある法律は，自由を侵していても，正しいものだとして政策を論ずる傾向があります．

上げるし，権限も与えられるということなのです．このような状況は基本的には効率化政策の採用の重要性を多くの国が認識し，効率化するか否かの判定の基準の有用性を認めた結果だと考えることができます．

　市場に重要な役割を与える政策を，「アメリカ主導」のグローバルスタンダードだとして揶揄する傾向がありますが，これは近視眼的な見方です．どの分野で学問的訓練を受けた人であれ，市場と政府の役割に関する一定の経済学のバックグラウンドを持っていることは重要な官僚の要件です．その前提のもとでの社会科学の各分野における分析力が政策提案には有効です．

　アメリカだけではありません．EU の本部でも同様です．EU 本部の官僚機構は，各国政府が政治的に困難を感じる効率化政策を，競争政策の分野でも電力政策の分野でも，リーダーシップをもって EU 指令を出して各国政府に義務づけてきました．（なお，EU に加盟していないノルウェーでも，事務系官僚のほぼ全員が修士保持者で，その4割が法学修士ですが，約半分は経済学修士です）．アメリカと違って議院内閣制で，各省次官は日本のようにキャリアの官僚がなるオーストラリアでも，官僚の多くは大学院卒です．[12]

　一方，日本の公務員採用制度は学部卒，特に法学部卒を多く採用しています．日本では修士を出ても学部で同学年だった人と同じ給料になる仕組みですから，修士の間に得られなかった給料は補填されませんし，修士教育のために支払った学費も戻りません．さらには修士で学んだことによる知識や能力の向上への支払いもまったくありません．これでは大学院に行って専門的な知識を身につける動機はできません．そのため日本では，一般の学生は修士，博士を取ってから，役所に入ろうとは思わないでしょう．

　このため，日本の経済学をはじめとした多くの社会科学系大学院は，官僚を育成しようという意識に欠けています．結果として，大学院自体に，政策的な関心が弱く，経済学的な知見が社会に浸透しにくいという悪循環に陥っています．

12）八田達夫『国際社会に通用する人材育成策：国家公務員のオープンリクルートメントによる院卒採用－オーストラリアをケーススタディとして－』（日本国際問題研究所，2012年）参照．
http://www2.jiia.or.jp/pdf/resarch/H23_competitiveness/7hatta_competitiveness.pdf

このように，経済学的に見た政治家と官僚の役割分担が広く認識されていない理由のかなり大きな部分は，日本の公務員採用制度にあると言えるでしょう．公務員制度を国際的な標準に合わせて改革し，学生が経済学修士や経済学博士に積極的に応募したくなるようにすべきです．

漢方医学からの脱皮

日本方式と欧米方式はお互いにいい面があります．言ってみれば漢方医学と西洋医学の違いのようなものです．日本は今までは，数理的な分析や統計的な解析ということを行わずに，注意深く観察して，漢方医学のようにいろいろな政策，処方箋を生み出してきました．それはそれなりに非常に貴重な知恵をいろいろ出してきました．

しかし，数理分析は西洋医学のようなもので，それには組織的な訓練が不可欠です．医療でも，西洋医学を組織的にきちんと教育して，その人たちを一定の割合で組織に入れていって，漢方医学にくわしい人と協力しながらやっていくということが必要です．同様に，政策形成にも，組織的な社会科学の訓練を経た官僚が不可欠です．[13] 国際的にはそうなっているのに，日本の公務員の雇用制度はそのようになっていません．

C. 政治家の役割

5 政治家の役割の詳細

効率化原則のもとにおける政治家の基本的な役割分担は，所得再分配です．しかし，政治家はその他の役割も担います．ここで政治家が分担すべき役割を

---

[13] 社会科学系大学院を出たばかりの人の政策提言をきいて，「これでは社会科学が使えない」と法学部出身の官僚が考えるとしたら，漢方の医者が西洋医学を学んだばかりの若者に実際の治療をやらせて，うまくいかないのに接して「ほら見てみろ，あんな西洋医学なんか役に立たないんだ」と言うのと似ています．

列挙しましょう．

(1) 所得再分配

不平等の原因が努力のみならば，所得再分配政策は不要です．所得再分配政策が必要なのは，不平等の原因の大きな部分が運や才能であるためです．さらに，所得の再分配政策は保険の一種であると位置づけることもできます．

どの程度の再分配が望ましいかは，有権者の価値観に依存します．選挙によって選ばれた政治家は究極的には有権者の価値観を代理して示すことができると考えられるので，高所得者から低所得者への再分配をどの程度の水準で行うかは，政治家が担当すべき政策です．

(2) リスクの評価

資源配分を効率化する政策の設計は，基本的には官僚機構（行政）の担当です．しかし，効率化政策の決定においても，政治家による価値観のインプットが必要な場合があります．それは不確実性への判断です．

たとえば，自動車事故のように毎年どの程度の件数で起きるかがわかっており，またどのような要因が事故の頻度に影響を与えているかがわかっている場合には，民間の保険を活用できます．市場の失敗のために保険が成立しない場合にも，その対策は官僚に任せることができます．

しかし，たまにしか起こらない状況，たとえば戦争・大地震・津波・テロなどの不確実な事象に対してどの程度備えるかは，主観により大きく異なります．たとえば，大地震が平均すれば1000年に一度程度あるということがわかっていたとしても，それは明日起きるかもしれないし，実は2000年先に起きるかもしれませんから，他のことを犠牲にしてどの程度それに備えるかについては，個人によって考え方に大きな差があるのは当然です．この不確実性への対応は，ほとんど価値観といっていい問題です．

このような不確実性への対処については政治家が国民の意向を代表して判断するべきでしょう．したがって，効率的な資源配分のあり方を決定する前提となる不確実性への対処という点で，時の政権の意向が大きく影響を与えることは当然です．またその責任は，官僚ではなく政治家を選んだその時の有権者が

負うべきでしょう．

　この場合の官僚の役割は，リスクをいくつか想定し，その中から政治家に，あるいは選挙を通して有権者に選んでもらうということです．

(3) プライオリティーづけ

　効率化政策を実現するためには，代替手段の選択・比較・評価，国際比較，また関係者からのヒアリング，利害の調整といった大変なエネルギーと努力が必要です．行政資源は限られているため，すべての効率化政策をただちに実行できるわけではありません．したがって，無数の改革のアジェンダの中から，何を優先的に選ぶかという選択をする必要があります．これは，政治家の役割です．

(4) 激変緩和措置

　効率化をもたらす改革は，勝者とともに敗者を生み出すので，敗者に対する激変緩和措置が必要な場合が多いでしょう．どのような激変緩和措置をとるべきかを決めることは，政治の役割だと言えます．すなわち，政治家は官僚が示す最終的に採用すべき政策を了解したうえで，改革のスピードを調整する役割を持つと言えるでしょう．

(5) 官僚機構の監視

　官僚機構が行っている政策が真に効率化政策であるかどうかをチェックする必要があります．そのためには，情報開示をさせたり，天下りのあり方を規制したりすることは重要です．

　さらには政策そのものを定期的に効率化の観点からチェックする必要があります．民主党政権以前の自民党政権下では，それを行う機関が出現しはじめていました．規制改革会議と経済財政諮問会議です．しかし，当時の自民党政権の末期には，政府が与野党の政治家の利益集団志向に負けて，これらの機関を使いこなせず，自滅しました．今後は，これらの機関の機能を回復することが重要です．[14]

6　日本で議会制民主主義が機能しない原因：経済学的観点

　3節であげた「官僚機構が行ってきた政策」は，政治家が行ってきた政策でもあります．官僚機構が特定の利益集団のための政策作りに励む大きな要因は天下り先の確保です．一方，政治家もやはり特定の利益集団のための政策作りを主導したり協力したりするのは，選挙のためです．

　民主的な選挙では，国民の大多数の意向が反映されるはずです．そもそも効率化原則は，長期的には，大多数の国民の生活水準を向上させるのですから，民主的な選挙で選ばれた政治家は，効率化原則を採用しそうなものです．

　それにもかかわらず，実際の選挙の結果選ばれた人々が，特定の利益集団のために，非効率的な政策を採用するのは，なぜでしょうか．

　日本の議会別民主制度がうまくいっていない原因を3つあげましょう．原因のそれぞれが経済学的な背景を持っています．第1は公共財，第2は経済成長にともなう人の移動，第3は日本の雇用制度と深く関わっています．

政治と利益集団――公共財としての政治活動

　選挙制度のもとでは往々にして既得権を持つ集団の声が非常に強く反映される結果になります．

　その根本的な理由は，多くの改革は既得権を持つ集団に非常に大きな損失を

---

14)　『経済財政諮問会議』の小泉政権下における機能については，竹中平蔵著『構造改革の真実　竹中平蔵大臣日誌』（日本経済新聞社，2006年），安倍・福田内閣については大田弘子著『改革逆走』（日本経済新聞出版社，2010年）を参照．なお規制改革会議は，格差を拡大したと非難されることがありますが，実際には格差縮小に大きく貢献しました．八田達夫『ミクロ経済学Ⅱ』東洋経済新報社，（2009年, pp. 525-533）参照．ただし小泉政権による財政再建は，地方における公共投資の削減を通じて，地方の失業を増大させました．それに対する十分な手当ては行われず，むしろ追い打ちをかけるように，いわゆる三位一体改革で地方への純配分が減らされました．規制改革ではなく，「財政再建」の進め方が都市・地方間の格差を拡大させたことが小泉構造改革への反動を招いたと言えるでしょう．

もたらし，その他の人々には薄く広い便益しかもたらさないからです．

例として農業に対する参入制限を考えましょう．参入制限の撤廃が消費者にもたらす便益の総計が農家に与える損失の総計を上回ることは経済分析によってわかっています．ただし，参入制限の撤廃は個々の農業に携わる人々には大きな損失をもたらす一方で，数多くの消費者1人ひとりに対しては薄く広い便益しかもたらしません．

政治的な活動をするためには費用もエネルギーもかかります．またある集団の便益を守る政治的な活動は，誰かがやってくれれば，他の人はただ乗りをして便益を得ることができます．その集団内における一種の公共財です．たとえば消費者運動家たちが，大きな時間エネルギーの費用を支払って，農業への参入規制撤廃のために政治活動を行えば，その政治活動のための費用を負担しない多くの消費者も便益を得ます．したがって，薄い便益しか得られない消費者は自分がわざわざそのような政治活動にお金を出したり，ボランティアで参加したりしようとはなかなかしません．政治組織化しにくいのです．

一方，改革に抵抗することで個々の構成員が大きな便益を得る農家は，費用をかけても政治活動に協力します．したがって政治活動の組織化が容易です．

同様に，医師会・電力関連企業・大企業の労働者の既得権を守る労働組合団体・中小企業団体等の利益集団が強い政治力を持ちます．これらの利益集団に対して再分配をすることを「集団再分配」と呼びます．反対に，広く薄い消費者を代表する政治団体は形成されにくく，これらの利益集団に丸めこまれた消費者団体が政治力を持つことさえあります．

これらの利益集団の中でも農家や中小企業に対しては，政治家は利益誘導をする口実として，この集団を弱者だとみなして，弱者への所得再分配を行っているのだと称する傾向があります．しかし高所得者から低所得者に再分配する「個人再分配」に比べて，集団再分配は，より大きな総余剰の損失をもたらします．[15]

---

15) 官僚機構（行政）には，このことを政治家に指摘し，個人再分配のあり方について，最も効果的な方法を指摘する役割もあるでしょう．

1票の格差——経済成長に取り残された制度

　日本の選挙区制度は民主的な投票制度を歪めています．日本は経済成長とともに，1次産業から2次産業へ，2次産業から3次産業へと労働者が移り，それにともない人びとは居住地域を農村から工業地帯，工業地帯から大都市へと移動していきました．したがって地域的には，成長産業が大都市に，衰退産業が農村に，存在しています．また，人口の移動にともなって，選挙定数を変更すべきだったのに，日本はそれを行いませんでした．したがって，既得権を持った古い産業の多い地域の利益が大都市の3倍，4倍といった形の票数で反映されています．効率性に反するこのような政策を正当化するために費用便益分析をはじめとした効率化原理に基づく政策が取り入れられてこなかったと言えるでしょう．

　アメリカの下院でもかつて1票の格差問題がありました．しかし1960年代にウォーレン最高裁判事のもとでの違憲判決の後これを徹底的に改革しました．この判決以後，アメリカの下院では，選挙区が人口に比例するように自動的に調整されるようになりました．

政治家になることのリスク——雇用制度による増幅

　日本の議会制民主主義がうまく機能していないことは，最近の首相を見れば一目瞭然です．できもしないことを散々言ったために辞めることになり，辞任あいさつでは「政治家を辞める」と表明したにもかかわらず，あとでそれを取り消す，といった人まで現れました．

　よりによってこういう人たちが首相になる背景には，優秀な人が政治家という職業を選択しにくい日本の制度的な事情があります．実際，現在では政治家になる人たちの出身職業にかなりの偏りがあります．まず，前述の首相はお金持ちでした．次に，弁護士や医師のような士（さむらい）業の人の数が異常に多いのです．彼らは選挙に落選しても食べていけるので，立候補のリスクをとれる人たちです．そして，落選しても組織が守ってくれる労働組合出身者も多くいます．

　しかしその一方で，サラリーマンからの転身者は，かなり少なくなりました．その1つの原因は，政治家に立候補して落選した場合，次の就職をしにくい

ということです．日本の雇用法制のもとでは，一度会社を辞めると復職が難しいので，あえてリスクをとって政治家になろうという人が少ないのです．

　日本の終身雇用制度のもとでは，正規（終身雇用）社員が大会社を辞めれば，契約がきれてしまいますから，もとに戻ることはできません．また，他社にも中年の正規社員の求人はほとんどありません．自発的に辞める人が少ないから，空席ができないためです．これは，落選した場合のコストを異常に大きくしています．

　そうかといって，どこかの会社の契約社員になるとすれば，数年ごとに転職することが実質的に義務づけられています．判例によって，会社は契約社員を通算6年までしか採用できず，その後は契約を繰り返すことは許されていません．終身雇用に切り換えることは許されていますが，中年の終身雇用社員の空席はほとんどないわけですから，大半が6年以内に解雇されます．したがって，安定した職を持った人は，なかなか選挙に立候補しにくいという事情があります（なお日本でベンチャー企業が生まれにくいのも，雇用法制によって，雇用の流動性がないことが主な理由です．ITの技術革新がアメリカではシリコンバレーのベンチャー企業によって起こされたのに対して，日本では大部分が大企業でしか起きないのはこのためです）．

　以前は業界推薦の候補者が落選しても，業界全体がバックアップして，行政や官庁が面倒を見るという習慣もありましたが，批判を受けたためそうした習慣はなくなりました．しかし雇用制度のほうは旧態依然であるため，結局は士業か，政治家二世か，労働組合か，金持ちか，といった人々が政治家として幅をきかせる仕組みになってしまっています．

7　消費者主権回復のための制度改革

　以上の問題を解決する2つの制度改革を提案しましょう．

　第1は，雇用法制を変えて労働市場を流動化することです．まず正規社員の求人数を大幅に増やす方策です．その方法は契約であらかじめ明記した額の金銭補償を支払うことを条件に，国が定めた一定のルールのもとで，会社の都合

により縮小しつつある衰退産業の正規社員の解雇を可能にすることです．これによって，経験のある中年層の人員を，拡大しつつある新産業で正規社員として雇用する余裕ができるようになります．

　企業は需要構造変化に対応して労働者構成を弾力的に変化させることが，若い正規社員も積極的に雇用できるようになります．

　次に，契約社員に関しては，理想的には同じ職場で何度でも契約を繰り返すことができる「定期雇用制度」[16]を導入すれば，その技能が必要とされているかぎり，企業はその人を6年後に解雇する必要がなくなり，実質的な正規社員として何年も繰り返し雇えますから，重要な役職に就けたり，そのことを前提に教育投資をできるようになります．

　これら2つの制度改革によって労働市場は現在より飛躍的に流動化します．選挙に落選してもその人の特性を自由に生かして働けるような雇用の仕組みにすることによって，政治家の質は飛躍的に向上するでしょう．

　第2は，現在地域ごとに設定されている選挙区制度を抜本的に変え，有権者の年齢ごとに当選する議員数を割り当てることです．この場合，各年齢の人口に比例して議員の定数を決めます．例えば全体で250人程度の議員を選ぶとすれば，20歳選挙区からは3人，45歳選挙区からは4人，80歳選挙区からは1人というように，年齢ごとの人口に応じて1人から5人の国会議員を選ぶ制度にします．言い換えれば，選挙区を地域割から年齢割にするわけです．各年齢の議員の定数は人口の変化に応じて変更します．

　この選挙制度の変更によって，まず，1票の格差問題が抜本的に解決します．人口構成の変化に合わせて自動的に各年齢の議員配分を調整することは，現行の地域における線引きの変更より政治的に容易だからです．次に，地域内ごとに政治活動をする利益集団の政治活動は抑制されるでしょう．そのような政治活動のコストが高まるからです．さらに業界ごとの利益を追求する政治的活動も，世代で分断されてしまうと困難になります．この結果，消費者全体の利益が重視されることになるでしょう．[17]

---

16)　「定期雇用制度」については，八田達夫『ミクロ経済学Ⅱ』，p.497を参照．

8 むすび

　本章では，効率化原則のもとにおける政治家と官僚の役割分担を分析し，次の観察をしました．

　1．無数の政策を並行して遂行しなければならない日本のような先進国において，分権化に向いていない遂次厚生改善原則の採用は多くの困難をともないます．一方，効率化原則のもとでは，ある政策が効率化するか否かは客観的に判定できるため，政策の決定の多くを官僚機構（行政）に分権化することができます．

　2．効率化原則のもとでは，政治家の最大の役割は再分配政策の遂行であり，官僚機構（行政）の役割は効率化政策の遂行です．

　3．日本では，官僚機構（行政）が本来の役割であるパイの拡大政策の設計の枠を超えて，再分配のためという目標を名目に，特定の利益集団と結びつき，省益を高めるさまざまな政策を行ってきました．その背景の1つは，各省庁が天下り先の確保を考えざるをえない公務員制度になっていることです．

　4．もう1つの背景は，他の先進諸国と異なり，公務員採用制度で修士や博

---

17) もちろん「年齢ベース選挙区制度」が採用されれば世代ごとの利害が政治的に反映されるようになります．これによって「利益集団としての高齢者」への集団再分配を抑えることもできます．日本では，高齢者層の意見が結果的に強く反映される選挙制度になっています．これまでの日本の政治体制では，政治家は既得権を持つ集団の支持を得た中高年層が支配していたので，若年層は政治にあまり興味を持たず，投票率は低迷してきました．一方で中高年層は自分たちの世代と近い人たちが政治家をやっているし，また昔からのプレーヤーが今でも活躍しているので，関心が高く，投票率が高いという側面があります．また特に退職後の高齢者層は時間に余裕がありますから，選挙にも積極的に行きます．したがって人口構成比率に比べて過大に高齢者層の意見が反映され，結果的に既得権の擁護にまわっているという側面があります．この「年齢ベース選挙区制度」が採用されれば，各世代の利害が反映されるだけでなく，若い世代も積極的に選挙への関心を持つことになるでしょう．

士を優遇する制度がないことです．現代的な社会科学が公務員の採用において優遇されていないために，大学は政策的な社会科学の研究に力を入れられず，したがって官庁やメディアも社会科学の有用性に対する認識，期待が甘いという悪循環に陥っている可能性があります．

5．効率化原則のもとで政治家が担うべき役割は次のとおりです．

(1) 高所得者から低所得者への再分配．
(2) リスクの評価：戦争・大地震・津波・テロなどたまにしか起こらない事象にどの程度の資源を投じて備えるべきかの評価．
(3) プライオリティーづけ：効率化政策の実現のためには大変多くの資源を必要とします．限られた行政資源を使ってすべての効率化政策をただちに実行できるわけではありません．したがって，無数の改革の効率化政策のアジェンダの中から何を優先的に選ぶかの選択も政治家の役割です．
(4) 激変緩和措置の決定：効率化をもたらす改革は，勝者とともに敗者も生むので，敗者に対する激変緩和措置（すなわち改革のスピードの調整）をする役割があります．
(5) 官僚機構（行政）の監視：官僚機構が，既得権と結びつくことを防ぐために情報を公開したり，天下りのあり方を規制したり，あるいは自民党政権下における規制改革会議や経済財政諮問会議のように，最終的には政治家が官僚機構の決定を監視し，必要ならば各省の省益に反する決定を行う組織が必要です．
(6) 現在日本で効率化政策が行われていない理由の1つは，選挙制度が特定の利益集団の政治力を強める制度になっていることです．もう1つは，日本では雇用法制のために労働市場の流動性がきわめて低いので，政治家になるリスクを負うことができる人が，士（さむらい）業等特定の業種に偏っていることです．消費者主権を取り戻して，政府の機能をダイナミックに発揮させるためには，選挙区制度と雇用法制の改革が有効です．

以上をコンパクトに言い直すと次のようになるでしょう．

パイを大きくする政策を粛々と担うのは官僚機構（行政）の役割であり，パ

イの分配は政治家の基本的役割だ．また政治家は，パイを拡大するのにともなって，分配が大きく変化する時には，改革の優先順位，改革のスピードや補償の仕方などについて決める役割も担う．

言い換えれば，官僚機構の仕事は，分析に基づいて効率化政策を粛々と行うことだ．政治判断が最も求められるのは，高所得者から低所得者にどの程度再分配をすべきかということだ．ただし，これまで非効率的な政策に守られてきた関係者が大勢いる場合には，急激な変化は大量の失業を一時的に生み出しうるので，政治家は，効率化政策の進行のスピードに関して政治的判断を持ち込んでもいい．けれども，効率化のために必要な政策の立案は，あくまで官僚機構の役割である．そこに，専門家でない政治家が口を出すと，行政は何も進まなくなる．

政治主導というのは，すべての効率化政策のデザインに政治家が口を出すことではない．官僚機構が効率化政策に専念できるような環境を作ることだ．

一方，官僚機構の役割はパイの拡大政策なのだということを社会全体が認識し，それに適合する教育システムや官庁の昇進システムを作っていくべきだ．

さらに「効率化原則」が採用される政府にするには，雇用制度と雇用法制改革が必要だ．

補論：政治主導のあり方

1　民主党政権発足直後における「政治主導」

　2009年の民主党政権の発足直後には，「政治主導」が大きなスローガンとなっていました．官僚機構（行政）は，旧自民党政権下においてはパイの拡大政策やそのための長期的なビジョンを示す役割を十分に果たしておらず，むしろ族議員と結びついて特定の利益集団との既得権と省益を守る役割を果たしていました．当時省益優先が跋扈していたのは，自民党政権が長期間続いたために，政治家と官僚が癒着していたためだと考えられていました．労働組合以外の利益集団とは強く結びついていないと考えられていた民主党は，政治主導で官僚に本来の役割に専心させることが期待されていました．このため，官僚が本来行うべき省益から独立した政策形成の模範を，新政権は，政治家が主導権を持って官僚に示そうとしたと見ることができます．

　実際に政権発足後に起きたことは，官僚機構を監督することを越えて，政権与党の政治家が直接個々の政策を決めるということでした．すなわち，まさに厚生改善政策を行おうとした試みだったとみなすことができます．これはこれまで述べてきた政治家の役割分担を明らかに越えた政治主導を目指していたと考えられます．

　しかし，これを試みた結果，①時間的な制約から，政治家が直接扱える範囲は少ないので，ごくわずかな政策しか実行できなかった．また②それぞれの省庁の政務三役が省益を代表する役割を担ってしまい，彼らの意見が各省庁間で深刻に異なることになってしまいました．政府としての社会的厚生関数が示されていなかったことなどもあって，厚生改善政策を実行するのは大変な困難をともなうことが露呈しました．

　政権の移行期においては，この意味での政治主導もやむをえなかったかもしれません．しかしパイの拡大政策を形成できるのは，本来は，分析力を持ち，情報を持っている官僚機構です．官僚機構に対して適切な役割を与えなかった

ために失敗した民主党政権による「政治主導」の経験は，むしろ官僚機構に本来の機能を発揮させる必要性を示したと言えるでしょう．

政治主導の本来の目的は，官僚機構が本来の役割を取り戻せる環境を作ることだと言えるでしょう．

官僚のエネルギーを省益を守ることから解放し，パイ拡大策に専念させることが，民主党の「政治主導」の当初の目的だったはずです．しかしはるかかなたに遠のいてしまったように見えます．逆に民主党の多くの議員は，自分たちから医師会や農協などの特定の利益集団に近づこうとしました．政治主導によって既得権集団の利益を熱心に守る結果になったのを見ると，もともとの志とは正反対になったようです．

2　政治主導を獲得するための機関

「政治主導」の本来の目的は，「官僚が，属する省庁の利益を追求するのではなく，本来の役割を果たす」ようにすることです．小泉政権および第1次安倍政権下では，この意味での政治主導が，以下の2つの政府機関を機能させることによって，取り戻されはじめていました．

規制改革会議

内閣府の旧規制改革会議は，国民全体の観点から，各省庁が効率的な資源配分を行っているかどうかをチェックする機関です．ついつい業界団体の利益を守ることに傾きがちな各省庁に対して，さまざまな情報の公開を求めます．次に，省庁側が非効率化する政策を行っていればそれを指摘し，担当省庁に直させます．もし納得しなければ内閣府の大臣と所管の大臣とが交渉します．

その際，規制改革会議の判断の基準になるのは，各省庁の政策に効率化の余地があるかないかです．[18]

その間，交渉過程はウェブ上で公開して世間に発信することで，誰が見ても

---

[18] 過去，規制改革会議による改革要求が閣議決定され実現されたものの中には，「工場等制限法の廃止」「定期借家権の導入」「携帯電話番号の会社間移動」「駐車違反取締業務の民間開放」などがあります．

問題点が明らかになる仕組みになっています．いわば事業仕分けのプロセスをさらに丁寧に行い，議事録を作成し，情報発信しています．省庁側がひどい議論をしているところもあれば，公開されることを恐れて昔ほどおかしな議論をしなくなったところもあります．

さて，政治家が直接会議と省庁の交渉に介入していっては，時間も足りませんし，専門家にはかないません．しかし，そのような会議が出した結論に対して，政治的に受け入れられるものは，（担当省庁の意に反して）押し通す意欲を政治家が示すならば，政治家は，規制改革会議という官僚機構（行政）を活用して規制を所管する省庁を制御することが可能です．[19]

経済財政諮問会議

省庁が省益を守るために改革を曲げようとしている場合には，それに対して首相のリーダーシップで牽制措置をとることが必要でしょう．かつて自民党小泉政権下では，経済財政諮問会議はこの機能を果たしていました．政策決定の一省庁による独占を排し，常に競合するもう1つの分析を示す体制を作り，政策決定のプロセスを透明化しました．経済財政諮問会議の役割は，意思決定主体を官主導から首相主導に戻すことだったと言えるでしょう．[20]

---

[19] 民主党政権成立前にあった内閣府の規制改革会議は，一種の官僚機構ですが，会議事務局が事務局生え抜きの官僚によって構成される機関ではありません．この会議の事務局は，各省庁から出向した官僚と，民間企業から派遣された優秀な職員とで成っていました．各省庁から派遣された官僚は，当然出身省庁の利益を守ろうとします．この会議が各省庁の省益と真っ向から対決するための機関であるだけに，彼らだけによる事務局体制で成果が得られるはずがありません．したがって，民間企業から派遣された事務局員が非常に重要な役割を果たしてきました．さらに，民間人の委員が3年間の任期でリーダーシップを発揮して，各省庁と対峙してきました．規制改革会議が，会議自体の官僚機構を育てることができるならば別ですが，それまでは，官僚出身者ではない民間人がリーダーシップを持って省庁と対峙していくべきでしょう．この対峙に際して，政治家が直接絡んでいくことは，時間や専門性の制約から不可能です．政治家は会議がもたらす最終的な結論の中で，賛成するものには賛成し，反対するものには反対して，その決断を公表するという形で，政治主導を発揮すべきでしょう．

20) 民主党政権は,「国家戦略局」をこの機能を強化する目的で作ろうとしましたが,「ねじれ国会」のためにできませんでした.このため,自民党政権下で政治主導の成功例であった経済財政諮問会議の機能は,政治主導を唱えた民主党政権のもとでは完全に失われました.本書の最終校正の段階で,第2次安倍政権は経済財政諮問会議も規制改革会議も復活させました.それがポーズだけなのか,かつてそうであったように実質的なものにできるのか,注目する必要があります.

索　引

【ア行】

R&D　→　研究開発
一物一価の法則　52,54
一括補助金　203-204
一般財源　252
一般消費税　141
インセンティブ（動機づけ）　204
陰費用　93-94
ヴィッカリー（Vickrey, William）　201
売り手価格　149
売り手への補助金　148
エコポイント制度　147
X 効率性，X 非効率性　198
エネルギー安全保障　255

【カ行】

会計費用　94-96
買い手価格　149
外部経済　5,219
　　金銭的——　224
　　技術的——　224
外部経済効果　220,227
　　自衛的——　304
　　正の——　220
　　博愛的——　304
　　負の——　220
外部限界費用　165-166,171
外部費用　165
外部不経済　5,165,175,219
価格
　　——の下限規制　155
　　——の上限規制　155
　　売り手——　149
　　買い手——　149
　　均衡——　40,126
　　独占——　192,195,232
価格規制（料金規制）　155,198,200
価格支配力を持っている売り手　26
価格支配力を持っている買い手　27
家計　24,30

陰の価格　→　シャドウ・プライス
仮設的な補償　12
寡占　191
寡占企業　26
可変投入物　60
可変費用　64,66,87,109,165,192,194
環境税　254
完全競争（的）企業　6,48-50,70,263
　　——が直面する個別需要曲線　48
完全競争（的）市場　6,27
完全競争的な売り手　26
完全競争的な買い手　26,51
完全平等主義　310
機会費用　265,282
　　労働供給の——　284
企業　25,30,75
　　——が直面する需要曲線　48,70
　　寡占——　26
　　完全競争（的）——　6,48-50,70,263
　　独占——　6,26,188-195,214,263-264
企業秘密　189
企業分割　199
技術的外部経済　224
規制改革会議　368
規制緩和　134
帰属所得　94-96
帰属地代　95
帰属賃金　95
帰属家賃　95
帰属利子　95
既得権　317
既得権尊重のルール　174
既得権保護原則　13,342
規模の経済　6,187,231
基本料金　205
供給　33,37-38
供給曲線　37,39-40,75,196
　　——のシフト　38
　　個別——　46-47,59-60,118
　　参入規制のもとでの——　126,135
　　市場——　46-47,59-60,91,104,110,

372　索　引

115, 144
　自由参入のもとでの―― 126, 135
　労働―― 280-281, 285, 296
供給者余剰　284
供給法則　39
競合財　223-225, 229
競合性　223-225
競争価格　6
居住地選択の自由　340
均衡　284, 286, 291
　最低賃金制――　288-289
　市場――　40, 89, 91, 143, 289-290
均衡価格　40, 126
均衡賃金　285-286, 291
均衡取引量　40
金銭的外部経済　224
経営能力　97
経済財政諮問会議　359, 369
経済主体　21
経済成長主義　332
経済全体の時間保有量　285
経済利潤　→　超過利潤
経済レント　296
結合生産物　221
限界機会費用　284
限界収入　214
限界消費者余剰　117
限界生産物（力・性）　17, 63, 271
　――曲線　63-64, 271
限界生産物価値　271-274
　――曲線　272, 274
限界生産物（力）逓減の法則　62-64, 271
限界代替率　300
限界必要労働力　65
限界費用　39, 67-68, 83, 214
　外部――　165-166, 171
　私的――　165
　社会的――　165, 170
　税込みの――　142-143
　補助金込みの――　149
限界費用価格形成原理　201-206, 232, 246
限界費用曲線　67-68, 75, 246, 263
　私的――　171
　社会的――　166, 171

限界費用逓減の法則　67-68
限界便益　104-105, 170
　余暇の――　276, 290
限界便益曲線　300
　余暇の――　278, 280-281
限界便益グラフ　105
限界変形率（MRT）　262-263
限界余剰　170
限界利潤　73, 83-85
研究開発（R&D）　177
現状維持政策　317
建築基準法　5, 182
公益事業　200
公共財　7, 225, 245
　外部性による定義　228
　排除費用による定義　243
　料金による定義　226
　自然――　229-230
　政策的――　229-230
厚生改善原則
　逐次――　319-321, 345
厚生改善政策　319, 332-335
厚生関数
　社会的――　309-310, 327, 334
　対称的社会的――　312
厚生経済学の基本定理　9
公正報酬率原理　208
構造改革　16
高速道路無料化　258-259
公務員制度改革　352-354
効用　29, 306-307
効用可能性曲線　324-327
効用関数　306
効用達成可能領域　312-314
効用フロンティア　12-314, 316, 327, 337
功利主義　309-310
効率　327
効率化　11, 135
　――による長期厚生改善の前提　331-334, 341
効率化原則　13, 316, 328, 338, 346, 359
効率化政策　251, 305, 317, 324-325, 333-335, 347
効率的な状況　9
『国富論』　3, 107

索　引　373

国有化　198-199
国家資格　127
国家戦略局　370
固定投入物　60
固定費用　64,80,83,165,246
個別供給曲線　46-47,59-60,118
個別需要曲線　45,105
　　完全競争企業が直面する――　48
混み合い　62,182
雇用制度，雇用法制　361-362
　　終身――　362
　　定期――　363
混雑税，混雑料金　182,254

【サ行】

財・サービス　22
裁定　53-55,157,159
最低賃金制　288-292
　　――均衡　288-289
再分配　4,347,360
産業　25
産業政策　351
サンクコスト　76
産出物　→　生産物
参入　126,135
参入規制　48,126,135,349
　　――の撤廃　137
　　――のもとでの供給曲線　126,135-136
自衛的外部経済効果　304
時間保有量　285
資源　23
資源制約　30
資源配分　9
時差料金制（ピークロードプライシング）205-206
死重の損失　111,135-136,145,150,154,170-171,195-197,202,233,250,294-295
市場　9,25
　　――の労働供給曲線　285
　　――の労働需要曲線　285
　　要素（要素サービス）――　27-28
市場供給曲線　46-47,59-60,91,104,110,115,144
市場均衡　40,89,91,143,289-291

市場支配力　50
市場需要曲線　45,91,102-104,110,115,126,135,144
市場全体の消費者余剰　114-116,118
市場全体の生産者余剰　118
市場の失敗　5,261,350
自然公共財　229-230
自然独占　6,189,202
私的限界費用　165
　　――曲線　171
品余り　→　超過供給
品不足　→　超過需要
司法試験　129
資本　22,270
資本財　22
社会的限界費用　165-166,170-171
社会的限界余剰　170
社会的厚生　308,310,326-327
　　――の最大化　314-315,338
社会的厚生関数　309-310,327,331-334
　　対称的――　312
社会的費用　165-166
社会的無差別曲線　309-310
社会的余剰　166-167,171
　　――の最大化　168
借地借家法　158
シャドウ・プライス（陰の価格）　279
従価税　142
自由参入のもとでの供給曲線　126,135
終身雇用制度　362
従属変数　35
住宅金融支援機構　147
収入　70,80,192
　　限界――　214
　　賃金――　276,284
収入曲線　70-71
自由放任　164
　　――の非効率性　169
従量税　141
従量料金　205
受益者負担の原則　250,256
需要　33-34,51
　　――の減少・増大　36
　　留保――　279
需要曲線　34,39-40,246

374　索　引

　　企業が直面する——　48,70
　　個別——　45,48,105
　　市場——　45,91,102-104,110,115,126,
　　　135,144
　余暇——　279-280,296
　労働——　285
　留保——　279
需要法則　37
浄化費用　165-166
消費者主権　362
消費者余剰　113,116-117,146,157,159,
　　　281,286,290
　限界——　117
　市場全体の——　114-116,118
情報の非対称性　7
初期便益　280-281
職業選択の自由（営業の自由）　340,354
所得　275
　　——の不平等　301
　帰属——　94-96
　賃金——　276-277,293-295
所得再分配　357
所得税　297
所有権　183,222
人的資本　30
スミス（Smith, Adam）　3,107
税
　　——込みの限界費用　142-143
　環境——　254
　従価——　142
　従量——　141
　所得——　297
　炭素——　176,178,350
　賃金所得——　293-295
　ピグー——　171-172,254
　物品——　141
政策的公共財　229-230
生産者余剰　80-82,84,118,146,157,159,
　　　273-275,284,286,290
　　——の最大化　85
　市場全体の——　118
　独占企業の——　193
生産性　16
生産物（産出物）　21,24,60
　結合——　221

　限界——　16,63,271
生産物市場　28
生産要素（要素）　23,270-271
　本源的——　270
生産量
　独占企業の——　192,214
　　利潤最大化——　73,76,214
生産量規制　155
生産力曲線（生産性曲線）　62-63
　限界——　63-64
政治主導　367
正の外部経済効果　220
製品差別化　191
政府の失敗　8
政府余剰　147
石炭から石油への転換政策　326,334
瀬戸大橋　257
セーフティネット　4,341
ゼロエミッション電源　176
総括原価主義　207,209
総供給線，総供給量　277
総費用　→　費用
総便益　109,194
総余剰　109-112,119,144-145,157,159,
　　　194-195,246,286
損失　70
損傷の代償　254

【夕行】

退出　126
対称的社会的厚生関数　312
他の条件を一定として　35
炭素税　176,178-180,350
地球温暖化対策　176,350-351
逐次厚生改善原則　319-321,345
地代　95
知的財産権保護　237
中間投入物　22
超過供給（品余り）　41
超過需要（品不足）　41,156
超過利潤（経済利潤）　97
長期厚生改善　331-333,341
著作権　237
賃金
　帰属——　95

索　引　375

　　均衡──　285,286,291
賃金収入　276,284
賃金所得　276-277
賃金所得税　293-295
追加費用　39
定期雇用制度　363
動機づけ　→　インセンティブ
東京湾アクアライン　257
投入物　22,60
　　可変──　60
　　固定──　60
　　中間──　22
道路特定財源　252
道路無料公開の原則　234-236,249,256
独占　26,188
　　──の非効率　263
　　自然──　6,189,202
独占価格　192,195,232
独占企業　6,26,188-196,263-264
　　──の生産者余剰　193
　　──の生産量　192,214
独占均衡　193
特定財源　252
独立変数　35
土地　22,270
特許　189,237

【ナ行】

二重構造　334
日本国憲法　15
日本道路公団　258-259
二部料金制　205
農業　133
能力検定　129

【ハ行】

排出ガスに対するピグー税　254
排除可能　229
排除費用　183,220,243
排除不可能　220,228-229
博愛的外部経済効果　304
パレート改善　307-308,325-326
パレート改善原則　317
パレート改善政策　317-318
パレート効率　9

パレート劣化　308,334-335
反経済成長主義　342
阪神・淡路大震災　38
販売量規制　152,154
　　──の余剰分析　152
ピークロードプライシング　→　時差料金制
非競合財　223-225,229,246
非競合性　223-225
ピグー税　171-172
　　排出ガスに対する──　254
ピグー補助金　220
非効率　9
　　自由放任の──　169
　　独占の──　263
ヒックス（Hicks, J. R.）　330
ヒックスの楽観主義　328
必要労働力曲線　65-66
費用（総費用）　64,80
　　陰──　93-94
　　会計──　94-95
　　外部──　165
　　外部限界──　165-166,171
　　可変──　64,87,109,165,192,194
　　限界──　39,67-68,83,142-143,214
　　固定──　64,80,83,165,246
　　社会的──　165-166
　　追加──　39
　　排除──　183,220,243
　　平均──　187
　　陽──　93-94
費用曲線（総費用曲線）　69,71,82
　　限界──　67-68,246,262
　　私的限界──　171
　　社会的限界──　166,171
平等主義　310
平等度指標　307
費用便益分析（規制影響分析）　14,246,347,361
不完全競争企業　50
物価統制令　155
物品税　141
負の外部経済効果　220
不平等
　　所得の──　301

不平等是正政策　303
プライス・テイカー　33,198
プライスキャップ制　210
フリー・ライダー問題　248
分権化　321,345
平均費用　187
平均費用価格形成原理　208
便益　102-105,113-114,167
　　限界——　104-105,170
　　初期——　280-281
　　総——　109,194
　　包括——　277-278,280-281,299
　　余暇の——　276-278,280,291
便益グラフ　102-105,114
ベンサム（Bentham, Jeremy）　311
包括便益　277-278,280-281,299
豊作貧乏　151-152
法曹人口　129
保険　304
補償　137
　　仮設的な——　12
補償原理　12,122,135
補助金　147
　　——込みの限界費用　149
　　売り手への——　148
　　再生エネルギーへの——　350
　　ピグー——　220
ホテリング（Hotelling, Harold）　201,329
本源的生産要素　270

【マ行】

マルクス（Marx, Karl）　5
見えざる手　9
民営化　259
無差別曲線　299
　　社会的——　309-310

【ヤ行】

家賃　95
ヤードスティック　211
ヤミ市場　156
歪みを前提とした効用可能性曲線　324
要素（生産要素）　23-24,270-271
　　本源的——　270

要素市場　27-28
陽費用　93-94
余暇の限界便益　276-278,280-281,290
余暇需要曲線　279-281,296
余暇便益　276-278,280,291
余剰
　　供給者——　284
　　限界——　170
　　社会的——　166-168,171
　　消費者——　113-118,146,157,159,281,286,290
　　生産者——　80-82,84-85,118,146,157,159,193,273-275,284,286,290
　　政府——　147
　　総——　109-112,144-145,157,159,194-195,246,286
　　労働者——　281,284
余剰分析　152

【ラ行】

利益　96,98-99
利子　95
利潤　29,70,80-81,92,98-99,273
　　限界——　73,83-85
利潤曲線　71-72,82
利潤最大化生産量　76
　　独占企業の——　214
留保需要　279
料金規制（価格規制）　155,198,200
累進所得税　297
労働　22,270
　　——の限界生産物価値　272,274
　　——の限界生産物（力）曲線　271
労働供給　285
　　——の機会費用　284
労働供給曲線　280-281,296
　　市場の——　285
労働市場の流動化　362
労働者余剰　281,284
労働需要曲線　285
労働力（労働量）曲線　65-66
ロールズ（Rawls, John）　311

著者紹介

1943年東京都に生まれる．1966年国際基督教大学教養学士．1973年ジョンズ・ホプキンス大学経済学博士（Ph.D.）．アジア成長研究所理事長，大阪大学名誉教授，政策研究大学院大学名誉教授．
オハイオ州立大学助教授，ジョンズ・ホプキンス大学助教授・准教授・教授，大阪大学教授，東京大学教授，政策研究大学院大学学長，等を経て，2018年より現職．

［主要著作］
『直接税改革』日本経済新聞社，1988年
『東京問題の経済学』東京大学出版会（共編），1995年
『住宅の経済学』日本経済新聞社（共編），1997年
『年金改革論』日本経済新聞社（共著，日経・経済図書文化賞受賞），1999年
『日本再生に「痛み」はいらない』東洋経済新報社（共著），2003年
『都心回帰の経済学』日本経済新聞社（編著），2006年
『ミクロ経済学Ⅰ・Ⅱ（プログレッシブ経済学シリーズ）』東洋経済新報社，2008年・2009年
『日本の農林水産業』日本経済新聞社，2010年
『電力システム改革をどう進めるか』日本経済新聞社，2012年
『地方創生のための構造改革』時事通信社（編著），2018年
Severance Payment and Labor Mobility, Springer（共編著），2018
『待機児童対策』日本評論社（編著），2019年

ミクロ経済学 Expressway

2013年4月4日　第1刷発行
2022年8月15日　第7刷発行

　　　　　　　　　　　　　　　　　　著　者　八田達夫（はったたつお）
　　　　　　　　　　　　　　　　　　発行者　駒橋憲一

〒103-8345
発行所　東京都中央区日本橋本石町1-2-1　東洋経済新報社
　　　　電話　東洋経済コールセンター03(6386)1040

　　　　　　　　　　　　　　　　　　印刷・製本　丸井工文社

本書のコピー，スキャン，デジタル化等の無断複製は，著作権法上での例外である私的利用を除き禁じられています．本書を代行業者等の第三者に依頼してコピー，スキャンやデジタル化することは，たとえ個人や家庭内での利用であっても一切認められておりません．
Ⓒ 2013〈検印省略〉落丁・乱丁本はお取替えいたします．
Printed in Japan　　ISBN 978-4-492-81302-7　　https://toyokeizai.net/